KB143713

근 대 전 환 기
동 아 시 아
전통지식인의 대응과
새로운 사상의 형성

근대전환기 동아시아 전통지식인의
대응과 새로운 사상의 형성

1판 1쇄 인쇄 2016년 8월 20일 ㅣ 1판 1쇄 발행 2016년 8월 31일

지은이 배항섭·박소현 ㅣ **편집인** 마인섭, 성균관대학교 동아시아학술원 02)760-0781~4
펴낸이 정규상 ㅣ **펴낸곳** 성균관대학교 출판부 02)760-1252~4 ㅣ 등록 1975년 5월 21일 제1975-9호
주소 03063 서울특별시 종로구 성균관로 25-2   ⓒ 2016, 성균관대학교 동아시아학술원

값 23,000원
ISBN 979-11-5550-188-7 94150   978-89-7986-832-6 (세트)

본 출판물은 2007년 정부(교육과학기술부)의 재원으로 한국연구재단(구 학술진흥재단)의 지원을 받아
수행된 연구임(NRF-2007-361-AL0014).

동아시아
문명총서
13

근대전환기 동아시아 전통지식인의 대응과 새로운 사상의 형성

배항섭 · 박소현 책임편집

여기에 실린 글들이 서로 매끄러운 일관성을 가지는 것은 아니다.

그러나 대체로 근대이행기를 살아간 전통적 지식인들의 사유를 통해

전통적인 것과 근대적인 것의 연속성이라는 면을 보여주고자 한 글들이다.

성균관대학교
출 판 부

성균관대학교 동아시아학술원에서는 2007년부터 '동아시아 연구를
통한 한국인문학의 창신(創新)'이라는 어젠다(agenda)를 제시하고 인
문한국(HK)사업을 추진하고 있다. 이를 통해 추구하는 핵심적 목표
는 "동아시아의 다원성과 보편성을 통일적으로 파악하는 새로운 모
델의 개척·소통·확산을 통한 한국 인문학의 創新"에 있다. 이는 일
국적 시각이나 서구 중심적 사유로부터 벗어나 오늘의 한국사회가 형
성되어온 궤적을 재구성하고, 장기적인 시간주기 속에서 현재의 변화
를 탐색함으로써 새로운 가치와 질서를 모색할 수 있는 시공간적 질
서가 바로 동아시아라는 인식에 바탕을 둔 것이다. 다른 한편 기존의
동아시아 연구가 서구 중심적·근대 중심적 지식체계를 바탕으로 수
행되어 왔다는 데 대한 성찰의 결과이기도 하다.

그동안 한국사 연구가 서구·근대 중심주의에 크게 규정되면서 진
행되어 왔음을 부인하기 어렵다. 서구의 근대가 구성해 놓은 역사의
진화론적 '발전과정'을 '정상적'인 것으로 이해하는 단선적 발전론은
서구와 달랐던 한국이나 동아시아의 역사적 경험을 '한계'나 '미흡',
'결함'이나 '비정상적'으로 간주하거나 아예 배제하기도 하고 서구와
비슷한 것으로 왜곡하기도 했다.

이러한 서구·근대 중심주의가 한국사회를 압도하게 되는 것은 19
세기 말-20세기 초였다. 1876년의 개항 이후 약 30여 년에 걸친 시

기는 서구문명이 유교를 바탕으로 한 '동양 문명'을 압도하고, 그것을 대체해나가는 문명적 대전환기이기도 했다. 또한 그 과정에서 동양과 서양의 관계가 근대적 시간관념을 매개로 선진적인 것과 후진적인 것으로 재규정되었고, 이러한 인식은 오늘날까지도 사유와 지식체계를 구성하는 데 압도적인 영향을 행사하고 있다.

한편, 근대는 서구가 구성되는 과정이기도 했고, 다른 종류의 시간을 봉합해버리는 단일하고 세속적인 시간 개념이 형성되는 과정이기도 했다. 그 과정은 비서구와 전근대라는 두 가지의 타자를 만들어가는 과정이었다. 그 결과 서구와 근대는 비서구와 전근대를 설명하고 판단하는 준거가 되었지만, 각기 타자화한 비서구와 전근대에 대해 스스로를 형상적으로 차별하는 것에 의해서만 존립이 가능한 비자립적 존재이기도 하다. 서구·근대 중심주의의 특징을 이렇게 인식할 때, 그에 대한 상대화 전략은 근대와 전근대의 이항대립적 인식에 대한 문제 제기에서 출발해야 한다고 생각한다.

동아시아학술원에서는 이와 같이 근대/서구와 전근대/비서구가 서로 연동된 개념이라는 점에 착목하여 '근대이행기'의 동아시아사를 중심으로 양자의 관계에 새롭게 접근함으로써 근대/서구를 상대화하고 근대중심주의와 서구중심주의를 극복하는 방안을 모색해 왔다. 그 가운데 하나가 '근대이행기'에 동아시아의 전통적 엘리트들이 보여준 생활과 사유방식의 변화과정에 대한 이해이다. 이는 동아시아와 한국에서 근대가 형성되어 가는 과정이나 특징을 이해하는 데 중요한 의미를 가진다고 생각되기 때문이다.

예컨대 한국에서 20세기에 들어와서도 전통엘리트인 사족 내지 그들을 중심으로 형성되었던 문화는 여전히 커다란 영향을 미치고 있었다. 그러한 사정은 전통적 사족과는 거리가 멀었던 비사족 출신들이 각종 비용을 치러가면서까지 향교를 중심으로 한 전통적 권위의 네트워크에 참여하려 한 사실에서도 확인된다. 또 유교적 의례와 생활문화가 개항 이후 오히려 확산되어 갔다는 이해도 그러한 사정을 시사한다. 그러나 개항 이후, 특히 식민지 시기의 역사상을 구성하는 데 있어서 이들에 대한 고려는 거의 없다시피 하다. 기왕의 연구들에서는 전통적 엘리트보다는 새로 등장하는 근대적 엘리트에 관심을 기울여왔다. 전통지식인에 대한 일부의 관심도 민족운동과 관련이 있거나, 혹은 식민권력에 대한 대응이라는 맥락에서 접근하는 것이 대부분이다. 결과적으로 근대전환기의 사상사 내지 사유의 흐름은 전통적인 것과 근대적인 것은 서로 무관하게 단절된 채 이해되어 온 것이다.

이 책은 이러한 문제의식을 바탕으로 그 동안 동아시아학술원 내부발표회에서 발표되었던 글, 혹은 유사한 문제의식을 담고 있는 인문한국사업 참여 연구자들의 글을 모은 것이다. 이 책은 제1부 전통적 사유의 지속과 변용과 제2부 서구에 대한 대응과 새로운 사유의 형성으로 나누어 구성되어 있다. 제1부에는 6편의 글이 실려 있다. 6편의 순서는 각기 다루고 있는 인물들의 활동 시기를 기준으로 정하였다. 제2부의 6편의 글 역시 다루고 있는 인물이나 시기를 기준으로 순서를 정하여 편집하였다.

여기에 실린 글들이 서로 매끄러운 일관성을 가지는 것은 아니다. 그러나 대체로 근대이행기를 살아간 전통적 지식인들의 사유를 통해 전통적인 것과 근대적인 것의 연속성이라는 면을 보여주고자 한 글들이다. 물론 지속되는 면뿐만 아니라 변해가는 점들을 강조하는 글들도 있지만, 역시 전통적인 것과 근대적인 것이 병존하는 모습들을 그려낸 글도 있다. 또 근대 이후 서구를 비롯한 외부로부터 근대적 지식을 수용하고, 그에 자극받아 새로운 지식을 형성해 가는 과정에도 전통적 사유가 깊이 개입하고 있었음을 구체적 인물들의 역정을 통해 드러내 보이고자 한 글도 있다. 이와 같이 여기에 실린 글에서 보여주는 시각이 동일하지만은 않지만, 서로 어우러져서 근대전환기 한국과 동아시아의 전통지식인들의 사유세계는 물론 근대전환기의 전체적인 사상구조 역시 중층적이고 복합적임을 드러내 보여주리라 생각한다.

부족한 점이 많지만, 이 책이 앞으로 한국과 동아시아의 근대전환기를 새롭게 이해하고 서구중심주의와 근대중심주의를 넘어서는 새로운 생각들을 마련하는 데 작은 도움이 되길 기대해본다. 마지막으로 천연되는 작업에 장기간 시달리면서도 좋은 책으로 만들어준 성균관대 출판부와 구남희 선생님께 감사드린다.

2016년 8월
편집책임자　배항섭·박소현

1부

전통적 사유의
지속과 변용

1장

18세기 동아시아의 性(gender) 정치학

—『欽欽新書』의 배우자 살해사건을 중심으로—

박소현

(성균관대학교 동아시아학술원)

✤

1. 머리말

조선 후기에 와서 국가가 가부장을 중심으로 한 가족의 위계질서를 강화하는 관건으로서 여성성(female sexuality)에 주목함에 따라 여성의 사회적 통제와 윤리적 교화는 더욱 강조되었다. 정절을 지키고자 하는 여성의 의지는 가족 및 사회적 질서의 동요와 해체를 막는 '도덕적 울타리'로서 국가의 적극적인 표창의 대상인 반면, 失節한 여성은 원인이야 어쨌든 변명의 여지 없이 법적인 처벌과 사회적 비난의 대상이었다.

　유교적 성 정치학의 메커니즘이 조선시대를 살았던 여성에게 얼마나 불리하게 작용했는가를 살펴보기란 어렵지 않다. 가족 제도 내에서 가부장에 대한 여성의 종속적 지위는 이미 법적으로 명시되어 있었고, 간통 및 강간 등 성관련 범죄에서 국가는 일방적으로 가부장을 옹호함으로써 국가권력이 가부장과 '상호 공모관계'에 있었다고 표현해도 조금도 지나친 말이 아니다.[1] 따라서 성관련 범죄를 통해서 조선 후기의 사회현상을 살펴본 기존의 연구가 가부장의 권위를 강화하기 위해 어떻게 여성성이 왜곡되었는가에 주목한 것은 지극히 당연한 일이라 하겠다.

형사사건의 심리 및 판결 기록이 가장 많이 남아 있는 正祖(재위 1776-1800) 시대는 공교롭게도 국왕 스스로 綱常윤리를 기본적 통치이념으로 가장 강조하던 시기였다. 이 시기에 편찬된 『審理錄』과 『秋官志』 등에는 성관련 범죄를 중심으로 강상윤리를 내세우는 국왕과 가부장의 '공모'가 공공연하게 나타난다. 특히, 부부 사이의 갈등이 폭력적으로 비화되어 국가의 개입이 필요한 경우 아내는 남편에 비해 일방적으로 열등한 법적 지위를 감수해야만 했다. 즉, 법적으로 형벌의 등급이 많게는 5등급까지 남편에 비해 아내에게 불리하게 적용되었던 것이다.[2] 또 다른 예를 들자면, 『추관지』에는 '倫常'이라는 조항 아래 가족관계 사이에서 저질러진 살인사건의 판결기록을 실었는데, '殺父', '殺母', '殺妻' 등의 조항과 비교해 유독 남편을 살해한 사건에 대해서만 '殺夫' 대신 '弑夫'라는 표현을 사용했다.[3] 이는 아내가 남편을 살해한 행위가 弑逆罪와 동등한 '정치적' 의미를 갖고 있으며 근본적으로 사회질서를 뒤흔드는 매우 위험한 행위임을 강조한 것이다.

반면, 남편이 아내를 살해한 행위에 대해서는 대개 우발적인 범죄로 간주하여 눈에 띄게 관용적인 태도를 보인다. 아내가 부정행위나 불효를 저지른 경우는 말할 나위 없이 죽어 마땅하고,[4] 남편의 이유 없는 무자비한 폭력에 희생당한 경우에도 "지아비가 사형당하는 것을 죽은 자가 원치 않을 것"이란 '궤변'을 늘어놓으며 살인자를 용서할 구실을 찾기 바쁘다.[5] 이런 관점에서 본다면 조선 후기 여성들은 그야말로 완벽한 가부장적 통제 아래 이중, 삼중의 굴레에 얽매어 있었다고 말할 수 있을 것이다. 그런데 이러한 사건들은 그 시대의 여성들이 한결같이 가부장제와 유교 이데올로기의 폭압에 시달리며 고통스러운 삶을 살았음을 말해주는 증거로만 읽어야 할 것인가?

조선 후기 성관련 범죄와 여성에 대한 기존의 연구는 대체로 부정적인 시각이 지배적이었지만, 그럼에도 불구하고 여성에 대한 '완벽한 가부장적 통제'가 가능했다는 결론을 내리는 데는 신중하다. 김선경은 "여성의 성·정절에 대한 감시로부터 여성의 일상생활 자체를 감시하는 데로 나아감으로써 여성의 삶 자체, 일상생활 전체가 성의 관점에서 감시되고 조직되었다"고 하면서도 여성의 일상생활을 통제하고 여성의 성을 감시하려는 전략이 완벽하게 실시된 것은 아니었다고 덧붙였다.[6] 문현아는 『추관지』에 실린 살처 사건은 "'(서사적) 재구성'을 통해 가해자 중심으로, 가해자 위주로 가해자를 옹호하는 기반이 마련"되는데, 이를 위해 "되도록 가해자의 가해사실을 의심하여 피해자 본인으로부터 원인을 찾아내는 방식"을 취했다고 분석했다.[7] 장병인도 간통죄의 처벌과 관련하여 『大明律』을 따라 '奸所親獲'이라는 확증주의 원칙을 고수했던 조선 전기에 비해 조선 후기에 이르면 "확증주의 원칙을 포기하고 주관적 심증만으로 간통을 인정하는 단계, 즉 여성의 나쁜 품행 자체를 간통 행위로 받아들이는 단계"로까지 나아갔다고 지적했다.[8]

이러한 연구들은 조선 후기에 와서 국가가 유독 정절 문제에 관심을 갖게 된 배경에 당시 사회의 혼란과 모순을 은폐하려는 의도가 있었다는 분석과 맥을 같이 한다. 필자가 보기에도 婦德에 관한 유교적 담론과 죽은 여성의 용서를 들먹이며 정형화된 서사적 재구성에 고심했던 까닭은 단순히 가부장의 폭력을 정당화하기 위해서가 아니라, 오히려 이렇게 '寬刑主義'로 얼버무리지 않았다면 드러날 수밖에 없는 가부장제의 실패를 은폐하고 가족질서의 붕괴를 막기 위해서였던 것으로 보인다.

　현재의 시각으로부터 조선 후기 여성의 삶을 조명할 때, 그들 대부분이 정절 이데올로기의 규제와 억압 속에 불평등한 삶을 살았다는 사실을 반박하거나 묵과하기는 어렵다. 다만 최근에는 이러한 사실을 인정하면서도 다른 각도에서 그들의 삶의 이면을 조명해보려는 시도가 있어 왔다. 필자는 明淸 시기 중국의 성관련 범죄와 여성 문제에 천착한 일련의 연구들이 조선 후기 여성의 삶을 조명하는 데에도 상당한 참조가 되리라 생각한다. 우선 18, 19세기 중국의 성관련 범죄와 법률의 연구를 통해서 그 시대 여성의 삶을 조명한 매튜 소머(Matthew H. Sommer)는 후대로 올수록 효과적 사회통제를 위한 가족질서의 중요성이 부각되면서 여성에 대한 윤리적 압박과 사회적 감시가 심화된 것도 사실이지만, 한편으로 여성을 '윤리적 주체'로서, "가족의 취약한 울타리를 수호할 '윤리 경찰(moral police)'"로서 내세운 측면도 있다고 지적한다.[9]

　한편, 자넷 사이스(Janet M. Theiss)는 이러한 측면을 더욱 적극적으로 해석한다. 즉, 국가가 여성의 정절 의지를 높이 평가한 것은 여성의 자기희생을 일방적으로 강요하는 것처럼 보이지만, 윤리적 주체로서 가족질서를 수호하는 여성의 역할을 적극적으로 인정함으로써 오히려 가부장의 권위와 정면으로 충돌하여 이를 약화시키는 예상치 못한 결과를 초래한 측면도 있었다고 지적한다. 그리하여 淸代에 "여성의 자살은 강력한 공개 선언이자 공격적 행위로서 사법적, 의례적, 상징적 측면에서 심각한 결과를 초래"했으며, 결국 "모순적이게도 정절의식(chastity cult)은 엄격한 內·外 구분에 근거한 性(gender) 질서를 불안정하게 만들었다"는 것이다.[10] 정부 혹은 지배층의 관점에서 旌閭 정책 등을 살펴보면 청 정부가 일방적으로 여성성을 통제하고 효과적으로 성 질서를 유지한 것처럼 보인다. 정절을 지킨다는 이유로 자살한 수많은 여성들만 보아도 그렇다. 그러나 사이스가 소개한 사례들을 살펴보면, 그 정책의 이면에 일방적인 통제와 순종의 과정과는 거리가 먼, 끊임없는 타협과 은밀한 조작, 전복의 복잡다단한 과정이 자리하고 있었음을 알 수 있다. 그러한 과정들은 사실상 완벽한 통제와는 거리가 먼 것이었다.

이와 같은 연구는 우리가 18세기 동아시아의 성 정치학과 여성의 문제에 접근할 때 국가, 향촌, 가족, 그리고 여성 간의 미묘한 역학관계를 좀 더 신중하게 다룰 필요가 있음을 시사한다. 정절 담론이 서민층의 의식 속 깊숙이 파고든 18세기 조선사회에서도 분명 유사한 역학관계를 관찰할 수 있다고 본다. 필자는 이러한 문제를 茶山 丁若鏞 (1762-1836)의 『欽欽新書』에 실린 배우자 살해사건을 중심으로 살펴보고자 한다. 가부장의 권위를 옹호하는 국가의 개입이 전형적으로 나타나는 배우자 살해사건이 오히려 유교적 성 정치학의 한계와 모순을 더욱 극명하게 폭로한다고 보기 때문이다.

『흠흠신서』에서는 배우자 살해사건을 주로 '伉儷之戕'條, 즉 '부부 사이의 죽임'이라는 소제목 아래 집중적으로 다루었다. 그런데 『흠흠신서』의 사건기록이 거의 동시대에 편찬된 『심리록』 및 『추관지』의 사건기록과 중복되는 측면이 있으면서도 다른 점이 있다면, 『흠흠신서』에는 사건의 전말을 비교적 상세히 알 수 있는 사건보고서인 跋辭에서부터 觀察使의 題辭, 刑曹의 曹啓, 국왕의 判付와 함께 이에 덧붙인 저자 자신의 해석이 실려 있다는 점이다. 이를 통해서 우리는 유교적 성 정치학의 경계 안에서도 미묘한 충돌과 타협이 지속되었음을 확인할 수 있으며, 따라서 여성, 가족, 향촌, 국가 간의 역학관계를 좀 더 세밀하게 살펴볼 수 있다. 게다가 이 사건들은 『흠

번호	가해자	연도	범행 동기 및 사건 개요	판결 내용 및 특기 사항
1	福建人 邱得成	건륭 연간	간통한 邱得成이 姦婦와 공모해 본처 살해. 구득성은 간부 鍾氏와 도망칠 계획으로 본처를 연못으로 유인해 익사시키고 종씨가 죽은 것처럼 꾸밈.	가해자인 구득성은 교수형으로 처벌. 간부 종씨는 방조죄를 적용, 秋審 후 교수형 처벌.
2	陝西 崇信縣民 仰昇	가경 연간	간통한 아내 살해. 아내가 姦夫와 담소하는 현장에서 간부도 함께 살해.	督撫의 판결에서는 仰昇을 교수형으로 처벌. 그러나 형부에서는 담소 또한 간통으로 간주, '姦所獲姦登時殺死' 條[11]를 적용. 杖100에 徒刑 3년 판결.
3	直隷 棗強縣民 蘇二	건륭 연간	간통한 아내의 사생아 출산을 목격한 남편이 아내를 구타 살해.	간통 현장에서 처를 죽인 조문을 적용, 杖80 판결.
4	直隷 獻縣民 張六成	건륭 연간	간통한 딸의 사생아 출산에 아버지가 딸을 姦夫의 집으로 보내 자결하게 함. 간부는 관아에 자수.	간부가 자수한 경우, 간통죄로 杖100, 徒刑 3년 판결.
5	浙江省 峚縣民 金必達	건륭 연간	간통 사실이 드러난 아내가 반항, 칼로 공격하자 남편이 살해.	남편을 유배형으로 판결한 원심을 깨고 처의 반항 사실 참작, 杖100 판결. 姦夫는 유배형으로 처벌.
6	湖廣民 劉敬上	건륭 연간	생활고로 인해 改嫁를 요구한 아내를 남편이 구타. 아내가 반항하면서 칼로 拚命(악을 쓰는 것일 뿐 살해하려는 의도는 아님)하자, 아내를 수차례 찔러 살해.	고의적 살인인지 우발적 살인인지 불분명. 원심에서는 고의적 살인으로 보아 교수형으로 판결했으나, 刑部는 우발적 살인으로 판결.
7	河南省 趙芳	가경 연간	姦夫가 남편을 매수, 간통하려 했으나, 아내가 매춘 요구를 따르지 않자 남편이 아내를 구타 치사.	간부는 즉각 참형, 남편은 유배 후 교수형으로 판결.
8	直隷民 王濟衆	가경 연간	남편이 빚을 갚지 못하자 아내와의 간통을 허락. 아내는 매춘 요구를 따르지 않고 자살.	간부는 즉각 참형, 남편은 流刑 판결.

번호	가해자	연도	범행 동기 및 사건 개요	판결 내용 및 특기 사항
9	冀州民 白繼祖	가경 연간	남편과 고종누이 근친상간. 만류하는 아내를 독살, 임신 중인 태아마저 살해.	秋審 후 교수형 판결.
10	安徽民 榮恒山	건륭 연간	며느리와의 근친상간 기도에 아내가 책망하자 아내를 구타하여 아내가 자살.	교수형 판결. 다산은 처가 자살한 경우로 교수형 판결은 옳지 않다고 봄.
11	直隸民 梁自新	가경 연간	후처가 딸과 공모하여 전처 소생의 장남을 살해 기도. 모녀를 목 졸라 살해함.	추심 후 교수형을 판결한 원심을 번복. 杖100, 徒刑 3년으로 감형.
12	廣西民 麻六成	건륭 연간	장모가 딸의 매춘을 부추김. 남편이 밤에 딸을 구타하려다 장모를 실수로 죽임.	남편은 杖90, 매춘한 처는 추심 후 교수형 판결.
13	廣東 唐文瑞	건륭 연간	시아버지에 대한 불효를 이유로 아내 구타 살해.	장형으로 처벌.
14	直隸 隆平縣民 王瑞	건륭 연간	시어머니에 대한 불효를 이유로 아내 목 졸라 살해.	증거가 확실해야 형률 적용. 이 경우 이웃의 진술 등 증거가 확실하므로 감형.
15	陝西民 王全	건륭 연간	가출했다 잡혀온 아내 학대, 구타치사. 가출의 원인은 불명.	추심 후 교수형 판결. 노모 봉양을 위해 감형.
16	江西民 童發	가경 연간	남편의 절도죄를 폭로한 아내 살해. 아내는 협박에 못 이겨 남편의 범죄 증언.	아내가 협박받은 정황을 고려할 때 남편의 범죄를 은폐하기 어려웠던 상황을 인정, 남편의 감형 처분 번복.
17	廣東 新寧縣 曾可亮	건륭 연간	파혼 요구한 약혼녀 살해.	약혼녀이나 남편이 아내를 고의로 죽인 조문으로 적용, 추심 후 교수형 판결.
18	雲南人 楊有禮	가경 연간	간통한 첩을 간통 현장에서 구타 살해.	姦婦는 처첩 모두 해당. 첩을 살해한 경우 正妻에 비해 감형.

<표 2> 「의율차례 · 항려지장」 살처 사건의 분류

범행 동기에 따른 사건 분류	성범죄 관련 (간통, 매춘, 근친상간)	시부모에 대한 불효	생활고 등으로 인한 이혼 및 파혼	기타
사건 합계	11	2	2	3

흠신서』에 실린 18세기 중국의 배우자 살해사건과 병렬되어, 18세기 동아시아의 성 정치학이라는 좀 더 폭넓은 맥락에서 조선 후기 여성의 삶을 조망하는 것을 가능하게 한다. 따라서 이 논문에서는 앞으로 『흠흠신서』의 '항려지장' 조에 실린 배우자 살해사건에 초점을 맞추어 분석하고자 한다.

2. 사건의 재구성: 伉儷之戕

다산이 '항려지장'이라는 소제목을 붙여 소개한 배우자 살해사건은 『흠흠신서』에서 두 부분에 나뉘어 실렸다. 「擬律差例」 아래 18조가, 「祥刑追議」 아래 12조가 소개되었다. 「의율차례」는 『淸律條例』의 부록인 『淸律條例附見撫題部覆』에 실린 人命사건—즉, 살인사건—중 188조를 골라 소개한 장인데, 이 사건들은 모두 乾隆(1736-1795)과 嘉慶(1796-1820) 연간에 심리, 판결한 형사사건들이다. 「상형추의」에는 대체로 정조 때 판결한 사건들을 실었는데, 표 4와 같이 '항려지장' 12건 중 2건을 빼고는 모두 『심리록』에 실려 있어 그 사건기록을 대조해볼 수 있다. 우선 『흠흠신서』에서 「상형추의」보다 앞서 소개된 「의율차례」의 배우자 살해사건들을 살펴보기로 하자.

표 1을 살펴보면, 근친상간을 포함한 간통, 매춘 등 성관련 범죄로

인한 살처 사건이 11건으로 절대 다수를 차지하고, 이 밖에 시부모에 대한 불효로 인한 살처 사건이 2건, 이혼 및 파혼을 요구한 살처 사건이 2건이다. 전치 소생의 자식을 죽이려 했다든가(사건 11), 가출했다든가(사건 15), 협박에 못 이겨 남편의 범죄를 증언했다든가(사건 16) 하는 기타 사유로 아내를 살해한 사건이 3건이다.

〈표 3〉「批詳雋抄」의 배우자 살해사건

번호	사건 제목	사건 개요
1	毛際可 勒死詳駁	남편이 아내를 목 졸라 죽이고 다른 사람을 무고함.
2	沈迪吉 毒死詳駁	아내가 남편을 독살한 후 다른 사람을 무고함.
3	毛膚南 自縊審語	남편이 아내를 학대하여 아내가 자살함. 다산에 의하면 남편이 아내를 학대한 증거가 확실하므로, 가해자는 ('正犯'이 아닌) '被告人'으로 간주해 사형으로 논죄해야 한다고 주장.
4	王仕雲 自死審語	被擄로 인한 失節을 문제 삼아 14년 동안 별거하던 아내가 남편의 재혼을 이유로 자살함. 처가에서 남편을 고발했으나, 남편을 무혐의 처리하는 것이 타당하다고 봄.
5	陳開虞 兩殺判詞	간통한 아내와 姦夫를 살해함. 반드시 간통 현장에서 남녀를 살해한 경우만 살인죄로 간주하지 않음. 간통 현장에서 남녀를 살해한 경우가 아니더라도 증거가 확실한 경우 감형.
6	張一魁 自殺判詞	질투로 인한 아내의 자살. 남편을 무혐의 처리.
7	孫知縣 殺妻審語	아내가 자살한 사건이나, 처가에서 남편을 고발함. 아내의 자살에 대한 남편의 책임은 있으나 살인사건은 아닌 것으로 판결.
8	劉通海 殺妻判詞	아내의 정절을 시험하기 위해 남편이 불량배 3인을 고용해 아내를 강간하게 함. 아내는 강간범에 저항하고 자살함. 강간범을 심문하는 과정에서 남편의 범죄를 폭로. 강간범과 함께 남편도 사형 판결.
9	譚經 殺妻判詞	의처증으로 아내 살해. 억울하게 죽은 아내의 원귀에 의해 사건 해결.
10	洪巡按 妻獄判詞	남편이 간통을 저지른 아내를 살해한 후 姦夫를 무고해 사형으로 처벌받게 함. 현직 관료인 남편은 아내의 간통 사실을 은폐하기 위해 아내의 여종도 살해. 여종의 원귀에 의해 범죄 사실이 드러나 범인은 관직을 박탈당함.

물론, 「의율차례」에 실린 청조 중기의 사례들이 당시의 일반적 경향을 반영한다거나 보편성을 띠고 있다고 보기는 어려울 것이다. 우선 양적인 면에서도 18세기 중국의 사례들 중 극히 일부만 수록했을 뿐 아니라, 실제 소송사건에서 법률조항을 적용하는 방법을 참고할 만한 사례들만 선별·수록한 저자의 의도[12] 또한 간과할 수 없기 때문이다. 그럼에도 불구하고 간통 등의 성범죄가 살처 사건의 주요 원인으로 나타난 것은 간통이나 치정살인이 빈번하게 발생한 18세기 중국사회의 상황을 그대로 반영한 결과라고 볼 수 있다. 郭松義에 따르면, 건륭 연간에 매년 조정에 보고된 '婚姻姦情類' 사례가 평균 800건에 달했으며, 이 중 간통 및 치정살인 사건은 50%에서 75%에 이른다고 했다.[13] 楊曉輝도 『刑案匯覽』과 『駁案新編』을 주요 자료로 분석한 결과 청조 중기 여성 범죄 중 '姦情犯罪'가 차지하는 비율이 48%에 달한다고 하면서, 이는 당시에 남녀 사이의 '불륜', 즉, 혼외 관계가 보편적인 사회현상이었음을 보여주는 증거라고 주장했다.[14] 이러한 증거로 미루어볼 때, 동시대인인 다산이 "중국은 간통과 弒逆 사건이 우리나라보다 열배나 더 많은데, 이는 중국이 오로지 법률만 숭상했기 때문"이라고 평한 것을 두고 그것이 청조에 대한 다산의 편견이라고 보기는 어렵다.[15]

한편, 이러한 살처 사건들에 대해서 청조는 대체로 우발적인 살인임을 인정해 원래의 형량에서 감형했으나, 사건 6(湖廣民 劉敬上 사건)의 경우처럼 범죄의 정상이 지극히 폭력적이고 고의성이 의심되는 경우 감형에 신중을 기했다. 사건 16(江西民 童發 사건)의 경우도 아내가 협박에 못 이겨 어쩔 수 없이 남편의 범죄를 증언한 것인데, 이로 인해 남편이 아내를 죽였다면 감형을 내린 것을 철회해야 한다는 최종판결을 내렸다. 더구나 사건 10(安徽民 榮恒山 사건)의 경우 남편이 아

〈표 4〉「祥刑追議 · 尤儦之戕」의 살처 사건

번호	가해자	연도	범행 동기 및 사건 개요	판결 내용 및 특기 사항
1	安東民 金驗尙	1784	시부모에 대한 불효를 이유로 처 김조이 살해.	우발적 살인으로 간주, 정상참작.
2	開城民 徐仁行	1784	시숙모와 손위 동서의 이간질로 남편이 아내 이조이 구타, 살해.	우발적 살인으로 간주, 정상참작. 남편을 유배형으로 처벌. 시숙모와 손위 동서 등 원인제공자도 유배 및 장형으로 처벌.
3	京城民 曹命根	1790	간통한 아내 三梅 살해.	살인사건 성립 안 됨. 피살자와 간통하고 피살자의 남편을 상해하려 한 姦夫 처벌.
4	信川民 白同	1788	남편이 간통한 아내 이조이를 구타치사한 후 아내의 자살로 사건의 은폐를 기도함.	남편의 우발적 살인으로 간주, 정상참작. 다만, 살인사건의 조작 기도는 처벌.
5	安城民 柳重彩	1785	남편의 외도 및 상습적 폭행. 가해자의 구타 후 아내의 음독 자살 추정. 사망 원인이 폭행치사인지 음독자살인지 불분명.	우발적 살인으로 간주, 정상참작. 장형 및 유배.
6	熙川民 徐必守	1785	상습적 폭행으로 인한 폭행치사로, 첩이 아내에 대한 남편의 폭행을 유도한 정황에 주목.	우발적 살인으로 간주, 정상참작. 다만 첩이 처의 살인을 유도한 정황을 고려하여 남편을 絶島로 유배. 첩 또한 살인에 가담한 직접적인 증거는 없으나 유배형으로 처벌.
7	三嘉民 朴道經	1789	남편의 범행 동기 불분명. 상습적 폭행 여부 또한 불분명. 우발적 분노에 의한 폭행치사로 간주.	폭행의 정황이 극단적으로 난폭하나 우발적 살인으로 간주.
8	溪新民 朴春福	미상	생활고로 인한 가정불화로 인해 폭행치사.	우발적 살인으로 간주, 정상참작.
9	江界民 李宗大	1781	남편의 외도 및 아내의 질투가 범행 동기. 가해자가 아내 전조이의 시신을 개천에 유기, 투신 자살로 사건을 은폐.	『無寃錄』에 의거, 살인사건의 은폐 사실을 증명. 이례적으로 고의적 살인으로 간주, 가해자 사형.
10	綾州民 林聖遠	1781	장인과의 불화를 이유로 아내 폭행치사. 자살로 사건 은폐를 기도함.	우발적 살인으로 간주, 정상참작. 사건 은폐에 대해서는 엄형 후 석방.

〈표 4〉「祥刑追議 · 伉儷之戕」의 살처 사건(계속)

번호	가해자	연도	범행 동기 및 사건 개요	판결 내용 및 특기 사항
11	長水 崔一贊	1785	간통을 이유로 남편이 핍박하자 아내 음독자살. 피의자의 동생(崔汝贊)이 형수를 폭행치사한 것으로 사건을 조작함. 남편의 요구대로 최여찬의 아내 辛女가 남편에게 불리하게 위증함.	미결 사건으로 수년 만에 판결. 동생 최여찬은 석방하고 형 최일찬은 사형 (형제의 의리를 지키지 않아 정상참작의 여지 없음). 남편에게 불리하게 위증한 최여찬의 아내 辛女는 유배, 官婢로 귀속.
12	文化 총각	미상	여인숙에서 간통 후 가출한 처 폭행치사. 가해자 및 피해자 신분 미상.	미결 사건.

내를 직접 살해한 것이 아니라 아내가 자살했음에도 남편을 교수형으로 처벌했다. 따라서 다산은 남편의 죄질은 지극히 나쁘지만, 그를 교수형으로 처벌한 것은 잘못된 판결이라고 지적하기도 했다.[16]

이 밖에 「의율차례·항려지장」의 살처 사건 외에도 법률문서 작성의 예를 소개한 「批詳雋抄」에 배우자 살해사건과 관련한 중국 사례들이 실려 있다. 「비상준초」는 사건의 판결 내용을 소개하는 데 중점을 두기보다는 법률문서의 형식에 중점을 두어 문서작성법을 소개하는 것이 목적이므로, 최종적인 판결 내용을 파악하기 어려운 경우가 많다. 그럼에도 불구하고 「의율차례·항려지장」의 사건들과 비교해 참고할 만하다.

다산이 「비상준초」에 소개한 살처 사건에서 주목할 만한 점이라면, 남편이 아내를 직접 살해했다기보다는 실제로는 아내가 자살한 경우가 많다는 것이다. 다산은 『흠흠신서』에서 자살인지 타살인지 증거가 불충분한 사례들에 주목했을 뿐만 아니라,[17] 아내가 자살한 것이 분명한 경우라도 남편이 아내의 자살에 직접적인 동기를 부여했느냐 아니나를 분별하는 하는 것을 매우 중요한 문제로 간주했다. 서로 극명한 대조를 이루는 아내의 자살 사건 3과 4의 경우처럼 남편을 사형으로 다스려야 하는 중대한 범죄가 될 수도 있는가 하면, 남편의 책임이 아닌 것으로 밝혀질 수도 있다. 원래『대명률』에는 가해자가 직접적인 살인을 저지르지 않은 경우라도 피해자의 사망 원인을 제공했다면, '威逼致死'의 조항을 적용하여 처벌할 수 있도록 규정했다.[18] 따라서 이 조항을 적용한다면 남편의 학대나 간통 등으로 인한 아내의 자살은 앞의 사례들처럼 남편을 처벌해야 하는 형사사건인 것이다.

한편, 사건 7(孫知縣 殺妻審語)부터 10(洪巡按 妻獄判詞)까지는 明末 公案小說『廉明公案』에서 발췌한 사건들이다.[19] 특히, 사건 8, 9, 10의 세 이야기는 사건기록으로서의 의미보다는 소설적인 상상력을 부각시킨 이야기들로 다른 사례들과 비교해 눈에 띈다. 이 이야기들에는 희생된 여성의 원귀가 등장하여 남편의 무자비한 폭력성과 부당함을 폭로하는데, 함축적으로나마 가부장 권위의 모순과 실패를 비판한다는 점에서 이에 대해 침묵으로 일관하는 다른 사건기록과 확실히 다르다. 사실, 「의율차례」에 수록된 사건 6(湖廣民 劉敬上 사건)의 경우처럼 다산이 직접 가해자인 남편의 폭력성을 지적하는 것은 매우 드문 일이라고 할 수 있다.[20]

그런데 「비상준초」와 「의율차례」에 수록된 중국 사례들은 「상형추의」의 조선 사례와 비교할 때 비로소 의미를 갖는다. 특히, 「의율차례」의 살처 사건은 「상형추의」의 살처 사건과 대조되어 다산의 편집 의도를 분명하게 보여준다.

「상형추의」에도 역시 남편의 외도를 포함한 불륜을 이유로 배우자를 살해한 사건이 6건으로 절반을 차지한 반면, 시부모에 대한 불효 및 媤家(妻家)와의 갈등, 처첩 갈등, 생활고 등 가정불화가 원인인 사건도 5건에 달한다. 「의율차례」와 비교해 「상형추의」에서 특별히 주목할 만한 사실이 있다면, 가해자인 남편에 대한 관형주의적 관행이다. 「의율차례」에 비해 가해자를 사형으로 처벌한 경우는 단 2건(사건 9, 11)뿐이다. 더구나 사건 11(崔一贊 사건)은 남편이 처를 핍박한 이유로 처벌받은 것이 아니라, 형제의 의리를 지키지 않았다는 이유로 처벌받았다.

표 1과 4에서 공통적으로 나타나는 특징이라면, '항려지장'은 배우자 살해사건이라기보다는 남편에 의한 아내 살해사건, 즉 살처 사건을 가리킨다는 것이다. 다산이 이 사건들을 아내에 의한 남편 살해사건과 의식적으로 구분했다는 것은 후자를 「의율차례」의 '弑逆之變' 16조 속에 따로 포함시켰다는 데서 분명히 알 수 있다. '시역지변'이란 제목에서도 짐작할 수 있듯이 여기에는 弑父, 弑母, 弑夫, 弑主 사건 등이 포함되며, 특히 아내에 의한 남편 살해사건은 모두 10건에 달한다. 남편 살해사건은 아내가 情夫와 함께 남편을 살해한 경우가 대부분인데, 아내는 능지처참으로 정부는 참형으로 처벌되었다. 더구나 약혼녀가 정부와 함께 약혼자를 살해한 경우도 혼인한 부부의 경우와 동등하게 처벌되었다.[21]

그렇다면 다산은 「상형추의」에 시부 사건, 즉 남편 살해사건을 수록했는가? 「의율차례」와는 대조적으로 단 한 건도 수록하지 않았다. 「상형추의」에도 '彝倫之殘'이라는 제목 아래 '시역지변'과 유사한 사건들을 실었음에도 불구하고 유독 아내가 남편을 살해한 사건만큼은 찾아볼 수 없다. 그런데 이는 『흠흠신서』뿐만 아니라 『심리록』에도 공통적으로 나타나는 현상이다. 『추관지』의 弑夫條에도 21건에 이르는 殺妻條에 비해 단 3건만을 실었을 뿐이다.

이와 같은 다산의 관점을 따라 「의율차례」 및 「비상준초」와 「상형추의」의 사건 내용을 비교하다 보면 상당히 편협한 결론에 도달할 수도 있을 것 같다. 18세기 중국의 성 질서가 동시대의 조선에 비해 훨씬 문란했다고 보는 것이다. 과연 18세기 조선사회는 중국에 비해 훨씬 도덕적이었을까? 앞에서도 언급했듯이, 다산은 「의율차례」 서문에서 그러한 관점을 분명히 밝혔다.

그러나 중국은 오로지 법률만 숭상한 나머지 간통과 弑逆의 사건도 우리나라보다 열 배나 많다. 우리나라에서는 형사사건을 다스리는 것이 지극히 허술하고, 유순하고 삼가는 풍속을 따라 대개 흉악하고 포학한 사건이 없으며, 죄를 짓더라도 손으로 때리고 발로 차서 상해를 입히는 데 불과할 뿐이다. 그러한즉 풍속을 순하게 하여 옛 것을 따르더라도 역시 백성의 사악한 행동을 막기에 충분하다. 반드시 다섯 등급의 사형 제도를 세상을 제어하는 효과적 법률로 삼을 필요는 없다. 후대에 나라의 형정을 관장하는 자도 반드시 이를 따르려고 하지 않는 것이 좋겠다.[22]

다산은 치밀하게 법률조항을 적용하는 중국의 형정 제도와 달리 우리나라의 형정 제도가 허술한 것을 인정하면서도 중국의 '法治'를 모범으로 삼지 않도록 권고한다. 다산이 『흠흠신서』를 저술한 의도는 법률의 왜곡과 형벌의 오·남용이 빈번했던 우리나라의 형정 관행을 바로잡기 위한 데 있었지만, 여전히 법치보다는 禮治를 이상으로 삼고 치밀한 법률의 적용보다는 풍속의 교화를 중시했다는 점에서 다산은 법학자이기 이전에 유학자였다. 중국사회에 '綱常' 범죄가 만연한 이유를 법률에 대한 지나친 의존에서 찾았던 것도 이 때문이었다. 그러나 한편으로 조선에 남편 살해사건 등 시역 사건에 대한 자세한 기록이 남아 있지 않다고 해서 조선사회가 도덕적이었다고 보는 것은

너무 순진한 결론이 아닐 수 없다. 문현아의 지적처럼 강상윤리를 극
단적으로 위배한 사건에 대한 기록 자체를 '원천적으로 봉쇄'한 것일
수도 있기 때문이다.[23] 그만큼 중국에 비해 조선사회에 성 질서 및 가
부장을 중심으로 한 가족질서의 붕괴에 대한 불안이 팽배했으며, 이
로 인해 상대적으로 더욱 방어적, 폐쇄적이었다고 추측해볼 수 있다.
이러한 방어적 태도는 사건기록의 행간을 읽을 때 더욱 명백하게 드
러난다.

3. 『흠흠신서』에 나타난 18세기 동아시아의 성 정치학

18세기 중국과 조선 사회에서 유교적 성 담론의 영향력은 민중의 일
상생활 구석구석까지 미치지 않는 곳이 없었다고 말할 수 있다. 특히,
부부관계에서 남편에 대한 아내의 순종과 정절에 절대적 의미를 부여
하면서, 가족질서 내에서 여성의 지위는 남성에 비해 열등한 것으로
나타난다. 판례와 사건기록을 볼 때, 부덕을 지키지 않은 '음란한' 여
성들에 대한 법률적 통제는 말할 나위 없이 가혹한 반면, 가부장의 빈
번한 폭력은 대개 용인되었다. 성적 문란이 가족질서의 문란뿐 아니
라, 더 나아가 정치적 무질서를 의미하는 사회에서 여성의 반항과 일
탈은 관용의 대상이 아니었다.

그런데 여기에서 주의할 점은 18세기 동아시아의 법률적 맥락에서
'음란하다'라는 것은 법률적으로 금지한 어떤 특정한 성행위나 에로
틱한 표현과는 무관하다는 것이다. 매튜 소머의 지적대로 서구와 달
리 전통시기 중국 법률에는 특정한 성행위에 대한 금지조항 같은 것
은 존재하지 않았다.[24] 법률에서 금지한 '姦淫' 혹은 성범죄란 합법적

인 혼인관계―즉, 부부관계―바깥에서 이루어진 불미스러운 남녀관계를 모두 포괄한다. 결혼한 남녀의 혼외정사뿐만 아니라 미혼 남녀의 정사도 간통이 되는 이유는 가부장을 중심으로 한 가족질서를 위협하기 때문이다. 이렇게 본다면 가족질서의 해체를 야기하는 모든 행위―불효로부터 불복종, 질투, 잔소리, 가출, 이혼 요구에 이르기까지―가 음란행위의 범주에 포함될 수 있는 것이다.

마찬가지로 '음란한 여인네', 즉 '淫婦'는 좁은 의미로 성적으로 문란한 여성만을 가리킨다기보다는 강상윤리에 근거한 유교적 성 질서를 위협하고 윤리적 통제로부터 일탈한 모든 여성을 가리킨다. 따라서 음부의 전형이라면 평소 남편과 시부모에게 不孝不順하여 대들기 잘 하고 잔소리와 질투가 심하며 몸가짐이 조신하지 못한 여인네들인 것이다. 18세기 중국의 살처 사건을 분석한 자넷 사이스는 많은 사건 기록에서 공통적으로 나타나는 것이 바로 일종의 전형적인 '음부 담론'에 근거한 음부의 형상화라고 지적한다. 가해자인 가장의 폭발적 분노와 폭력의 원인이 과연 가부장의 권위에 도전하는 통제 불능의 음부에 있었는지를 판단하는 것은 가해자의 인성만큼이나 살처 사건의 판결에 핵심적 요소였다는 것이다.[25]

국가가 적극적으로 가부장을 중심으로 한 가족질서의 수호에 개입한 점에 주목할 때, 음부와 함께 姦夫에 대한 엄형주의가 폭력적인 가장에 대한 관형주의와 상호모순적이라기 보다는 일맥상통하는 경향임을 알 수 있다. 유교적 가족질서 내에서 가장의 폭력을 정당화하는 것은 지극히 간단한 일처럼 보임에도 불구하고, 사법제도는 치명적인 폭력을 휘두른 가장에게 무조건적 관형을 베푼 것은 아니었다. 특히, '죄 없는'―즉, '七去之惡'에 해당되지 않는―아내를 살해한 가장에 대한 관형의 초점은 남편의 극단적인 폭력이 과연 고의적인지 우발적인지를 가리는 데 있었다. 따라서 살처 사건기록의 중점이 범죄 사실의 서사적 재구성을 통해서 남편의 폭력이 정당화될 수 있는가를 논리적으로 제시하는 데 있었음은 더 말할 나위도 없다.

아내를 걷어차 죽게 된 사실은 命千의 경우와 같으나 명천은 곡식 한 말을 가지고 서로 싸운 것이요, 徐必守의 경우는 첩이 그 사이에 끼어 있는 것이다. …… 이로 보나 저로 보나 朴女가 서필수에게 죽었음은 결코 의심할 수 없으며, 법률이 지극히 엄격하니 사형에서 용서받긴 어렵다. 다만 앞뒤 진술에서 그 정상에 가엾은 점이 없지 아니하다. 그 진술에 "아이 때린 일은 비록 작은 일이요, 아내 걷어찬 일은 습관적이니 애초에 반드시 죽이려는 마음은 없었다. 이제 와서는 같이 죽기를 원한다." 하고, 또 "장년의 나이 30 미만이요, 늙은 부모는 모두 70인데 어찌 사람의 목숨을 고의로 죽여 죽을 곳으로 스스로 떨어지겠는가?" 했으니, 이 말은 마음에서 우러나왔고 거짓으로 꾸민 것은 아니다.

평소의 차차 믿게 되는 헐뜯는 말은 비록 첩에게 홀딱 빠짐으로 말미암았으나, 당일 발로 찬 행위는 서로 반목하는 싸움에서 나왔을 뿐이다. 그것을 살의가 없었다고 한다면 옳으나, 고의로 했다고 한다면 옳지 않다. 이를 과오로 죽였다고 본다면 옳으나, 고의로 죽인 것으로 보는 것은 옳지 않다.[26]

이 사건에서 조사관은 가해자 및 증인의 진술을 토대로 가해자의 분노를 촉발시킨 요인을 다음과 같이 하나하나 짚어 나간다. 원래 싸움의 발단은 하찮은 것이어서 죽이려는 의도가 있었던 것은 아니다, 다만 발로 피해자의 급소를 때린 것이 피해자의 사망 원인이며 이 또한 죽일 의도로 때린 것이 아니라는 것이다. 이 사건에서 미심쩍은 점이라면 첩이 있다는 것인데 이로 인해 평소 부부의 반목이 잦았던 것은 사실이다, 그러나 가해자는 노부모를 봉양할 의무가 있는 데다가 스스로 한창 나이라고 한 것을 보면 피해자를 고의로 죽일 마음이 있었던 것은 아니다. 조사관은 서필수 사건이 우발적 살인사건이라는 결론을 내린다. 『흠흠신서』에 수록된 사건기록은 요약된 것에 불과하지만, 그럼에도 불구하고 가장의 폭력이 우발적이었다는 결론에 이르는 데 가해자인 남편이 이제 "아내와 같이 죽기를 원한다"라든가, 혹은 "부양할 부모와 자식이 있는데 처음부터 아내를 고의적으로 살인할 마음이 있었겠는가?" 같은 문구를 사용하는 것은 거의 형식화된 修辭와 다름없다. 예를 들면, 건륭 연간의 『刑科題本』에 실린 살처 사건에서도 아내를 죽인 남편의 공통적인 변명은 "자식을 낳고 오래도록 함께 산 아내를 고의로 죽일 이유가 없다"는 것이었다.[27] 게다가 서필수 사건에 명시된 것처럼 습관적인 남편의 가정폭력에 대해서 국가는 이를 대체로 묵인한 반면, 습관적인 가정폭력이 언제든지 극단적이고 치명적인 것으로 비화할 수 있는 위험성을 전혀 고려하지 않았음을 알 수 있다.

그러나 이 살처 사건의 가해자인 서필수는 絶島로 유배되는 중형을 받게 된다. 다산은 그 이유를 "첩이 빌미가 된 것"이라 했다.[28] 서필수의 첩은 가해자의 아내 살해를 모의하거나 직접적으로 개입한 정황은 없었지만, 正妻를 시기, 질투한 사실은 있었다. 이로 인해 첩에게도 유배형을 내렸다. 이 사건에서 가해자인 남편과 함께 첩도 처벌받은 사실은 국가가 살처 사건을 매우 일관적인 관점으로 해석하고 있음을 의미한다. 즉, 논의의 초점은 유교적 위계질서의 존속에 있으며, 이를 침해할 경우 가장의 폭력은 결코 용납될 수 없는 범죄행위가 되는 것이다.

그런데 다음의 살처 사건은 또 다른 법률적 맥락을 제공한다.

朴道經 형사사건은 우발적이냐 아니면 반드시 죽이려 했느냐를 사건의 정황으로 구별하여 그를 죽이냐 살리냐를 비교해 판단 논의해야 한다. 이제 이 박도경이 사내종을 때릴 때 화를 풀도록 권함은 집안에 항상 있는 일인데, 또 무슨 마음으로 사내종은 버려두고 아내에게 옮겨 문지방에 머리를 부딪고 삼틀[麻機]로 그 등을 때리며, 심지어 기다란 몽둥이로 마구 혹독히 때려 끝내 여러 해 같이 산 아내를 잠깐 동안에 쉽사리 죽여 버렸는가. 그 모질고 사나움은 실제 드물게 보이는 일이니, 조사관을 특별히 다그쳐 엄중한 형장으로 자백받기를 결코 그만둘 수 없다.
　그러나 전에 이와 같은 사건에 살의가 있거나 없거나를 막론하고 대부분 목숨을 살려 치르게 하는 죄에 붙임은 그 죄가 용서할 만한 것이지 그 정상이 용서할 만해서가 아니다. 부부 사이는 희롱을 하다가도 싸움이 벌어질 수 있을 뿐 아니라, 아내가 죽었는데 남편이 또 죽는다면 죄가 없는 자는 아들딸인 것이다. 하물며 범인의 목숨으로 보상함은 죽은 자의 원통함을 위로하려 함인데, 죽은 자가 그의 아내이니, 만일 죽은 자에게 지각이 있다면 반드시 그 남편이 살아서 나가는 것을 가만히 다행스레 여길 것이며, 어찌 법대로 집행하여 사형시킴을 달가워하겠는가. 이러므로 아내의 죽음에 그 남편을 목숨으로 보상하도록 하는 사건은 언제나 선뜻 처리하지 못하고 미루는 것이다.[29]

박도경은 화풀이로 '죄 없는' 아내를 폭행하다 죽이기까지 한다. 사건의 전말을 제대로 파악하기에는 그 記述이 너무도 미진하지만, 화풀이치고는 가해자의 폭행이 지나치게 잔인한 것은 조사관들도 인정한 바이다. 그리하여 도대체 "무슨 마음"으로 아내를 죽을 때까지 폭행했는가 반문한다. 사건기록의 묘사로만 미루어볼 때 가해자의 폭행은 가학행위인 것으로 보인다. 그러나 폭행의 잔혹성 정도가 고의직 살인 여부를 결정하는 관건이 아닌 것은 분명하다. 正祖는 박도경의 행위가 용서할 만한 것이 아니나, 아내의 죽음에 남편을 목숨으로 보상할 때 "죄가 없는 자는 아들딸"이라며 역시 그 초점을 가해자의 자식에게로 옮긴다. 그러면서 거기에 죽은 아내도 남편이 살아 나가는 것을 달가워할 것이라고 덧붙인다. 결국 이 판결의 궁극적 의도도 일관되게 가부장 질서의 존속에 있다는 점에서 예외적인 사례라고 볼 수 없다. 즉, 정조는 가족의 해체를 막는 것이 우선적이라고 본 것이다. 이와 유사한 논리는 아래의 사례에서도 되풀이된다.

> 미천한 백성의 부부 사이는 걸핏하면 싸운다. 조금만 뜻에 어긋나도 싸우고 싸움이 지나치면 때린다. 저녁에 주먹질을 했다가도 아침에는 친근해지며 잠깐 꾸짖다가도 곧 해해거리기도 한다. 화가 나면 불꽃같으나 좋아지면 물이 섞임처럼 되니 한 가지로 통틀어 말하기는 어렵다. 朴春福과 姜女는 7년 동안 같이 살며 내리 두 아들을 낳았으니 정분은 좋고 은의가 깊다. 다만 남자가 되어 다독거려 기름을 잘 못하니 항상 부끄러움이 마음속에 붙어 있다가 밖에서 집으로 돌아오니, 부엌에서는 연기가 피어오르지 아니하고 아내의 책망이 뒤섞여 겹쳐지자 이에 술기운을 타고 주먹질과 발길질이 급소를 가리지 않았으니, 이것이 어찌 죽여 버릴 마음이 있어서였겠는가. …… 특별히 죽음에서 줄여 유배시키라 했다.[30]

이 사건도 박도경 사건과 마찬가지로 가해자가 아내를 살해한 것이 고의적이냐 우발적이냐를 분별하기 쉽지 않다. 정조는 판결에 앞서 "미천한 백성은 부부끼리 걸핏하면 싸운다"거나 "부부싸움은 칼로 물 베기"라며 부부싸움 혹은 남편의 아내 구타를 통상적인 일로 언급하는데, 이 또한 살처 사건의 기록에서 일반적으로 사용하는 수사 중 하나였으며, 법적으로도 남편이 아내를 구타한 사실 자체가 범죄로 성립되지 않았던 당시의 일반적 상황을 반영한다. 결국 정조의 판결은 생활고와 자녀를 근거로 우발적 살인 쪽으로 기울었고, 이에 대해 다산은 정조의 판결을 옹호했다.

그런데 가장의 폭력에 대한 지나친 관용과 타협은 「의율차례」의 사례들과 비교하면 이례적이라고 할 수 있다.

湖廣 백성 劉敬上이 병들어 누운 지 반년에, 그 아내 陳氏는 가난과 병의 연속으로 때 없이 소리내어 남편과 심하게 다투었다. 진씨가 남편에게 개가시켜 달라는 말을 하자 유경상은 손을 들어 때리려 하자, 진씨는 재빨리 칼을 쥐고 남편에게 拚命하니, 유경상은 그 칼을 빼앗아 연거푸 진씨의 정수리, 이마, 뒤통수, 목덜미 등을 찍어 땅에 쓰러져 목숨이 끊어졌다. 다친 자죽을 조사해보니 모두 치명상으로서 죽이려는 생각을 가졌음에 틀림이 없다. 고의적으로 사람을 죽인 조문을 적용하여 교수형을 판결했다. …… 남편은 아내의 벼리로서 어찌 칼을 쥐고 찍을 수 있단 말인가.[31]

이 사건은 개가를 요구한 아내와의 다툼이 칼부림으로 비화된 경우이다. 가해자인 남편을 분노하게 한 원인은 명백하다. 아내의 이혼 요구는 남편의 폭력을 정당화할 근거가 될 수 있으며, 게다가 먼저 칼을 휘두른 것은 가해자가 아니라 피해자였다. 이 사건과 비교한다면, 홧김에 아내를 죽인 박도경과 아내의 잔소리를 이유로 아내를 구타치사한 박춘복의 폭력은 전혀 감쌀 이유가 없을 수도 있다. 그러나 뜻밖에도 유경상 사건의 조사관들은 가장의 폭력을 감싸지 않는다. 아내를 '고의로' 살해한 정황이 비교적 분명하다고 보았기 때문이다. 이에 대해 다산은 아내 진씨가 칼을 쥔 것은 남편을 죽이려는 의도가 아니었고 개가하겠다는 요구는 간통과는 다르므로, 유경상의 범죄는 고의적인 살인이기에 관형을 베풀 수 없다고 주장한다.[32] 이는 박도경 및 박춘복 사건을 우발적 살인으로 간주해 관형을 베푼 정조의 판결에 동조한 다산의 입장과는 분명히 구별되는 것이다.

이런 점에서 본다면 가장의 폭력에 지나치리만치 관용적이었던 18세기 조선사회의 맥락에서도 분명히 가장의 폭력을 도저히 용인할 수 없는 법적 한계가 있었으리라 추측해볼 수 있다. 그런데 다산이 선별해 실은 「의율차례」만 보더라도 아내의 간통 사실이 명백한 경우를 제외하고는 18세기 중국의 법률은 가장의 폭력에 그리 관용적이지 않았음을 알 수 있다. 18세기 중국의 살처 사건을 분석한 사이스는 이들 사건기록에 나타난 성 담론에서 여성의 도덕성 결여가 결국 남성의 책임이라고 생각하는 경향이 팽배하다고 주장한다. 즉, 사회적, 윤리적 질서를 지키고자 하는 의지가 결여된 남성의 수동성과 무능함이 '음부'를 양산했다는 것이다. 사이스가 보기에 이러한 경향은 국가가 여성의 정절과 부덕에 집착하게 된 원인이 가부장에 대한 환멸에 있었던 것과 일치한다.[33] 따라서 살처 사건을 심리한 중국의 판관들은 '음부' 담론을 통해서 가장의 폭력을 정당화하면서도, 가부장의 권위가 적절하게 행사되었는지, 아내를 살해했다는 사실 자체가 가부장 권위의 부적절한 표현은 아닌지를 끊임없이 되물었던 것이다. 가장의 폭력이 가부장 권위의 부적절한 표현인 것으로 판명된다면, 가해자는 결국 형벌을 면피하기 어려웠다.

그런데 「의율차례」에서도 우리는 부적절한 가부장의 권위에 순종하기보다는 저항을 택한 여성들의 사례를 만날 수 있다. 河南省 趙芳

사건과 直隷民 王濟衆 사건이 그 대표적 사례이다.[34] 전자의 경우에는 胡約에게 돈을 빌려준 조방이 이를 빌미로 호약의 아내와 간통을 요구했으나, 그의 아내 尙氏가 이를 거절하자 호약으로 하여금 아내 상씨를 폭행치사하게 한 사건이다. 후자의 경우도 유사한 사건인데, 남편의 매춘 요구를 거절한 아내가 자살한 사건이다. 후자의 경우에는 정절을 지키고자 자살한 아내를 정려하도록 한 반면, 정작 그녀의 남편은 伊犁로 유배시켜 병사의 종으로 삼게 했다.

이 두 사례에서 국가는 극단적으로 왜곡된 가부장의 권위를 단호하게 처벌할 뿐만 아니라, 이에 죽음으로써 맞선 두 여성의 '도덕적 주체성'을 공식적으로 인정하고 있다. 국가는 이 두 여성이 유교적 성질서의 유지를 위해 '도덕적 수호자'의 역할을 다한 점에 주목한 반면, 정작 그들의 행위가 가부장의 권위와 정면으로 대립함으로써 가족질서의 위기와 해체를 가져온 측면은 간과하고 있다. 부적절한 가부장의 권위에 정면으로 맞선 이 두 여성의 죽음은 사실 매우 중대한 의미를 갖는다. 많은 열녀의 죽음이 그렇듯이 이들의 죽음은 남편을 위한 희생이 아니라, 오로지 자신을 위한 선택이었기 때문이다. 즉, 그들에게 정절을 지킨다는 것은 남편에 대한 순종을 의미한 것이 아니라, 스스로 인간답게 살 권리를 지킨다는 '자존적' 의미가 있었던 것이다.[35]

한편, 18세기 조선의 경우는 어떠했는가? 현재 남아 있는 소략한 사건기록만 가지고는 추락하는 가부장의 '자성의 목소리'를 듣기는 어렵다. 혹은 앞에서도 지적했듯이 이는 '원천적 봉쇄'일 수도 있다. 그러나 그럼에도 불구하고 법이 용인할 수 없는 한계라는 것은 존재했다.

李宗大가 머리를 휘어잡아 끌고 때리고 찼음을 명백히 진술했으므로, 죽은 원인은 차여 죽게 된 것으로 문서에 기록하고, 주범으로 이종대를 문서에 기록하고, 목격한 증인으로 이조이를 문서에 기록하거니와, 이종대는 사소한 일로 그 아내를 죽여 버렸으니 마음이 매우 흉악하고 사나운 데다 스스로 물에 빠져 죽은 자취를 거짓으로 만들어 용서될 수 없는 큰 죄에서 도망치려고 했다. …… 이종대의 아버지 李琦明의 사나운 성품은 본래부터 유명하고, 그 아들의 범행을 애초에 막지 않았으니, 이와 같은 흉악한 사람을 무거운 형벌로 다스리지 않는다면 먼 시골 백성을 징계하기 어렵다. 특별히 엄중한 형벌을 더하여 처단하는 것이 어떨는지 모르겠다 했다.[36]

이종대 사건에 대한 국왕의 판부는 다음과 같다.

시체를 물에 던진 한 가지 일을 볼 때 그 범행의 잔인하고 악독함과 마음 씀의 악하고 사나움은 곧 서울과 지방의 몇백 사건기록에서 없었던 일로서, 이 죄수를 사형시키지 않으면 법을 어디에 쓰겠는가?[37]

다산은 이 사건에 대해 다음과 같이 자신의 의견을 덧붙인다.

신이 삼가 살펴보건대, 아내를 죽인 형사사건에 대한 임금의 결재판결에서는 살려주지 않음이 없었는데, 그러나 이 사건 및 綾州의 林聖遠 사건에서만 임금의 批答이 특히 엄중했던 것은 죽인 뒤에 또 못에 던지거나 목을 맨 행위를 미워한 것이며, 마음 씀이 바르지 않았을 뿐 아니라, 그 잔인함이 심했기 때문입니다.[38]

이처럼 이종대 사건에서만큼은 조사관을 비롯해 정조와 다산에 이르기까지 한목소리로 가부장의 기만과 허위를 성토한다. 이종대는 아내를 살해한 다른 범인들과 달리 본래부터 '잔인, 악독, 흉악'하다. 그런데 이종대의 비뚤어진 성품은 '父傳子傳'이었다. 이종대의 아버지도 아들만큼이나 흉악하고 기만적인 사람이었으며, 아들을 깨우치기는커녕 아들의 범죄를 은폐하기 위해 사건을 조작하는 데 앞장선다. 아버지에서 아들로 유전되는 이 비뚤어진 가부장의 권위 앞에서 법은 주저 없이 환멸과 혐오를 표명하며 엄형을 내린다. 결국 가부장의 권위를 일방적으로 옹호하는 보수적인 조선사회에서도 법이 도저히 허용할 수 없는 한계라는 것은 있었다. 그것은 바로 가장이 스스로 성질서를 무너뜨릴 때와 국가의 권위를 능멸할 때였던 것이다.

4. 맺음말

이 글에서 필자는 주로 『흠흠신서』의 「의율차례」와 「상형추의」에 실린 '항려지장', 즉 남편의 아내 살해사건을 중심으로 18세기 동아시아의 성 정치학이 어떻게 전개되었는지를 살폈다. 『흠흠신서』는 저자가 선별한 판례를 수록함으로써 저자인 다산의 관점이 투영되어 있지만, 18세기 조선의 사례와 함께 중국의 사례를 대칭적으로 수록함으로써 18세기 동아시아의 성 정치학을 폭넓게 고찰하는 것을 가능하게 한다. 『흠흠신서』에는 「의율차례」와 「상형추의」 외에 「비상준초」에도 배우자 살해사건을 실었는데, 다산을 비롯한 유교적 법학자 혹은 국가가 유교적 성 질서의 수립과 존속에 얼마나 고심했는지 보여준다. 왜냐하면 이 사건들은 가부장제의 실패를 상징적으로 보여주는 사례가 될 수도 있기 때문이다. 그리하여 대부분의 살처 사건의 기록에서 우리는 가장의 폭력을 우발적인 것으로 간주하면서 '부부싸움'의 사소함과 일상성을 강조하는 수사를 발견할 수 있다. 그러나 한편으로 이러한 수사 속에서 국가가 여성성의 통제에는 엄격한 반면, 가장의 폭력에는 지나치게 관대한 모순도 쉽게 발견할 수 있다.

이처럼 『흠흠신서』의 「의율차례」와 「상형추의」 사례들에서 우리는 18세기 중국과 조선 사회에서 공통적으로 나타나는 유교적 성 담론의 내면화 현상을 관찰할 수 있는 반면, 동시에 법 적용에서 나타나는 미묘한 차이도 발견할 수 있다. 유사한 사건들을 비교할 때 중국의 경우는 가장의 폭력에 좀 더 엄격하게 대응한 반면, 조선의 경우는 좀 더 관용적이었다. 그럼에도 불구하고 양국의 사건기록에서 공통적으로 발견할 수 있는 점이라면, 가장의 폭력을 우발적인 것으로 보고자하는 수사의 공통적 사용이었다. 이는 국가가 무조건적으로 가부장의 폭력을 정당화한 것이 아니라, 가부장제의 실패를 은폐하고 가족질서의 붕괴를 막기 위한 고육지책이었던 것으로 보인다. 이 때문에 법률의 한계를 넘어서 궁극적으로 성윤리와 사회질서를 어지럽히는 가장의 폭력을 국가는 용인하지 않았던 것이다.

2장

조선 후기의 서학과
전통 사유의 변용

―최한기 철학의 지적 변화에 대한 일고찰―

백민정
(가톨릭대학교 철학과)

❖

1. 머리말

혜강(惠岡) 최한기(崔漢綺, 1803-1877)는 정약용(丁若鏞)과 더불어 조선 후기 실학의 집대성자로 알려진 인물이다. 정약용의 경우에도 같은 물음을 던질 수 있지만 최한기에게도 과연 어떤 점이 그를 조선 후기의 대표적인 실학자로 호명하게 했는지 묻지 않을 수 없다. 실학이라는 문제적 범주는 차치하더라도, 우선 최한기의 철학이 어떤 면에서 독특한 관점과 논리를 피력했는지 살펴볼 필요가 있다. 이전 시기에도 이미 중국 청나라를 통해 서양의 적지 않은 한역(漢譯) 서학서(西學書)가 조선에 유입되었지만, 19세기에 이르면『지구도설(地球圖說)』,『영환지략(瀛環志略)』,『해국도지(海國圖志)』같은 인문 지리서들이 널리 유포되었고, 이런 신서적들을 가장 신속하고 왕성하게 수용했던 인물이 바로 개성 지역 출신의 서울 거주 지식인 혜강 최한기였다.[1] 그는 놀라울 만큼 빠른 속도로 서양 중세와 근대의 과학서, 종교서 등을 탐독했고 그런 진지한 독서와 숙고의 과정을 거치면서 자신만의 독특한 사유 논리를 구성했다. 선행 연구자들이 이미 지적했듯이, 최한기는 전통적인 유교 경전에 대한 주석학적 작업을 진행하지 않았다. 오로지 자신의 이름을 내건 개인 저작을 통해서만 지적 작업을 수행한 것이다.[2] 이 점에서 볼 때 최한기 철학의 독창성은 단지 사유의 내용에서 뿐만 아니라 글쓰기 스타일의 새로운 전형을 만들어냈다는 점에서도 찾아볼 수 있을 것이다.[3]

  기학(氣學)으로 수렴되는 최한기의 사유는 그의 새로운 기(氣) 개념의 정의에서도 엿볼 수 있는 것처럼 동시대 서양의 자연과학 지식에 대한 비판적 수용과 음미를 통해 형성된 것이다. 역수학(歷數學), 기계학(器械學) 등 당대에 최한기가 접한 서양의 과학 지식을 통해 그는 구체적인 유형의 형질(形質)을 지닌 기를 측량하고 계산할 수 있다고 보았다. 전통적인 기철학에서 그래왔던 것처럼 최한기도 우주를 구성하는 가장 근원적인 물질로서의 기 개념을 중시했다. 그런데 당시 누구보다도 예민하게 서양 과학의 유입에 주목했던 최한기가 기의 고유한 본성을 '활동운화(活動運化)'라는 네 가지 특성을 통해 설명했을 때 그것은 기의 끊임없는 움직임과 변화를 강조해온 기존의 기철학적 관점과는 이미 다른 함의를 지닌 것이었다. 본론에서 후술하듯이 이것은 최한기가 말한 기의 '활동운화'하는 본성이 지구의 자전과 공전을 둘러싼 당시 최신의 천문학 지식을 통해 비로소 분명하게 인지된 특성이었기 때문이다.[4] 연구자들이 지적했던 것처럼 태양중심설과 같은 새로운 천문학 정보의 유입이야말로 최한기의 사유가 형성되고 변화하는 데 결정적인 영향을 미쳤다고 평가할 수도 있다.[5]

  '활동운화(活動運化)' 혹은 간단히 줄여서 '운화(運化)'라는 표현은 1850년대 중반 이후 최한기 사유의 원숙한 저작물들에서 반복해 등장하는 가장 핵심적인 용어 가운데 하나가 된다. 1836년 초년에 최한기가 『신기통(神氣通)』과 『추측록(推測錄)』을 작성했을 무렵과 그 이후

1850년대 『지구전요』(1857)를 구성하고 『기학』(1857)을 완성했으며 나아가 1860년에 『운화측험(運化測驗)』(1860) 등을 마무리했을 무렵에는, 철학적 사유의 흐름에서 일정한 변화가 드러나는 것을 감지할 수 있다. 물론 최한기의 저작들을 종합적으로 검토하면 그가 초년에서 말년에 이르기까지 지속적으로 일관되게 유지한 관점도 많다는 것을 알 수 있다. 하지만 양자 간의 미묘한 차이 역시 간과할 수 없는 점이다.[6] 왜냐하면 최한기의 초기 저작에서는 조선시대 전통 학문인 주자학 혹은 성리학의 세계관과 상당 부분 중첩되는 대목들이 눈에 보이는 반면, 후기의 저작에 오면 최한기 특유의 기학적 세계관이 보다 분명한 형태로 드러나기 때문이다. 그렇다면 1830년대와 1850년대 이후 최한기 사유의 변화 과정에 서양 중세 및 근대의 학문과 과학이 상당한 영향을 미쳤다고 짐작할 수 있다. 하지만 이 문제는 일방적인 지적 수용이나 대응과는 거리가 먼 결과를 우리에게 보여준다. 최한기는 한편으로 새로워진 기 개념과 기철학의 특성을 제시하고 있지만, 다른 한편으로는 여전히 전통적인 성리학적 사유의 논리와 구조를 차용하고 있기 때문이다. 서로 이질적인 사유의 경향들이 최한기의 원숙한 철학에서 어떻게 재배치되면서 융합하고 있는지 살펴보는 것이 이 글의 주요한 목적 가운데 하나다.

필자는 다음 본론에서 1830년대 최한기의 초기 사유를 『신기통』과 『추측록』의 합본인 『기측체의』를 통해 살펴보고, 1850~60년대 이후 후기의 사유를 『기학』의 내용을 중심으로 분석하되 『지구전요』, 『운화측험』, 『인정(人政)』, 『명남루수록(明南樓隨錄)』 등을 함께 살펴봄으로써 두 시기 사이의 변모 양상을 좀 더 충실하게 구명해보고자 한다. 이 과정을 통해 조선 후기 실학의 대표자 중 한 인물로 호명된 최한기의 사유가 우리의 짐작과 달리 전통 사유의 연속적 흐름에 깊이 한 발을 믿고 있었던 점을 살펴볼 수 있을 것이다. 뿐만 아니라 조선 후기에 유입된 서학의 과학적 세계관을 접하면서 최한기 철학이 어떤 성격의 지적 변화를 겪게 되는지도 엿볼 수 있다고 본다. 이것은 조선시대 전통 사유에 기반한 내적 숙고와 반성을 통해서 가능했던 작업이라는 점에서 철학적 사유의 연속과 불연속 지점을 동시에 보여주는 중요한 사례라고 생각한다. 그럼 최한기 사유의 구조와 논리를 통해이 문제에 접근해보도록 하자.

2. 『기측체의氣測體義』에 나타난 전기 사상의 특징

(1) 이기(理氣) 성정(性情) 개념의 용례와 신기형질론(神氣形質論)의 구조

최한기는 『신기통』과 『추측록』을 각각 별도로 작성한 뒤에 『기측체의』로 합본했고, 이 합본 텍스트를 여러 차례에 걸쳐 수정했던 것으로 알려져 있다.[7] 따라서 『기측체의』의 내용은 단순히 최한기의 초년기 사유만을 보여주는 저작은 아닐 수도 있다. 필자가 아래 소개할 '신기형질론(神氣形質論)'의 구조 역시 전후기의 많은 저작들 가운데 비슷한 논리로 다시 등장한다.[8] 그런데 이와 같은 사유의 일관성에도 불구하고 최한기의 후기 작품에서는 잘 언급되지 않는 몇 가지 개념과 표현 문구들이 전기의 작품에서 산발적으로 계속 등장한다. 다음 장에서 언급하는 『기학』이후의 설명과 비교해보면 그 차이점이 보다 분명히 드러날 것이다. 여느 기철학자들과 마찬가지로 최한기 역시 세계를 구성하는 가장 근본적인 물질적 토대를 기(氣)라고 상정하고 있다.[9] 기를 중심으로 자연계와 인간 사회, 기타 모든 사물들이 조성된다고 보았기에 성리학자들의 전통적인 이(理) 개념은 이제 기의 조리(條理)라는 제한된 의미만을 갖게 되었다.[10] 형체도 없고 자취도 없는 이(理)라는 것은 오직 기의 구체적인 작용을 통해서만 간접적으로 드러날 수 있는 일종의 형식적 원리나 패턴 정도로 간주된 것이다. 당시에도 이미 최한기에게 이(理) 개념이 기(氣)에 종속된 하부 의미의 개념으로 간주되었던 점을 기억할 필요가 있을 것 같다.

한편 그는 '신기(神氣)'라는 특정한 용어를 자주 사용했는데, 신기 역시 기이기는 마찬가지지만 '신(神)'이라는 용어가 가진 함의 때문에 보다 특정한 상태의 기만을 의미하게 되었다. 그의 설명에 따르면 '신(神)'이란 용어는 기의 밝음[明]을 의미하기도 하고 기의 정화(精華)를 가리키기도 하며 기의 무한한 공용(功用)이 지닌 덕(德)을 총칭하는 말이기도 하다.[11] 이로써 보면 최한기가 말한 신기란 밝고 정미로우며 다양한 공능[기능]을 지닌 기(氣)의 가장 이상적인 상태나 존재 양태를 가리키는 용어였다고 볼 수 있다. 최한기는 위와 같은 이상적 신기가 세계의 모든 존재자들에게 동일하게 내재되어 있다고 생각했던 것으로 보인다.[12] 천지(天地)가 이 신기를 함유하고 있을 때 '천지의 신기'라고 부르고, 인간과 사물이 이 신기를 함유하고 있을 때 '형체(形體)의 신기'라고 부르고 있다. 그러나 현상적으로 볼 때 모든 개체들은 서로 다른 삶의 조건과 외형을 갖추고 있는데, 이 같은 개체 간의 다양한 차이의 발생은 기(氣)가 아닌 '질(質)' 혹은 '형질(形質)'이란 개념을 통해서 별도로 해명하고 있다. 최한기는 기(氣)가 좀 더 구체적인 형태를 갖추게 된 것을 질(質)이라고 설명하면서[13] 이러한 질 혹은 형질은 바로 윗세대 부모로부터 유전적으로 혹은 심리적으로 다양하게 물려받은 속성이나 특징으로 이해했다.[14] 따라서 신기(神氣)가 모든 존재자의 공통분모라면 형질(形質)은 각 개체를 다른 개체와 서로 차이 나게 만들어주는 개별화의 원리로 이해되었다고 볼 수 있다. 바로 이렇게 신기(神氣)와 형질(形質) 혹은 더 간단히 말해 기(氣)와 질(質)의 구조를 통해 최한기가 자신만의 독특한 존재론적 세계관을 구성했던 것을 '신기형질론'이라고 부른 것이다.[15]

신기형질론의 구조에서 최한기는, 다양한 형질로 인해 일시적으로 가려진 근원적인 신기(神氣)를 외부 사물들의 신기와 서로 통(通)할 수 있도록 만드는 공부법을 강조했다. 그리고 이러한 공부를 확장함으로써 세상 모든 사물들의 신기가 서로 통하게 되는 가장 이상적인 세계상을 피력한다. 『신기통』이라는 작품의 제목이 바로 이런 지적 포부를 반영한 것이다. 그런데 앞서의 설명을 염두에 둘 때 최한기가 강조했던 신기(神氣)와 형질(形質)이란 결국 기(氣)의 서로 다른 두 가지 존재 양태라는 것을 짐작할 수 있는데, 전자가 맑고 역동적인 기의 본래적 상태를 의미한다면, 후자는 구체적인 형체나 형질로 인해서 어느 정도 고체화(固滯化)된 기의 국한된 특정한 상태를 의미한다고 구분해볼 수 있다.[16] 최한기는 『신기통』과 동일한 시점에서 작성한 『추측록』에서는 아래 인용문의 이기(理氣), 성정(性情), 동정(動靜)처럼 전통적인 개념들을 거의 그대로 사용하면서 자신의 존재론적 세계관을 다음과 같이 설명했다. 신기형질론을 두 측위의 기 개념으로 분화해서 설명하는 것이 아니라 이(理)와 기(氣) 혹은 성(性)과 형(질)[形(質)] 등의 개념으로 해명하고 있는 것을 알 수 있다.

사람과 만물의 형질(形質)이 갖추어지기 전에는 곧 천지의 이기(理氣)였다가 그 형질이 이루어진 뒤에 기(氣)는 질(質)이 되고 이(理)는 성(性)이 된다. 그 형질이 없어지게 되면 질(質)은 다시 기(氣)로 되돌아가고 성(性)은 다시 이(理)로 되돌아간다. 천지에 있어서는 기(氣)와 이(理)라 말하고, 사람과 만물에 있어서는 형(形)과 성(性)이라고 말한다. 그러나 만일 사람과 만물들의 형(形)이 없다면 어떻게 그 성(性)에 대해서 논할 수 있겠는가?[17]

저 마음이란 것은 그 질(質)을 말하면 기(氣)이고 그 성(性)을 말하면 이(理)이다. 기(氣)가 맑으면 이(理)도 뚜렷해지고 이(理)가 뚜렷하면 기(氣)도 맑아진다. 기(氣)가 맑아서 이(理)가 뚜렷해지는 것은 성(誠)한 자[聖人]의 일이고, 이(理)를 뚜렷하게 해서 기(氣)를 맑게 하는 것은 성(誠)하는 자[學者]의 일이다.[18]

위의 인용문을 살펴보면 최한기가 앞서 이(理)를 기(氣)의 조리(條理)일 뿐이라고 생각하면서 기를 통해서만 이(理)를 언급할 수 있다고 생각한 것에 비해, 이곳에서는 이(理)와 기(氣)를 다분히 대등한 두 가지 용례로 사용하고 있다는 인상을 강하게 받게 된다. 천지의 이(理)와 기(氣)가 사람에게 품부되면 성(性)과 형(形)이 된다고 말하거나, 한 개체가 죽으면 다시 천지의 이(理)와 기(氣)로 환원된다고 나누어서 표현한 점 등이 바로 그러하다. 또한 두 번째 인용문에서 기(氣)와 이(理)를 대비시키면서, 기(氣)가 맑으면 이(理)가 뚜렷해질 뿐만 아니라 이(理)가 뚜렷해지면 다시 기(氣)가 맑아진다고 병렬적으로 표현한 점 역시 그렇다. 이(理)는 언제나 특정한 기(氣)의 조리라고 보았는데 그렇다면 어떻게 무엇은 기(氣)로 되돌아가고 무엇은 다시 이(理)로 되돌아간다고 구분해서 표현할 수 있었을까? 또한 이(理)가 기(氣)의 조리인 상황에서 어떻게 다시 기(氣)는 질(質)이 되고 이(理)는 성(性)이 된다고 나누어 배속할 수 있었을까? 두 인용문의 표현들이 모두 기일원론적(氣一元論的)인 최한기의 입장과 서로 매끄럽게 연결되지 않는다는 것을 짐작할 수 있다. 앞서 언급한 신기형질론이 기(氣)의 두 층위를 임시적으로 구분한 반면, 위의 인용문들은 이(理)[性]와 기(氣)[質]의 두 차원을 보다 분명하게 구분하는 듯한 인상을 주기 때문이다.

사실 이 점은 이기(理氣)를 함께 서술한 대목에서뿐만 아니라 성정(性情) 개념을 사용한 대목에서도 유사하게 드러난다. 엄격하게 말한다면 성정(性情) 개념은 본체와 현상 혹은 본체와 작용이라는 주자학의 전통적인 체용론(體用論)적 형이상학을 가정한 개념이라고 말할 수 있다. 왜냐하면 잠재적인 근본 존재태로서의 성과 그것의 현상화된 작용이라고 볼 수 있는 정 개념을 상호 필연적인 개념 쌍으로 전제하고 있기 때문이다. 그런데 최한기 역시 자신의 기론적 세계관을 설명하기 위해서 여전히 이 용어를 전후기에 걸쳐 지속적으로 사용하고 있다.[19] 특히 초기에 그는 성(性) 개념을 '생지리(生之理)'라고 표현하면서 성이 발현되어 드러난 정(情)이란 개념과 구별해서 사용하고 있다.[20] 앞서 최한기는 이(理)와 기(氣)를 비교하면서 이(理) 개념을 성(性)에, 그리고 기(氣) 개념을 질(質)의 영역에 나누어 배속시켰던 것처럼, 그가 빈번하게 사용한 성정(性情) 개념의 구조 역시 주자학의 성정론(性情論), 다시 말해 주자학자들이 인간의 마음을 존재론적으로 설명하기 위해 사용한 논리와 개념을 거의 그대로 수용한 것이 아닌가 하는 의구심을 낳게 만든다.[21]

더구나 최한기는 전통적인 유학자들처럼 인간 본성의 특징을 인의예지(仁義禮智)라고 말하거나 인간의 감정으로서의 정(情)을 희로애락(喜怒哀樂)이라고 표현했고, 이러한 본성과 감정은 사람과 사물이 모두 고유하게 갖고 태어난 특성이라고까지 설명했다. 사실 이런 설명을 표면적으로 보면 최한기 본인이 분명히 거리를 두고자 했던 주자학의 관점과 거의 유사한 주장을 피력한 것으로 보일 수 있다.[22] 가령 최한기가 초년에 작성한 『추측록』의 경우에도 '추기측리(推氣測理)', '추정측성(推情測性)', '추동측정(推動測靜)'이라는 용어들 간의 대대적 관계를 그대로 설정하고 있기 때문에, 위와 같이 주자학의 개념적 용례와 어법을 그대로 사용하는 경우를 어렵지 않게 발견할 수 있다. 본연(本然)과 기질(氣質) 개념에 대한 최한기의 다음 설명도 그 한 예라고 볼 수 있다.

성(性)은 본래 한 가지이나 천리(天理)가 유행하는 것을 가리켜서 본연(本然)이라고 말하고, 그 기(氣)를 부여 받아서 형상(形象)을 이룬 것을 가리켜서 기질(氣質)이라고 말하니, 요점은 기질(氣質)의 성(性)으로 하여금 본연(本然)의 성(性)을 회복하도록 해야 하는 것이다. 그러나 성(性)은 곧바로 근원으로부터 용공(用功)[작용]할 수 없는 것이므로 심정(心情)[마음의 드러난 감정]이 발동하는 곳을 좇아서 점차 그 본원(本源)[=성]에 이르도록 해야 할 따름이다.[23]

이른바 본연(本然)의 성(性)이라는 것은 그 형질(形質)이 이루어지기 전을 가리키는 것이 아니다. 이미 형질이 갖춰진 뒤에도 항상 그 본연의 성은 존재하니, 바로 천지인물(天地人物)이 이 본연의 성을 모두 함께 얻고 있고 (그 본연의 성은) 기(氣)에 의존하여 이루어진다.[24]

첫 번째 인용문에서는 천리(天理)를 가리켜서 본연(本然)이라고 말하고 기(氣)를 부여받아 형상(形象)을 이룬 것을 가리켜서 기질(氣質)이라고 구분해서 설명하면서, 본연(本然)의 성(性)을 회복하려면 마음상에서 발동해 드러난 감정을 따라서 그 본원으로 거슬러 올라가 본연의 성을 회복해야 한다고 주장하고 있다. 앞서 인용한 이기와 성정 개념의 경우처럼 마찬가지로 본연지성과 기질지성의 구분 역시 주자학 담론의 가장 대표적인 논리 가운데 하나인데, 최한기는 이 개념들을 여전히 유의미하게 재사용한 것으로 보인다. 이처럼 최한기가 천리(天理) 혹은 본연지성(本然之性) 등의 표현과 관련해서 주자학의 이(理)와 성(性) 개념을 매우 의미심장하게 사용한 것으로 비춰졌기 때문에, 어떤 연구자들은 최한기의『기측체의』저작 속에서 사용된 이(理) 개념이 단순한 기의 조리(條理)가 아닌 존재론적 실체성을 가진 중요한 개념이라고 새롭게 조명하기도 했고, 성(性) 개념도 같은 맥락에서 고유한 의미를 지닌 것으로 재해석했다.[25]

하지만 위의 문제들은 결국 개념 표현상의 혼선 혹은 혼동의 결과였다고 볼 수 있다. 왜냐하면 최한기는『기측체의』의 다른 대목에서도 여전히 천명지성[=본연지성]이나 기질지성, 그리고 본연지성과 기질지성 등 주자학적인 개념 쌍을 그대로 사용하고 있지만, 이것은 주자학의 의미 그대로가 아니라, 최한기가 말하고자 했던 두 가지 다른 층위의 기의 상태 혹은 양상을 구분하기 위한 방편이었다고 볼 수 있기 때문이다.[26] 말하자면 본연 혹은 천리 등으로 최한기가 가리켜 말한 것은 주자학의 이(理) 개념이 아니라, 신기(神氣)라는 가장 근원적인 기의 양태였다고 볼 수 있다. 그리고 기질 혹은 형질이라는 표현으로 최한기는 기의 국한되고 개체화된 모습, 다시 말해 근원적인 신기(神氣)와 구별되는 제한된 개체들의 형상이나 모습을 지칭했던 것이다. 좀 더 시간이 흐르면 최한기는 이와 기 혹은 성정 개념 등을 병렬적으로 혼용해서 언급하는 대신, 자신이 제안했던 근원적인 운화기(運化氣)와 개체화된 형질기(形體氣)의 구도 혹은 자연의 대기(大氣)와 개별화된 인간신기(人間神氣) 등의 개념 쌍으로 보다 명료하게 자신의 입장을 재정립하고 그 의미를 서술한다. 가장 이상적인 차원의 신기

(神氣) 혹은 대기(大氣)가 존재하고 있고, 이것이 개체의 형질(形質)[형체]에 따라서 서로 다양하게 드러나 보이는 측면이 있다고 변별해서 이해했던 것이다. 신기와 형질이라는 두 층위로 기일원론적인 존재론을 구상하고자 했던 점은 전후기 사상에 걸쳐 일관된 것으로 보인다. 그럼에도 최한기가 주자학의 중요한 학술 용어와 범주들을 반복해서 인용했던 것은, 자신의 기철학적 관점을 부각시킬 만한 명료한 용어와 개념을 스스로 구성하지 못했기 때문이라고 추론해볼 수 있다. 더구나 신기형질론의 기학적 관점은 좀 더 근원적인 신기(神氣)와 이것이 형질에 의해 제한되거나 가려져서 현상화 되는 개체의 형질기(形質氣)라는 이원적 존재론의 구조를 가정하고 있다. 비록 성리학의 이기론적인 논의와 그 내용이 상이해 보이지만, 사유의 구조적 논리나 형식에 있어서는 오히려 연속적인 지적 변주 혹은 변용에 해당된다고 평가할 수 있다.

(2) 정시(靜時) 기상(氣象)의 체인(體認) 공부와 추측(推測) 공부법

최한기는 개체화된 한 인간의 신기(神氣)가 외부 사물들의 신기와 소통하도록 하기 위한 추측(推測)의 공부를 주장한 것으로 유명하다. 그는 사람의 신기가 우주의 보편적인 기로부터 부여받은 것이지만, 한 개체는 자신의 부모로부터 서로 상이한 유전적 특성을 물려받고 또한 서로 다른 환경조건의 영향을 받기 때문에 결국 형질(形質)의 차이로 인한 다양한 제약을 받게 된다고 보았다. 이 때문에 개체들은 서로 다른 정도의 신기 소통의 능력을 갖게 된다고 설명한다. 하지만 본인의 후천적인 노력을 의미하는 견문열력(見聞閱歷)의 정도에 따라서 신기 소통의 정도는 계속해서 변화될 수 있다고 말한다.[27] 기존에 타고

난 국한된 신기(神氣)의 상태를 보다 원활하게 작용하도록 만드는 공부법으로 최한기가 제안했던 '추측(推測)'의 방법은, 이미 알고 있는 지식을 확장해서 미루어 나가는 '추(推)'의 단계와 미루어 나간 다음 다른 대상이나 사태에 대한 새로운 앎을 구성하는 '측(測)'의 단계로 구분된다.[28] '추측'의 방법을 통해서 외부 대상의 물리(物理)와 타자의 인정(人情)을 이해하게 되면 이때 얻은 새로운 이치를 내 마음 안의 신기(神氣)에 저장할 수 있는데, 최한기는 우리 내면에 저장해둔 이러한 원리들[=推測之理]을 적절한 때에 다시 드러내서 사용해야 한다고 설명하고 있다.[29]

최한기는 추측 공부를 통해 얻게 된 새로운 지식의 진실성을 확보하기 위해서 다시 검증(檢證)과 변통(變通)의 절차를 강조했다. 비록 분명하다고 생각된 지식이라고 하더라도 다시 천지[세계]의 유행하는 이치[=流行之理]에 나아가 내가 이전에 주관적으로 추측했던 이치[=推測之理]가 존재론적인 원리에 부합되는지 다시 검토해야 하고,[30] 또한 아직 헤아리지 못한 다른 사람과 사물의 신기(神氣)에도 부합되는지 반복해서 검증해야 한다는 것이다. 만약 그런 기준에 부합되지 않을 경우 기존에 내가 주관적으로 구성했던 추측지리를 반드시 변통해야 한다고 강조한다.[31] 위와 같은 추측, 검증, 변통의 과정을 반복하기에 그는 자신이 제안한 추측의 공부법이 기존의 전통적인 주자학적 '격물궁리법(格物窮理法)'과는 다를 수밖에 없다고 보았다.[32] 왜냐하면 과거의 궁리법은 모든 사물들의 이치가 결국 내 마음속에 내재되어 있다고 보기에 오로지 자기 내면의 공부에만 치중하도록 강조한 반면, 최한기 본인이 강조하는 추측법은 외부 사태나 사물에 대한 경험적인 견문열력(見聞閱歷)의 탐구 과정을 거쳐서 보다 객관화된 이치를 파악할 수 있도록 해준다고 상이하게 평가했기 때문이다.[33]

그런데 최한기가 추측(推測)의 공부를 완성하기 위해서는 다섯 종류의 관찰법, 공부법이 모두 필요하다고 말한 『추측록』의 한 대목을 살펴보면, 그가 생각했던 추측법이 우리의 짐작보다 매우 포괄적이고 복합적인 성격을 띤다는 것을 알 수 있다.[34] 가령 최한기는 앞서와 같이 전통적인 격물궁리법을 비판하면서도 '궁리(窮理)'란 결국 내가 이미 알고 있는 내면의 지식으로 외부 사물의 물리(物理)를 이해하려고 노력하는 방법, 다시 말해 "아(我)를 통해 물(物)을 헤아리는 방법"이라고 보면서 이 또한 추측의 정당한 공부법 가운데 하나라고 인정하고 있다.[35] 게다가 '나는 현재 있지만 아직 물(物)은 존재하지 않는 심리적 미발(未發)의 상태'를 지칭하면서, 이 경우에는 외부 사물과 접촉하지 않았기에 자기 마음을 보존하고 본성을 함양할 수 있는 적절한 시점인데, 다만 아직 희로애락(喜怒哀樂)의 감정이 발동하지 않았을 뿐이라고 설명하기도 했다. 그러면서 미발 때의 공부법도 억지로 나열한 항목이 아니기 때문에 추측법의 또 다른 한 가지 사례로 인정할 수 있다고 보았다. 이 점에서 최한기가 초기 저작에서 『중용』 제1장의 '희로애락(喜怒哀樂) 미발시(未發時)'와 관련해서 유의미한 공부법을 모색했던 점을 이해할 수 있다.

그런데 미발시 혹은 정시(靜時)의 기상(氣象)을 공부를 통해 스스로 체인(體認)하라고 최한기가 강조했던 대목을 살펴보기 전에, 그가 '성(性)'이라는 용어를 이 대목에서도 매우 중요하게 언급했던 점에 주목해볼 필요가 있다. 그는 『추측록』에서 말하길 '성(性)'의 본체는 증감이 전혀 없는데 다만 마음의 욕망에 의해 가려져서 본래의 모습이 어두워졌을 뿐이라고 설명한 적이 있다.[36] 사실 최한기의 이런 설명은 본인이 주자학의 관점을 비판하면서 내면에 있는 이치를 밝히기 위해 '기질(氣質)의 가림만 제거하면 된다는 말이냐'고 강하게 반문했던 상황을 상기시킨다.[37] 여기서 그가 말한 '성(性)'의 본체(本體)란 주자학에서 말하는 천리(天理)나 이(理)가 아니라 결국 최한기가 염두에 둔 근원적인 기로서의 신기(神氣)를 말한 것이었다는 점을 감안하더라도, 그가 외부의 요인으로 인해 가려진 것을 해소해서 근원적인 신기로서의 성(性)을 회복해야 한다고 주장했던 것은, 구조적으로 볼 때 주자학의 공부법과 매우 유사한 논리를 피력한 것이라고 분석할 수 있다. 이(理)가 되었든 아니면 근원적인 신기(神氣)가 되었든, 무엇인가가 존재론적으로 완전하고 순수하게 존재한다고 가정하고, 그것이 외부의 이질적 욕구나 감정에 의해 왜곡되고 가려졌기 때문에 우리가 개인적인 수양을 통해 본래의 이상적인 마음 상태를 다시 회복해야 한다고 본 점은 주자학의 경우와 논리적으로 매우 유사한 관점이라고 볼 수 있다.

사실 후기에 올수록 최한기는 단서가 드러난 외부 사물과의 구체적인 교접(交接) 혹은 이러한 교접운화(交接運化) 상에서의 경험적인 지식과 앎의 추구를 좀 더 중시하게 된다. 이런 입장에 비해 초기의 저작에서는 가려지고 은폐된 성(性)의 본체(本體)[=신기] 혹은 본원(本源)을 회복하고 되찾기 위한 함양(涵養)의 공부법을, 외향적 방향의 다른 공부들과 거의 동일한 수준으로, 혹은 그 이상으로 중요하게 보았던 것을 알 수 있다.[38] 바로 이 같은 맥락에서 그는 경험에 의한 염착(染着)이 전혀 없는 마음의 본래 모습을 깨닫도록 하는 공부법을 다음과 같이 제안할 수 있었던 것이다.

추측을 얻기 이전은 평생의 미발이요, 정좌하는 것은 때[時]에 따른 미발이며, 맹자가 말한 야기(夜氣)는 하루 동안의 미발이다. 이미 발한 뒤의 미발은 혹 이미 발한 것에 물들기도 하나 평생의 미발은 이미 발한 것에 물듦이 없으니, 만약 원두(源頭)의 미발을 보고자 하면 반드시 흐름을 거슬러 올라가 잠심(潛心)해서 찾아야 한다. 미발(未發)이란 희로애락이 그로 말미암아 나오는 근원이니, 학자가 이 근원을 따라 근본을 안정되게 하고 그 흐름을 올바로 하는 것이 진실로 공부의 큰 바탕이 된다. …… 만일 미발 근원의 염착(染着)이 없는 기상을 보고자 하면, 반드시 희로애락을 추측하기 이전 미발의 상태로 거슬러 올라가야 평생의 미발을 볼 수 있다. 평생의 미발은 곧 희로애락의 추측과 염착이 없는 기상(氣象)이니 어찌 단지 태어난 처음에만 있겠는가? 추측과 염착이 없는 기상을 거슬러 탐구하면, 이런 기상이 있지 않은 때가 없고 나타나지 않는 곳이 없다.[39]

위의 인용문에서 최한기는 평생미발(平生未發)과 수시미발(隨時未發), 일일미발(一日未發)을 구분하고 있다. 수시미발[정좌할 경우]과 일일미발[새벽에 야기가 자라는 경우]이 이미 추측과 경험을 통해 염착된 내용물을 갖고 있는 어떤 특정한 시점의 미발 상태라면, 평생미발이란 선입견처럼 작용하는 기존의 경험 내용이 없는 근본적인 미발 상태를 가리킨다고 볼 수 있다. 그런데 이런 상태를 최한기는 처음 태어났을 때만 가능한 것이 아니라, 어느 순간이든 평생미발의 기상이 없는 때가 없다고 주장한다. 그렇다면 구체적 경험과 외부 사태에 대한 추측의 공부를 강조했던 최한기가, 왜 이처럼 추측으로 인한 염착이 전혀 없는 미발시의 기상을 이해하라고 요구했던 것일까? 이것은 초년의 최한기가 여전히 주자학 패러다임 속의 성정과 동정(動靜) 구조를 자기 사유의 일부로 전제했기 때문이라고 본다.[40] 정(情)에 대하여 성(性)을, 동(動)에 대해서 정(靜)을 인정하는 이상, 논리적으로 볼 때 본원(本源)으로서의 성(性)과 정(靜)의 영역이 공부의 보다 중요한 전제나 시발점이 될 수밖에 없기 때문이다. 바로 이런 구도에서 최한기는 우선 고요한 정(靜)의 순간의 기상(氣象)을 체인해야 그 다음 구체적인 사물들에 응수할 수 있다고 주장한 것이고[41] 이에 따라『중용』제1장에 나온 '미발지중(未發之中)'의 의미를 이해할 것을 강조했던 것이다. 또한 정시(靜時) 기상을 체인하는 문제는 다른 사람이 대신할 수 없는 것이므로 반드시 자기 스스로 공부를 통해 얻어야 한다는 점을 역설하기도 했다.[42]

한편 최한기는 추측과 염착이 없는 본래적인 미발 상태, 즉 앞서 말한 평생미발의 상태를 체인하기 위해 새로운 유형의 추측법에 대해서도 언급하고 있다. 후기에 가면 무형(無形)하고 무성(無聲)한 대상 혹은 이런 조건에서는 무엇인가 추측할 수 없다고 보지만[43] 초기에는 다음과 같이 '무형무성(無形無聲)'한 상태에서 '정시추측(靜時推測)'의 수행이 가능하다고 보았다.

고요할 때의 추측은 무형(無形)에서 보고 무성(無聲)에서 들으니 혼란스럽지 않도록 해서 거울처럼 밝고 물처럼 맑게 해야 한다. 이 기상(氣象)을 잘 기르면 외물이 닥쳐와도 민첩하게 응대할 수 있고 일이 번거로워도 평온하고 세밀하게 할 수 있다. 일이 없을 때 혼매한 이가 반드시 일이 있을 때도 어지러운 것은, 마치 곤하게 자는 이를 갑자기 깨우면 당황하여 어찌할 줄 모르는 것과 같다. 그러므로 고요할 때에는 비록 소리가 없어도 들을 수 있는 이치는 그대로 있고 형체가 없어도 볼 수 있는 이치는 그대로 있으니, 기틀을 잊어버려 혼매하지 않도록 하며 생각을 일으켜 소란스럽지 않도록 해서, 마치 먼지 없는 거울과 티끌 없는 물처럼 만들어야 한다. 이때의 기상은 당시에는 알기 어려우나 발동한 뒤에 돌이켜 보면 잘 알 수 있다. 이것을 동(動)할 때의 기상과 비교하면, 동(動)과 정(靜)이 비록 다르다고 하나 체(體)와 용(用)에는 간극이 없다. 고요할 때 기른 것이 추측(推測)의 체(體)요, 움직일 때 응대하는 것이 추측(推測)의 용(用)이다. 존양(存養)[=함양]하는 방법은 수시로 고요하게[=靜] 하는 것이니, 노력을 쌓아 점차 충실한 데 이르면 동(動)해도 정(靜)하고 정(靜)해도 동(動)할 수 있게 된다. 만약 추측(推測)을 존양(存養)하는 데 힘쓰지 않고 단지 여러 방면의 자잘한 단서들만 탐구하는 공부로 간주하면, 항상 경박하고 얕은 태도만을 보일 뿐 온화(溫和)하고 심후(深厚)한 풍모를 회복하지 못할 것이다.[44]

최한기는 사실 고요할 때의 기상에 대해서는 그 당시로서는 제대로 파악하기 어렵다는 점을 분명히 토로했다. 이 때문에 움직일 때 돌이켜 보아야 비로소 정시(靜時) 기상(氣象)이란 어떠한지를 이해할 수 있다고 설명한 것이다. 그럼에도 결국 고요할 때에 함양하는 추측의 공부를 추측 공부의 체(體)[기본=토대]라고 말하면서, 이러한 정시(靜時)의 추측법을 통해 먼저 밝은 거울 그리고 맑은 물과 같은 기상을 체인해야 한다고 주장하고 있다. 사실 '명경지수설(明鏡止水說)'은 주자학에서 미발 함양의 공부법을 설명할 때 가장 많이 사용된 비유이며, 후대에 주자학을 비판했던 정약용 같은 인물에 의해서도 철저하게 거부된 비유의 하나다.[45] 그런데 초년의 최한기는 위에서처럼 먼지 없는 거울과 티끌 없는 물의 비유를 즐겨 사용했고, 다른 대목에서도 성인과 일반인의 마음을 이 비유로 설명했다.[46] 대대 관계에 있는 '동정(動靜)' 개념의 수용으로 인해 정시(靜時)의 추측법과 동시(動時)의 추측법을 함께 언급하면서 양자 간의 호응이 필요하다고 보면서도 결국 최한기가 정시의 추측법을 보다 강조할 수밖에 없었던 것을 알 수 있다. 고요한 미발시의 공부를 제대로 하지 않은 채 여러 방면의 자잘한 단서들만 찾아 공부하면 경박할 뿐 심후한 풍모가 없어진다고 비판했던 것도 이 때문이다. 최한기는 외부 사물을 체인하는 것조차 결국 고요한 가운데서 이루어지는 일이라고 봄으로써, 결과적으로 '정(靜)' 차원에서의 공부가 가진 근본적인 역할을 중시했다고 볼 수 있다.[47]

앞서 소개한 '물관(觀物)'의 다섯 가지 추측법을 떠올리면, 미발시의 기상을 체인하는 공부가 단순히 추측법의 한 종류에 지나지 않는다고 해석할 수도 있다. 더구나 최한기는 정시(靜時)에 본원을 함양하는 추측법 외에도 분명한 단서가 밖으로 드러난 심정(心情)의 발동 상태에서 계신(戒愼)하고 성찰(省察)할 것을 주장했다.[48] 이것은 우리가 경험적으로 인지할 수 있는 감정[情] 차원에서 과불급(過不及)의 문제점을 제거함으로써 결과적으로 본성을 함양하게 되는 방법을 말한 것이므로, 앞의 인용문에서 '추측지용(推測之用)'이라고 표현한 것에 가깝다고 볼 수 있는 것이다. 이렇듯 추측법과 관련해 다양한 공부법을 열거할 수 있지만, 필자가 위에서 강조한 고요할 때 기상의 체인 문제는 『기학』 같은 후기 저작에서는 거의 강조되지 않는 내용이기에 최한기 초년의 관점과 관련해서 보다 중요한 의미를 갖는다고 볼 수 있다. 사실 최한기는 표면적으로는 전후기에 걸쳐 일관되게 내외(內外) 두 측면의 공부를 모두 언급하고 있다.[49] 하지만 초기에는 내향적인 본원 함양의 공부를 우선적인 공부로 간주했고, 후기에는 외향적인 추측(推測)과 측험(測驗)의 공부를 강조함으로써 구체적이고 경험적인 성격의 앎을 추구했던 것으로 보인다.

3. 『기학氣學』에 나타난 후기 사상의 특징

(1) 유형(有形)한 '활동운화기(活動運化氣)'의 세계

1850년대 중반에 이르러 이제 최한기는 『지구전요(地球典要)』와 『기학(氣學)』 등을 작성하면서 『기측체의』에 나타난 기존의 관점을 계승하여 좀 더 명료하게 표현하되 자신의 기학적 관점에 잘 부합되지 않는 측면들을 수정해나갔다. 이 시기 최한기는 프랑스 선교사 브노아(Michel Benoit)의 『지구도설(地球圖說)』을 접하고 비로소 지구자전설뿐만 아니라 지구공전설의 의미까지 이해할 수 있게 되었다.[50] 최한기이전 17-18세기에도 김석문과 홍대용 등이 지구자전설을 의미하는 지전설(地轉說)을 제안했지만, 이들의 관점에서는 여전히 지구를 천계의 중심으로 놓고 설명하거나 혹은 지구 공전의 의미에 대해서는 아직 제대로 이해하지 못하고 있었다. 그러다가 최한기 때에 이르러 코페르니쿠스의 지동설을 통해 지구가 태양을 중심으로 공전한다는 사실을 좀 더 분명하게 인지하게 되었다. 그런데 1857년에 완성한 『지구전요』[51]와 1860년에 완성한 『운화측험(運化測驗)』[52] 및 『인정(人政)』[53]의 내용을 살펴보면, 이 시기에도 여전히 최한기가 천동설과 지동설사이에서 고심하면서, 결국 두 원리를 모두 취하여 참조하는 것이 좋겠다는 타협안을 내놓은 것을 엿볼 수 있다.[54]

이처럼 1850년대 이후 습득하게 된 태양 중심의 지구공전설은 최한기 본인에게도 미심쩍은 의문을 남길 만큼 당시로서는 매우 놀랍고 혁신적인 천문학 정보 가운데 하나였다. 선행 연구자들은 최한기가 지구공전설을 알게 됨으로써 비로소 모든 것이 움직인다는 관념을 철저하게 이해하기 시작했고, 그 결과 잠시도 쉬지 않고 움직이며 변화하는 기(氣)의 '활동운화(活動運化)'하는 본성을 주장하게 되었다고 평가한다.[55] 사실 최한기는 초년에도 신기(神氣)가 원래 활동(活動)하는 것이라 항상 고요하기는 어렵다고 말하면서 기(氣)의 성격이 어떠한지 설명한 적이 있다.[56] 그리고 딱 한 차례 '운화(運化)'라는 개념을 직접 사용한 적도 있었다.[57] 그러나 이때 등장한 '활동지물' 혹은 '운화'라는 표현은 아직 최한기에게서 중요한 철학 개념으로 부각된 것이 아니었고, 단지 기(氣)의 유행(流行) 혹은 기(氣)의 운행(運行)과 같은 다른 표현들을 함께 혼용한 것일 뿐이다.[58] 초기에도 신기(神氣) 혹은 천기(天氣)의 본성을 전통적인 기철학자들처럼 끊임없이 움직이고 작용하는 것으로 막연히 생각하고는 있었지만, 이것을 '활[生氣]동[振作]운[周旋]화[變通]'라는 네 가지 특정한 성격을 통해 분명하게 표현하지는 못했던 것이다.[59] 최한기는 기의 활동운화를 한 마디로 간단히 줄여서 '운화(運化)' 혹은 '기화(氣化)'라고 표현하면서 이것은 예전의 전통적인 '기설(氣說)'과 완전히 다른 자신만의 관점이라는 것을 확신했다.[60] 이런 맥락에서 1850년대 중반 이후 저작들에서 최한기는 '활동운화'하는 기(氣)의 고유한 본성을 일관되게 주장하게 되었다.

기는 뚜렷한 활동운화의 본성을 갖고 있을 뿐만 아니라 항상 형체 혹은 형질을 수반하는 유형(有形)한 존재로 이해되었다. 『기학』의 서문에서 최한기는 무형(無形)과 유형(有形)이라는 구분을 강조하면서 자신이 말하는 기학은 오직 유형한 물체와 검증할 수 있는 것만을 대상으로 한다는 점을 분명히 했다.[61] '기화(氣化)[=기지활동운화氣之活動運化]' 그리고 '형질(形質)'에 대한 논의는 최근에서야 밝혀진 것으로 이전의 중국 성인들도 제대로 말한 적이 없던 것이라고도 주장하고 있다.[62] 눈에 보이지 않는 듯한 모호한 기(氣)가 구체적인 형질을 가진 유형(有形)의 존재로 분명하게 인지된 것은, 그 당시 최한기가 습득한 서구의 역수학(歷數學), 기계학(器械學), 기용학(器用學) 등을 통해서였다고 볼 수 있다.[63] 기의 개념을 재정의하면서 분명한 인식의 변화를 겪었던 것으로 보인다. 그는 『기학』과 『인정』, 『명남루수록』 등 여러 종류의 저작에서 유형한 기의 성격을 명확히 이해해야 한다는 점을 강조했고, 이렇게 기의 형질(形質)을 알게 될 때 비로소 기존에 사용해 온 전통적인 철학 개념들, 다시 말해 도(道), 이(理), 성(性), 신(神)과 같은 성리학의 개념들이 적절한 의미를 갖게 된다고 설명했다.

도(道) · 덕(德) · 인(仁) · 지(知) · 성(性) · 이(理) 개념은 학문의 명상(名象)에서 나와 전수(傳受)의 근거가 되어 왔다. 이것으로 남을 가르치려고 해도 말로는 분명하게 나타내기 어려우므로 형질(形質)이 있는 물건에 의거해서 지적해 보여야 하며, 글로 서술하려 할 때에도 모호할 염려가 있으므로 흔적이 있는 지난 일을 인용해서 증명해야 한다. 형질 있는 것에 견주어야 빨리 깨달을 수 있는데, 형질이 크고도 완비된 것으로는 온갖 사물의 본원인 운화(運化)의 신기(神氣)가 있을 뿐이다.[64]

고금의 사람들이 평생 가르치고 배운 것은 실로 기(氣)에 통하는 것인데, 기의 형질(形質)이 환히 드러나기 전에는 성(性) · 이(理) · 허(虛)라는 글자로 기의 그림자와 메아리만을 표현해서 배움으로 삼고 가르침으로 삼았다. 지금 기의 형질을 들어 성(性) · 이(理) · 허(虛) 자를 구명해야 모두 기를 보고 들을 수 있게 되니, 기의 형질이 드러나기 전에 이 정도까지 (구체적으로) 형용해서 말할 수 있었던 것은 성현이 아니라면 할 수 없었다.[65]

위의 인용문을 살펴보면, 최한기가 오로지 활동운화하는 유형한 기 자체의 여러 가지 성격을 지칭하기 위해서 기존의 전통적인 개념들을 재사용했던 것을 어렵지 않게 확인할 수 있다. 사실 『기측체의』에서도 이(理)를 기(氣)의 조리(條理)라고 말하거나 성(性)을 결국 천기(天氣)를 부여받은 것을 의미한다고 말했으면서도, 여전히 기(氣) 개념을 이(理) 또는 성(性) 개념과 동렬로 대비해서 설명한 경우가 있었다. 그러나 초기 저작에 드러나는 이런 표현상의 혼용은 『기학』 이후의 저작들에서는 거의 문제가 되지 않는다. 왜냐하면 기(氣)의 구체적 형질과 활동운화의 본성을 제대로 이해할 수 있었기 때문에, 이제 성(性)과 이(理), 도(道) 개념들이 모두 기(氣)의 특정한 측면이나 속성을 지칭하는 하위의 용어들로 분명하게 자리매김되었기 때문이다. 이와 같은 관점은 성정(性情)의 개념에 대해서도 그대로 적용되고 있다. 기존에는 이기(理氣) 성정(性情)의 병렬적 구도에 가까운 표현법을 사용한 반면, 후대에 오면 기(氣)의 성정(性)이라고 표현을 좀 더 명료하게 수정하기 때문이다. 다시 말해 기일원론적(氣一元論的)인 입장에서 기존의 성정(性情) 개념을 기의 종속적인 용어들로 재배치한 것이다. 『인정』과 『운화측험』의 다음 두 대목을 통해 성정 개념을 최한기가 어떻게 사용하고 있는지 살펴보도록 하자.

신기(神氣)라는 명칭에는 통괄적인 의미가 있으니 신기가 일신(一身)의 주인이 되었을 때는 심(心)이라고 말하고, 신기가 활동운화(活動運化)할 때는 성(性)이라고 말하며, 신기가 경우에 따라 외부로 발용할 때는 정(情)이라고 말하고, 신기가 추측(推測)해낸 조리(條理)를 바로 이(理)라고 말한다.[66]

기(氣)는 활동운화(活動運化)의 성(性)과 한열조습(寒熱燥濕)의 정(情)으로써 풀무질하고 오르내리면서 만물을 주조해서 만들어낸다. …… 활동운화의 성이 발현되어 한열조습의 정이 되니, 서로 응하고 화합하여 교접운화를 이룬다. 인도(人道)에는 인의예지의 성(性)이 있으니 곧 활동운화의 천칙(天則)이고, 희로애락의 정(情)은 교접운화 상의 신기(神氣)이다. 불이 위로 타오르는 것과 물이 아래로 젖어드는 것은, 지기(地氣)가 습열승강(濕熱升降)하는 성정(性情)의 모습이다. 그러므로 기(氣)의 대체(大體)를 본 사람과는 성정(性情)에 대해 논할 수 있지만 편벽된 견해에 집착하는 사람과는 논할 수 없다.[67]

최한기에 따르면 천기(天氣) 혹은 대기(大氣)는 기본적으로 '활동운화'하는 보편적 본성을 갖고 있고 그것이 특정한 상황에서 한열조습의 정(情)이라는 보다 구체적인 기의 양태들로 드러나게 된다.[68] 그리고 이렇게 대기(大氣)의 성정(性情)이 서로 응수하여 교접운화(交接運化)를 이루듯이 그와 유사하게 인도(人道)의 성정(性情) 또한 유사한 방식으로 인간 사회에서 실현된다고 보았다. 또한 우리 안에 품부된 신기(神氣)의 활동운화하는 성격 그 자체를 성(性)이라 지칭하고, 그것이 외부로 발용되어 드러난 상태를 정(情)이라고 부르며, 내면에 품부된 신기가 추측(推測)의 공부를 통해서 이해하게 된 조리(條理)를 곧 이(理)라고 설명하고 있다. 이렇게 총괄적으로 기(氣) 혹은 신기(神氣)의 차원에서 성정(性情) 개념을 풀이하게 된 것은, 최한기가 1850년대 이후 보다 철저한 기학적 관점에서 기존의 학술 용어들을 재해석할 수 있었기 때문이라고 본다. 이 시점에서도 최한기는 과거의 성리학적 용어들을 완전히 배제하기보다, 자신이 습득한 최신의 과학지식에 근거해서 기학의 전체 구조를 다시 주조함과 동시에 이런 기철학적 구조 하에서 기존의 성리학 용어들의 의미를 새롭게 재편했다고 볼 수 있다.

한편 초기의 '신기형질론'에서 드러난 기(氣)의 두 차원을 보다 명료하게 표현하기 위해, 그는 본연(本然)과 기질(氣質) 혹은 이(理)와 기(氣)라는 용어들을 혼용하는 대신, 이제 운화기(運化氣)와 형질기(形質氣)라는 두 층위의 기를 지칭하는 개념어를 좀 더 의식적으로 반복 사용하게 된다.[69] 혹은 대기(大氣)의 운화(運化)와 사람의 신기(神氣)를 대비시키면서, 형체에 제한된 사람의 신기(神氣)가 천지(天地)[=대기]의 운화기(運化氣)에 소통할 수 있도록 해야 한다고 주장하고 있다.[70] 이렇게 『기학』에서 명시적으로 드러난 근본적인 기의 상태와 국한된 형체로 인해 성격이 달라진 개별자들의 기라는 두 차원의 기철학적 논리는 그 후 『인정』 「측인문」 같은 곳에서는 대형체(大形體) 혹은 소형체(小形體)의 대비 구도를 통해서 유사하게 재등장하고 있다.[71] 물론 논의의 맥락은 서로 다르지만 신기(神氣)를 만물과 소통되는 대형체의 차원과 그렇지 않고 개인에만 한정된 소형체의 차원으로 구분해서 설명했던 점은 서로 유사한 논법이었다고 볼 수 있다. 이미 『기학』에서도 최한기는 형체로 본다면 대소의 차이가 분명히 있지만, 기의 차원에서 보면 천인(天人)이 일치한다고 말하면서, 유형한 개체들 간의 존재론적 관계를 설명한 적이 있다.[72] 결국 위와 같은 대비 구도들은 모두 형질[형체]을 가진 기의 차원에서 다양한 양태들을 거론한 것이라고 볼 수 있다. 사실 최한기가 인간이 따라야 할 이상적인 상태의 운화기와 형체에 의해 제한된 개체들의 신기로 기의 존재론적 양태를 구별해서 인식했던 점은 전후기에 일관된 입장이었지만, 구체적 형질을 가진 유형한 기, '활동운화'하는 본성을 가진 기 개념의 특성과 정의에 대해서는 1850년대 중반 이후에야 명료하게 자각했던 것이 분명하다. 그는 바로 이런 관점에서 다양한 전통적 개념과 현상들을 근원적인 신기의 변주 양태들로 명료하게 구명할 수 있었던 것이다.

(2) 운화기(運化氣)에 대한 승순(承順)의 태도와 측험(測驗) 공부법

이 장에서 살펴볼 '측험(測驗)'의 공부법도 사실 초년에 최한기가 『추측록』에서 말한 '추측법(推測法)'의 논리를 기본적으로 공유한 것이다. 그런데 최한기는 이제 자기 심리상에서가 아니라 운화(運化)하는 객관적인 자연의 대기(大氣)를 염두에 두고 바로 이 기준에 근거해서 추측(推測)할 것을 더욱 권장하게 된다.[73] 마음에서만 추측한 것은 의거할 곳과 증험할 점이 없기에 반드시 천지의 운화를 먼저 이해해야 한다고 말하거나[74] 혹은 반드시 기를 따라서 추측하고 경험해야 하니 일신운화(一身運化) 혹은 기의 형질(形質)을 모르고서 궁리하는 것은 다만 허망한 지식이라고 비판하고 있다.[75] 추측(推測)하고 다시 검증(檢證)하면서 변통(變通)하는 과정을 주장했던 점은 『기측체의』에서도 이미 언급된 것인데, 이에 비해 후기에 오면 '운화기(運化氣)'라는 절대적인 준거를 구체적인 추측의 공부에 앞서 먼저 강조하고 있음을 알 수 있다. 기의 활동운화하는 본성을 명료하게 이해함과 동시에 개인의 공부에 있어서도 이 운화기라는 절대적 존재를 제일의 기준으로 강조할 수밖에 없었던 것으로 보인다. 물론 활동운화하는 기의 본성이란 앞서 언급했듯이 당대의 천문학 지식을 자신의 시선에서 새롭게 수용한 결과 최한기가 주장하게 된 것인데, 이제 『운화측험』에서 '측험(測驗)'의 공부법을 설명하는 대목에서도 마찬가지로 지구에 관한 최신의 학설로 인해 측험의 방법이 구현 가능하게 되었다고 주장한다.

이 사물을 저 사물에 비교해봄으로써 '측(測)'이 생기고, 한 가지 일, 두 가지 일을 거침으로써 '험(驗)'을 얻게 된다. '측험'이 세워진 다음에야 믿음이 독실해지고 의혹이 해소되어 진실해지며 힘써 나아가 명덕(明德)이 드러나게 된다. '측험'이 세워지지 않으면 평생 하는 행동이 대부분 어지럽고 많은 언설이 대부분 준적이 없게 되니 지각의 명불명(明不明), 학업의 성불성(成不成)이 모두 측험의 유무다소(有無多少)로 판별된다 …… 지구에 관해 천명(闡明)된 이후로 측험(測驗)의 기수가 점차로 계발되었다. 지구가 자전하여 밤과 낮이 되고 지구가 윤전(輪轉)[=공전]하여 사계절을 이루며, 열기(熱氣)는 상승하여 구름과 비가 되고, 몽기(蒙氣)는 해와 달에 접해서 만사만물(萬事萬物)을 이룬다. 운화(運化)의 대본은 상고부터 이미 그러했지만 사람이 미처 알지 못했는데, 대지(大地)와 대기(大氣)의 측험(測驗)이 이루어진 것으로부터 비로소 알게 되었다. 이것은 결코 어느 한 사람이 일시에 다만 자기 생각을 늘어놓은 것은 아니니, 세계가 통합되어 측험(測驗)의 서적(書籍)으로 '방금운화(方今運化)'를 맞출 수 있게 되었다.[76]

『운화측험』에서 최한기는 지구의 자전과 공전, 열기와 몽기 등 당시로서는 최신의 천문학지식을 동원하면서 지금에서야 비로소 '측험(測驗)'의 기수가 점차 계발되었다는 점을 강조하였다. 그런데 이에 따르면 '측(測)'이란 이 사물과 저 사물을 상호 비교하는 것이고, '험(驗)'이란 이 일과 저 일을 경험적으로 거치면서 점차 분명하게 이해하게 되는 과정을 의미한다. 추상적이긴 하지만 좀 더 풀어보면, 측험(測驗)에서의 '측(測)'이 기존의 추측(推測)의 의미를 모두 갖고 있는 용어라면, '험(驗)'이란 검증(檢證) 혹은 증험(證驗)의 의미를 담고 있는 것 같고, 따라서 '험(驗)'은 결국 '검증을 거친다'는 점을 좀 더 분명하게 말하려고 했던 표현인 것으로 보인다.[77] 그러므로 '측험'이란 말은 기존의 추측, 검증, 변통의 의미를 복합적으로 담고 있을 뿐만 아니라, 외부의 다양한 사물과 사태에 근거함으로써 객관적인 운화기의 흐름에 좀 더 부합되도록 하려는 노력을 강조한 용어였다고 볼 수 있을 것이다.

최한기가 측험(測驗)의 방법에 대해 설명하면서 굳이 지구 자전과 공전 등 지구에 관한 최신의 학설들이 새롭게 천명(闡明)되면서 비로소 자신이 강조하는 측험(測驗)의 구현이 가능해졌다고 분석한 점도 다시 생각해볼 문제라고 본다. 기본적인 추측의 방법은 이미 초년에 생각했던 것인데, 추측의 공부법에서도 구체적 사물 상에 나아가 다시 검증, 변통할 것을 강조했기 때문이다. 측험(測驗)에 대한 최한기의 앞선 평가를 염두에 두면, 그는 제대로 된 추측 혹은 측험이란 결국 최신의 지구설(地球說)―천문학 지식―을 전제로 한 기(氣)의 활동운화(活動運化)하는 본성을 이해해야만 비로소 실현 가능하다고 보았음을 알 수 있다. 유사한 공부법이라고 하더라도 공부의 최종 준적이 되는 운화기(運化氣)에 대한 이해의 정도가 어떠하냐에 따라서 최한기는 공부의 결과가 달라질 수 있다고 보았던 것 같다.

한편 끊임없이 활동운화하는 대기(大氣) 혹은 운화기에 대한 과학적 인식은, 개인의 심리적인 공부 과정에서도 위와 같은 절대적 기준을 제공해주었을 뿐만 아니라, 최한기로 하여금 영원한 '동(動)'의 존재론적 세계를 이해할 수 있게 해주는 중요한 계기가 되었다.[78] 최한기는 이제『기학』의 시점에 이르러 '정(靜)'의 영역이란 따로 없으며 오로지 '동(動)'하는 세계만이 존재한다는 점을 강조한다. 우리가 익히 알고 있는 기존의 정(靜)의 영역이란 것은 모두 '동(動)'에 익숙해져 편안해진 상태를 임시적으로 가리키는 표현일 뿐이라고 해명하고 있다.『기학』에서 수없이 등장하고 또『인정』에서까지 거듭 강조되고 있는 다음의 문맥들을 통해 기존의 동정(動靜) 개념에 대한 최한기의 변화된 입장을 살펴보도록 하자.

가만히 천하 사물을 살피면 한시도 고요해서 멈춤이 없다. …… 태양은 25일에 한 번 자전하고 지구는 1일에 한 번 자전한다. 태양이 일년에 황도를 일주한다고 함은 과거부터 전해 내려온 역법이라면 지구가 일년에 황도를 일주한다 함은 근세에 밝혀진 것이다. …… 태양과 지구는 한 번도 고요해서 멈춤이 없었다. 충만한 대기(大氣)의 활동운화에도 잠시의 멈춤이 없으며, 인물(人物)에 흐르는 혈맥은 순간이라도 운행하지 않음이 없다. 이처럼 왕성하게 돌아서 움직이는 가운데 어찌 일사일물이라도 운화(運化)를 따라서 변동(變動)하지 아니함이 있겠는가?[79]

천하에 동(動)하지 않는 것은 없으니 그 움직임에 편안한 것이 바로 정(靜)이다. 사람의 몸에서는 호흡이 연속되고 혈맥이 주류(周流)하는데, 이 것은 육체의 운화가 행해져서 잠시도 멈추지 않는 것이다. 그 움직임을 편안히 여겨서 정(精)을 기르고 고요함에 익숙해져서 신기(神氣)를 보존하면, 곧 일을 행할 수 있고 또 성취할 수도 있다. 어찌 적연(寂然)하여 움직이지도 않는 것을 고요함으로 삼아서 아무 하는 일도 없고 성취하는 것도 없게 만들 것인가?[80]

공부가 정(靜)을 위주로 하는 것은 달력[歷]을 만들 때 땅이 움직이지 않는다고 보고 만드는 것과 같다. 자기로부터 말미암으면 그 운행을 보지 못하지만 다른 대상에 의거해서 보면 또한 그 운행을 볼 수가 있다. 만약 인간 신체의 활동운화가 멈추지도 쉬지도 않는 것을 볼 수 있다면 어찌 정(靜)이라고 말하겠으며, 천지의 활동운화가 멈추지도 쉬지도 않는 것을 보면 어찌 정(靜)이라고 말하겠는가? 차분히 만물을 탐구하면 운화하지 않는 것이 없으니 모두 동(動)한다고 말할 수 있는데, 그 움직임에 편안해진 것을 곧 정(靜)이라고 말할 수 있으며, 그 움직임에 편안하지 못한 것을 또한 부정(不靜)이라고 말할 수 있다. 그러므로 동정(動靜)이라는 명칭은 서로 상대적인 개념으로서 말한 것이 아니며, 그 대동(大動) 가운데서 편안함과 편안하지 못함을 들어서 정(靜) 혹은 부정(不靜)이라고 말했을 뿐이다. 이것을 운화의 동정(動靜)에도 온당하게 적용시킬 수 있다.[81]

위의 세 가지 인용문들은 모두 비슷한 의미를 담고 있는데 특히 마지막 인용문을 살펴보면, 기존의 동정(動靜) 관계에 대한 이해로부터 최한기가 어떤 인식의 변화를 보였는지 잘 엿볼 수 있다. 『추측록』의 '추동측정(推動測靜)'에서는 여전히 동정(動靜) 개념을 대대 관계로 사용하면서 비록 동(動)의 영역을 통해 정(靜)을 이해해야 한다는 단서를 덧붙이긴 했지만, 결국 정(靜)의 고요한 차원이 더 근본적인 바탕이 된다고 생각하고 있었다. 하지만 이제 최한기는 지구 공전을 주장한 지동설을 앞세우면서, 기존에 정(靜)을 위주로 제안했던 공부법은 마치 지구가 움직이지 않는다고 보고 달력을 만드는 것과 비슷한 일이었다고 자평했다. 이것은 자기 자신을 중심으로 세상을 보는 폐단을 비판한 것이기도 하다. 그러나 외부 대상들에 의거해서 세상을 다시 바라보면 지구가 끊임없이 우주 공간을 주류(周流)하며 돌고 있다는 사실을 알 수 있고, 인체의 혈맥 역시 주류(周流)하면서 한 순간도 멈춤이 없다는 것을 알 수 있게 된다고 말한다. 따라서 이 시점에 이르러 살펴보면, 어찌 정(靜)이란 것을 유의미하게 말할 수 있으며, 적연부동한 정(靜)의 영역을 근거로 고요할 때의 기초 공부를 말할 수 있겠느냐며 스스로 반문하고 있다. 사실 이러한 최한기의 반문은 초년에 그가 정시(靜時) 미발(未發)의 기상(氣象)을 체인(體認)하라고 강조하면서, 본원에 대해 추측(推測)하고 존양(存養)하는 '체(體)'로서의 '추측지체'(推測之體)의 공부가 먼저 필요하다고 주장했던 것과 비교해보면, 확연한 관점의 변화를 보인다는 것을 알 수 있다.[82]

이렇게 천문학적인 대기의 활동운화 양상을 이해함으로써 절대적인 '동(動)'의 세계를 확신하게 된 최한기는, 앞서 기(氣)의 성정(性情)이라는 두 층위를 성리학적 맥락과는 달라진 의미로 재사용했던 것처럼, 이제 운화기(運化氣) 상에서의 미발(未發)과 이발(已發), 그리고 운화기(運化氣) 상에서의 중(中)과 화(和)를 자신의 관점에서 활용하게 된다. 기존의 성정 개념을 그대로 사용하되 기 개념의 하위 범주로 종속시켰던 것처럼, 미발과 이발 개념을 여전히 사용하면서도 운화기라는 본래적 기의 서로 다른 두 시점을 가리키는 말로 새롭게 분석했던 것이다.[83] 최한기는 미발(未發)의 중(中)이란 것도 결국 자신이 말한 운화(運化)가 곳집에 저장되어 있는 것과 같은 상태를 말한 것이라고 보면서[84], 단순한 미발이발의 구분을 넘어서 항상 활동운화하는 동일한 기가 상존하고 있음을 강조한다. 특히 초년에는 고요한 미발시의 상황을 무형(無形)과 무성(無聲)한 상태로 기술한 반면 이제는 분명하게 미발(未發)과 이발(已發)의 중화(中和) 모두를 유형(有形)한 상태로 규정하고 있는데, 이것은 결국 상존하는 천지의 운화기 자체가 구체적 형질을 가진 역동적 기라는 후기 철학의 관점에서부터 자연스럽게 도출된 것이다.[85]

최한기는 이제 함양을 하든 성찰을 하든, 모든 공부는 결국 자연의 운화기를 이해하고 따르려는 행위이며, 운화기에 대해 명료하게 인식하고 순응하려는 공부라고 설명한다.[86] 가령 『인정』의 '용인술(用人術)'과 관련해서도 최한기는 '교접운화(交接運化)' 상에서 백성과 만나 사무를 처리하는 구체적인 행위를 통해서 함양하지 않으면, 자기

일신(一身)의 함양은 한갓 주관적인 심성 상의 허황된 그림자만을 좇는 일이 될 뿐이라고 우려했다.[87] 또한 진정한 '신독(愼獨)' 공부가 무엇인지 설명하면서도, 최한기는 단지 심성(心性)의 '발(發)'과 '미발(未發)'만을 따질 뿐 물정(物情)에 대해서는 전혀 몰라서 결국 사무(事務)를 제대로 처리할 줄 모른다면, 이것을 어떻게 진정광대(眞正廣大)한 신독(愼獨)의 공부라고 말할 수 있겠느냐며 비판하고 있다.[88] 이 때문에 반드시 자신의 신기(神氣)를 외부의 여러 인물(人物)들에 두루 비추어 참험(參驗)해 보면서 계신공구(戒愼恐懼)하는 태도가 반드시 필요하다는 점을 거듭 강조했다. 그렇다면 후기에 이르러 최한기는 더 이상 마음의 미발(未發)이나 이발(已發)과 같은 문제를 그것 자체로 중시하지는 않았을 뿐만 아니라, 이에 따라 당연히 정시(靜時) 기상(氣象)의 체인(體認) 같은 공부법도 거론하고 싶어 하지 않았다는 것을 짐작할 수 있다. 그는 오로지 자연계 전체의 운화기(運化氣)에 대한 객관적인 이해와 이 운화기에 따르려는 '승순(承順)'의 태도만을 염두에 두고 있다.

사람이 땅을 타고 운행해 돌면 하루 동안 앉아서 7만 2천 리를 갈 것이다. 60초, 즉 1분 내에 호흡이 60번이 되는 자는 하루 동안 호흡이 모두 10만 8백 번이 된다. 매일 이와 같이 하니 활동운화란 지극히 번거롭다고 할 수 있으나, 사람들이 그 번거로움을 알지 못하는 것은 동(動)에 편안하고 일상적인 것에 편안해졌기 때문이다. 이로써 미루어 보면 일신운화, 통민운화, 천지운화를 (사람들이) 알지 못하는 것도 당연하다. 가령 이런 운화들을 알 수 있는 방법이라면, 활동운화하는 마음이 항상 사물(事物)에 도움을 의뢰하고 연구사색해서 이르지 아니하는 곳이 없게 해야 한다. 진실로 대기(大氣) 상에서 단서와 조짐을 보아 그것을 사물에 미루어 찾고 또 사물 상에서 경험하여 대기(大氣)에 어긋나지 않도록 하면서, 이에 근거해 여러 번 시험하여 공을 쌓아나가면 아마도 대기운화를 볼 수 있을 것이다.[89]

공전(公轉)하여 만물을 생성함은 천지(天地)의 기(氣)가 행하는 바요, 가르치고 배우며 이끌고 따라감은 인심(人心)의 기(氣)가 행하는 바다. 심기(心氣)[인심지기]의 이끌고 따라감이 천기(天氣)[천지지기]의 생성을 거스르지 않아야만 우주에서 두루 소통하고 시행될 수 있다.[90]

최한기는 『기학』에 나오는 처음 인용문을 통해 지구의 운동뿐만 아니라 사람 신체에서도 활동운화의 양상이 어떻게 드러나는지 설명하고 있다. 몹시 번쇄해 보이는 이러한 움직임 때문에 혼란을 겪을 것 같지만 오히려 사람들이 편안하게 여기는 것은 활동운화하는 동(動)의 세계에 이미 익숙해졌기 때문이라고 말한다. 우리가 정(靜)의 영역이나 차원이라고 이해했던 것도 결국 위와 같은 동(動)의 세계에 익숙해졌을 때의 경험을 지칭하는 것에 불과하다고 보았다. 뿐만 아니라 그는 우리 마음이 항상 외부 사물에서 도움을 얻고 외부 대상의 세계에서 탐구함으로써 비로소 대기운화(大氣運化)의 실질에 대한 정보를 제대로 얻을 수 있다고 말한다. 대기운화 상에서 구체적인 단서와 조짐을 찾을 수 있을 때 비로소 다른 사물들의 존재 원리도 제대로 이해할 수 있다고 보았기 때문이다. 두 번째 인용문에서도 역시 천체의 공전에 대한 올바른 인식을 전제하면서 사람 마음의 작용 역시 위와 같은 대기의 필연적인 운행 원리에 따라야 함을 강조하고 있다. 자연의 운화기를 따르는 인간의 심리적 태도 혹은 수양법을 최한기는 '승순(承順)'이라는 개념으로 설명한다. 운화기의 과학적 원리를 순조롭게 자발적으로 잘 따른다는 의미를 담고 있는 표현이다.

대기운화를 승순해서 따르는 것이 선(善)이 되고 대기운화를 위배해서 거역하는 것이 악(惡)이 된다는 것은 세상 어디에서나 동일한 것이며 조금도 차이가 없다. 이 방법으로 세상을 평화롭게 만드는 교화를 베풀면 세상이 평화로워진다.[91]

사람이 세상을 살아갈 때 윤리와 도덕과 사무와 공업이 있는데, 그 일통(一統)의 준적(準的)을 얻지 못하면 반드시 마음의 주장이 저마다 달라져서 여러 가지 장해(戕害)가 있게 되니, 이것이 인도(人道)를 연구할 때 널리 찾지 않음이 없고 선악의 행사가 갖추어지지 않음이 없도록 해야 하는 까닭이다. 사람의 삶을 깊이 궁구하면 도리에 어긋나서는 안 되고 오직 승순(承順)해야만 한다. 일신운화(一身運化)에서 교접운화(交接運化)와 통민운화(統民運化)에 이르기까지 모두 대기운화(大氣運化)를 본받는다면, 진퇴(進退)·지속(遲速)·위합(違合)·순역(順逆)이 자연 운화의 추이에 따라서 적절히 제어(裁御)되고, 형세(形勢)에 따라서 잘 인도하면 천백 가지의 이론(異論)들이 모두 소멸되어 일통의 운화로 천인(天人)이 일치하게 될 것이다. 이것을 일러 '인정(人政)'이라고 말한다.[92]

1850년대 중반에 이르면 최한기가 운화기(運化氣)에 승순하는 공부법을 더욱 강조한 것을 여러 대목에서 살펴볼 수 있다. 이 또한 결국 당대에 유행하던 천문학 지식을 통해 기(氣) 개념의 의미를 새롭게 정초하면서 파생된 관점의 하나라고 볼 수 있을 것이다. 바로 이와 같은 운화기에 대한 명확한 이해를 전제로 할 때 최한기는 측험(測驗)의 보다 분명한 기준을 마련할 수 있고, 운화기(運化氣)에 승순(承順)하는 공부법을 제대로 이해할 수 있다고 보았다. 운화기를 이해하기 위한 추측(推測) 혹은 측험(測驗)의 논리는 최한기가 지속적으로 관심을 가진 가장 중요한 테마 가운데 하나였다. 하지만 동(動)과 정(靜), 미발이발(未發已發) 등과 관련해 추측 공부의 체(體)와 용(用)을 동시에 주장하기도 하고, 혹은 체(體)로서의 미발시(未發時) 추측의 공부를 강조하기도 하던 초기 입장에서, 1850-60년대 이후 후기에 오면 미발이발의 구분을 넘어 객관적인 자연의 운화기(運化氣)를 측험(測驗)하고 운화기의 원리에 자발적으로 승순(承順)하는 공부법을 더 강조하는 입장으로 선회하게 되었다. 이는 성리학의 전통적인 미발(未發) 함양법(涵養法)과도 유사한 초기의 정시(靜時) 기상(氣象) 체인법(體認法)을 최한기가 수정하면서, 결국 자신이 말하고자 한 추측법의 중요한 논리를 측험(測驗)의 방법과 운화기(運化氣)라는 자연의 원리를 통해 좀 더 객관적이고 체계적으로 구성해낸 사유의 결과였다고 볼 수 있다. 신기형질론의 논리적 구조에서 성리학적 세계관을 일부 공유하면서도, 측험의 결과 새롭게 이해된 기 개념의 의미를 통해 자신의 고유한 기학적 공부론·수양법을 제안할 수 있었던 것으로 보인다.

4. 나가는 말

최한기는 당대의 누구보다도 빠른 속도로 그리고 폭넓게 서양의 새로운 학문과 지식을 흡수했던 인물이다. 이미 17세기 후반부터 서학 관련 지식들이 조선사회에 수용되기 시작했지만, 그 중에는 서양 중세시대와 관련된 구지식이 더욱 많았다. 근대 이후 서양과학의 새로운 발전과 정치사회적 변모의 양상은 19세기 최한기 시대에 들어와서야 접근 가능한 정보들이었다.[93] 최한기 본인조차도 1830년대의 저작과 1850년대 이후 후반기 저작 사이에서 일전에 접하지 못한 새로운 유형의 지식을 지속적으로 수용하면서, 점진적인 관점의 변화를 보이고 있다. 이 점에서 보더라도 그가 동시대 학자들보다 얼마나 신속한 속도로 서구 문물을 섭취하고 그에 대해 비판적으로 성찰했는지 어렵지 않게 추론할 수 있다.

본론에서 서술했듯이 1850년대 중반 새로운 천문학 지식에 접근하면서 지구공전설의 의미를 알게 된 이후, 최한기가 활동운화(活動運化)하는 기(氣)의 본성에 주목한 점은 특기할 만한 사항이다. 그는 모호하고 추상적인 기가 아니라 기계를 통해 정량적으로 검증하고 측정할 수 있는 유형(有形)한 형질이라는 기 개념을 제안했다. 바로 이 대목에서 서양과학에 의한 지적 수용의 양상을 강조하지 않을 수 없다. 나아가 끊임없는 활동운화하는 기의 본성을 통해 최한기는 더 이상고요한 정(靜)의 세계가 아닌 절대적인 동(動)의 세계를 조망하게 된다. 기존에 자신이 주장해왔던 '정시(靜時) 기상(氣象) 체인(體認)'의 공부 혹은 '평생미발(平生未發)'의 상태를 이해하려는 '추측지체(推測之體)'에 해당되는 공부법을 깊이 회의하게 된 것으로 보인다. 이제 미발이발(未發已發)을 구별하는 것 자체를 공소하다고 여기게 된 최한기는, 어느 때든 항상 유행하는 객관적 운화기(運化氣)를 함양하고 성찰하며 그 운화기의 흐름에 전적으로 승순할 것을 강조하게 된다. 특히 운화기를 절대적 준거로 삼은 측험(測驗)의 공부가 교접운화(交接運化) 상의 구체적인 사무(事務)들을 통해 경험적으로 검증되어야 함을 역설하고 있다. 기존의 추측법(推測法)의 논리를 그대로 유지하면서도, 공부의 전제 조건이 활동운화하는 운화기 자체라는 점을 좀 더 강조한 것이라고 볼 수 있다. 그는 인간의 협소한 신기(神氣)를 추측과 측험의 공보를 통해 대기(大氣)의 운화기(運化氣)에 맞춤으로써(승순함으로써) 경험적인 교접운화의 지평에서 비로소 선(善)을 구현할 수 있다는 독특한 윤리적 안목을 보여주기도 했다.

위와 같은 최한기의 독창적인 사유의 형성은 적극적으로 서구 지식을 수용함으로써 얻어진 자연스런 결과만은 아니었다고 볼 수 있다.[94] 그가 새로운 유형의 서학을 체험했던 것은 결국 주자학 혹은 성리학으로 불리는 전통적 사유의 의미와 한계를 새롭게 조망할 수 있는 시선을 확보해주는 계기가 되었다. 최한기는 주자학적 패러다임이 제공한 중요한 철학적 구조들을 비판적으로 성찰할 수 있었고, 나아가 그 가운데 자신의 사유 체계에 맞는 개념과 논리를 적절히 취사선택할 수 있었던 것으로 보인다. 이 가운데 특히 운화기(運化氣)[천명지성]와 형질기(形質氣)[기질지성]의 위상을 구분함으로써 기(氣)의 두 층위를 논리적·구조적으로 변별했던 점, 형질에 국한된 신기(神氣)를 변화시켜 근원적인 운화기에 부합되도록 만드는 기질[형질] 극복의 공부법(개인수양)을 강조했던 점, 그리고 전통적 성정론(性情論)의 구조에 맞춰 인의예지(仁義禮智)와 희로애락(喜怒哀樂)의 감정을 이원적으로 설정해서 심성론을 설명했던 점 등은, 그 구체적 내용의 분명한 변화와 차이에도 불구하고, 전통 사상을 최한기만의 방식으로 변형시킨 전형적인 사례라고 볼 수 있다. 사실 그는 오륜(五倫)과 관계된 고대유학의 인륜적 측면뿐 아니라 주자학의 형이상학적 담론에서도 여전히 유의미한 단초를 찾아냈고, 그것을 자신의 기학적 체계에 맞게 새롭게 변형시켰다. 이 점에서 최한기 사유의 위상을, 주자학 담론을 벗어난 독립된 세계에서 별도로 구명하기보다, 조선의 전통 사유에 대해 그가 얼마만큼 숙고했고 또 적절한 비판적 거리두기를 할 수 있었는지의 여부로써 평가하는 것이 좀 더 유의미한 결과를 낳는다고 본다.

최한기보다 한 세대 선배였던 유학자 정약용의 경우만 해도 서학의 영향을 크게 받긴 했지만 결과적으로 시대에 맞는 유학의 재건, 다시 말해 새로운 유학의 재정립을 위해 헌신했던 인물이었다고 볼 수 있다. 이에 비해 최한기는 비록 유술(儒術)을 강조하고 오륜(五倫)을 중시하는 등 유학적 규범을 여전히 강조했지만, 그럼에도 동아시아 유학 사상을 새롭게 재건하는 것을 자기 철학의 마지막 이상으로 꿈꿨다고 볼 수는 없을 것 같다. 최한기의 기학(氣學)은 중국 대 조선, 혹은 서양 대 동양의 구도에서 보이는 중심과 주변의 변주를 넘어, 동서 보편학문의 체계화를 지향했던 것으로 보이기 때문이다. 유학의 발생 역사를 거슬러 올라가면 중국에 가 닿을 것이고, 당시 최신의 과학과 서구 학문을 소급해가면 또한 서양 고대문명에 의존하게 될 뿐이었다. 이런 지적 상황에서 최한기는 동서간의 대등한 학문적 만남을 염두에 두었던 것으로 보인다. 비록 그의 사유의 전개 과정에 여러 문제점과 한계가 보일지라도 이것을 전적으로 최한기 본인의 사유 역량에 따른 한계라고 평가할 수는 없을 것 같다.[95] 여전히 누구에게나 시대에 따른 불가피한 한계가 따라다니기 때문이다. 이 점에서 최한기의 학문적 실험이 동서간의 사유 전통을 주체적으로 종합해보려고 시도했던 점에서 의미가 있다고 본 기존의 평가를 다시 음미해보는 것도 필요할 것 같다.[96]

3장

沈大允의
社會的 處地와 學問 姿勢

—19세기 한 이단적 경학가의 삶—

진재교
(성균관대학교 한문교육과)

✣

1. 沈大允이라는 이단아

石橋 沈大允(1806-1872)은 호한한 저술을 남긴 실학자다. 그의 經學
과 歷史 著述은 19세기 동아시아 학술사에서 주목할 만하다. 경학 저
술은 44책이나 되어 韓國經學史에서 뚜렷한 위상을 차지하고 있으
며, 경학적 성과는 한마디로 '反朱子學'이라고 정의할 수 있다. 64책
의 역사 저술도 분명한 역사의식을 드러내고 있어 史學史에서 거론
할 만한 역작이다. 이렇듯 걸출한 업적과 학술적 성과에도 불구하고
학계는 오랫동안 존재를 알지 못하였다. 오직 일본학자 다카하시 도
루(高橋亨)가 저서에서 심대윤을 양명학자의 후예로 잠깐 언급한 것이
전부였다.[1] 그러다 『韓國經學資料集成』[2]의 편찬을 계기로 심대윤의
존재와 그 저술 규모를 확인하게 되었고, 이후 그의 경학에 집중적인
관심을 가지고 적지 않은 성과를 낸 바 있다.

　최근의 연구 성과는 이러한 심대윤의 저술과 경학에 집중되어 있
지만, 학문 이력과 사회적 처지 혹은 인간 심대윤 자체를 연구한 경우
는 없었다.[3] 이는 그 삶과 이력을 파악할 수 있는 글이 많지 않은 탓도

있으나, 단편적인 자료를 활용하여 삶을 재구성하려는 노력을 하지 않았던 이유도 있다.

한 인물의 삶과 사회적 처지는 그 인물의 의식을 규정하듯이, 한 인물의 저술은 그의 사회적 처지나 삶의 이력과 밀접한 관련을 지닌다. 인물의 처지와 삶의 깊이를 알지 못하고서는 그가 남긴 저술과 학문을 심도 있게 규명할 수 없음은 자명하다. 그래서 이 글에서는 심대윤의 문집에 해당하는 『閒中隨筆』[4]을 중심으로 개인사를 규명하되, 경학 저술에서 보이는 단편적인 자료를 기반으로 하여 그의 삶과 사회적 처지를 재구성해 보고자 한다. 그의 삶과 인간적 면모를 파악하는 것은 그 思想的 基底는 물론 經學的 思惟의 형성과정을 읽는 길이기 때문이다.

2. 심대윤의 삶과 처지

沈大允은 1806년에 沈完倫(1778-1833)과 宜寧 南氏(父는 持黙) 사이의 맏아들로 태어난다. 그의 本貫은 靑松이며, 字는 晉卿, 호는 白雲 또는 石橋이다. 그의 고조부는 영조 대에 峻少의 맹주로 영의정을 지낸 沈壽賢(1663-1736)이다. 심수현의 맏아들 樗村 沈錥(1685-1753)은 조선 양명학의 태두인 霞谷 鄭齊斗(1649-1736)의 수제자이다. 게다가 심육의 조부 沈濡(1640-1684)는 정제두와는 姨從間이다. 심육은 정제두의 아들 鄭厚一을 叔行으로 지칭할 정도로 陽明學(江華學)과 깊은 관련을 지닌 인물이다. 이처럼 霞谷家와 樗村家는 양명학으로 이어질 뿐만 아니라 가문 사이에 혼인을 할 정도로 가까운 사이였다. 심육은 부친 심수현과 스승 정제두의 후광이 있었지만 벼슬길에 나가지 않았다. 이 때문에 그는 정치적, 사상적으로 정제두를 잇는 山林으로 李宗城과 함께 소론 강경파의 입장을 대변하는 인물로 지목되었다. 이는 가학의 전통과 가문의 정치적 배경 때문이었음은 물론이다.[5]

심육의 동생 沈錐(1702-1755)은 吏曹判書를 지낸 소론의 핵심 인물로 심대윤의 曾祖父다.[6] 이를 감안하면 심대윤은 문한과 문벌을 유지한 소론 명문가의 후예인 셈이다. 하지만 심악은 羅州掛書事件에 이어 일어났던 乙亥獄事(1755)의 주모자로 몰렸다. 당시 소론은 戊申亂·壬寅三手獄을 誣獄으로 규정한 辛酉大訓 이후 을해옥사로 노론의 정치적 공세를 받았거니와, 이 옥사로 柳壽垣(1694-1755)·申致運(1700-1755) 가문을 비롯한 소론계 학자 500여 명이 처형되었다. 심육은 1753년 역모사건 전에 죽었기 때문에 화를 면하였으나, 심악은 처형당하고 그 처자식은 남해로 定配되었으며, 심악과 형제였던 沈鑰(1705-1777)과 沈鉍(1716-1756)도 함경도 富寧과 甲山에 정배되었다.[7] 이렇듯 심악과 그 가문은 滅門之禍를 당하면서 정치적으로 완전히 몰락하고 말았다.[8]

이 때문에 심대윤은 태어났을 때부터 역도의 후예라는 낙인이 찍혀 벼슬은 물론 양반의 명맥조차 유지할 수 없었다. 심대윤의 증조모는 남편 심악의 역모사건에 연좌되어 남해로 정배되자, 심대윤의 조부인 沈新之(1751-1822)는 모친을 따라갔다. 하지만 모친이 유배지에서 자결하자, 당시 5살이던 심신지는 온갖 고난을 겪게 되고, 천신만고 끝에 장성하여 소론인 趙泰耇(1660-1723)의 딸과 혼사를 하게 된다. 이를 계기로 심신지는 처가에서 학문적 뒷받침과 함께 경제적 지원을 받으며 겨우 양반 신분을 유지하게 된다.[9] 그리하여 심대윤의 부친 沈完倫(1778-1833)도 남해에서 나서 성장하게 되고, 宜寧 南氏와 혼인하여 심대윤을 낳는다.

하지만 심대윤은 14세에 沈戊之(1748-1783)의 양자로 출계하면서 서울에서 어린 시절과 젊은 시절을 보내게 된다. 심대윤이 젊은 시절 서울 생활을 접고 경기도 안성으로 거처를 옮겨 생활한 것은 부친의 죽음 이후인 20대 후반이었다.[10] 역적의 후예였던 심대윤은 스승을 정하여 수학하거나 학문적·정치적인 이상을 펼칠 수 없는 자신의 처지를 누구보다 잘 알고 있었다.

심대윤은 한 통의 편지에서 자신의 이러한 처지를 다음과 같이 술회한 바 있다.

나는 평소 겁이 많고 나약하며 용렬하고 비루한 처지로 先人의 緖業을 이은 데다, 나면서 씨 뿌리고 농사 지으며 기교한 솜씨를 팔 줄도 몰랐습니다. 오로지 文學에 精力을 다하였고 名利를 그리워하는 것에 급급하지 않은 채 세월을 보냈습니다. 지난번 제가 점차 장성하면서 집안이 두루 쇠락해졌을 때, 생각해보니 양친이 점점 연로해지시고 형제는 성숙하지 못해 서로 봉양하고 보존하지 못할까 두려웠습니다. 때때로 잠자리에 누워 홀연히 이 일을 생각하면, 옷을 여미고 벽을 빙빙 돌면서 아침녘까지 잠들지 못하였습니다.[11]

위의 언급과 달리 심대윤은 20대 중반까지 경제적으로 넉넉하지 않았음에도 학문에 전념하게 된다. 이는 부친이 생존해 계셔서 경제적 지원을 하였기 때문이었다. 부친의 사망 이후 심대윤은 가장이 되어 집안 식솔을 건사해야 했다. 20대 중반까지 공부에만 매달렸던 처지이고 보면, 농사를 짓고 물건을 만들어 생계를 유지한다는 것은 불가능하였다. 그는 가장으로서 식솔의 생존 문제를 해결하기 위해 학문을 작파할 수밖에 없었다. 심대윤의 안성 이주가 생존 문제를 해결하기 위한 고육책이었음은 물론이다.

이처럼 심대윤은 성장과정에서 경제적 빈곤을 겪지만, 집안의 緖業을 위하여 학문을 포기할 수 없었다. 이는 사족으로서의 신분 유지와 가문을 지키기 위한 수단이었기 때문이다. 심대윤은 젊은 시절의 학문적인 이력을 두고 다음과 같이 말한 바 있다.

(1) 나는 15, 6세부터 『書經』·『周易』·『中庸』·『大學』·『論語』·『孟子』 등 여러 경서를 읽었지만, 才知가 淺劣해서 聖人의 經書를 배우기에 부족하였고, 다만 의혹만 더하여 체득되는 바는 없었다. 유독 『春秋』만은 사실에 起因하여 가르침이 드러나서, 혹 근거에 따라 힘써 공부할 만했다. 그러므로 역사책을 살펴 읽어서 天人의 事變의 緣故를 궁구하여 『춘추』에 절충해보기도 했다. 그리고 또 10년 동안 弟子百家를 공부하고 陰陽·術數·小書에 이르기까지 두루 열람한 후에 다시 경전을 공부했다. 그러나 계속된 흉년을 만나 가사와 어머님을 봉양하는 데 급급하여 정밀한 공부가 되지 못하였다.[12]

(2) 나는 어릴 때부터 경전 공부를 했는데, 課題物을 읽고 난 뒤에 스스로 才知가 모자라서 경전을 이해하기에는 아직 부족함이 있다고 여겨 다시 책을 펴지 않은 것이 또한 20년이었는데, 34, 5세가 지나서야 다시 경전 연구를 시작하였다. 집이 가난한 데다 어머니는 나이가 드셨고, 또한 안성 읍내에 살면서 생계를 꾸려가기에 바빠 공부할 틈이 없었다. 37세 되는 해에는 심한 병에 걸렸음에도 불구하고 『象義』를 5개월 만에 마쳤다. 그 후로 지금까지 거의 20년 동안 틈이 있을 때마다 저술 작업을 했다. 오직 三禮만은 일 년이나 공부했고, 나머지의 모든 經書는 수십 일 혹은 수개월 걸려 완성하였다. 그러나 대부분 밤에 잠자리에 들기 전과 새벽에 닭

이 울 즈음, 그리고 바람과 비가 올 때나 손님이 자기 집으로 돌아간 후의 여가를 이용해서 공부하였다.[13]

심대윤의 학문 습득 과정과 履歷이 잘 나타나 있다. 위의 언급만으로 그의 학문적 연원과 사승관계를 확인할 수는 없다. 다만 학문 습득 과정과 학문 방법, 그리고 저술 과정과 저술의 한 면모를 어느 정도 파악할 수 있다. 심대윤은 經典을 통해 학문에 입문하였으며, 이를 체득한 다음 諸子百家나 陰陽과 術數 등으로 학문적 시야를 넓혀갔다. 10대 중반 무렵 四書三經에 침잠하였으나 큰 진척이 없었다는 언급을 보면, 師承關係를 통하여 학적 기반을 다져 저술 활동을 하지 않았음을 알 수 있다. 대체로 家學의 전통을 충분히 체득하고 그에 기초하여 학문의 길에 매진하다가 학적 성취를 이룬 것으로 보인다. 거의 獨學을 통해 저술 작업에 매진한 것이 아닌가 한다.

그가 경전을 공부하면서 학문적 답보 상태에 있거나 20여 년 동안 경전을 작파하게 된 요인은 경제적인 문제와 사승관계의 부재가 가장 컸다. 이러한 학문적 이력은 훗날 거칠고 세련되지 못한 자신의 학문적 논지와 연결되지만, 한편으로 기존 학설과 전혀 다르게 거침없이 논지를 펼치고 기왕의 사유로부터 벗어난 학문 성취의 계기도 제공하였다. 그런 점에서 심대윤의 학문방법과 지향은 거칠지만 매우 새롭고 독특한 개성을 지닌다.

심대윤이 『春秋』의 讀法을 현실과 결부시켜 파악하는 것이나, 이러한 현실 체험을 기반으로 諸子書와 기타 전적을 두루 섭렵하는 과정을 거치는 것도 독학으로 학문을 체득한 것과 무관하지 않다. 후술하겠지만, 심대윤의 학문적 논지와 방향은 거칠지만 매우 현실적이다. 이는 일반 민과 같이 노동하며 산 경험과 삶의 체험을 학술에 접목시키는 방식을 택한 결과다. 이러한 심대윤의 학적 성과와 학설이 당대 학문 주류와 전혀 다른 이단적 성격을 보여주는 것도 이러한 삶의 체험과 연결된다.

위의 인용문처럼 심대윤은 상업과 수공업에 종사한 노동 체험을 학문에 접목시켜 경전을 이해하고, 그 내용을 새롭게 해석하였다. 특히 현실 체험을 經學著述에 접목시키는 學問방법을 통해 자신의 경학세계를 개척해나갔다. 심대윤이 現實的 讀法으로 四書三經을 읽고, 10여 년에 걸쳐 諸子百家·陰陽書·術數를 비롯하여 雜書마저 독파하였다고 술회한 그의 독서편력을 특기할 필요가 있다. 기존에 전범화되었던 독서과정과 사뭇 차이를 보여주는 바, 이는 심대윤의 관심 영역이 다양하고 학문자세 또한 개방적이었음을 보여주는 반증이기도 하다. 다만 여기서 언급할 점은 적지 않은 서적을 열람하여, 오랫동안 경학연구에 몰두할 수 있었던 심대윤의 경제적 기반이다. 그의 사회적 처지를 감안할 때, 그가 평생 독서와 저술에 전념할 수 없음은 자명하다. 그런데 심대윤은 어떻게 많은 학술적 성과를 남겼을까? 우선 폐족의 후예로 어려운 사회적 처지임에도 불구하고, 평생 자신의 학문적 열정을 포기하지 않은 심대윤의 삶의 자세를 거론할 수 있다.

(2)에서 심대윤은 궁핍한 경제적 여건에다 부모님의 봉양, 건강의 악화 등으로 학문에 지속적으로 매진하지 못하였으며 중년에 다시 시작한 경전 공부 또한 진전이 없었다고 述懷하고 있다. 이는 삶의 좌표로 정한 학문에 매진하지 못한 심적 갈등의 표출일 터이다. 심대윤은 학문을 통하여 현실을 극복하는 것이 폐족의 처지로 가문을 유지하는 유일한 방법이라 여겼다. 그래서 20여 년에 걸쳐 경전을 주석하면서 "대부분 밤에 잠자리에 들기 전과 새벽에 닭이 울 즈음, 그리고 바람

과 비가 올 때나 손님이 자기 집으로 돌아간 후의 여가를 이용해서"
저술하였던 것이다. 그는 30대 후반 이후부터 본격적으로 경전 공부
에 몰입하고, 이후 거의 수십 년 간이나 경전의 주석 작업에 매달리고
있음을 밝히고 있다. 대체로 30대 후반 이후 경제적 문제는 어느 정도
해결한 것과 관련이 있는 것으로 보인다. 그런데 심대윤이 추구한 학
문적 좌표는 경전의 새로운 해석이었다. 다양한 독서 경험과 史書에
대한 깊은 이해, 경전의 독도법도 자신이 목표로 정했던 자신만의 경
전 해석을 위한 수단이었던 것이다.

한편 심대윤은 서울 생활에서 慶州 李氏(1802-1854)와 혼인하였다.
혼인한 해나 처가에 대한 구체적인 정보는 알 수 없다. 그는 혼인 후
오랫동안 자식이 없자, 넷째 동생인 宜敦의 아들 明澤(1857-?)을 양자
로 들여 대를 이었다.[14] 심대윤은 서울에서 생활하던 1833년 부친이
세상을 등지자, 가문을 지키고 모친과 동생들을 책임져야 할 가장이
되었다. 이때 그의 나이 28세였다. 부친의 사망 이후 심대윤은 생계를
책임지고, 경제적 빈곤을 해결하기 위해 갖은 노력을 다하게 된다.

심대윤은 빈곤 과정에서 겪었던 어려운 처지에서도 학문에 종사하
며 사의 정체성을 지키기 위한 숱한 노력을 다음과 같이 술회한 바
있다.

壬寅年에 우연히 심한 고질병에 걸려 人事도 끊어 버리고 醫師와 藥으
로 치료한 뒤, 수개월의 시간을 내어 『周易』을 읽게 되었다. 자못 占理를
체득한 바가 있게 되어, 가끔 점치는 일로서 徵驗하기도 하였다. 무릇 『周
易』의 道는 先儒들이 대체로 다 밝혔으니, 나의 보잘 것 없고 우둔함으로
미칠 바가 아니었다. 다만 憂患 속에서 태어나 困窮한 속에서 자랐기 때
문에 世上을 깊게 생각하였으므로 일찍부터 苦心積慮하여 事物의 實情을

볼 수 있었다. 생각해보건대, 병에 걸린 지 이미 오래 되어 하루아침에 갑자기 죽어 자손에게 물려줄 수 없음을 두려워하여 문득 註疏를 달아 책을 만들었는데, 10어 만언이나 되었으니, 『象義占法』이라 이름 하였다.[15]

'生於憂患'과 '長於困窮'이라 한 언급에서 그의 처지를 잘 엿볼 수 있다. 壬寅年은 그가 37세 되는 해다. 이 무렵에 걸린 고질병이 무엇인지 확인할 수 없으나, 이 병으로 생사의 기로에 섰던 것 같다. 그럼에도 불구하고 그는 臥病 중에도 『周易』을 새롭게 해석하여 『象義占法』을 저술하는 등 오히려 학문적 성과를 내었다. '병에 걸린 지 오래되어 하루아침에 갑자기 죽어 자손에게 물려줄 수 없을까 두려워 문득 주소를 달아 책을 만든다.'라고 술회하고 있듯, 그의 주석 작업은 그가 정한 삶의 목표였다. 심대윤은 이 목표를 위해 목숨을 건 死鬪를 벌였던 것이다.

당시 심대윤은 정치적 포부는 꿈꿀 수 없었고 평생 在野에 남을 수밖에 없었다. 그는 재야에 남아 경학과 역사 저술로 불우한 자신의 처지를 극복하는 한편 학문에 매진하면서 시시각각으로 변해가던 시대정신을 반영하여 학적 성과를 냄으로써 자신의 현실처지에 적극 대응하였다.[16] 이는 그의 학문 태도에서도 여실히 드러난다.

내가 평생 정밀하게 연구하고 차분하게 생각한 것은 항상 사물의 實理에 있었다. 그 요점을 잡아서 그 條目을 연구하니 怡然히 순해졌다. 대체로 天下의 虛影과 幻像이 나의 心思에 眩惑시키지 않도록 하여 이에 깊이 깨우치는 힘을 얻었고, 經을 읽는데 이르러서는 모두 講磨하며 精熟하여 마음속으로 촬촬 외며 손에서 책을 빌린 것과 같으므로 민첩하고 빠르기가 마치 귀신과 같았다. 이에 평생 工力을 쓰는데 말미암아 實得이 있었으니, 한때의 익숙한 글 솜씨가 아니며, 또한 고인을 뛰어넘는 재주도 아니다. 하지만 뒤의 학자들은 또한 나의 말에 유념하여 사물의 實理에 치력할 것이요, 단지 章句에서 그 의미를 찾지 말아야 할 것이다.[17]

사물의 實理를 통하여 實得을 탐구하는 방법이 곧 심대윤이 평생 지향했던 학문 자세였다. 이러한 학문 자세는 章句에 얽매여 해석하는 주자학의 학문방법과, 이를 맹목적으로 추수하고 따르는 당시 학자들의 경향과는 그 방향을 달리한다. 이를 바탕으로 성취를 이룬 심대윤의 경학세계 또한 당시 학자들의 경전 해석과는 전혀 달랐다. 위에서 그는 경학의 핵심이 곧 '實'이라고 강한 논조로 천명하고 있거니와, 이러한 학문 방법은 곧 程·朱를 비판하는 것이며, 자신의 독창적 학문 방향의 提起였다. 나아가 그는 實理와 實得의 道가 곧 聖人의 道이고, 이것이 진정으로 전파된다면 西學과 같은 邪說은 일거에 불식시킬 수 있다는 발언도 서슴지 않았다. 심대윤의 확신은 곧 至難한 현실체험을 학문으로 전화시킨 신념에 찬 발언으로 읽힌다. 때문에 심대윤은 자신의 관점이 틀리다면 죄를 받더라도 주저하지 않을 것이라는 주장[18]도 서슴없이 하였던 것이다. 이러한 학문적 성취를 내기 시작한 때는 그의 나이 37세 무렵이었다.

그런데 그가 '實'을 바탕에 두고 독자적 경학해석으로 현실에 대응하려고 한 자체는 이미 주자의 사유와 그 틀을 전혀 달리함을 의미한다. 심대윤은 현실 토대에서 벗어나 관념적으로 이해한 주자학의 학문 태도를 拔本的으로 부정하고, 實理와 實得에 기초한 학문 방식을 대안으로 제시하였다. 그는 이를 통해 현실을 변화시킬 수 있다고 굳게 믿었던 것 같다. 이렇게 볼 때, 심대윤이 추구한 實理와 實得 추구의 목표는 곧 反朱子學이며, 사유 방식은 현실에 굳게 뿌리박고 있다.

이러한 학문방법과 사유의 방향은 특정한 사승 관계에서 형성된 것 같지는 않다. 다만 그의 家學과의 관련성은 유추할 수 있을 듯하다. 그의 증조부 伯氏인 沈鋿은 조선 양명학의 개문자였던 鄭齊斗의 수제자였다. 실제 심대윤의 가문은 양명학의 그림자가 짙게 드리워져 있다. 이렇게 볼 때, 그의 저술과 사유도 일단 양명학의 가학적 전통과 관련지을 수 있다. 이를 감안하더라도 심대윤의 저술과 사유방식에서 중요한 것은 일반 민과 같은 고단한 삶의 경험이다. 그의 경학세계에서 보여주는 程·朱에 대한 拔本的 懷疑도 기본적으로 그가 현실을 체험의 소산이라는 점에서 심대윤의 안성생활은 주목을 요한다.

3. 士의 자각과 학문 자세

학문에 전념하던 심대윤은 28세 되던 해에 서울을 떠나 안성으로 거처를 옮긴다.[19] 그는 「東邱自解」에서 28세 때 안성의 東里[20]로 옮겼음을 밝히고 있다. 심대윤이 한때 '동리'로 불린 것은 이 때문이다. 이후 심대윤은 증조부의 자호 東里를 피하여 '東邱'로 자호한다.[21] 당시 안성은 수공업이 발달했고 교역이 가장 성행하였던 곳 중의 하나로, 심대윤의 선대와 인연이 있는 고향과 같았다.[22] 안성의 동리는 읍내에 속하는데, 읍내는 관속이 거처하고 상업지역이어서 양반 계층이 거주하는 곳은 아니다. 鄕班들은 이 구역에 거주하는 이들을 경멸하여 '읍내 것들'이라 불렀다.[23] 심대윤이 향반의 거주지가 아닌 안성의 동리로 이주를 결정한 것은 「與柳君夏元書」에서 그 단초를 확인할 수 있다.

심대윤은 20세 중반까지 부친의 후원으로 글공부에 전념하였다. 하지만 부친인 沈完倫(1778-1833)의 사망을 계기로 장남으로서의 책임 감과 가문 유지를 위하여 안성으로 이주한다. 그는 가난한 살림을 일 으켜 모친과 어린 동생들을 부양하기 위하여 안성 읍내에 거처를 마 련하게 된다. 안성 읍내에서의 삶은 그야말로 '읍내 것들'과 다르지 않았다. 심대윤은 당시 생활을 두고 "남의 집에 빌붙어서 밥을 얻어 먹고 쓴 맛 단 맛 다 보면서 장사꾼의 무리에 끼어 이익을 다투었다" 고 술회한 바 있다.[24] 생계를 꾸리기 위해 안성 읍내에서 '읍내 것들' 과 동일한 삶을 살았던 것이다. "남의 부림을 받으며 巫醫와 경쟁했 다."[25]라 언급한 것이나 약을 조제하고 팔며 생계를 꾸린 삶을 두고 "더러운 거름흙 속에 스스로를 던져 넣은 것"이라 표현한 것은 이러 한 삶의 자기 독백인 셈이다. 이는 가족의 생계를 위해 양반의 신분 을 벗어던질 수밖에 없던 자괴감의 표출이기도 하다. 양반의 처지로 상공업에 종사하는 것은 스스로 양반임을 포기하는 것이지만, 심대 윤은 생계와 가족을 위하여 '읍내 것들'처럼 생활하는 것도 마다하지 않았다.[26]

심대윤은 부친 생전에 장남의 도리를 하지 못한 일과 가난 때문에 돌아가신 후에 장례조차 제대로 하지 못한 불효에 "정수리부터 발뒤 꿈치까지 갈아 없어지도록 노력을 기울인대도 이 원통함을 씻을 수 없다"라 자괴하는가 하면, "어머니만 계시지 않았다면 목을 베고 가 슴을 따개 저 지하로 아버지를 따라가는 게 마땅하다."고 토로하는 등 깊은 자책도 하였다. 또한 부친이 돌아가신 이후 자신의 삶을 "짐 승처럼 살아가며 모질게도 지금에 이르렀다"라는 말로 폐족의 후예 인 처지와 현실에서의 고단한 삶에 자주 울분을 토로한 바도 있다.[27]

심대윤은 안성에 이주할 당시 부양해야 할 어머니와 형제들이 많 았다. 자기 밑으로 네 명의 동생을 포함하여 식구가 십여 명이나 되었다. 동생 중에는 가정을 꾸린 부부도 있었다. 노모와 식솔들이 자신만을 바라보고 있는 상황을 두고, 심대윤은 "물이 점차 차오르는데 몸이 완전히 잠겨 죽을 때까지 노심초사하며 맨몸뚱이로 꼼짝 못하고 서 있는 형국"이라 언급하고 있다. 또한 "생계를 걱정하면 별의별 생각이 다 나면서 온몸에 오싹 소름이 돋았다가 뒤이어 또 타는 듯 열이 나 화끈거렸다."[28]라는 말로 삶의 무게를 감당해야 하는 심적 갈등도 토로한 바도 있다.

심대윤은 老母와 두 동생과 함께 安城의 佳谷으로 이주한 당시의 처지를 이렇게 회고한다.

> 지난 해에 나의 仲弟인 泰卿과 益卿이 母夫人을 봉양하면서 安城의 佳谷에 살았다. 그 때 흉년을 만나 봉양할 방법이 없었는데, 마침 統營의 장인바치가 그 마을에 옮겨와 살면서 木槃 만드는 것을 업으로 하고 있었다. 태경이 간혹 가서 그것을 보고 돌아와서는 익경과 함께 만들어진 모양대로 제작을 하여 米菽과 바꾸어 모부인을 봉양하였다. 다음 해에 풍년이 들자 모부인은 나에게 돌아오셨고, 내 두 동생도 만드는 것을 그만두고 독서를 하였다.[29]

안성으로 거처를 옮기고 흉년을 만나 형제들과 목반을 만들어 생계를 유지하였음을 밝혔다. 자신이 목반 만드는 賤役에 종사한 것은 오직 노모를 봉양하고 생계를 꾸리기 위한 것이라 했다. 이어지는 글에서 그는 "나는 어머님이 늙으셨고 집은 가난하여 힘써 삶을 다스리는 것이 귀한 것으로 여겼다. 이에 '군자가 궁하면 鄙汚한 일은 할 수 있지만 불의한 짓은 할 수 없다'고 서로 모의하였다. 지금 나는 재산이 없어 상업을 할 수 없고 밭이 없어 농사도 지을 수 없다. 木盤은 천한 일이지만 집에서 할 수 있고 남에게 구하지 않아도 되니, 농부가 여름 밭에서 맨몸으로 일을 하고 상인이 이익을 隴斷하는 것에 비교하면 낫다."[30]라는 논지로 자신의 수공업 종사를 합리화하였다. 요컨 대 심대윤은 모친과 가솔의 생활을 위해 공방을 차려 목반을 만들어 팔았던 것이다.

인용문에서 풍년이 들자 목반 만드는 것을 그만두고 모든 형제가 계속 독서하였다는 것은 학문을 포기하지 않았음을 보여준다. 심대윤 은 경제적 궁핍 속에서도 학문적 자세를 조금도 굽히지 않았다. 비록 생계를 위해 목반 만드는 천역에 종사하면서도, 동생들과 經史를 토 론하며 精義를 강구하여 찾거나, 천지의 인물의 所以와 古今의 치란 이 생기는 이유 등을 토론하는 등 학문적 자세를 견지하였다. 생계를 위해 천역에 종사하지만, 심대윤은 士族으로서의 정신을 잃지 않기 위하여 틈만 나면 독서하고, 동생을 가르치는 일로 고군분투한다. 그 는 최소한의 경제적 조건만 충족되면 학문에 매진하는 자세를 견지한 것이다.

심대윤은 안성 생활에서 時俗의 人情物態, 俯仰과 事理의 端緒 및 倚伏, 갖가지의 技藝와 海外의 異聞 등을 주제로 동생과 격론하는 등 현실에 기초한 학문의 정립을 위한 노력도 아끼지 않는다. 여기서 해 외의 이문은 서양의 학문을 이르지만, 구체적으로 무엇을 의미하는 지는 분명하지 않다. 하지만 그는 이러한 학문적 진지함을 통해 정신 과 지혜를 증진시키고, 心靈을 분발시켜 노역의 피곤함을 잊는 계기 로 삼은 것은 흥미롭다.[31]

앞서 심대윤이 여러 동생들과 學的 論題를 두고 토론하는가 하면, 서신 왕래로 각자의 의견을 개진한 사실을 보았다. 상공업의 천역에 종사하면서도 형제 사이에 끊임없이 학문적으로 소통한 것을 감안하면, 심대윤 형제들의 관계는 단순한 혈육 관계를 넘어서고 있다. 비록 심대윤은 일반 민과 같이 생활하지만, 士族으로서의 자세를 유지하기 위하여 형제들과 학문으로 소통하였다. 이는 자신의 학문적 성취와 현실에서의 심적 갈등을 해소하기 위하여 형제들과 학문적 동지로 관계를 맺은 것이다.[32]

하지만 심대윤이 안성으로 이주하자마자 처음부터 商工業에 종사한 것은 아니다. 서울생활을 청산하고 안성으로 들어 갈 당시 일정 기간 생활할 수 있는 돈을 가지고 있었다. 그는 이 돈으로 안성에서 생활을 시작한 것으로 보인다.

> 지난번에 부모님의 은혜에 힘입어 財利가 어디서 나오는지도 몰랐고, 이러한 상태에서 재산을 경영하였기 때문에 낭패를 보았으니 저절로 당연할 뿐입니다. 그러나 제가 읍으로 들어갔을 때, 資産이 二萬이 되지 않았으나, 집안에 딸린 大小 십여 인들은 모두 저를 바라만 보고 다른 방도를 강구하지 않았고, 걸핏하면 굶주림을 만나고 초상과 질병을 거듭 만났습니다. 그러나 그 증식된 것을 계산해보면 또한 수배나 되었지만 비용으로 충당하느라 남아 있지 않았습니다. 속담에 말하기를 "돈 많아야 장사 잘한다."라 했으니 어찌 진실이 아니겠습니까? 내 이미 명분과 행실에 욕을 보였으면서도 계획한 대로 성취한 것도 없습니다. 노모는 堂에 계시고 형제는 室에 가득 있지만, 아무것도 없는 벌거벗은 맨몸으로 물이 차올라 빠져 죽을 지경에 이르지나 않을까 노심초사하였습니다.[33]

안성에 들어갈 때, 二萬을 가지고 갔다고 언급하였다. '二萬'이 당시 얼마만큼의 경제력을 의미하는지 확인할 수 없다. 하지만 심대윤은 財利에 밝지 못한 士族의 처지로 거듭된 집안의 대소사와 질병이

겹쳐 얼마 못 가서 이 돈을 모두 쓰고 말았다고 했다. 이후 그는 생활을 위하여 상공업에 종사하면서 이전과 전혀 다른 생활방식을 택하게 된다. "돈 많아야 장사 잘한다."라는 속담을 언급한 것이나, "명분과 행실에 욕을 보였다"는 언급은 양반의 신분을 저버리고 상업에 종사한 정황의 서술이다. 그의 상공업 종사는 폐족이라는 그의 사회적 처지와 가문을 지키려는 그의 의식과 깊은 관련을 지닌다. 재리를 추구한 것이라기보다, 오직 가족 경제와 학문을 유지하기 위한 고육책으로 이해할 수 있다. 가족 경제를 위한 최소한의 재리가 갖춰지면, 다시 학문에 매진하며 士로서의 정체성을 잃지 않으려 하였기 때문이다.

> 비록 그렇지만 지금 저는 진실로 數金의 資産이 있어 변변치 않으나 약간의 맛난 음식으로 부모님을 봉양할 수 있고, 移葬도 마쳤으며 兄弟도 약간 凍餓에 대비할 수 있어 겨우 無死하게 되었습니다. 비록 萬鍾을 받는 卿相이라 하더라도 끝내 一毫라도 누를 짊어지어서는 그것을 취하지 않을 것입니다. 이는 俗人과 함께 말하기는 어렵습니다.[34]

자신의 상공업 종사는 노모를 봉양하고 형제들과 생활하기 위해, 그리고 증조모와 조부의 移葬을 위한 것임을 밝히고 있다. 당시 士族의 신분으로 상공업의 역에 종사하기란 쉬운 일이 아니었다. "내 이미 명분과 행실에 욕을 보였으면서 계획한 바대로 성취한 것도 없습니다."라는 자신의 언급도 이를 말한다. 그는 士族의 명분과 행실에 욕먹는 것을 감수하면서까지 상공업에 종사했지만, 이마저도 자신의 경제적 문제를 근원적으로 해결해주지는 못하였다. 심지어 심대윤은 士族의 신분으로 상공업의 종사한 사실에 심각한 심적 갈등까지 겪으며, 죽음까지도 생각하였다. 하지만 죽음을 결단하지 못한 것은 모친의 봉양과 혈손의 유지, 그리고 曾王妃와 王考의 유골을 수습하고 이장해야 하는 장손의 임무가 남아 있었기 때문이다.[35]

심대윤이 賣藥業에 종사한 것도 이러한 가족의 책무가 남아 있었기 때문이었다. 鄭基雨는 『雲齋遺稿』에서 심대윤이 매약업에 종사한 사실을 적고 있거니와, 이 역시 가족의 책무를 저버리지 않기 위해서임을 물론이다. 다음은 공방을 차린 이후의 심대윤의 안성생활을 기록한 대목이다.

壬子(1852년)에 정기우가 安城의 東里에 사는 백운 심 선생을 방문하였다. 선생은 文章과 識見이 千古에 빼어났고, 林泉에서 도를 지키면서 약을 팔며 은거하고 있었다. 공(정기우)이 가서 방문하였는데, 沈公의 論議는 대개 古經과 부합되지 않았다. 공이 이 때문에 반복해서 論難한 書牘이 매우 많았는데, 모두 이치에 닿고 조리가 펼쳐져서 片片마다 외울 만하였다. 沈公은 성격이 傲兀하여 사람들과 접촉하는 것이 드물었는데, 오직 공에 대해서만은 忘年之交를 맺었다.[36]

1852년이면 심대윤이 47세 때이다. 『치목반기』에 공방을 차려 장사를 한 해가 1845년임을 감안하면 심대윤은 적지 않은 기간 동안 안성의 민과 동일하게 생활하며, 한편으로는 저술 작업으로 士의 정체성을 잃지 않으려 노력하였다. 상공업에 종사한 심대윤의 안성생활은 삶의 전환점이자, 학문의 방향을 정립한 시기로 주목할 수 있다. 심대윤은 생업을 위해 공방도 하였고 賣藥業까지 하였다. 신분제 사회에서 양반의 옷을 벗어 던지고 상업에 종사한 사실은 매우 특이하다. 士族이 상공업에 종사하는 자체가 사족의 신분을 포기하는 것과 같은 행위다. 사족의 신분으로 한번 상공업에 종사하면 바로 常漢으로 취급받았다. 심대윤은 상공업에 종사함으로서 경제적 빈곤은 면했지만, 士族의 이름은 상실하고 만 것이다.

그래서 심대윤은 상공업에 종사한 심적 갈등을 끝내 해소하지 못하였다. 그는 한 편의 글에서 '자신의 집안이 평소 詩와 禮로 독실하게 논하고 높게 행동하여 士大夫의 모범이 되었는데, 홀연히 노예들도 부끄러워하는 것에 종사하여 先祖께 욕을 끼쳐 당대의 선비들을 볼 면목이 없다. 窮理의 學으로 章句나 따지는 業을 일삼지 않고 古今의 理亂과 得失의 大要와 賢哲의 修身과 도를 행하는 뜻을 공부하고 아래로 法律·陰陽·術數의 책으로 치교에 보탬이 될 만한 것은 모두 그 대략을 통달하여 현실에 실천하고자 했는데, 지금 그 뜻을 잃어버리고 상공업에 종사하여 名과 實을 모두 잃어버렸다. 성품이 본래 高尙한데 그러한 성품으로 하여금 남의 비위나 맞추고 사람들의 부림을 받으면서 巫醫와 함께 능력을 다투고 말았다.'[37]고 하며 상공업에 종사한 사실을 두고 평생 심각한 내면 갈등을 겪었던 것이다.

하지만 심대윤은 이러한 현실생활에서의 깊은 고뇌와 심적 갈등의 해소를 위해 자신의 학문을 정립하는 방향으로 적극 전환하였다. 그는 일반 민의 체험을 통해 현실을 새롭게 읽고, 이를 자신의 학문에 담아내려고 하였다. 이를테면 상공업의 체험을 통해 '인간의 欲'을 재발견하여 欲의 公利性을 확인하였을 뿐만 아니라, '福利'의 개념을 정립한 것이다. 요컨대 심대윤은 상공업에 종사한 체험과 그 심적 갈등을 새로운 세계를 체험하고 인식의 방향을 재정립하는 전환점으로 삼았고, 그 체험을 자신의 학문적 자산으로 전환시켜 자신의 학적 체계를 구축하는 데 활용하였다.

심대윤은 안성에 거주하면서 鄭基雨(1832-1890)[38]와 편지로 경학문제를 토론한 바 있다. 정기우가 심대윤의 한 세대 후배인 점을 감안하면, 심대윤은 정기우를 통해 자신의 저술을 인근 사대부 계층에 알렸던 것 같다. 또한 심대윤은 이 무렵 李夏坤(1677-1724)의 후손인 元暉 李曦榮(1821-1868)[39]과 서신으로 학문적 관심사를 토론하는 등 활발하게 교유한다. 이희영은 심대윤 가문과 같은 소론계 학자다. 주지하듯이 이하곤은 진천의 초평면 양촌에서 태어나, 과거 낙방 후 세거지인 진천에 萬卷樓[본래 명칭은 宛委閣]라는 장서루를 세워 장서가로 이름난 인물이다. 심대윤이 거주한 안성과 진천은 붙어 있어 지리적으로도 가까웠다. 그는 이희영과 서신을 주고받으면서 兩漢의 文과 唐宋 古文의 史的인 고찰을 전개하면서 자신의 견해를 피력하는 등, 學藝를 주제로 서로 의견을 주고받았다.[40] 뿐만 아니라 심대윤은 李曦榮의 부탁으로 기문을 지어 주는 등 인간적인 관계를 이어나간 바 있었다.[41]

심대윤은 다른 인물들과도 교유하였다. 安山에 살던 鷹蜂 姜惠伯[42]·柳榮健(?-1843)[43] 등이 그들이다. 그들의 부탁으로 序文을 짓거나, 편지로 서로의 관심사를 주고받았다. 그런데 이 시기를 제외하면 심대윤의 교유관계는 잘 드러나지 않는다. 실제 그가 교유한 인물의 범위가 한정된 것인지 여부는 알 수 없으나, 당시 심대윤의 처지를 감안하면 교유관계는 제한될 수밖에 없었을 것이다. 심대윤 스스로 "성격이 峻潔하고 狹隘하여 구차하게 얻는 것을 참지 못하는 성격"[44]이라한 것이나, 심대윤과 교유한 인사들도 "성격이 傲亢하여 사람들과 접촉하는 것이 드물었다."[45]라 평한 바 있다. 이를 감안하면 일상에서의 교유관계 역시 폭넓지 않았음은 짐작할 수 있다.

그럼에도 불구하고 심대윤은 안성에서 무명의 재야 학자들이나 하층민과 적지 않게 교유하였다. 재야 학자는 물론 역의 丞에게 記文을 지어준[46] 것은 그러한 사례다. 심대윤의 下向的 交遊는 그의 사회적 처지가 불우한 것과도 관계있지만, 실제 일반 민으로 생활한 경험이 크게 작용하였다. 특히 심대윤은 이때 교유한 유영건과 인간적으로 소통하고 매우 가깝게 지낸다. 심대윤은 유영건이 죽자 祭文을 지어 그와의 특별한 관계를 토로한다.[47] 이 시기 교유관계에서 특이한 점은 심대윤이 교유 인사들 대부분이 안산에 거주한 사실이다. 특정 지역 인사와 교류한 이유를 구체적으로 알 수는 없지만, 심대윤과 안산은 깊은 관련을 지니고 있었던 것으로 보인다.

심대윤은 43세가 되던 1848년 9월에 痎瘧(학질)에 걸려 寒氣와 熱病의 병마를 물리친 끝에 겨우 건강을 회복하는 곤경을 겪었다. 이때 심대윤은 노모가 계시는 데다 병마와 싸우느라, 궁핍하였던 경제는 더욱 어려웠다.[48] 하지만 이러한 상황도 그의 학문적 열정을 꺾지 못하였다. 심대윤은 45세가 되던 1850년에 鄭稚亨이라는 인물과 교유하면서, 『八子百選』에 대한 의견을 나누는 등 학적 자세를 잃지 않았다.[49] 심대윤의 학적 태도는 49세가 될 무렵까지도 이어졌다. 그는 士의 정체성을 잃지 않기 위하여 저술 작업에 몰두하였다. 당시 경제적 궁핍에도 불구하고, 자신이 목표로 정한 주석서를 완성시키지 못한 초조함과 그간 성취해놓은 자신의 업적이 민멸되는 것을 두고 고뇌한 바도 있다. "내가 살아온 49년에 몸은 더욱 고달파지고 이름은 더욱 곤란해지고 세상은 더욱 어려워졌다"[50]라 하여 자신의 불우한 처지와 무명학자로서의 심정을 토로한 것은 이를 보여준다. 이 무렵 심대윤은 여러 지방을 紀行하였는데, 안성 주변은 물론 안산을 비롯하여 黃海道 延安[51]과 公州[52] 등을 두루 다녔다.

심대윤의 50대 행적은 현재 남겨진 글에 잘 보이지 않는다. 단지 50대 중·후반에 『書經蔡傳瓣正』과 『詩經集傳辨正』을 비롯하여 『福利全書』를 저술한 것을 확인할 수 있을 정도다. 50대 이후에도 심대윤은 적지 않은 저술을 남긴 것을 감안하면, 그는 임종 때까지 방대한 저술 활동을 지속하였던 것 같다. 심대윤은 와병 중에도 저술 작업에 몰두하다가 1872년 7월 25일에 사망하였다. 이때 그의 나이 67세였다.

그는 죽기 직전까지 『예기』의 주석 작업에 매달렸다. 그의 『예기』 해석에서 학문 자세와 학문적으로 치열하였던 삶의 진면목을 엿볼 수 있다. 심대윤이 임종 직전까지 학술 작업의 결과로 남긴 저술은 방대하다. 경학과 역사 저술은 물론 『복리전서』와 『한중수필』 등, 현재 확인된 것만 하더라도 모두 120책이 넘는다.

심대윤의 만년 행적 또한 구체적으로 알 수 없다. 『한중수필』에도 잘 나타나 있지 않다. 그는 충청도 괴산에서 만년을 보내고, 생을 마감한 정도만 알려져 있다. 그의 후손 또한 괴산에 살면서 심대윤의 저작을 보관하다가, 1925년에 괴산의 후손 집에 있던 그의 저작이 비로소 세상에 알려진 것으로 보인다.[53]

4. 맺음말

심대윤은 역모에 연루된 가문의 후예로 태어나 직접 노동하며 재야학자의 삶을 살았다. 폐족의 후예와 몰락한 사회적 처지로 인해 그는 태어난 순간부터 정치적인 활동은 물론 일반 사족과 같은 순탄한 생활을 할 수는 없었다. 유년 시절을 지나면서 선대로부터 물려받은 경제적 기반마저 없어지자 20대 후반 이후에는 정상적인 학문은 물론 土族의 신분조차 제대로 유지할 수 없을 정도로 경제적 빈곤에 이르고 말았다. 심대윤은 자신의 가문을 지탱하고 가장의 책무와 가문에 닥쳐온 경제적 어려움을 해결하기 위해 끊임없이 심적 갈등을 겪었다.

그러한 과정에서 어머니를 봉양하고 동생을 거느리기 위하여 서울생활을 청산하고 낙향하였다. 30대 후반 심대윤이 거처를 잡은 곳은 선대부터 연고가 있었던 安城이다.

심대윤은 가정의 경제를 위해 안성으로 들어갔으나, 사족의 신분과 가학의 학문적 전통을 유지하고 자신의 학문적 목표를 위해서도 노력을 아끼지 않았다. 하지만 얼마 지나지 않아 경제적 곤란으로 안성생활조차 순탄하지 않았다. 마침내 그는 생활을 위해 士族의 身分을 벗어 던지고 工房을 차리고 盤床을 만드는가 하면 賣藥業에도 종사하였다. 이 경험에서 심대윤은 새로운 세계를 경험하게 된다. 당시 심대윤처럼 생활을 위해 신분을 벗어 던지고 工商業에 종사한 것은 드물었다. 이 점에서 그가 신분제 질서와 명분을 뛰어넘어 상공업에 종사한 점은 흥미롭다.

그런데 심대윤은 상공업의 경험을 통해 새로운 시각과 학문의 방향을 정립하고, 민의 삶을 자신의 학문에 투영하여 19세기 동아시아 학술사에서도 독특한 논리를 보여주었다. 그의 학문적 시각은 대담하고 논지는 거칠기는 하지만, 그가 추구한 학문의 방향은 관념성을 넘어 현실과 접속하는 실사구시의 면모를 보여주었다. 이를테면 상공업에 종사하면서 체득한 '利'의 公的 측면을 주목한 것이나, 현실에서의 다양한 체험을 福利에 연결시켜 학술 논리로 전개한 것은 물론 '天下同利'로 개념을 확산시킨 전환시켰다. 모두 자신의 사유와 학문을 상공업에 종사한 실 체험과 연결시켜 학문으로 전환한 것이 그것이다. 여기서 심대윤의 사회적 처지와 民과 함께 상공업에 종사한 체험이 그의 의식과 학문을 진정한 실사구시의 방향으로 견인한 사실은 주목할 만하다. 심대윤의 경향이 반주자학적 성향을 가지는 점과 '福利'로 정립된 사유의 틀은 모두 자신의 사회적 처지와 삶에서 나온 결과물이다. 이 점에서 그의 사회적 처지와 현실 체험은 그의 경학세계와 사유의 틀을 현실에 밀착시킨 기제로 작동한 것이다.

그렇지만 심대윤은 결코 신분의 옷을 벗고 다른 옷으로 갈아입지는 못하였다. 그는 글 곳곳에서 士族으로서 상공업에 종사하여 이 끝을 추구한 것에 고뇌하고, 인간적 갈등을 토로하였다. 또한 전혀 다른 두 옷 사이에서 끊임없이 갈등하고 이를 다양한 산문으로 기록해두었다. 이는 士族으로서의 자기 해명이자, 자기서사에 다름아니다. 이러한 신분 문제에 대한 갈등과 고뇌, 나아가 자기 해명은 심대윤의 인간적 체취를 보여주는 것으로 읽을 수 있을지언정, 자신의 신분을 유지하기 위하여 갈등하는 것으로 이해하여 그의 신분적 한계로 곡해할 성질은 아니다.

심대윤은 불우한 사회적 처지와 현실적 고뇌 속에서도 전 생애를 걸쳐 한 번도 학문적 열정과 저술활동을 포기하지 않았다. 그는 임종 때까지 경학과 역사저술에 주력하여 누구도 넘보기 힘든 120여 책의 저술을 남겼다. 특히 불우한 사회적 처지와 끊임없는 憂患과 困窮에도 불구하고 현실세계에 눈을 떼지 않는 올곧은 실사구시의 자세로 삶에 매진하여 남다른 성취를 이루었다. 요컨대 심대윤은 경학저술을 통하여 자신의 사회적 처지를 학문적으로 이겨내고 고단한 삶을 헤쳐나갔다. 그래서 그가 남긴 經學 저술은 양적인 면에서는 물론이며, 내용 면에서도 19세기 경학사는 물론 학술사에서도 한 획을 긋는 성과다. 나아가 전근대 동아시아 학술 장에서도 거론할 수 있을 정도임은 물론이다.

4장

柳重教(1821-1893)의
춘추대의, 위정척사, 중화, 소중화

하영휘
(성균관대학교 동아시아학술원)

❖

1. 머리말

춘추대의(春秋大義) 사상은 병자호란 때 김상헌(金尙憲, 1570-1652)에서 형성되어 송시열(宋時烈, 1607-1689)에서 완성되었다. 주지하듯이, 이들은 효종을 도와 북벌을 계획했던 사람들이다. 그 후 청(淸)의 감시하에서도 춘추대의는 다양한 모습으로 전개되었다.

1684년 가평 군수 이제두(李齊杜) 등이 명(明) 의종(毅宗)의 글씨 '思無邪(사무사)', 선조(宣祖)의 글씨 '萬折必東再造藩邦(만절필동재조번방)', 효종(孝宗)의 비사(批辭)를 송시열이 쓴 '日暮途遠至痛在心(일모도원지통재심)', 선조(宣祖)의 손자 낭선군(朗善君) 우(俁)의 전서(篆書) '朝宗嵒(조종암)' 등 22자를 가평 조종천(朝宗川) 가 바위에 새기고, 그 바위를 '조종암'[1]이라 했다. 1831년에는 명(明) 9의사(義士)의 후손 왕덕일(王德一) 등이 조종암 옆에 대통행묘(大統行廟)와 구의행사(九義行祠)라는 사당을 만들었다. 1703년 권상하(權尙夏, 1641-1721)는 스승 송시열의 유언에 따라 화양동(華陽洞)에 명(明) 신종(神宗)과 의종(毅宗)의 사당 만동묘(萬東廟)를 세웠다. 1716년 이태수(李泰壽)는 존명양이

(尊明攘夷)의 사적을 모아 『존주록(尊周錄)』을 편찬했다.

민간뿐만 아니라 국왕도 춘추대의를 선양하는 행사를 했다. 숙종(肅宗)은 명이 망한 지 60주년이 된 1704년 대보단(大報壇)을 쌓았는데, 이것은 임진왜란 때 조선에 군대를 파견한 명 신종(神宗)의 은의(恩義)를 추모하는 제단(祭壇)이었다. 영조도 대보단[皇壇]에 여러 차례 제사하고, 신종뿐만 아니라 명(明) 태조와 의종(毅宗)도 함께 제사하도록 했다. 1800년에는 『존주휘편(尊周彙編)』이 간행되었는데, 이것은 정조의 명에 따라 이의준(李義駿)과 성대중(成大中)이 춘추대의를 선양한 사례들을 모아 편찬한 책이다.

이렇게 춘추대의는 병자호란부터 조선 말까지 맥을 이어온 뚜렷하고 구체적인 사상이었다. 이것은 조선 후기사를 제대로 이해하기 위해서는 춘추대의에 대한 이해가 필수불가결이라는 것을 의미한다. 지금까지 춘추대의 연구가 적지 않은 것이 이 사상의 중요성을 말해주고 있다.

그런데, 춘추대의의 기존 연구에는 '조선중화주의'를 언급한 논문이 많다. '조선중화주의'는 명이 망하고 난 후 중국에서 사라진 중화문화가 조선에만 남아 있으므로, '조선이 중화문화의 주인'이라는 의미를 가진 말이다. 여기에는 조선이 명의 중화문화를 계승했으므로 천하에서 가장 우월하다는 민족주의적인 의미도 함축되어 있다. 그러나 '조선중화주의'가 납득할 만한 사료의 뒷받침을 받은 것은 아니다.

'조선중화주의'의 제창자는 정옥자였다. 그는 숙종이 대보단을 창설한 것을 주목하여, 그것을 '조선중화주의'의 상징적 징표로 보았다. 그가 인용한 '조선중화주의'의 직접적인 사료가 하나 있는데, 그것은 숙종이 명 의종(毅宗)의 60주기에 제사 지낼 때 읽은 제문이다. 그가 번역하여 인용한 대목은 다음과 같다.

"조선국왕 신 이돈(李焞)은 감히 대명(大明) 의종 황제에게 소고(昭告)하오니 빛나는 황명(皇明)에 복(伏)하여 화이주[華夷主: 중화와 이적의 주인, 즉 당시 세계를 지칭하는 천하의 주인]가 되어 이제 몸소 제사를 행합니다.[崇禎七十七年歲次甲申三月庚子朔十九日戊午, 朝鮮國王臣李焞, 敢昭告于大明 毅宗烈皇帝. 伏以, 於赫皇明, 爲華夷主, 功隆德厚, 丕冒率溥]"2

이어서 그는 "이는 곧 조선이 명의 후계자며 천하의 주인임을 공식적으로 발표하는 행위였다."고 설명했다.

그러나 한문을 조금 아는 사람 중에 이 번역을 그대로 수긍할 사람은 아마 없을 것이다. 이 대목을 다음과 같이 옮기면 큰 무리는 없을 것 같다.

"숭정(崇禎) 77년 세차 갑신 3월 경자 삭(朔) 19일 무오에 조선국왕 신 이돈(李焞)은 감히 대명 의종열황제(大明毅宗烈皇帝)께 밝게 고합니다. 아! 빛나는 황명(皇明)이 화이(華夷)의 주인이 되어 높고 두터운 그 공덕(功德)이 온 천하를 널리 덮어, 14황제들의 전승을 거쳐 우리 황제(皇帝)에 이르렀습니다.[崇禎七十七年歲次甲申三月庚子朔十九日戊午, 朝鮮國王臣李焞, 敢昭告于大明 毅宗烈皇帝. 伏以, 於赫皇明, 爲華夷主, 功隆德厚, 丕冒率溥. 傳十四聖, 式至我帝]"

'황명이 화이의 주인이 되어'로 옮겨야 할 것을 정옥자는 '조선국왕 신 이돈이 화이주가 되어'로 옮겼다. 원래 주어가 '황명'인 것이 '조선국왕 신 이돈'으로 바뀐 것이다. 이것으로 숙종이 '조선이 천하의 주인임을 공표한' 것이 되었는데, 큰 문제가 아닐 수 없다. 조선 후기의 역사상을 크게 오도할 가능성이 있기 때문이다. 본고에서는 근대적이 거나 민족주의적인 입장을 지양하고 당대를 살았던 사람의 입장에서 사료를 중심으로 춘추대의를 해명해보고자 한다.

조선의 『춘추(春秋)』라는 학문은 병자호란을 계기로 춘추대의라는 사상으로 발전되었고, 서학(西學)의 유행에 따라 위정척사라는 사상이 대두되었다. 시대적 조건에 따라 표현을 달리한 것일 뿐, 양자가 추구한 바는 근본적으로 다르지 않았다. 그것이 바로 중화(中華)다. 명(明)이 망하고 청(淸)이 중국을 지배하게 되자, 조선의 사대부들은 중화가 중국에서 망했다고 생각했다. 중국에서 중화가 사라진 후 조선에 남은 중화가 소중화(小中華)다. 춘추대의, 위정척사, 중화, 소중화 이 네 개념은 서로 긴밀히 연관되어 있기 때문에, 개별적인 설명으로는 충분한 이해에 도달할 수 없다. 이것이 이 짧은 글에서 네 개를 한꺼번에 다루는 이유다.

유중교(柳重敎)는 평생 학문에 몰두한 인물이다. 그는 다양한 분야에 많은 글을 남긴 이론가였다.[3] 그가 평생 일관성 있게 추구한 것이 춘추대의다. 외세의 침범이 밀려오는 가운데, 학문의 목표를 춘추대의에 두었던 것이다. 그는 위정척사(衛正斥邪)로 유명한 이항로(李恒老, 1792-1868)의 제자로, 스승을 따라 주희(朱熹)와 송시열(宋時烈)을 숭배하고 그들의 학문을 열심히 공부했다. 그가 그들을 숭배하고 공부한 것도 춘추대의에 있었다. 유중교는 주희로부터 송시열, 이항로를 거쳐 자신에까지 이른 춘추대의사상을 잘 정리해놓았다. 유중교를 통하여 춘추대의를 살펴보는 이유가 여기에 있다.

2. 화서학파의 이론가 유중교

유중교의 본관은 고흥(高興), 자는 치정(穉程), 호는 성재(省齋)다. 1832
년 한성(漢城)에서 출생했다. 그의 아버지 유귀(柳日+龜)는 유영오(柳榮
五, 1777-1863)의 차남으로 태어났으나, 숙부 유영구(柳榮九)에게 양자
로 갔다. 그래서 유중교에게 유영오는 큰할아버지가 되었지만, 혈통
으로는 친할아버지다.

먼 조상으로 고려 공민왕 때 첨의시중(僉議侍中)을 지낸 유탁(柳濯)
이 있는데, 노국대장공주의 장례를 소박하게 치를 것을 주장하다가
교수형을 당했다. 8대조 유우한(柳于堥)은 종조부 어우당(於于堂) 유몽
인(柳夢寅, 1559-1623)이 반대세력의 무고로 사형되자, 벼슬을 단념하
고 춘천에 은거했다. 그 후 이 집안은 춘천에서 계속 살다가 유영오가
과거에 급제하고 벼슬에 나가면서 서울로 이사했다. 그런데 유영오도
대관(臺官)으로서 직언하다가 권세가의 미움을 사 절도(絶島)에 유배
되었다. 유배에서 돌아온 후 그는 양근군(楊根郡) 잠강(潛江)[4]에 은퇴
했다. 유중교의 증조부 첨추공(僉樞公)은 평소 자손에게, "문장과 절의
는 실로 우리 집안의 가업이다. 내 자손이 정학(正學)을 공부하는 것
이 나의 지극한 소원이다."[5]라고 가르쳤다.[6]

유중교는 5세부터 화서(華西) 이항로(李恒老, 1792-1868)에게 배웠다.
할아버지 유영오가 이항로의 학문을 알아보고 그가 강학하는 양근군
벽계(蘗溪)[7] 근처에 서관(書館)[8]을 짓고 자손들에게 수업하게 한 것이
었다. 14세에는 유영오가 중암(重庵) 김평묵(金平默, 1819-1891)을 초빙
함에 따라, 그에게 『맹자』를 배웠다.

1849년 18세 때 유중교는 『제왕승통고(帝王承統考)』를 편찬했다. 조
선 철종(哲宗, 재위 1849-1863)이 선왕 헌종(憲宗, 재위 1834-1849)을 제사

지내면서 축식(祝式)에 헌종을 '황질(皇姪)'이라 하고 자신을 '사왕신(嗣王臣)'이라고 썼는데, 그는 이것이 옳지 않다고 생각하여 그 잘못을 논리적으로 지적했다. 이를 계기로 중국과 조선 각 왕조의 왕위계승을 경우에 따라 논했다. 그는 여기서 제왕의 아들이 아닌 사람이 왕위를 계승할 경우 사친(私親)보다는 왕통(王統)을 중시해야 한다는 것을 강조했다.

21세에는 스승 이항로의 명으로 송사(宋史), 원사(元史), 고려사(高麗史)를 합한 『송원화동사합편강목(宋元華東史合編綱目)』을 편찬하기 시작했다. 명(明)의 상로(商輅)와 만사동(萬斯同)이 송사와 원사를 합하여 편찬한 『속자치통감강목(續資治通鑑綱目)』에 중국을 정복한 '오랑캐 원[胡元]'을 황제라 칭하여 '위대한 송[大宋]'과 동격의 정통성을 부여한 것을 바로잡기 위한 것이었다. 이 책은 37년이라는 오랜 기간을 거쳐 1889년에 완성되었다.[9]

1865년 화양동(華陽洞)의 만동묘(萬東廟)가 철폐된다는 소식을 듣고 시를 지어 소회를 읊었다. 병인양요 때는 경강(京江)에 이양선이 왔다는 소식을 듣고 바로 벽계로 이항로를 찾아갔다. 이항로가 "자네가 올 줄 알았다."고 말했다. 그리고 '斥和戰守[화친을 배척하고 싸움으로 지킨다]'를 주장하는 상소를 올리는 이항로를 따라가 서울에서 한 달간 머물렀다. 1868년 이항로가 죽고 이듬해 미원서원(迷源書院)[10]이 철폐되자, 한포서사(漢浦書社)를 세우고 김평묵을 주석(主席)으로 모시고 강학(講學)을 시작했다.

유중교는 1874년부터 해마다 3월이면 조종암(朝宗巖)에 가서 대통묘(大統廟)에 참배했는데, 이것은 명(明) 태조와 의종(毅宗)[11]을 기린 것이었다. 1876년 일본이 강제로 강화조약을 맺으려 하자, 50여 명의 사(士)와 함께 반대하는 상소를 올렸다. 같은 해 유중교는 재종질 유인석(柳麟錫)을 비롯한 동학(同學)들과 함께 가평군 옥계리(玉溪里)[12]의 자니대(紫泥臺)로 이주했다. 한적하고 넓어서 좋은 곳이기도 했지만, 무엇보다도 뒷산 너미 조종암이 있기 때문이었다. 그곳에 이사한 후로 유중교는 사우(士友)를 초대하고 후진을 가르치며, 김평묵 문하에 모여 순강(旬講)했다. 이어 옥계정사(玉溪精舍)를 짓고 1879년에는 자양서사(紫陽書社)를 세웠다.

이 자양서사에 관하여 연보에는 다음과 같이 쓰고 있다.

> 선생은 한포(漢浦)에 살 때부터 회암(晦庵), 우암(尤菴), 화서(華西) 세 선생의 유상(遺像)을 정사(精舍)에 모셨다. 매월 초하루와 보름날에 폭건(幅巾)을 쓰고 심의(深衣)를 입고 흑대를 두르고 제생(諸生)을 거느리고 유상에 엎드려 절한 후, 제생의 절을 받고 제생에게 서로 읍하고 앉게 한 후,「백록동서원학규(白鹿洞書院學規)」를 읽게 했다. 그 후 한포 북쪽 옥녀봉 자니대로 거처를 옮겼다. 그 남쪽 지형이 회옹(晦翁)이 살던 곳과 흡사하고, 또 조종암에는 우암의 필적이 있으며 와룡추(臥龍湫)에는 화서의 시가 있어서였다. 선생은 그리운 마음을 이기지 못해 마침내 정사 동쪽에 서사(書社)를 지어 문도와 사우가 강학하는 곳으로 삼았다.[13]

이 글을 통하여 알 수 있듯이, 유중교는 평생 회암[朱熹], 우암[宋時烈], 화서[李恒老] 세 선생을 숭배했다.

1881년 영남 유생 이만손(李晩遜) 등이 위정척사(衛正斥邪)를 내용으로 하는 「영남만인소(嶺南萬人疏)」를 올렸다. 유중교와 김평묵이 그것을 읽고, "오늘 이 거사는 우리 조선 사람으로 하여금 천하와 후세에 할 말이 있게 해주었다. 이만손은 선정(先正)[李滉]의 후손으로서 이 일에 앞장섰으니 더욱 귀하다."[14]며 칭찬하고, 「영남만인소」를 격려하는 「書辛巳諸儒疏後」[15]를 썼다. 『춘추』와 『맹자』에서 가져온 춘추대의와 위정척사로 양이의 침범을 물리칠 것을 제창하는 내용이었다. 영남 유생이 재차 상소하고 전국의 유생이 연이어 상소하며 그 글을 인용했고, 결국 김평묵이 상소의 배후로 지목되어 고도(孤島)에 안치되었다.

같은 해 11월 대신의 천거로 관직에 제수되자, 유중교가 말했다. "나는 내 사우(師友)와 '척사척화(斥邪斥和)'의 의리를 함께 지켰는데, 사우에게는 사형과 유배라는 처벌을 내리고 내게는 벼슬을 내려 얽어매려 한다. 이것은 조정이 나를 절조 있는 사람으로 대하는 것이 결코 아니다."[16]고 하고, 설악산 도솔산방에 은둔했다. 이듬해 봄에 그는 병이 들어 도솔산방에서 나왔으나, 자니대로 돌아가지 않고 춘천 가정(柯亭)에 머물렀다. 그로부터 7년 후인 1889년 그는 제천의 장담(長潭)으로 거처를 옮겼다.

춘천에 있을 때인 1884년 6월 조정에서 변복령(變服令)을 내리자, 유중교가 그 절목을 읽고 말했다.

이는 선왕의 법복(法服)을 훼손하고 이적(夷狄)을 따르는 것이다. 옛날 이적은 반드시 오른쪽 옷섶을 왼쪽 옷섶 위로 여미는[左衽] 옷을 입었다. 그러므로 오른쪽 옷섶을 위로 여미느냐 왼쪽 옷섶을 위로 여미느냐로 중화(中華)와 이적을 구별했다. 오늘날 양이(洋夷)의 복식이 일정하지 않지만, 소매가 좁은 것이 가장 두드러진 특징이다. 그러므로 소매가 넓은가 좁은가에 따라 중화와 양이를 구별한다. 이것이 비교적 쉽게 드러나는 큰 구별이고 죽음으로 지켜야 마땅한 명분과 의리[名義]다. 지행(志行)이 내심(內心)이고 의복이 외형이라는 이유로 중화와 오랑캐의 구별을 어지럽혀서는 안 되고, 임금이 명하면 신하가 따른다는 상식적인 도리로 중화와 양이의 구별을 의심해서는 안 되며, 복식을 훼손하는 것은 가볍고 머리를 깎는 것은 무겁다는 주장으로 중화와 양이의 구별을 소홀히 해서는 안 된다.[17]

중화와 양이의 구별이 임금의 명령보다 우선이고 선왕의 복식을 훼손하는 것도 신체발부(身體髮膚)의 훼손 못지않게 중요하다고 하고, 복식을 지킴으로써 중화와 양이의 구별을 엄격히 해야 한다고 강조했다. 그리고 춘천의 가정 마을 입구에 '箕封疆域 洪武衣冠[기자가 봉해진 강역, 명 태조의 의관]'이라고 새겨 변복령에 대한 반대를 확고히 표명했다.

1892년 1월 김평묵의 죽음에 곡하고 심상(心喪) 9개월을 지냈다. 9월 미원서원에 위패를 모셨던 여섯 선생의 신단(神壇)에 참배하고, 여주에 들러 대로사(大老祠)[18]에 참배했다. 1893년 3월 빌려온 책들을 다 돌려주고 저술한 원고를 정리하라고 문인들에게 지시하고는, 19일 별세했다.

유중교는 주희(朱熹)와 송시열(宋時烈)을 숭배하고 스승 이항로(李恒老)를 존경하여 평생 그들의 학문을 신봉하고 공부했다. 그는 15세에 이미 통유(通儒)로 통했고, 모든 현상을 학문적으로 천착하여 다양한 분야에 많은 저술을 남겼고, 위정척사파의 대표적인 이론가가 되었다. 평생 번잡함을 피하여 잠강, 한포, 옥계, 가정, 장담 등 조용한 시골로 전전하며 한포서사, 옥계서사, 장담서사를 만들어 강학하고, 향음주례를 비롯한 각종 예를 익히고 실행했다.

그러나 무엇보다도 그가 추구하고 실천한 것은 춘추대의와 위정척사였다. 그는 『제왕승통고』와 『송원화동사합편강목』의 편찬을 통하여 역사적 사실에 대한 비판적 이론을 춘추대의사상으로 확립했고, 점점 거세게 밀려오는 외세의 침범에 대하여 그때그때 현실에 대한 자신의 입장을 위정척사사상으로 밝혔다. 그가 주희, 송시열, 이항로를 신봉한 것도 그들이 외세의 침범에 대하여 확립한 춘추대의와 위정척사에 있었지, 결코 이기론(理氣論)과 심성론(心性論)에 있지 않았다.

3. 춘추대의와 위정척사

『춘추(春秋)』는 노(魯) 사관(史官)이 기록한 춘추시대 각국의 역사를 공자가 수정하고 정리한 책으로, 유가(儒家) 오경(五經)의 하나다. 노 은공(隱公) 원년(기원전 722년)부터 애공(哀公) 14년(기원전 481)까지 242년간의 역사가 기록되어 있다. 단순히 사실만을 기록한 것이 아니라, 공자가 춘추시대 242년간의 사실을 빌려 자기의 사회적 이상과 정치적 관점을 표현한 책이다. 따라서 『춘추』는 구절마다 포폄(褒貶)의 의미를 함축하고 있는데, 이것을 '춘추대의(春秋大義)'라고 한다. 춘추대의는 수십 가지로, 한정되어 있지 않다. 그것은 『춘추』를 읽는 사람이 자기가 읽은 기사를 해석하여 끌어내는 '큰 의리[大義]'다. 자연히 춘추대의는 『춘추』를 읽는 사람이 처한 시대상황과 관계가 있다. 춘추대의에 관하여 유중교는 다음과 같이 말했다.

춘추대의가 수십 가지지만 왕실을 지키고 난신적자(亂臣賊子)를 토벌하는 것, 중화(中華)를 받들고 이적(夷狄)을 물리치는 것, 군부(君父)를 위하여 원수를 갚는 것 등이 그 중에서 더욱 큰 것들이다. 후대에 그 대의를 받아씀으로써 사람의 기강을 세운 자는 한(漢)의 무후(武侯)[제갈량(諸葛亮)], 송(宋)의 주자(朱子)[주희(朱熹)], 우리나라의 송자(宋子)[송시열(宋

時烈)] 등이다. 무후는 난신적자를 토벌하는 대의를 세운 사람이고, 주자와 송자는 모두 이적을 물리치고 복수하는 대의를 겸했는데, 주자에게는 복수가 중요했고 송자에게는 양이(攘夷)가 중요했다.[19]

그렇다면 유중교의 춘추대의는 무엇이었을까?

앞에서도 살펴보았지만, 유중교는 『제왕승통고』를 편찬했다. 그것은 제왕의 아들이 아닌 사람이 제왕의 자리를 계승한 경우를 중국과 조선의 역사에서 찾아 정리한 책이다. 아우가 형을 계승한 경우, 형이 아우를 계승한 경우, 조카가 숙부를 계승한 경우, 숙부가 조카를 계승한 경우, 손자가 할아버지를 계승한 경우, 종조부가 종손(從孫)을 계승한 경우 등 여섯 가지로 나누어 고찰했다. 그리고 제왕의 아들이 아닌 사람이 제왕의 자리에 오른 후 사친(私親)을 숭봉(崇奉)한 것을 사례를 들어 비판했다. 이것은 조선 철종(哲宗)이 선왕(先王) 헌종(憲宗)을 제사 지내면서 축식(祝式)에 '황질(皇姪)'이라 쓴 것을 옳지 않다고 생각하고, 그것이 동기가 되어 편찬한 책이다. 항렬은 철종이 높지만 왕위는 헌종이 먼저이므로, 철종은 헌종을 예묘(禰廟)[아버지 사당]로 모셔야 한다고 유중교는 생각했던 것이다. 이것은 군신(君臣) 간의 의리가 사적인 혈통보다 중요하다는 춘추대의다.

그가 「정통론(正統論)」을 쓴 것도 '大一統(대일통)'[20]이라는 춘추대의에 입각한 것이었다. 부자(父子)는 몸[體]으로 이어지기 때문에 그 근본에 정(正)과 부정(不正)이 없으나, 군신은 의(義)로써 만나기 때문에 그 계통(系統)에 정과 부정이 있어서 분명하게 밝히지 않으면 안 된다고 그는 생각했다. 그리하여 제왕의 계통을 '진정한 대일통', '정통이지만 통일하지 못한 계통', '통일했지만 정통을 얻지 못한 계통' 셋으로 나누어 논했다. 진정한 대일통에 관하여 그는 다음과 같이 설명했다.

무엇을 진정한 대일통이라고 하는가? 삼대 이전에 천하를 가졌던 사람은 모두 제왕[聖神]의 덕(德)으로써 천명(天命)을 받아 백성의 준칙[民極]을 세우고 중국(中國)에 임하여 사방의 이적(夷狄)을 어루만졌으며, 그 자손이 제위를 세습하여 몇백 년이 지나도록 천하에 다른 마음을 품는 자가 없었다. 이것을 진정한 대일통이라고 한다. 공자가 『춘추』에서 '天王(천왕)'이라고 써서 특별히 높인 것이 바로 이것이다.[21]

그리고 정통이지만 통일하지 못한 계통으로 동주(東周), 촉한(蜀漢), 동진(東晉)을 들고, 통일은 했지만 정통을 얻지 못한 계통으로 난신적자로서 황제의 자리를 훔친 왕망(王莽)과 측천무후(則天武后), 그리고 이적으로서 중원을 점거한 원(元)을 들었다. 대일통을 상실한 세상은 일식과 추위로 뒤덮인 암흑과 같은 세계라고 유중교는 생각했다.

『제왕승통고』와 「정통론」에서 유중교가 주장한 것은, 천명을 받은 제왕이 덕치를 펼치고 그 자손이 제위를 세습함으로써 '다른 마음을 품는 자'가 없는 평화로운 세상이었다. 그러나 그것은 이상에 불과할 뿐이었다. 춘추시대부터 중화가 이적의 침범을 당하기 시작했다. 공자로부터 자신의 시대에 이르기까지 중화를 침범한 이적을 물리친 선성(先聖)과 선현(先賢)의 공을 유중교는 다음과 같이 말했다.

공자가 지은 『춘추』의 뜻에는 중화를 높이고 이적을 물리치는 것보다 큰 것이 없고, 맹자가 지은 『맹자』 일곱 편의 뜻은 선성(先聖)의 가르침을 지키고 음사(淫邪)[22]를 추방하는 것보다 큰 것이 없습니다. 이 모두는 『주역』의 양을 북돋우고 음을 억누르는 도에 근본을 두고 있으며, 위대한 우[大禹]가 홍수를 막고 무왕(武王)이 맹수를 몰아낸 것과 그 공로가 같습니다. 공자와 맹자 이후 이적의 화(禍)가 날로 심하고 음사의 폐해가 한 둘이 아니었는데, 송(宋) 주자(朱子)와 우리나라의 선정신(先正臣) 문정공(文正公)[송시열]이 각기 자신이 당한 사변(事變)을 바탕으로 『춘추』와 『맹자』의 의리를 천명하여 한번 다스려지는[一治] 공을 세웠습니다. 근래 세상에 해괴한 짓을 일삼는 양이(洋夷)는 또한 이적에서 다시 떨어져 금수가 된 자들이며, 사악함이 극에 달해 도깨비가 된 자들입니다. 만약 성현이 계셨다면 토벌하는 데 전보다 백배 더 힘쓰셨을 것입니다."23

『춘추』의 뜻은 중화를 높이고 이적을 물리치는 것이고 『맹자』의 뜻은 선성의 가르침을 지키고 음사(淫邪)를 추방하는 것인데, 주희와 송시열이 자신이 당한 사변(事變)을 바로 잡기 위하여 이 뜻을 천명했다고 유중교는 생각했다. 그리고 자신이 당면한 사변은 양이의 침범인데, 공자, 맹자, 주자, 송자의 사상을 계승하여 그것을 물리칠 것이라고 했다. 여기서 춘추대의에 더하여 위정척사(衛正斥邪) 사상이 대두된다.

당시 조선에 침범해오는 양이의 정체에 대하여 유중교를 비롯한 동학(同學)들은 깊은 관심을 가졌지만, 잘 알 수 없었고 참고할 만한 글도 없었다. 스승 이항로야말로 양이의 정체를 설명해줄 수 있을 것이라 생각하여, 스승에게 쓴 편지에서 유중교는 자신의 양이관(洋夷觀)을 다음과 같이 말했다.

'양학(洋學)은 겉만 번드르르하고 장황하며 혹세무민(惑世誣民)하는 것으로, 술수가 교묘하고 기예가 정교할 뿐이다. 저들에게 이런 점이 있는 것은 부정하지 않는다. 다만, 저들이 이른바 술(術)이라는 것은 우리가 말하는 '인을 행하고 의를 따른다[行仁由義]'는 술이 아니라, 형기(形氣)와 상수(象數)의 말단에서 나왔다. 저들이 이른바 예(藝)라는 것은 우리가 말하는 '도를 구하고 덕을 돕는다[濟道輔德]'는 예가 아니라, 소리와 색[聲

色], 냄새와 맛[臭味]의 말류(末流)에서 나온 것일 뿐이다. 이것은 그들의 교묘함과 교활함으로도 꾸며댈 수가 없다. 그 고묘하고 정교한 것도 오로지 형기에만 있고 성명(性命)에 있지 않기 때문에 그 말류가 군부(君父)의 큰 인륜을 저버리고 재물과 여색의 큰 제방을 무너뜨리는데도, 하늘까지 차고 땅을 뒤덮는 재앙을 근심하지 않는다. 대개 요순의 옛 강토에 정일심법(精一心法)[24]이 오랫동안 어두워진데다 황명(皇明) 말기에 기이함을 자랑하고 교묘함을 겨루는 습속이 세상에 가득했기 때문에, 이러한 사설(邪說)이 기회를 타고 들어갈 수 있었다. 우리 문도(門徒)가 정일심법을 천명하여 형기와 성명의 대소와 경중을 자른 듯이 구별하면, 저들의 오류를 판별하기가 어렵지 않고 그것이 우리의 병이 되지 않을 것이다.' 대략 이렇게 설파했는데, 크게 틀리지는 않았습니까?[25]

중화와 양이는 근본적으로 성명과 형기로 나누어지며, 중화가 인의(仁義)와 도덕을 추구하는 반면, 양이의 기술은 형기와 상수[26]에서 나왔고, 그 기예는 감각적인 성색(聲色)과 취미(臭味)에서 나왔다고 말하고 있다. 즉 중화와 양이가 정신문화와 물질문화로 확연히 나뉘는 것으로 보았다. 이어서 그는 양이의 물질문명이 '군부(君父)의 큰 인륜을 저버리고 재물과 여색[貨色]의 큰 제방을 무너뜨린다.'고 말했다. 양이가 이렇게 이적보다 더 격이 떨어지는 것은 '양이가 매곡(昧谷)[해가 지는 곳] 서쪽 수만 리 땅에 있어서 천지의 지극히 치우친 기운을 타고 났기 때문'[27]이라고 했다.

이러한 양이가 조선에 들어오는 것을 유중교는 생각조차 할 수 없었다. 양이의 침범을 막아야 한다는 주장을 펼치기 위하여, 그는 선조(宣祖)가 양명학을 이단으로 규정하고 적극적으로 배격한 예를 다음과 같이 들었다.

선조(宣祖) 계사년(1593)에 천사(天使)[명나라 사신] 제공(諸公)이 천자의 명령을 받들고 왜적을 토벌하기 위하여 국경에 왔는데, 경략(經略) 송응창(宋應昌)과 찬획(贊畫) 원황(袁黃)이 모두 왕씨[王陽明]의 무리들이었습니다. 임금의 특명으로 가장 우수한 유신(儒臣)을 뽑아 그로 하여금 저들의 막부에 가서 그들의 학문을 논변으로 깨뜨리게 했습니다. 대개 그 당시는 어지러운 난리로 임금이 여(輿)를 타고 파천하고 종묘사직과 백성이 위기일발의 상황에 있어 그럴 만한 여유가 있었을 것 같지 않고, 또 전쟁의 완급이 전적으로 천사들에게 달려 있어 만약 그들의 뜻을 조금이라도 거스르면 일이 어떻게 될지 모르는 상황이었습니다. 그런데도 선조는 개의치 않고 그렇게 했던 것입니다. 그 뜻이 어찌 '정학(正學)을 숭상하고 사설(邪說)을 물리치는 것, 이것이 나라의 큰 근본[大本]인데 한 때의 안위는 돌아볼 겨를이 없다.'는 것이 아니겠습니까. 이것이 바로 성조(聖祖)[선조]께서 원기를 길러 군현(群賢)을 잉태함으로써 우리나라에 노(魯)의 예악의 기운을 연 것입니다. 이것이 어찌 후세의 임금과 현인이 보고 본받아야 할 것이 아니겠습니까?[28]

당시 명(明)에는 주자학보다는 양명학이 더 유행하고 있었다. 조선에 파견된 명의 관리도 대부분 양명학을 신봉하는 자들이었다. 절체절명의 위기에 처한 조선으로서 그들의 양명학을 비판하는 것은 위험한 일이었다. 그런데도 유신을 파견하여 그들과 논변을 벌이게 한 선조를 유중교는 찬양하고, 그것을 따라야 한다고 말하고 있다. 여기서 '정학을 숭상하고 사설을 물리치는 것, 이것이 나라의 큰 근본인데 한 때의 안위는 돌아볼 겨를이 없다.'고 한 것이 눈여겨볼 대목이다. 이 것은 바꾸어 말하면, 위정척사가 나라의 안위보다 더 중요하다고 말한 것이다.

위정척사는 『맹자』에서 가져온 사상이다. 맹자가 일치일란(一治一亂)을 논한 대목에서 자신의 시대를 양주(楊朱)와 묵적(墨翟)의 말이 천하에 횡행하는 난세(亂世)로 보았다. 양주는 자신만을 아껴 군주(君主)가 없고, 묵적은 모든 사람을 똑같이 사랑하여 부모가 없다고 맹자는 비판했다. 그런한 난세를 치세(治世)로 바꾸는 것이 자신의 사명이라며, 맹자는 다음과 같이 말했다.

내가 이것이 두려워 선성(先聖)의 도를 지키고 양주와 묵적을 배척하고 음사(淫辭)를 추방하여 사설(邪說)이 생기지 못하게 한다. 사설은 그 마음에서 생겨 그 일에 해를 끼치고, 그 일에 해를 끼쳐 그 정사(政事)에 해를 끼친다. 성인이 다시 깨어나도 내 말을 바꾸지 않을 것이다.[29]

이어서 맹자는 "우(禹)가 홍수를 억제하여 천하가 평화로워졌고, 주공이 이적을 겸병하고 맹수를 쫓아내어 백성이 편안해졌고, 공자가 『춘추』를 지어 난신과 적자가 두려워했다."[30]며 난세를 치세로 바꾼 세 성인을 말하고, 자신이 양주와 묵적을 배척하는 것도 이들을 받든 것이라고 했다.

18세기에 서학(西學)이 들어와 유행하자, 그것을 막을 이론으로서 위정척사의 필요성이 커졌다. 중화를 지키고 이적을 물리치는 춘추대의가 서학을 막는 데 꼭 적합하다고는 할 수 없었다. 조선이 지켜야 할 것은 소중화(小中華)고 배척해야 할 것은 양이와 서학이었기 때문이다. 춘추대의가 포괄적이라면, 위정척사는 조선의 특수한 상황에 적용하기에 적합한 사상이었다. 위에서 유중교가 '주자와 송자가 각기 자신이 당한 사변을 바탕으로 『춘추』와 『맹자』의 의리를 천명했다.'고 하고, 또 자신이 '때로 『춘추』와 『맹자』를 품고 한밤중에 슬피 노래하고, 이어 길게 탄식한다.[有時抱春秋孟子之書 中夜悲歌 繼之以長太息]'³¹고 했듯이, 『춘추』와 『맹자』는 중화와 소중화를 지키는 유중교의 쌍검(雙劍)이었던 것이다.

양이를 물리치는 것이 조선의 국력으로서는 쉽지 않다는 것을 유중교도 헤아리고 있었다. 그는 다음과 같이 말했다.

"불행히 양이에 대적할 수 없는 형세라도, 군신과 상하가 순결하게 마음을 하나로 모아 정도(正道)를 지켜 굽히지 않아야 한다. 마침내 도를 위하여 나라를 바친다면[以國殉道], 목전의 형세는 마치 굽히는 것처럼 보일지라도 뒷날 다시 펼 때는 일월과 더불어 눈부시게 빛나고 천지와 더불어 장구할 것이니, 또한 꼭 큰 불행만은 아닐 것이다. 내정(內政)을 닦는 근본에 힘쓰지 않고 외적을 물리치는 대책을 생각하지 않으면서, 어찌 아직 모습을 드러내지 않는 장래의 양이[러시아]를 미리 걱정하여 눈앞에서 흉악하게 위협하는 양이와 조약을 체결함으로써 그 당이 되려하는가? 천하의 일은 정명(正名)이 우선이다. '양이의 도당'이라는 이름이 붙으면, 영토를 바꾸지 않고 의관을 고치지 않더라도 다시는 옛날과 같은 소중화(小中華)가 될 수 없다."³²

여기서 '도를 위하여 나라를 바친다[以國殉道]'고 했는데, 위에서 이른바 '정학을 숭상하고 사설을 물리치는 것, 이것이 나라의 큰 근본인데 한때의 안위는 돌아볼 겨를이 없다.'고 한 것과 같은 말이다. 이 말은 정학과 도를 위하여 옥쇄(玉碎)를 각오해야 한다는 말이다. 나라는 망하더라도 소중화를 지킴으로써 다시 찬란한 중화문화를 꽃피울 날을 기약해야 한다고 주장하고 있다. 춘추대의와 위정척사는 중화를 배타적으로 지키는 말이며, 동시에 중화문화 지상주의를 표현한 말이기도 하다.

4. 중화와 소중화

'중화(中華)'는 포괄적인 개념이다. 지역을 가리키는 중원(中原), 나라를 가리키는 중국(中國), 종족을 가리키는 화하(華夏) 등의 의미를 함축하고 있다. 원래 황하 중하류 지역의 농경민족 화하가 주변 유목민족보다 문명 수준이 높았던 데서 화(華)와 이(夷)라는 대칭 개념이 생겼다. 그것이 발전하여 중화가 천하의 중심이 되었고, 그 주변의 종족을 동이(東夷), 서융(西戎), 남만(南蠻), 북적(北狄)으로 부르게 되었다. 나아가 이것으로 문화와 종족의 존비를 구분하게 되어, 중화가 이적(夷狄)보다 우월하다는 관념이 생겼다.

앞에서 보았듯이, 유중교가 "공자가 『춘추』를 지었는데, 『춘추』의 의리는 중화를 받들고 이적을 물리치는 것보다 큰 것이 없다."고 하고, 또 "중화를 높이고 이적을 물리치며 정학을 밝히고 이단을 물리치는 데, 우리들의 큰 운명이 있습니다."라고 했다. 이것은 춘추대의 중 가장 큰 것이 중화를 받드는 것인데, 이것이 무너지면 이적이 횡행하는 세상이 되므로 운명을 걸고 지켜야 된다는 말이다. 유중교가 이토록 지키고 높이려한 중화는 과연 무엇이었을까?

유중교가 중화를 종합적으로 말한 대목이 있다. 그는 먼저 지리로써 중화를 설명한다.

지구 전체로 말하면, 중국(中國)은 앞면의 위쪽에 가까운 곳, 즉 위로 북극에서 55도 떨어지고 아래로 적도까지 36도 떨어진 지점에 있다. 이것은 마치 사람에게 얼굴이 있는 것과 같다. 전에 청(淸) 학자 이광지(李光地)가 '중국[천하의 중심]은 정처(定處)[정해진 곳]가 없다.'는 서양인의 설 때문에 여러 번 곤욕을 당했다. 서양인이 달걀로 한 비유는 말이 되지 않는다. 달걀이 비록 둥글지만 그 속에는 장래에 머리, 날개, 등, 배가 될 일정한 자리가 있다. 어찌 모호하게 앞뒤가 없겠는가.[33]

서양인이 지구가 둥글기 때문에 세상의 중심은 정해져 있지 않다고 말한 데 대하여, 유중교는 중국이 지구의 얼굴, 즉 세상의 중심으로 정해져 있다고 말한다. 옳고 그름을 떠나서 이것은 중국이 세상의 중심이라는 유중교의 지리적 결정론이라고 할 수 있다.

그는 또 이어서 말한다.

또 지형이 어떠한지 아직 논하지 않았다. 모든 사물은 심장을 중심으로 삼는데, 세상에 처음 성인(聖人)을 낳은 곳이 바로 천지의 심장이 있는 곳이다. 서양인이 해외 모든 나라를 다녀봤다고 스스로 자랑하지만, 어느 곳 어느 나라의 또 어떤 사람이 '부자유친(父子有親), 군신유의(君臣有義), 부부유별(夫婦有別), 장유유서(長幼有序), 붕우유신(朋友有信)'[34]의 오륜(五倫)을 설명했는지, 또 '인심(人心)은 오직 위태롭고 도심은 오직 미묘하니, 오직 정밀하고 오직 한결같이 그 중정(中正)의 도를 신실하게 잡아라.[人心惟危 道心惟微 惟精惟一 允執厥中]'고 한 16자[35]를 설파했는지를 모른다. 단지 이것만으로도 그들을 굴복시키기에 충분하다.[36]

성인을 낳았기 때문에 천하의 심장이라고 하고, 또 오륜과 「대우모(大禹謨)」 16자로 서양인을 굴복시킬 수 있다고 말했다. 전혀 다른 사유체계를 가진 서양인이 이 말을 이해할 수 있었을는지 모르지만, 여기서 유중교는 중화의 윤리적, 도덕적 우월성을 말하고 있다.

이어서 유중교는 중국의 지형을 말했다.

중국의 서북은 산악지대고 동남은 바닷가다. 제왕의 기운이 강하지 않으면, 산악지대에서는 산족(山族)이 맹렬히 쳐들어올 걱정이 있고 바닷가에서는 수족(水族)이 침범할 근심이 있다. 이것은 필연적인 상황이다. 대개 북쪽 오랑캐[北虜]가 산족이다. 산족은 강경한 기운을 타고 나서 힘이 세다. 호랑이, 표범, 곰 무리 같은 것이 그들이다. 해적이 수족이다. 수족은 맑은 기질을 타고 나서 기술이 많다. 교인(鮫人)[인어]이 비단을 짜는 것과 신(蜃)[교룡]이 기운을 토하여 누각을 짓는 것 같은 것이 그들이다. 힘이 세기 때문에 활 쏘고 말 타는 것을 생업으로 삼고, 기술이 많기 때문에 기술자로서 생존한다. 중국은 중화(中和)의 기(氣)를 타고나서 덕(德)을 숭상한다. 덕을 숭상하기 때문에 예의로써 생활하는데, 이것이 인도(人道)다. 덕과 교력(巧力)[기술과 힘]은 성하고 쇠하는 것이 언제나 상반된다. 덕이 성하면 교력을 지배하여 각기 제 자리를 잡아 천하가 안정되고, 덕이 쇠하면 힘에 눌리고 기술에 현혹되어 모자와 신발이 뒤바뀌어 천하가 어지럽다. 그러므로 내정을 닦고 외적을 물리치는 큰 요점으로 덕을 중시하고 교력을 천시하는 것 만한 것이 없다.[37]

북쪽 산족은 힘이 강하고 바닷가 수족은 기술이 좋은 반면, 중국은 중화(中和)의 기를 타고 나서 덕을 숭상한다고 말했다. 이것은 지형이 기질을 결정한다는 것으로 지형적 결정론이라고 할 수 있다. 이어서 덕이 성해야만 기술과 힘을 지배하여 천하가 안정된다고 함으로써, 중화가 천하를 지배해야 한다는 당위성을 끌어내었다. 그리하여 그는 "양이[外夷]를 막는 도리에 대해서도 또한 할 말이 있다. 중화가 중화가 되고 오랑캐와 다른 것은 삼강(三綱)의 무거움과 오상(五常)의 큼과 예악과 문물제도의 성대함과 도학(道學)의 바른 연원이 있기 때문입니다.[至於防禦外夷之道 亦有其說 夫中華之所以爲中華而異於夷狄者 以其有三綱之重 五常之大 禮樂文章之盛 道學淵源之正也]"38라고도 했다.

유중교의 주장이 지나치게 주관적이라 설득력이 있다고 볼 수는 없지만, 그의 주장은 분명하다. 중국의 인륜, 도덕, 예악과 제도, 학문 등이 훌륭하기 때문에 중국이 지배해야 천하가 안정된다는 것이다. 요컨대 중화문화 지상주의라고 할 수 있다. 이것이 중화만이 중국의 제위(帝位)를 이어야한다는 중화대일통(中華大一統), 즉 화이질서(華夷秩序)로 자연스럽게 이어진다.

중화대일통이 요(堯), 순(舜), 우(禹)로부터 문왕(文王), 무왕(武王)을 거쳐 4천 년 전해오는 동안 이적의 침범이 없지 않았으나, 중원에 들어와 처음으로 황제의 자리에 오른 이적은 원(元)이었다. 조선의 중화주의자들은 이것이 역사상 가장 큰 치욕이었다고 생각하고, 원을 '호원(胡元)[오랑캐 원]'이라고 불렀다. 그런 만큼, 명(明) 태조가 다시 중화대일통을 회복한 것이 그들에게는 위대한 업적이 아닐 수 없었다. 그러나 다시 청(淸)이 중원을 정복하고 제위(帝位)에 올랐다. 게다가 변발(辮髮)을 강요하고 복식까지 바꾸었다. 그로써 중화의 맥이 중원에서는 완전히 사라졌다고 그들은 생각했다. 유중교는 다음과 같이 말했다.

우리 동방만이 본조(本朝)[조선]가 천명을 받고부터 교화가 크게 밝아져 전장(典章, 제도와 법령)과 문물은 모두 화하(華夏)를 따랐고, 학문의 길은 한결같이 낙민(洛閩)[程朱學]을 따랐습니다. 아마 기자(箕子)의 옛 땅이기에 그럴 수 있었을 것입니다. 명(明)이 망한 후에는 정말 소위 '주(周)의 예가 모두 노(魯)에 있다.[周禮在魯]'39와 같습니다.40

춘추시대에 주의 문화가 노에 있었듯이, 명이 망한 후에 중화문화가 조선에 있다고 말하고 있다. 그리하여 그는 "堯舜으로부터 4천 년 전해온 중화의 일맥이 우리 동방의 한 나라에 붙어 있으며, 공자와 맹자로부터 2천 년 전해 온 道學의 정통 또한 우리 동방의 한 나라에 붙어 있다.[自唐虞以下四千年相傳中華一脉 寄寓在吾東一邦 自孔孟以下二千年相傳道學正統 亦寄寓在吾東一邦]"[41]고 했다. 유중교에게 소중화는 중원에서 사라진 중화의 한 줄기를 잇고 있다는 자부심이자 책임감이었다.

나아가 유중교는 말한다.

오늘날 우리 조선이 천하 만고에 중화[夏]로써 이적[夷]을 변화시키는 모범[標準]이 되어야 마땅하다. 대저 조선이 이복(夷服)[42]으로서 중국 문물을 사용하면, 이미 '중화로써 오랑캐를 변화시켰다'고 할 만하다. 게다가 춘추대의를 밝힐 수 있었다. 세상에 정도(正道)가 사라진 이때, 천하의 문명과 예교[衣冠]의 나라가 모두 더러움과 추악함에 빠졌는데도, 홀로 의연히 변치 않고 석과(碩果)[43]의 상징을 담당하여 태(泰)[44]로 돌아가는 형세의 기반이 되었으니, 그 공이 또한 크다. 그러므로 '천하 만고에 중화로써 이적을 변화시키는 모범'이라고 한다.[45]

석과는 장시간 도태되고 오직 하나 남은 큰 과일인데, 한 줄기 중화의 맥을 간직한 소중화 조선을 비유한 말이다. 소중화의 역할을 충실히 수행함으로써, 장차 중화가 형통하는 태로 돌아갈 것을 기약하고 있다. 1884년 변복령(變服令)이 내려 양이의 복식을 강요당하게 되자, 유중교는 다음과 같은 시를 썼다.

慟哭甲申萬事非 통곡하노라, 갑신년에 만사가 그릇되어

高麗今作下句麗 고구려가 이제 하구려가 되었네

獨抱春秋安所適 홀로 『춘추』를 품고 어디로 가나

出門不見漢冠衣 대문을 나서니 중화 의관은 보이지 않는데[46]

그리고 양이의 옷을 입고 사느니 차라리 자결하겠다고 하는 친구에게 쓴 편지에, 유중교는 변발에 관한 일화를 다음과 같이 말했다.

숭정(崇禎, 1628-1644) 말기에 뜻이 높고 지조 있는 한 사(士)가 완강하게 버티며 변발(辮髮)하지 않았습니다. 오랑캐들이 붙잡아 관청 뜰에서 억지로 머리를 깎았습니다. 마침내 자기 집에 돌아와 머리에 망건을 그리고 그 위에 관을 썼는데, 죽을 때까지 변함없이 그렇게 했습니다. 사람들이 그를 '그림망건선생[畵網巾先生]'이라고 불렀습니다. 옛 사람은 이미 깎인 머리에 망건을 그렸는데, 형께서는 아직 머리를 깎기도 전에 영원히 망건을 벗으려 합니다. 그것은 머리 하나 만큼을 양보하여 주는 것이 아니겠습니까? 아픔이 지극한 나머지 이런 우스갯소리까지 합니다. 이른바 '노래가 통곡보다 더 슬프다'는 것입니다.[47]

조선이 소중화로서 지켜오던 중화의 표상인 의관마저 포기해야 할지도 모르는 지경에 이른 심경이 묻어나는 대목이다. 그러나 그는 더 혹독한 시련을 보기 전에 세상을 하직했다.

5. 맺음말

중화문화는 중원에서 고대 요순시대부터 형성되어 내려온 인륜, 도덕, 예악, 학문을 중시하는 정신문화로, 지리적으로 치우쳐 있어 군사력이나 기술이 우세한 이적의 문화보다 우수한 것으로 유중교는 인식하고 있었다. 이 이상적인 중화문화가 이적의 군사력과 기술력을 지배해야 세계의 평화가 유지된다고 그는 보았다. 병자호란 후 중원에서 사라진 중화문화가 조선에만 남아 있어, 그것을 잘 보존하여 장차 꽃피워야 된다는 자부심과 책임감이 유중교에게 있었다. 그것이 이른바 '소중화'다.

병자호란 후 청(淸)의 지배를 받으면서 『춘추』에서 나온 '중화를 받들고 이적을 물리친다[尊華攘夷]'는 춘추대의가 조선사회의 중추적인 사상이 되었다. 그 전까지 『춘추』는 학문의 대상일 뿐이었다. 18세기 서학(西學)이 유행하기 시작하자, 거기에 대응하기 위하여 가져온 것이 『맹자』의 '정학(正學)을 지키고 사설(邪說)을 배척한다.'는 위정척사사상이었다. 이 두 사상이 지향하는 바는 중화문화를 지키는 것으로, 근본적으로는 서로 다르지 않았다. 중화, 소중화, 춘추대의, 위정척사 이 네 사상은 서로 연관되어 있었다. 요컨대, 중화가 주된 목적이고 소중화, 춘추대의, 위정척사는 중화를 보존하고 지키기 위한 수단이었다고 할 수 있다.

춘추대의는 공자의 『춘추』에서 나왔고, 그것을 받아 씀으로써 일치(一治)를 이룬 사람이 주희와 송시열이라고 유중교는 보았다. 그리고 "주자가 진실로 공자 후의 한 사람이며, 송자가 진실로 주자 후의 한 사람이다.[朱子之眞爲孔子後一人 宋子之眞爲朱子後一人]"[48]고 하고, 또 "대로(大老, 송시열)의 존화양이(尊華攘夷)의 의리가 실로 큰데, 그 근본을 찾아보면 주자의 학문을 전공한 데 있다.[大老尊攘之義固大矣 而苟求其本 則 在專門朱子之學]"[49]고 했다. 그리고 주희와 송시열을 다음과 같이 비교한 대목도 있다.

주자가 이룩한 업적 가운데 가장 위대한 것이 두 가지 있습니다. 성문 (聖門)[공자의 문하]에 있어서는, 경전(經傳)을 주석하고 해석하며 수준 높은 교양을 발휘하여 우주를 청소하고 천지를 정돈한 공로가 있습니다. 또 세계에 있어서는 『춘추』의 '이적을 물리치고 원수를 갚는다[攘夷狄復 仇讐]'는 의리를 밝혔으므로, 일치(一治)의 하나로 꼽아주기에 충분합니다. 송자가 춘추대의에 대하여 진실로 주자보다 빛나는 것이 있으니, '일 이 어려울수록 공이 더욱 크다.'고 말해도 지나치지 않습니다.[50]

이 밖에도 춘추대의와 관련하여 주희와 송시열을 연결시킨 대목이 적지 않다. 이로써 미루어보면, 조선 후기의 주자학은 이기심성론 못 지않게 춘추대의도 중요했다는 것을 알 수 있다.

마지막으로 중화와 조선의 민족주의 문제에 관하여 언급할 필요가 있을 것 같다. 앞에서 살펴보았듯이, 유중교가 '정학(正學)을 숭상하고 사설(邪說)을 물리치는 것이 나라의 안위보다 중요하다.'고 하고, 또 '도(道)를 위하여 나라를 바친다.'고도 했다. 이것은 중화가 나라보다 중요하다는 말이다. 그리고 "만약 오랑캐 군주의 자손인 자가 오랑캐 의 비루함을 모두 씻어내고 중화의 전장과 문물을 따른다면, 이것 역 시 중화일 따름이다. 어찌 다시 폄하하겠는가?[若爲夷主之子孫者 能一洗 夷陋 以從中華之典章文物則 是亦華而已矣 豈復有貶抑乎]"[51]라고도 했다. 이 것은 오랑캐 종족도 중화가 될 수 있다고 말한 것이다. 다시 말하면, 중화는 나라와 종족을 초월하여 존재한다고 말한 것이다. 유중교는 중화문화 지상주의자였다. 그에게서 민족주의적인 색채는 전혀 찾아 볼 수 없다.

5장

鄭喬(1859-1925)의
관직경력과 사회활동

배항섭
(성균관대학교 동아시아학술원)

❖

1. 머리말

19세기 말에서 20세기 초를 살다간 정교(1859-1925)는 무엇보다 그가 살았던 시기의 역사를 정리한『대한계년사』의 저자로 유명하다.『대한계년사』는 특히 그 자신도 핵심적 역할을 했던 독립협회 활동에 대해 상세하게 기록한 책으로 그동안 독립협회 연구에서 매우 중요한 자료로 활용되어 왔다. 또한 그는 한국고대사를 다룬『大東歷史』(1906), 明 왕조 말기의 史實을 기록한『南明綱目』(1907) 등의 역사서, 그리고 몇 편의 글을『대동학회월보』,『소년한반도』등에 남기고 있다.

　그의 사상과 활동상에 대한 이해도 주로『대한계년사』에 기록된 독립협회 활동이나 그가 남긴 몇 권의 역사서에 근거하여 접근되고 있으며, 연구자에 따라 의견이 분분한 실정이다.[1] 우선 그는 1910년이 될 때까지도 머리를 깎지 않고 여전히 상투를 틀고 있던 보수적 인물이었다.[2] 또한 金玉均, 朴泳孝 등 개화파에 대해 "일본을 두루 돌아본 다음, 우리나라를 깔보고 인륜을 업신여기게 되었다"고 비판하였다(1:114). 甲申政變에 대해서도 "대군주를 위협"하고 심지어 "국왕을 폐지하자는 논의까지" 한 '亂黨'으로 규정하였다(1:121). 그럼에도 불구하고 이미 독립협회 활동을 시작하기 전부터 보수적 인사들에 의해 '개화당'으로 지목된 바 있다(2:177-181). 또 독립협회 시기의 그에 대해서는 독립협회 활동을 주도한 인물 가운데 하나이며, 남궁억 등과 함께 개신유학적 전통을 배경으로 동도서기파에서 발전한 국내 사상의 성장의 흐름을 대표하는 인물,[3] 혹은 윤치호를 중심으로 한 내정개혁론과 달리 현 정부를 타도하고 새로운 권력 수립을 목표로 한 안경수 계열에 속하며, 권력개편운동을 전개한 인물로 보기도 한다.[4] 중추원 개편을 통한 의회설립운동을 전개한 사실을 근거로 그의 정치개혁 구상이 입헌군주제였지만, 군주에 대해 대항하지는 않은 인물로 봐야 한다는 주장도 있다.[5] 또는 개량적 사상의 소유자로 한국사회를 지주층·지배층의 주도하에 근대국가로 발전시킴으로써 제국주의 침략의 위기를 극복하려는 개화파에 속하기도 하고, 전통적인 사상을 고수하면서 서구의 선진기술만을 채용하자는 동도서기파에 속하는 인물로 파악되기도 한다.[6]

한편 독립협회 해산 후에 정교가 남긴 몇 권의 역사서를 분석한 글들에서는 그의 사상적 기반에 대해 또 다른 평가를 하고 있다. 우선 『南明綱目』을 통해 볼 때 정교는 화이론적 인식을 버리지 못하고 있었으며, 중화계승론의 입장에서 청을 배척한 반면 명에 대한 의리를 강조한 인물로 파악되었다.[7] 또 다른 역사서인 『大東歷史』에서 보이는 정교는[8] 군주에 대한 충성, 군신간의 의리, 이단사상과 풍속에 대한 배척 등 정통 성리학의 이념을 계승한 인물이기도 했다.[9] 이런 점을 근거로 정교의 사상은 유교를 근본으로 하고 서양의 문명을 '예악형정 복식 기용의 器'라는 차원에서 수용하였던 '동도서기론'인 것으로,[10] 또는 '개신유학적'임과 동시에 '동도서기적'인 인물로 이해되기도 한다.[11] 그러나 청에 대한 배척과는 반대로 일본의 제국주의적 성격을 알지 못했고,[12] 만국공법의 허구성을 인식한 이후에는 서구의 침략을 막아내기 위해 일본이 내세운 동양평화론을 수용한 인물로 그려지기도 한다.[13]

개화파 혹은 입헌군주제를 주장한 매우 '진보적' 인물이라는 평가부터, 중화계승론의 입장에서 대명의리론을 고집하거나 정통 성리학적 이념을 계승한 매우 '보수적'인 인물이라는 데 이르기까지 그에 대한 평가는 그 스펙트럼이 매우 넓다. 이는 그가 독립협회 활동시기에는 상대적으로 '진보적' 모습을 보였던 반면, 그가 쓴 역사서에서는 매우 '보수적' 사관을 드러내고 있다는 점과 밀접한 관련이 있다.

이러한 양면적 모습을 유기적으로 연결하여 이해하기 위해서는 그의 가계나 사승관계, 관직이나 독립협회 이외의 사회활동 등을 동시에 고려할 필요가 있다고 생각한다. 그러나 그의 가계나 사승관계에 대해서는 거의 알려진 바가 없다. 『대한계년사』에도 주로 독립협회 시기의 활동을 중심으로 서술되어 있고, 관직경력에 대해서는 간단히 언급되어 있을 따름이다. 교육과 관련된 활동이나 여타의 사회활동에 대해서는 거의 기록되어 있지 않았을 뿐만 아니라 의도적으로 누락시킨 부분도 적지 않다.[14]

이글에서는 이러한 문제의식을 기초로 19세기 말부터 20세기 초에 걸쳐 활동한 정교의 교유관계와 관직경력, 사회활동 등을 살펴보고자 한다. 그의 가계나 사승관계에 대해서는 여전히 확인하기 어렵다. 이글에서는 그의 신분과 경제적 배경, 그리고 교유관계를 추적하여 그의 사상적 기반이나 활동을 이해하는 단서로 삼고자 한다. 독립협회시기의 활동상에 대해서는 이미 기존의 연구에서 충실히 정리해 두고 있다.[15] 따라서 여기서는 지금까지 잘 알려지지 않았던 그의 교유관계, 그리고 1905년 이후 그의 관직 경력과 사회활동을 그와 관련된 인물들, 그에 대한 정교의 생각 등에 초점을 맞추어 살펴보고자 한다.

2. 정교의 신분 및 경제적 배경과 교유관계

(1) 신분 및 경제적 배경

鄭喬(1856-1925)의 가계나 학문적 연원은 물론 1894년 관직에 진출하기 이전까지의 활동이나 경력에 대해서는 잘 알려져 있지 않다. 『대한계년사(하)』 말미에 부기된 신석호의 해제에 따르면 원본 1권 책가위 안쪽에 "秋人鄭喬先生 哲宗七年丙辰七月初八日 生於漢城 乙丑三月十五日 卒於裡里"라는 附箋이 붙어있었다고 한다. 이를 통해 그의 생몰연대와 서울에서 태어나 이리에서 사망한 사실이 확인되었고, 그의 호가 秋人이었음을 알게 되었다.[16] 또 그가 쓴 『대한계년사』나 『대동역사』 등의 필자명으로 "河南 鄭喬"라고 써놓은 것을 통해 그의 본관이 河南임을 알 수 있다. 하남은 오늘날 경남 하동을 말한다.

당시 그와 친분이 있던 최경환이나 최병헌 등은 그를 "讀書之人"이라거나, "博學好古"한 인물이라고 하였다.[17] 독립협회 활동 당시에도 製疏委員으로 활동하면서 고종이나 대신들에게 보내는 글을 많이 지은 것으로 보아, 한학에 대한 조예가 깊었음을 알 수 있다. 그러나 그의 글은 물론이고, 그와 친분이 있던 사람들의 글 어디에도 그의 가계나 사승관계와 관련된 내용이 나오지 않는다. 그가 1910년 이후 언제부터인가 전주에 내려가 거주할 때 그에게서

6개월 정도 글공부를 배웠던 鵲村 趙炳喜(1913-2003)도 정교의 가계나 사승관계에 대해서는 전혀 언급하지 않고 있다.[18]

그의 집안에 대해서는 지방에 일정한 근거를 두고 서울로 진출한 중소지주 집안 출신이라는 주장도 있으나, 확인하기 어렵다.[19] 독립협회에서 활동할 무렵부터 정교의 집은 돈의문 바로 밖에 있었으며,[20] 1910년 한일 병합 이후 전주로 내려갈 때까지 이곳에서 거주하였던 것으로 보인다. 정약용의 문하생이었던 것으로 보는 연구도 있으나,[21] 뚜렷한 근거를 제시하지 않고 있다. 다만 2권의 역사서 등에서 보이는 고전이나 한국과 중국 역사에 대한 해박한 지식, 독립협회 활동 당시 제소위원으로 활동하는 등 협회의 상소문 가운데 많은 부분을 그가 기초하거나 작성하였다는 점 등으로 미루어 볼 때 유교적 소양을 깊이 쌓은 인물이었을 것으로 보인다.

또한 그가 1894년 7월 궁내부 주사로 임명되어 처음으로 입사할 때의 신분이 幼學이었다는 점,[22] 그리고 『대한계년사』에서 드러내고 있는 그의 보수적인 신분관으로 미루어 볼 때 양반 출신이었던 것으로 보인다. 정교는 독립협회에서 활동할 무렵 회원 가운데서 上村의[23] 평민 출신 회원들을 특히 싫어하였다.[24] 그는 "우리나라에서는 평소에 양반을 중히 여기고 중인이나 '상촌사람'을 천시하였다"고 하였다. 상촌사람에 대해서는 각 府, 部의 吏胥가 되거나 고위관료의 집에서 심부름하는 사람들로 평민 가운데 가장 나은 자라고 하였다. 따라서 그는 상촌사람인 나수연이나 임진수가 중추원 의관이 되기를 간절히 바랐지만, 결국 임명되지 못한 것도 그들의 신분이 낮기 때문이라고 하였으며, 신분에 넘치는 자리를 탐한 그들을 비아냥거리는 듯이 기록하였다(3:86-87).[25]

또한 정교는 張博에 대해서도 천민 출신이라고 지적하며 그의 '신분세탁'을 비난하고 있다. 정교에 따르면 장박은 본래 함경도 출신의 천민 신분인데, 양반을 부러워하여 旅軒 張顯光의 계통을 이은 양자 자손의 양자가 되어 이름을 張錫周로 개명하였다고 한다. 이에 대해 정교는 "사람들이 모두 침을 뱉으며 그를 비웃었다"는 논평을 붙이고 있다(9:59). 이러한 모습은 그의 신분이 양반 출신이었음을 시사한다. 그러나 그의 글에서나 그 주변 인물들이 그의 가문이나 사승관계에 대해 일절 언급하지 않은 것으로 보아 한미한 집안 출신이었을 것으로 짐작된다.

한편 그의 경제적 사정은 그리 넉넉지 못하였던 것으로 보인다. 정교는 1905년 10월 제주군수로 임명되었으나 부임하지 않았다. 이때 그는 부임하지 못한 이유 가운데 하나로 "여비도 미처 마련하지 못"한 점을 들었다(7:215). 또 대한제국이 외교권을 박탈당한 이후 李完用·이지용 등 '을사오적'의 주선으로 學部 參書官(8:29), 곡산군수 등에 임명되었을 때도[26] "실로 부끄러움을 무릅쓰고 참아내면서까지" 관직을 마다하지 못한 것은 "한갓 먹을거리를 마련할 요량"(8:77), 곧 경제적 어려움 때문이라고 변명한 바 있다.

정교가 경제적으로 넉넉지 않았다는 사실은 1909년 11월, 이토 히로부미의 송덕비를 세우려는 한국인들의 움직임을 조사한 일본측 문서를 통해서도 엿볼 수 있다. 이 문서에 의하면 당시 銅像建議所를 만든 大韓商務組合 部長 李學宰, 그리고 閔泳雨 등 몇 개 그룹에서 이토 히로부미의 송덕비 건립을 추진하고 있었으며, 정교도 그 가운데 한 그룹의 인물로 보고되었다. 통감부 측에서는 이들에 대해 "모두 그날그날의 호구조차도 궁한 평소 협잡배들"로 이토의 송덕비 건립을 구실 삼아 "기부금을 모아 생계에 도움 되게 하고자 하는 야심"을 가진 자들이라고 폄하하였다.[27] 송덕비 건립과 관련된 사실의 진위 여부는 차치하더라도 역시 정교가 경제적으로 넉넉지 않았음을 시사한다.

(2) 교유관계

『대한계년사』를 통해 볼 때 그와 친하게 지냈거나, 그가 호감을 가졌던 사람으로는 李沂·宋廷燮·李容稙·閔泳煥·閔衡植·金允植·羅寅永 등이 있다. 전북 김제 출신인 이기와는 "평소부터 잘 지내는 사이"였다. 1906년 여름에는 당시 학부 참서관으로 있던 정교가 학부대신 이완용에게 이기를 추천하여 한성사범학교 교관이 되었다(8:73). 또 정교는 조병세의 사위이자 학부대신 등을 역임한 이용직과도 친분이 있었다. 이용직의 집도 돈의문 밖에 있었으며, 정교의 집과 가까이 있었기 때문에 "평소에 친하여 정이 두터웠다"고 하였다(9:83).

김윤식·나인영과도 친분이 있었다. 나인영은 1884-85년경 고향인 보성에서 서울로 올라와 김윤식의 제자가 되었다.[28] 김윤식은 유배되어 있던 중 자신의 제자이던 나인영에게 "일찍이 정교와 같은 사람을 알아두지도 않고서, 무슨 일을 하며 서울에서 머물러 지냈는가"라고 꾸짖으며, 서울로 가면 즉시 정교를 찾아보도록 하였다. 나인영은 이 사실을 오기호 등과 함께 계획한 '을사오적' 처단 거사에 정교를 끌어들이기 위해 찾아왔다가 정교에게 전하였다(8:72). 이후 김윤식과는 김윤식이 유배에서 풀려나 서울로 온 다음에도 교류가 있었던 것으로 보인다. 김윤식은 『속음청사』에 한일병합 이후인 1913년 9월과 1914년 5월에 정교가 자신을 찾아왔다는 기록을 남기고 있다.[29]

앞서 언급했듯이 정교는 나인영과도 교분이 있었고, 그에 대해 매우 높게 평가하였다. 1907년 3월 나인영과 오기호는 '을사오적'을 암살하려는 계획을 추진하면서 정교도 끌어들이고자 하여, 그의 집을 찾아온 적이 있다. 정교는 암살이라는 방법, 여러 역적을 일시에 모두 처단할 수는 없다는 점 등을 들어 반대하였지만, 그들의 뜻에 대해서는 "장하고 통쾌하다"고 하였다(8:76-79). 사건이 실패하자 나인영은 자수하였는데, 정교는 수감 중이던 나인영을 찾아가 면회하며 술을 나누어 마시기도 했다(8:104-106). 『대한계년사』에는 나인영에 대한 정교의 인물평이 다음과 같이 기록되어 있다.

> 과거시험 문과에 합격하여 벼슬이 假注書에 이르렀다. 서울에서 10년을 지냈는데, 세계의 대세를 두루두루 살펴보면서 나라에 대해 근심하는 것을 자기의 임무로 삼았다. 이에 일본 도쿄에 가서 정부와 각 省에 편지를 보냈다. 또 일본 천황에게도 편지를 보냈다. 논한 바가 근엄하고 명쾌하여, 각 신문에서 베껴 써서 보도했다. 세계에서 비로소 우리 한국에 인물이 있음을 알게 되었다(8:104).

나인영이 '을사오적' 처단사건 직전 정교의 집을 찾아 동참을 권유한 것은 민영환이나 김윤식과 관련이 있었을 것으로 짐작된다. 나인영의 '을사오적' 처단사건은 나인영이 중심이 된 세력과 京義契 등 민영환 세력이 연합하여 형성된 自新會가 배후 조직이었다.[30] 자신회가 조직되는 과정에서 나인영은 민영환을 통해 정교에게 호의적인 생각을 가지게 되었을 개연성이 있다. 김윤식 역시 나인영에게 정교에 대해 호의적으로 말한 사실은 앞서 언급한 바와 같다.

이외에도 정교는 秘書院丞으로 있던 宋廷燮과 친하였다고 밝히고 있으며,[31] 閔泳徽[閔泳駿의 개명]의 양자로 학부협판에 재직하던 閔衡植에 대해서도 "평소 李沂나 정교 무리와 같이 문학하는 선비들을 중히 여겨서, 모두 존경하며 따랐다"고 호평하였다(8:107). 정교는 민형식이 '을사오적' 처단사건에 연루·체포되어 재판을 받을 때도 의연한 모습을 보였으며(8:90), 황주군 철도로 유배를 가게 되었음에도 조금도 후회하거나 오기호 등을 원망하지 않았다고 하며 높이 평가하였다(8:107). 민형식은 유배에서 특사로 풀려난 뒤 신민회에 가입·활동하는 한편『朝陽報』의 발행자금과 각종 학회 및 학교에 기부금을 희사하는 등 민족운동을 지원하였다.

정교가 오랜 기간 동안 관계를 맺었고, 또 높이 평가한 대표적인 인물은 閔泳煥이었다. 그러나 정교가 처음부터 민영환을 높이 평가한 것은 아니었다. 정교는 임오군란과 갑신정변을 겪은 이후의 정치 문란에 대해 그 원인이 민영환을 포함한 민씨 척족들의 권력 농단과 부정부패에 있다며 격렬하게 비판하였다.

여러 민씨〈민영익·민영환·민영달·민영소 등의 무리이다〉가 서로 권력을 다투고, 사람을 쓸 때는 오직 사사로이 하며, 뇌물이 공공연히 행해졌다. 나라의 형세가 떨치지 못하는 것과 외국인들이 틈을 엿보는 것을 살피지 못했으니, 민씨들이 다시 정권을 쥐어 생긴 화가 이때에 이르러 극에 달하였다(1:173).

또 1896년 11월에도 "민영환이 러시아 탁지부 관리인 알렉세예프를 초빙해왔다"는 사실과, 외부대신 조병식이 러시아 공사 스페이에르와 조약을 맺고 탁지부 고문관을 임명한 사실을 언급한 다음 "이로부터 군사권과 재정권은 모두 러시아인의 손아귀에 들어갔다"고 비판하였다(2:225-226). 이러한 러시아 인식은 『독립신문』의 논조와도 다른 것이다. 『독립신문』에서는 아관파천 직후는 물론, 1896년 10월까지도 러시아 교관에 의한 군사훈련에 기대감을 가졌고, 11월에도 러시아인이 두만강변 등의 삼림 벌목 허가를 받은 사실에 대해서 오히려 조선에 도움이 된다고 하는 등 러시아에 대해 우호적인 입장을 취하고 있었다.[32]

민영환에 대해 부정적이던 정교의 평가는 1898년 후반기에 들어 매우 긍정적인 방향으로 급변하게 된다. 이러한 변화는 무엇보다 민영환이 1896년과 1897년 두 차례에 걸쳐 특명전권공사로 러시아와 유럽 등지를 방문하고 돌아온 뒤, 그 이전과는 다른 모습을 보여주었기 때문이다. 민영환은 이때부터 정부의 개혁사업에 적극적으로 동참하였으며, 『독립신문』에서도 "종래의 민판서가 아니라 새사람이 되었다"고 높이 평가하였다. 이후 그 스스로 독립협회 회원이라고 자처할 정도로 독립협회 활동에 공명하며 긍정적으로 평가하였다.[33]

정교는 민영환과 개인적으로도 인연을 맺게 된다. 정교는 독립협회 활동을 하며 정부와 날카롭게 대치하고 있던 1898년 8월 17일 侍從院 侍從으로 임용되는데,[34] 이때 그 자리를 주선해준 것이 민영환이었을 것으로 추측된다. 민영환은 러시아를 두 번째 방문할 때 사실상 러시아 공사로 임명되어 러시아에 주재하게 되어 있었으나, 무단으로 미국으로 가버렸기 때문에 1897년 7월 30일자로 면직되었다. 그러나 정교가 시종원 시종으로 임용되기 직전인 1898년 5월 22일 사면됨과 동시에 바로 육군 副將으로[35] 중용되기 시작하였다. 9월 29일에는 궁내부 특진관,[36] 10월 12일에는 군부대신,[37] 11월 21일에는 의정부 참정 등[38] 주요 관직을 겸하게 되면서 다시 권력의 핵심부에 자리 잡게 된다. 이러한 사정을 볼 때 정교의 시종 임용은 민영환의 추천이 있었기 때문이 아닐까 추측된다.

이어 정교는 1898년 10월 林炳龜·韓宇 등과 함께 민영환이 주도하여 개교한 私立興化學校에 발기인으로 참가하였다.[39] 이 학교는 원래 10월 30일 개교를 목표로 하였으나, 실제 개교는 11월 5일 이루어 졌다.[40] 민영환이 교장, 발기인이었던 정교와 임병구는 교사를 맡았 다.[41] 정교는 『대한계년사』에서도 자신이 홍화학교 교사였음을 밝혔 다(4:165).[42] 어떤 계기에서인지는 알 수 없지만, 1898년 하반기 무렵 부터 정교와 민영환이 특별한 인연을 맺게 되었음을 알 수 있다.

이후에도 민영환에 대한 정교의 신뢰나 평가는 매우 우호적이었다. 정교는 1898년 11월 7일 중추원 관제를 둘러싸고 정부와 갈등을 벌 이다가 독립협회의 중요 인사 16명과 함께 체포되었다. 이때 경무사 신태휴가 감옥으로 찾아와서 정교에게 귓엣말로 "민영환이 앞으로 법부대신이 될 것입니다. 마음을 놓으셔도 됩니다"라고 하였다(4:38). 신태휴의 언행은 정교가 민영환에게 호감을 가지고 있었음을 전제로 할 때만 나올 수 있는 것이다. 또 1898년 11월 10일 정부에서 독립협 회 지도자 17명을 석방했으나, 만민공동회가 해산하지 않자 11월 16 일 고종은 궁내부 대신 이재순에게 정교를 만나 해산하는 방책을 논 의하도록 하였다. 이재순을 만난 정교는 회원들을 다시 체포하지 않 고 만민공동회에 모인 백성들을 해치지 않겠다는 보장을 요구하는 한 편 민영환과 한규설을 추천하였다. 이때 정교는 "지금 정부 여러 인 사 가운데 그래도 조금이나마 믿는 사람은 오직 민영환·한규설뿐입 니다. 만약 민영환을 군부대신 겸 경무사에 임명한다면 여러 사람들 의 마음이 조금 안정될 것입니다"라고 하였다(4:99-100). 다중의 집회 를 배경으로 국왕의 인사권에 도전한 것이라고도 볼 수 있는 정교의 이러한 제안은 고종에 의해 거절되었지만, 민영환에 대한 정교의 신 뢰가 각별하였음을 엿볼 수 있다.

1905년 11월 29일 侍從武官長으로 있던 민영환이 일제에 의한 대 한제국의 외교권 박탈에 분개하여 자살하자 정교는 이에 대해 "민영환은 다시 어찌해볼 수 없게 된 당시의 시국에 분노하다가 이날 밤 작은 칼로 자기 목을 찔러 죽었다"고 기록하였다(7:197). 이어 "온 도성의 인민들은 민영환이 자결했다는 소식을 듣고 모두가 소리 없이 슬피 울었으며, 조문 간 사람들이 수천 명에 달하였다"라고 하였다 (7:199). 또 "민영환은 또 상소를 남겼는데, 그 내용은 매우 강직하게 맞서며 위로는 궁중으로부터 아래로는 동료 신하까지 그간의 잘못을 숨김없이 바른대로 말한 것이었다"라고 하여 그의 강직함을 높이 평가하면서 심심한 애도를 표하였다(7:199).

한편 정교는 당시 "時務에 敏活ㅎ고 名譽가 素著한 사람"으로 평가되기도 했지만,[43] 적어도 『대한계년사』의 내용으로 미루어 볼 때 자기와 생각이 다른 사람이나, 자기의 가치관에 부합하지 않는 언행을 하는 사람들에 대해서는 성마르다 할 정도로 비판적이었다. 만민공동회가 개최되던 1898년 11월 15일 술이 취한 정교는 연설 도중에 "지금 나라의 형세가 위태롭고 민심이 들끓고 있는데, 이른바 관리들이라고 하는 사람들은 느긋하게 앉아 있고 오지 않는다. 이런 관리들은 모두 개새끼[狗子]다"라고 하였다가 집회 참가자들에 의해 제지되었다(4:87). 또 남궁억이나 윤치호에 대해 집요할 정도로 비난한 점에서도 그런 성격을 엿볼 수 있지만,[44] 평소 "친하여 정이 두텁"다고 하던 이용직에 대한 태도는 그의 성마른 성격을 잘 보여준다. 정교는 이용직이 가까운 곳에 살고 있었으며, 평소에 이완용 등을 역적이라고 지적한 적이 있었기 때문에 그를 좋게 보았던 듯하다. 그러나 1909년 10월 그가 학부대신으로 임명되자, 이완용에게 아첨하여 그 자리를 얻은 것으로 판단하여, 인사차 들린 이용직에게 "진실로 위문할 만한 일이지 축하할 만한 일이 아니다"고 매몰차게 대하였고, 그때부터 절교하였다고 한다(9:43).

이상과 같이 『대한계년사』를 통해 볼 때 정교가 가까이 지내거나 호의적으로 평가한 인물들은 이기·송정섭·이용직·민형식·민영환·김윤식·나인영 등이다. 이상의 내용만으로는 이들이 정교의 사상이나 사회활동과 어떤 공통점을 가지고 있었는지 파악하기 어렵다. 나인영이나 민영환·민형식의 경우 정교가 일관되게 강조하던 대한제국의 "자주독립"이라는 정신을 실천에 옮긴 인물이다. 김윤식은 1907년 창립된 친일 유림단체인 大東學會에서 회원으로 함께 활동한다는 점을 지적할 수 있지만, 어떤 공통점을 찾기는 어렵다. 또한 『대한계년사』에 기록된 인물평이나 친소관계를 그대로 믿기도 어렵다. 무엇보다 『대한계년사』의 집필이 1913년 이후에 완료되었다는 점을 고려하면, 일제에 강점되어 있는 당시의 현실이 어떤 식으로든 반영되었을 것으로 보이기 때문이다.

『대한계년사』에는 정교와 친하게 지냈던 인물이라 하더라도 훗날 친일파로 낙인찍힌 사람들에 대해서는 거의 예외 없이 비판적 논조를 취하고 있다. 그에게 관직을 주선해준 이완용이나 이지용은 물론, 앞서 언급했듯이 1909년 학부대신에 임명된 이용직에 대해 축하할 일이 아니라 위문할 일이라고 하면서 절교하였다고 했다. 이 역시 이용직이 일본정부로부터 자작 작위를 받은 친일파였다는 사실과 무관하지 않았을 것으로 보인다. 또한 후술하듯이 그는 이완용과 이지용, 특히 이완용과 매우 가까운 사이였던 것으로 보이지만, 『대한계년사』에서는 이들에 대해서도 비판적 논조로 일관하고 있다. 그러나 이 무렵의 사회활동을 통해 보여주는 정교의 모습은 그가 과연 이들을 비난할 만한 자격이 있는지 의심스럽게 한다.

3. 정교의 관직 경력

정교가 독립협회 시기인 1898년 7월 8일 중추원 3등 의관으로 선임되었음은 잘 알려져 있다(3:86-87).[45] 그는 이 무렵 중추원 관제, 정부 대신들에 대한 탄핵 등을 둘러싸고 정부와 날카롭게 대치하고 있으면서도 1898년 8월 17일 侍從院 侍從에 임명되었다.[46] 어떤 배경에서 임용된 것인지는 알 수 없지만, 앞서 언급했듯이 정황상 민영환의 주선에 의한 것으로 여겨진다. 그러나 그의 시종직은 그리 오래 가지 못했다. 1898년 11월 7일 독립협회 주요 인물에 대한 고종의 체포령이 내려졌고, 1898년 12월 25일에는 독립협회가 사실상 해산되고 말았다. 쫓기는 신세가 된 정교는 1899년 2월 2일 시종에서 의원면직 처리되었다(5:51).[47]

독립협회가 해산되자, 정교는 이건호·전규환·이기선 등과 함께 駱洞에 있던 미국인 의사 셔먼(Harry C. Sherman)의 집에 숨어 있다가 이듬해 2월에 귀가하였다.[48] 그러나 민병석의 거짓 고발로 순검이 잡으러 온다는 말을 듣고 돈의문 밖에 있던 집에서 鄕邑으로 갔다. 3월에 다시 서울로 돌아온 정교는 한밤중에 진고개의 일본인 상인 토미타 스즈키치(富田鈴吉) 집에 숨어있던 고영근·최정덕·현제창 등을 찾아가 이들과 함께 생활하였다. 이때 고영근은 정부의 고위관료들을 암살하자고 주장하였으나, 정교는 '광명정대'한 일이 아니라는 이유로 반대하였다. 또 일본으로 가서 박영효를 만나 거사를 도모하자고 권유하였을 때도 정교는 "박영효 등 여러 망명한 사람은 모두 속수무책으로 단지 일본정부의 밥을 먹고 있는 자들입니다. 만나본들 무슨 이익이 있겠습니까" 하며 반대하였다.

이에 따라 고영근 등은 이후 정교를 따돌리고 폭탄테러 사건 등을 계획하였다. 이후 집주인 토미타가 일본 영사 아키쓰키 사쓰오(秋月左都夫)의 요청을 받고 이들을 쫓아내고자 하였다. 이때 고영근과 최정덕은 계속 토미타의 집에 남았으나, 정교는 임병길·강인필·최영화 등과 함께 어떤 일본인의 빈집으로 옮기게 된다. 여기서도 따돌림을 당한 정교는 진고개 부근 남성칠의 집으로 옮겼다가, 6월 26일 셔면의 이웃집으로 당시 비어 있던 南松峴 미국 선교사의 집으로 갔다. 이후 1899년 8월 아펜젤러가 설립한 배재학당으로 숨어들어 피신해 있다가 1904년 1월에 집으로 돌아 왔다(7:215). 배재학당에 피신해 있을 때는 영어를 배우기도 했다(7:215).[49]

집으로 돌아온 이후 그의 행적에 대해서는 상세히 알 수 있는데, 1905년 10월 9일 濟州군수로 임명되면서 그의 관직 경력이 다시 시작되었다.[50] 당시 내부대신은 이지용이었다. 그러나 정교는 신병을 이유로 부임하지 않고 사직을 청원하였으며,[51] 1906년 1월 15일 의원면직되었다.[52] 제주군수로 임명된 사실에 대해 정교는 "이때 내부대신 이지용이 뇌물을 받고 각 지역 군수 15자리를 팔아먹었는데, 그 흔적을 감추려고, 정교가 평소 명성을 가지고 있다며 제주 군수에 임명했다"라고 변명하였다. 그러나 "물길이 험하고 멀며, 또 여비도 미처 마련하지 못하여 부임하지 못했다"고 하였으며, "마침 신조약[제2차 한일협약: 을사조약]이 체결되기에 이르러 마침내 사직하려는 뜻을 굳혔다"고도 하였다(7:215). 아마 을사조약으로 외교권이 박탈되면서 그가 추구하였던 국가의 독립과 자주가 심각하게 침해당했다는 점, 더구나 그를 제주군수로 임명한 이지용이 '을사오적'으로 비난당하게 된 사정 등이 고려되었을 것으로 보인다.

『대한계년사』에는 을사조약 이후 '오적'에 대해 격렬하게 비판하는 기사가 이어지고 있다. 그러나 정교는 제주군수에서 면직된 직후인 1906년 1월 30일에는 오적 가운데 하나이자, 그 역시 역적이라고 그토록 비난하던 學部大臣 李完用의 주선으로 學部 參書官에 임명되었다(8:29).[53] 이때도 정교는 "이완용이 평소 정교의 사람 됨됨이에 감복하여 인심을 수습하려고" 임용하였다고 하면서 "이완용이 간사하고 음흉하다는 사실을 익히 알고 있었기 때문에, 그에게 중상모략을 당할까 두려워 힘껏 일을 보았다"고 변명하였다(8:29). 어쨌든 그의 관직 경력은 을사조약 이후부터가 가장 화려하였으며, 이는 그가 그토록 비난하던 '을사오적'의 주선에 의한 것이었다. 정교는 1906년 2월 9일 학부 참서관으로 있으면서 한성사범학교장을 겸임하였다.[54] 이어 3월 8일에는 겸임하고 있던 사범학교장에서 의원면직되고, 외국어학교장에 취임하였다.[55] 정교가 이와 같이 '화려한' 관직 경력을 쌓아가고 있을 때 『대한매일신보』에는 국가가 존망에 처한 시기에 출사한 李商在·兪星濬·鄭喬·李源兢 등을 비판하는 기사가 실리기도 했지만,[56] 그의 관직 경력은 계속 이어졌다. 1906년 9월 3일부터 10월 24일까지는 官立漢城漢語學校長·官立漢城英語學校長·官立漢城德語學校長까지 겸임하였다.[57]

그러다가 그해 12월 21일에는 역시 '오적' 가운데 두 명인 이완용과 이지용의 주선으로 곡산군수에 임명되었다.[58] 그는 신병을 이유로 부임하지 않고, 1907년 1월 사직서를 제출하였다.[59] 사직서는 받아들여지지 않았고 정교는 그해 5월경에 곡산군수로 부임하였다(8:104).[60] 발령받은 지 약 5개월이 지난 뒤에 부임한 정교는 부임한 지 100여일 만인 8월경에 무단으로 상경하여 다시 신병을 이유로 사직을 청원하였다.[61] 『대한계년사』에서는 5월경에 부임한 후 100여일 만에 사임하였다고 하였으나(8:104), 정교가 공식적으로 면직된 것은 1907년 11

월 19일이었다.[62] 1월과 8월 두 차례에 걸친 정교의 사임 청원은 무슨 이유에서인지 받아들여지지 않았다. 이에 따른 군수의 오랜 공관은 곡산군민들의 반발을 샀다. 곡산군민들은 10월 말 집단으로 상경하여 정교를 빨리 還任케 하던지 다른 사람으로 교체할 것을 요청하는 글을 내부에 제출하였다.

谷山郡守 鄭喬氏는 時務에 敏活ᄒ고 名譽가 素著혼 人으로 該郡에 莅任ᄒ야 一境이 賴安ᄒ더니 數月前上京ᄒ야 辭職請願ᄒ니 當此騷乱之時ᄒ야 民情이 無所依恃ᄒ야 多數上來ᄒ야 還任케ᄒ기를 內部에 請願ᄒ얏는디 內部에셔 有何事端인지 却而不受ᄒ는 故로 民情이 尤甚抑鬱ᄒ야 本社에 來言ᄒ더라.[63]

내부에서는 곡산군민들의 요청을 받아들이지 않았지만, 정교는 곡산군민들이 상경하여 집단 청원을 한 지 약 20일 뒤에 면직되었다. 곡산군수를 끝으로 정교의 관직 경력은 끝이 난다. 그는 "세상일을 다시 어찌할 수 없음을 알고 관직을 내던지고 돌아왔다"고 했다(8:104).

이상에서 살펴보았듯이 1905년 이후 그의 관직 경력은 이완용·이지용과 깊은 관련이 있었다. 앞서 언급했듯이 을사조약 이후 관직에 진출하는 인사들에 대한 『대한매일신보』의 비판도 있었지만, 그 스스로도 국가의 자주와 독립이 위태로워진 시기에 관직에 진출한 사실을 부끄러워하고 있었다. 신병이 있어서 곡산군수로 부임하지 않고 집에 머무르고 있을 때인 1907년 3월 말 '을사오적'을 처단하려는 거사를 앞두고 합류할 것을 요청하러 찾아 온 나인영·오기호에게 다음과 같이 자신의 관직 진출에 대해 스스로 비판하고 있다.

그런데 만일 후세 역사가로 하여금 이 일을 역사책에 쓰도록 한다면, '정교는 역적 이완용의 지휘 아래에서 총총거리며 바삐 쫓아다녔으니, 어찌 그 책임을 면할 수 있겠는가?'라고 할 것입니다. 이로써 고요한 밤에 잠 못 이루는 때, 저도 모르는 사이에 괴이쩍어 혀를 차는 것은 바로 이 때문입니다. 시국 문제에 대해 말하자면, 나라는 망하고야 말 것입니다. 비록 백 명의 管仲과 열 명의 제갈량에게 시킨다고 해도, 형세상 어찌할 도리가 없습니다(8:77).

이때 이미 정교는 백 명의 管仲과 열 명의 제갈량에게 시킨다고 해도 결국 "나라는 망하고야 말 것"이라는 것을 매우 강하게 인식하고 있었지만, "먹고살기 위해" 관직에 나아갔다고 하였다. 그는 곡산군수를 그만둔 데 대해서도 "세상일을 다시 어찌할 수 없음을 알고 관직을 내던지고 돌아왔다"고 그 이유를 밝혀두고 있다(8:104). 물론 이후 그는 더 이상 관직에 진출하지는 않았지만, 다양한 사회활동에 참여하게 된다. 그 가운데는 친일인사에 대한 비판 등 꾸준히 반일적 입장을 취하고 있던 『대한계년사』의 논조와 거리가 매우 먼 활동도 적지 않았다.

4. 1905년 이후 정교의 교육 · 사회활동

(1) 교육활동

앞서 지적하였듯이 정교는 이미 1898년 10월부터 민영환이 설립한 흥화학교의 교사로 재임한 바 있다. 그의 교육·사회활동이 다시금 활발하게 펼쳐지는 것은 1906년 1월 30일 학부 참서관으로 임용된 다음이었다. 우선 1906년 5월에는 여성교육기관인 養閨義塾의 설립을 위한 발기인으로 참여한 사실이 확인된다.[64] 여성교육을 진작시키려는 목적으로 여성교육회가 후원하여 설립한 양규의숙은 1906년 6월 10일 개교하였다.[65] 新門外 冷洞에 위치한 秦學新의 집을 교사로 삼았으며, 개교 당시 학생은 30여 명이었다. 교장은 농상공부대신 권중현, 학감은 李舜夏였고 趙션增의 부인 리씨와 金麟의 부인 李氏가 교사직을 맡아 학생들을 가르쳤다.[66]

1906년 5월에는 서소문 밖 약현에 光興義塾을 설립하고 그 塾長을 맡기로 하고 취지서를 신문에 광고하였다. 그 글에서 정교는 서양인들이 먹고 입는 것이나 '視聽言動'은 우리와 같지만, "志氣의 勇敢과 기술의 정치함"은 모두 교육에서 나온 것이라며 교육의 중요성을 강조하였다. 교과는 한문·일본어·영어 3개로 나누어져 있었다.[67] 광흥의숙의 설립일자는 확인되지 않으나, 교장은 정교, 교감은 초기 발기인 가운데 하나였던 李澤應이었다.[68] 학교는 京橋普通學校 안에 두고 야간으로 운영하였던 것으로 보인다.[69] 곡성군수로 임명된 이후인 1907년 10월까지도 광흥학교 교장을 맡고 있었다.[70]

이와 같이 정교는 참서관에 임용된 이후에도 직접 학교를 설립하여 교장을 맡았을 뿐만 아니라, 1898년 10월 민영환이 설립하고 정교도 개교 당시부터 교원을 맡았던 홍화학교의 교원도 맡고 있었다. 1906년 7월 『황성신문』에는 홍화학교의 방학식 소식을 전하면서 "敎師中 李重華 羅瑨兩氏는 一學期間 成績을 報告ㅎ얏고 鄭喬 梁在謇兩氏는 學員에 對ㅎ야 勸勉ㅎ고"라는 기사를 싣고 있다.[71] 독립협회 해산 이후 배재학당에 도피해 있던 중에는 교사직을 수행할 수 없었을 것으로 보이지만, 1904년 1월 도피생활을 끝내고 귀가한 다음부터 다시 흥화학교 교원으로 재직한 것으로 보인다. 또한 같은 해 9월에는 한성공립소학교 내에 영어야학교를 설립하고 학부로부터 인가받아 영어전문과로 개교하였다.[72]

이외에도 학부 참서관으로 재임 중이던 1906년 7월에는 민병석이 교장으로 있는 평양대동학교 찬성원으로 참여하였고,[73] 그해 11월에는 전주 私立涵育學校의 찬성원으로 참여하였다. 이 학교의 찬성장은 내부대신 李道宰와 정2품 李容稙이 맡고 있었다.[74] 이용직은 정교의 집 가까이 살고 있었으며, 정교와 "평소에 친하여 정이 두터운" 사이였다(9:83). 곡산군수로 임명받은 다음인 1907년 1월에도 尹用求와 함께 私立全州養英學校의 贊成長을 맡았다.[75] 곡산군수에서 면직된 전후 시기인 1907년 11-12월 무렵에는 고아원과 관련된 일을 하기도 했다.[76] 1908년 1월 23일에는 새문안의 官人俱樂部에서 열린 고아원 기념식에 참가하여 李愚璿·全德基·鄭雲復·安昌浩·崔炳憲, 일본인 大垣丈夫 등과 함께 연설을 하였다. 이 자리에는 김윤식도 참석하였다.[77]

이상과 같은 교육활동은 대체로 정교가 학부 참서관으로 있었다는 점과 관련이 깊었을 것으로 보인다. 물론 이전부터도 민영환이 설립한 흥화학교에 재직한 경력이 있고, 학부 참서관 시절에도 스스로 광흥학교를 설립하였으며, 참서관을 그만두고 곡산군수로 재임 중일 때도 계속하여 교장직을 맡았다는 점 등으로 미루어 볼 때 교육에 대한 관심이 적지 않았던 것으로 여겨진다. 그러나 『대한계년사』에는 흥화학교에 교사로 재직하고 있었다는 사실 이외에는 거의 기록되어 있지 않다.

(2) 사회활동

정교는 교육활동 외에도 다양한 사회활동에 참여하였다. 독립협회 활
동 이후 정교의 사회활동이 다시 활발해지는 시기는 대체로 곡산군
수를 끝으로 관직을 그만둔 다음부터이지만, 학부 참서관으로 재임
할 때부터 시작되었다. 1906년 2월 10일 皇城基督敎靑年會가 '古人
書가 勝於今人言이오?'라는 주제로 개최하는 토론회에 梁弘默·柳瑾
등과 함께 참여한 적이 있다.[78] 이때 정교는 학부 참서관으로 재직 중
이었다. 역시 학부 참서관으로 재임중이던 시기에는 대한자강회에도
가입하여 활동하였으며, 학회 설립 초기인 1906년 8월부터 회원명부
에 이름이 보인다.[79] 이어 같은 해 11월에는 평의원으로 선임되었으
나,[80] 『대한계년사』에서는 대한자강회에 대해 언급하지 않았다.

대한자강회가 통감부에 의해 해산된 뒤 1907년 11월에 창립된 대
한협회에서는 창립 당시부터 평의원으로 피임되었다. 이때는 정교가
곡산군수에서 의원면직된 시기와 일치한다. 그는 창립대회에서 "大
衆同盟 光復舊權", "國富兵强 獨立自主"을 주제로 한 축사도 하였
다.[81] 대한협회의 회장은 독립협회 시절 정교와 사사건건 마찰을 빚
어 사이가 매우 좋지 않았고, 정교를 '원수처럼' 보던 남궁억이었다
(3:136). 1908년 1월에는 官人俱樂部에서 개최된 대한협회 총회에서
남궁억("團體의 効力"), 鄭雲復("地方의 現況")과 함께 "政黨의 得失"이
라는 강연을 하기도 했다.[82] 주지하다시피 대한협회는 1909년 일진회
와 제휴를 시도하는 등 점차 친일적 성격으로 변해간 단체이다. 그래
서인지 정교의 『대한계년사』에는 대한협회에 관여한 사실이 전혀 언
급되지 않고 있다. 오히려 대한협회에 대해 "문명으로써 인민을 깨우
쳐 이끌어준다는 취지를 내세웠지만, 뒤로는 몰래 일본인에게 정탐비

용을 받았다. 무릇 나라 안의 크고 작은 일을 더듬어 살펴 은밀히 일본인에게 보고했"고, "마침내 일진회와 연합해서『합방성명서』를 내놓기에 이르렀는데, 다시 분리되었다"라고 비판하고 있다(9:94).

1908년 1월에는 李容稙이 회장을 맡은 기호흥학회에 평의원으로 참가하였다. 창립대회 당시 정교는 李容稙·李商在와 함께 회장에 천망되었으나 낙망하였고, 다시 부회장직에도 池錫永·李鍾一 과 함께 천망되었으나, 池錫永이 부회장에 피선되었다.[83] 1908년 2월에는 기호흥학회에서 개최한 총회나[84] 특별대토론회, 國民演說臺 등에서 "教育急務는 智勝於軆", "학문의 新舊" 등의 제목으로 연설을 하기도 하였다.[85]『대한계년사』에서는 기호흥학회에 대해서도 전혀 언급하지 않았다.

주지하다시피 정교는 독립협회 활동 이전 시기부터 자주와 독립을 강조하여 왔다. 예컨대 1882년 12월 조선정부가 統理交涉通商衙門을 설치하고 청의 주선으로 묄렌도르프 등 외국인을 고용하자 "이로부터 우리나라는 자주권을 자못 잃게 되었다"고 하였다(1:90). 1896년 11월에는 외부대신 조병식이 러시아 공사 스페이에르와 조약을 맺고 탁지부 고문관을 임명한 사실을 언급한 후 "이로부터 군사권과 재정권은 모두 러시아안의 손아귀에 들어갔다"고 하여 러시아가 조선의 자주권을 침해하게 한 사실을 비판하였다(2:225-226). 1897년 10월 그가 고종의 황제 즉위를 촉구하는 상소문을 작성한 사실 역시 "자주독립" 추구와 밀접한 관련이 있었다(2:207-208; 178-179).

독립협회 활동시기에도 마찬가지였다. 그가 작성한 독립협회 규칙 취지서에서도 "진정 대대로 영원히 전해질 수 있는 독립"을 강조한 바 있다(4:199-200). 때문에 그는 자주와 독립의 권리를 지키기 위해서라면 러시아만이 아니라 일본에 대해서도 필요한 요구를 하였고,

그 요구를 관철시키기도 했다. 독립협회의 書記 직함을 가지고 있던 정교는 베트남이 사이공 일대를 프랑스에 조차한 사례, 청나라가 膠州灣을 프러시아에 조차한 사례를 들어 "장차 瓜分되기에 이를 것"이라며(3:28-29), 직접 작성하여 外部에 보낸 편지에서 이미 월미도에 租借해준 일본의 석탄저장고까지 동시에 철거시킬 것을 요구하였다(3:35). 이에 따라 친러파가 보낸 자객에 의해 살해될 위기를 겪기도 했지만(1898년 3월, 3:33), 결국 일본으로부터 월미도를 돌려받았고, 러시아의 絶影島 租借를 무산시켰다(3:41).

적어도 『대한계년사』의 서술 내용을 통해 볼 때 자주와 독립에 대한 그의 생각은 독립협회 활동 이후에도 기본적으로 유지되었다. 예컨대 그는 의병활동에 대해 매우 상세하게 기록하고 있으며, 일본으로 끌려간 崔益鉉이 1906년 12월에 사망했을 때는 그의 忠節을 높이 평가하며 그의 경력과 행적을 기록하는 데 긴 지면을 할애하고 있다(8:54-56). 1909년 안중근이 伊藤博文에 총격을 가한 사건에 대해서도 마찬가지였다. 또한 張志淵 후임으로 『황성신문』 주필을 맡은 柳瑾에 대해서도 "義兵에 대해 싣는 모든 기사에서는 꼭 '暴徒'라고 불렀"고, "安重根이나 李在明에게는 꼭 '살인자' 혹은 '凶犯'이라고 썼으며" 이에 대해 사람들이 침을 뱉으며 욕하였다고 하여(9:57) 일본의 침략에 반대하는 인식을 일관되게 보여주고 있다. 또한 '을사오적'에 대해서는 물론, 친일단체인 평화협회에 참여한 김종한·남정철·이중하에 대해서도 비판하고 있다(9:178-9).

그러나 그의 사회활동은 1905년 무렵부터 『대한계년사』의 서술 기조와 매우 달라지기 시작한다. 정교는 1907년 11월 19일 곡산군수에서 공식적으로 면직된 바로 그날 창립식을 가진 경성부 자위단의 핵심 구성원으로 이름을 올리고 있다.

一進會에서 自衛團援助會를 獨立館에 開호고 自衛團任員을 選定호얏
느딕", "臨時會長은 漢城府尹 張憲植氏오 會計는 洪忠鉉 禹恒鼎 兩氏오
幹事員을 五署에 一員式 選定호얏느딕 北署에는 金嘉鎭氏오 中署에는
李根培氏오 南署에는 李鳳來氏오 西署에는 鄭喬氏오 南署에는 閔駿鎬
氏라더라.[86]

자위단은 일제의 의병진압책 가운데 하나였으며, 『황성신문』 보도
에서도 알 수 있듯이 일진회가 깊이 개입된 단체였다.[87] 정교는 『대한
계년사』의 여러 곳에서 일진회에 대해 친일단체라고 비난하였다. 이
점에서 그가 일진회가 주도하여 만든 자위단에 주요 구성원으로 가
담하였다는 사실은 의외이다. 물론 『대한계년사』에는 이에 대해 전혀
언급하지 않고 있다.

1908년 3월 6일에는 종로 상업회의소에서 위생회회장인 한성부
윤 張憲植이 주최한 위생대회에 참석하였으며, 이 자리에서 府民 總
代에 선임되었다.[88] 이에 앞서 1907년 12월에는 독립협회 시기에 자
신이 그토록 미워했던 前 法部大臣 申箕善이[89] 회장으로 있던 大東
學會의 평의원으로, 이듬해 1월에는 規則起草委員으로 활동하는 모
습을 보여준다.[90] 정교는 대동학회 평의원으로 활동하면서 『대동학회
월보』에 「漢文과 國文의 辨別」라는 글을 개제하여 당시 『대한매일신
보』와 대동학회 사이에 벌어지던 한문폐지론을 둘러싼 논쟁에 뛰어
들기도 했다.[91] 대동학회의 설립취지는 "孔孟의 宗旨를 지키고 事務
의 時宜를 밝히며 正德을 좇아 利用厚生한다"는 데 있었다.[92] 대동학
회는 1907년 2월 이토 히로부미로부터 10,000원을 지원받아 유림들
을 친일세력화하기 위해 만든 단체로 그 구성원 가운데 상당수는 일
제시대에 들어 친일유림단체인 경학원으로 이어진다.[93]

이들 가운데 핵심세력들은 道文一致, 곧 유교와 한문을 한데 묶어서 인식하였기 때문에 한문의 폐지는 곧 유교의 붕괴를 가져오는 것으로 받아들이고 있었다.[94] 대동학회는 당시 언론으로부터 제2의 일진회,[95] 魔學會,[96] 豚犬보다 못한 단체라고[97] 비난받았다. 회원들도 "태반이 협잡이 무쌍하던 자들이고, 일본에 의지하기를 힘써 주장하는 자들",[98] 혹은 "이등박문(伊藤博文) 같은 대선생을 만나서 대학을 강론하"는 제자들이라고 비난받았다.[99] 또 대동학회 회장 신기선은 일진회를 조직한 송병준, 동아개진교육회 회장 조중응과 함께 일본의 忠奴 세 사람 가운데 하나로 지목되기도 했으며,[100] 조중응의 개진교육회와 함께 '마귀 당파'로 표현되었다.[101] 이후 대동학회는 회명을 승종교회,[102] 혹은 대성회 등으로 개명하려는 움직임을 보이다가,[103] 1909년 10월 공자교회로 개명하였다.[104] 회장은 이용직이 맡았으나, 이용직이 곧바로 학부대신으로 임용되면서 김학진이 대신하였다. 이용직은 이완용 내각에서 한일병합에 동조한 '공로'로 일제로부터 자작작위를 하사받았고, 식민지 이후에 중추원 고문과 경리원 副提學을 역임하였다.

앞서 언급했듯이 『대한계년사』에서 정교는 이용직과 평소 친하게 지냈으나, 이때 이용직이 학부대신에 임용된 뒤로 절교하였다고 쓰고 있다. 그러나 그가 친일 유림단체인 공자교회 회장직을 맡은 사실에 대해서는 함구하고 있으며, 정교 자신이 대동학회에 참여한 사실에 대해서도 언급하지 않고 있다. 이용직은 을사조약 이후인 1907년 5월 15일 宮內府 特進官에 임용된 바 있으며, 1908년 10월 21일에도 이미 한 차례 학부대신을 역임한 적이 있다. 그럼에도 불구하고 굳이 1909년 10월 학부대신에 임용되자 절교한 까닭에 대해서는 헤아리기 어렵다. 또 앞서 언급했듯이 친일단체인 평화협회에 참여한 김종한·

남정철·이중하를 비판하였으나, 이 가운데 이중하는 정교와 함께 대동학회 평의원이었고, 김종한과 남정철은 회원이었다. 『대한계년사』에는 평화협회와 다를 바 없는 친일적 단체였던 대동학회에 대해서도 전혀 기록을 남기지 않았다. 의도적으로 누락시키고 있다는 혐의가 있다.

『대한계년사』의 논조와 성격을 달리하는 정교의 사회활동 가운데 가장 두드러진 것은 그가 이토 히로부미의 송덕비를 건립을 추진하였다는 점이다. 다음은 일본 경찰이 조사하여 보고한 내용이다.

> 최근 故 伊藤公의 생전 덕을 칭송한다면서 大韓商務組合 部長 李學宰가 銅像建議所를 만든 것을 비롯해 中部 典洞에 사는 前 郡守 閔泳雨 외 십 수 명은 〈東亞讚英會〉를, 西大門 밖 京口洞에 사는 前 郡守 鄭喬, 西部 社稷洞에 사는 前 전기회사 사무원 韓百源 외 몇 명의 무리들도 역시 회사를 만들고 기부금을 모집해 송덕비(동상이나 석상 등) 혹은 묘 등을 건립하고자 분주하게 뛰어다니는 모양이지만, 그 내막을 탐사하건대 발기자들은 모두 그날그날의 호구조차도 궁한 평소 협잡배들로서 성실히 公의 덕을 칭송하는 데 뜻이 있는 것이 아니라 오직 이것을 구실 삼아 기부금을 모아 생계에 도움 되게 하고자 하는 야심인 것 같습니다(이상. 明治 四十二年 十一月 十日).[105]

이 인용문을 통해 이토 히로부미의 "은덕"에 대한 정교의 "존경의 념"이 여전함을 볼 수 있다. 정교는 다른 독립협회 회원들과 마찬가지로 이토 히로부미를 조선이 청국으로부터 독립하는 데 "은덕"이 있는 인물로 받아들이고 있었다. 1898년 8월 이토 히로부미가 서울에 왔을 때 "하늘과 땅 가득히 감개가 무량하네/ 아시아와 유럽을 통틀어 한 사람의 영웅이 있도다"라는 시를 지어 바친 바 있다(3:123). 정교는 이토 히로부미 송덕비 건립 움직임에 대해 『대한계년사』에 비교적 상세히 기록하고 있지만(9:59, 60, 119), 역시 자신이 관련되었다는 사실에 대해서는 함구하고 있다. 대신 『대한계년사』에는 송덕비를 추진한 인물들을 비난하고 있다. 예컨대 민영우에 대해서는 성질이 완고하고 막돼 먹었으며, 어려서부터 학문을 하지 않고 재물만 좋아하고 여색만 밝혔고, 자신의 며느리를 범한 패륜아라고 맹비난하였다(9:60).[106]

일진회가 주도한 자위단의 간부로 이름을 올린 점, 대동학회에 평의원으로 참가한 점, 이토 히로부미의 송덕비 건립을 추진한 점은 자주와 독립을 강조하면서, 의병이나 반일운동을 한 인사들을 높이 평가하고, 친일적 인사에 대해 비난하고 있는 『대한계년사』의 논조와 크게 다른 모습이다. 그래서인지 김도형에 의하면 정교는, 좀 더 확인해볼 필요는 있지만, 일본의 우익단체에 의해 일진회 회원으로 파악되었고, 그들이 작성한 친일 유공자 명단에도 그의 이름이 올라가 있다고 한다.[107]

(3) 전주 하향 이후의 생활

지금까지는 대체로 정교가 1910년 한일 강제병합 직후 전라북도 이리로 내려간 것으로 알려져 있다.[108] 전주에서 정교에게 글을 배운 바 있는 조병희도 "1910년 경술국치를 당하게 되자 분노와 허탈감에 빠진" 정교가 아들 정건의 근무지인 전주 삼남은행이 있던 전주로 와서 정착한 것으로 추측하고 있다.[109] 그러나 앞서 살핀 정교의 모습은 경술국치를 맞았다 하여 울분에 빠질 인물로 보기는 어려우며, 1910년 한일 강제병합 이후에도 수년간 서울에 머물러 있었던 것으로 보인다. 김윤식은 『속음청사』에 한일병합 이후인 1913년 9월과 1914년 5월에 정교가 자신을 찾아온 사실을 기록해두고 있다. 거기에는 정교의 방문 사실을 단지 "정교가 왔다[鄭喬來]"라고만 서술되어 있다. 만일 정교가 전주나 이리에서 왔다면 그와 관련된 사실을 부기했을 법하지만, 부기된 내용이 전혀 없다. 이는 아마 이때까지도 정교는 서울에서 생활하였고, 김윤식과도 비교적 자주 접할 수 있었기 때문인 것으로 짐작된다.[110]

『윤치호일기』에는 1917년 4월에 정교에게 전화를 건 사실을 기록해두고 있는데,[111] 아마 이때는 이미 전주로 내려간 다음이었던 것으로 보인다. 전주에서 정교의 집을 왕래했다는 이병기는 1910년 3월 전주공립보통학교를 졸업한 후 상경, 4월에 한성사범학교에 입학하여 1913년 3월에 졸업한 이후 다시 전주로 내려와 남양공립보통학교·전주제2공립보통학교·여산공립보통학교 등에서 교편생활을 하면서 고문헌 수집, 시조연구 및 창작을 시작했다.[112] 따라서 그가 전주에서 정교를 찾아간 것은 빨라도 1913년 3월 이후이다. 이로 미루어 볼 때 정교가 전주로 내려간 것은 서울에서 김윤식을 찾아간 1914년 5월 이후였을 것으로 추정된다.

또한 정교가 서울을 떠나 처음 정착한 곳은 이리가 아니라 전주였다.[113] 이 사실은 앞서 언급한 조병희의 회고를 통해 확인할 수 있다. 조병희에 따르면 당시 전주에는 아들 정건이 전주 삼남은행에 근무하고 있었다. 정교는 자신의 부인, 그리고 큰 자부 소생인 戊景, 둘째 아들 建의 작은 부인과 그 소생인 아들과 함께 살고 있었고, 아들 건과 큰 자부가 이따금씩 들렀다고 한다. 정교의 가정형편은 구태를 벗어나지 못한 가난한 살림이었으나 서울 중류계급의 풍모를 갖추고 있었다고 한다. 정교는 후리후리한 키에 얼굴은 좀 길고 가무스름한 편이었다. 짧게 깎은 머리에 탕건을 쓰고 갓을 받쳐 쓴 풍채는 언뜻 보기에 시골 노인 같으나 빛나는 눈빛과 비범한 풍채는 노학자의 풍모를 드러냈다고 한다. "짧게 깎은 머리"라는 데서 이 무렵이면 정교도 단발을 하였음을 알 수 있다.

전주에 내려온 후 정교는 주변 사람들과의 교류가 거의 없었으며, 앞서 언급한 대로 이병기와 趙春元만 정교의 집을 자주 방문하였다고 한다. 이들은 여가만 나면 정교를 찾아가 붓글씨를 영어로 배우는 한편 무엇인가 글을 받아쓰곤 하였다고 한다. 주변 사람들과 교류가 거의 없었기 때문에 전주사람들은 그가 어떤 사람인지 잘 알지 못하였다고 한다. 조원춘의 아들인 조병희는 초등학교 2학년이던 1920년 여름부터 약 6개월 정도 정교에게서 글공부를 하였는데, 그때 정교는 날마다 무엇인가 저술에 골몰하고 있었다고 한다. 이후 조병희 부친과 가람 이병기가 타지로 전근되면서 정교와 멀어지게 되었는데, 정교는 아들 정건이 사망하자 익산 방면으로 이사한 후 얼마 안 되어 생을 마감한 것으로 전해진다. 『대한계년사』 책가위 안쪽에 붙은 부전지에 따르면 이때가 1925년이었다.

이병기가 『대한계년사』 원본을 정교의 손자인 戊景으로부터 기증받은 것이 1935년 12월 25일이다.[114] 이때까지는 이병기와 정교의 손자 간에 연락이 있었으나, 그 뒤로 연락이 끊긴 것으로 보인다. 정교를 다시 세상으로 불러낸 것은 1957년 국사편찬위원회에서 발간된 『대한계년사』였지만, 그의 내력에 대해서는 더 이상 알 수 없게 되었다.[115]

5. 맺음말

독립협회 시기 정교의 핵심적 생각은 대외적으로 독립과 자주를 지키는 데 있었다. 1898년 12월 萬民共同會를 개최하는 도중에 정교가 작성한 독립협회의 「협회규칙서」에는 다음과 같은 내용이 들어있다.

> 대개 老少南北으로 나뉘어 있는 당파의 폐습을 깨끗이 없애고 문명해지고 부강해지는 것에 힘쓰는 방법은 바른 말로 있는 힘을 다해 諫하여 황제의 들으심을 보좌하고 법률을 굳게 지켜서 백성들의 생활을 보호하는 것이다. 안으로 기운차게 일어나고, 밖으로 외적의 침입을 막아내려는 것이 이 회의 본래 뜻이다(4:199-200).

또한 정교는 1908년 9월 독립관에서 개최된 개국기원절 행사에서 "생명과 신체, 재산, 명예, 자유의 권리를 보전하여 지키는 것"과 "정부를 도와 그 행정과 사법을 공평하게 하"는 것을 강조하였다(3:126-127). 이와 같이 동포들의 "생명과 신체, 재산, 명예, 자유의 권리를 보전하여 지키"고, "안으로는 정부를 도와 그 행정과 사법을 공평하게 하"기 위하여 그는 公議에 의한 정치를 실현하고자 하였다. 중추원을 개편하여 일종의 '議會'를 만들고자 분투한 것도 바로 公議정치를 실천하기 위해서였다.

그러나 을사조약이 체결된 다음 그는 대한제국의 현실에 대해 "나라는 망하고야 말 것입니다. 비록 백 명의 管仲과 열 명의 제갈량에게 시킨다고 해도, 형세상 어찌할 도리가 없습니다"라고 판단하였다. 이후에도 『대한계년사』의 논조는 그대로 유지되었지만, 그의 관직 경력과 사회활동을 통해 볼 때 그는 이때부터 많이 변하게 된다. 『대한계년사』에는 을사조약 이후 '오적'에 대해 격렬하게 비판하는 기사가 이어지고 있었지만, 그는 '오적'으로 낙인찍힌 이완용과 이지용의 주선으로 관직 경력을 이어갔다. 이때도 그는 『대한계년사』에서 그의 관직생활이 "실로 부끄러움을 무릅쓰고 참아내면서까지 한갓 먹을거리를 마련할 요량으로 하는 짓"이지만, 결국 "역적 이완용의 지휘 아래에서 총총거리며 바삐 쫓아다"닌 것이므로 그 책임을 면할 수 없을 것이라고 변명 혹은 자기비판하고 있다.

이와 같이 정교는 을사조약 이후의 관직 진출에 대해 부끄러워할 줄 아는 인물이었고, 그의 관직 경력이 후세 사람들로부터 책임을 추궁당할 것이라는 것도 인식하고 있었다. 그러나 정교의 사회활동과 『대한계년사』의 논조는 관직 생활을 그만둔 다음에 오히려 더 어긋나게 된다. 그는 일진회가 주도하는 자위단의 간부로 이름을 올렸고, 친일적 단체인 대동학회에 임원으로 참여하였다. 병합 직전에는 이토 히로부미의 송덕비 건립을 추진하기도 했다.

이러한 사실은 자주와 독립을 강조하면서, 의병이나 반일운동을 한 인사들을 높이 평가한 반면, 친일적 인사에 대해서는 거의 예외 없이 비난한 『대한계년사』의 논조와 크게 다른 것이다.

한편 『대한계년사』에는 그의 친일적 행각과 관련된 사실을 전혀 남기지 않고 있다. 반면 자신과 친하게 지냈던 인물이라 하더라도 훗날 친일파로 낙인찍힌 인사에 대해서는 거의 예외 없이 비판적 논조를 취하고 있다. 『대한계년사』의 논조와 그의 행동이 어긋나게 된 것은 무엇보다 『대한계년사』의 집필이 1913년 이후에 완료되었다는 사실과 관련이 있을 것으로 보인다.[116] 1913년이라는 시점은 이미 일제에 강점된 지 수년이 지난 다음이다. 따라서 『대한계년사』에도 당시의 현실과 그 현실에 대한 정교의 인식이 반영되었을 것으로 생각된다.

이러한 점으로 미루어 볼 때 『대한계년사』 등 정교가 남긴 글만으로 그의 내면세계나 의식에 접근하는 데는 근본적인 한계가 있음을 알 수 있다. 이는 다른 지식인의 경우에도 마찬가지였다고 생각한다. 당연한 것이지만, 지식인들의 내면세계와 사상에 접근하기 위해서는 그들이 남긴 글들이 쓰여진 시점은 물론, 그들이 보여준 사회활동을 비롯한 삶의 역정이 함께 고려되어야만 한다는 점을 새삼 확인해두고자 한다.

이 글에서는 독립협회시기로부터 병합에 이르는 시기까지 정교의 사상적 궤적과 변화과정, 그리고 그 배경과 의미에 대해서는 살펴보지 못했다. 그의 사상적 궤적과 변화 과정을 독립협회 시기의 활동상과 『대동역사』 등의 역사서에 보이는 그의 사상, 그리고 이 글에서 확인한 바, 지금까지 잘 알려져 있지 않던 정교의 사회활동을 연결하여 검토하는 것은 다음 과제로 삼고자 한다. 다만 그가 을사조약 이후 국망을 목전에 둔 현실 속에서 보여준 행동은 『남경강목』에서 보여준 유교적 역사인식이나, 『대동역사』에서 일본과 조선이 "同文同種의 나라"라고 인식한 점 등과 밀접한 관련이 있을 것으로 보인다.

6장

20세기 전반의
족보편찬 붐이 말하는 것

손병규
(성균관대학교 동아시아학술원)

❖

1. 머리말

조선왕조가 멸망하고 일본에 의한 식민지체제가 제도적으로 정비되는 1910년대 이후부터 족보편찬이 활발해졌다.[1] 이전에 비할 수 없을 정도의 건수로 편찬되어 '족보편찬 붐'이라 불릴 만한 이 현상은 더구나 조선반도에 대한 일본의 근대화정책이 강제되는 시기에 일어났다는 점이 흥미롭다. '양반지향적' 경향이 급속히 진행되던 19세기에도 이 정도는 아니었다. 한국이 근대사회에 돌입하면서 조선인민 스스로가 오히려 전통적 생활양식을 대대적으로 추구했던 것이다. 역사의 흐름을 거스르는 듯한 이러한 현상을 어떻게 이해할 수 있을 것인가? 아니면 양반지향이나 족보편찬에 근대적인 속성이 내재되어 있는가?

족보는 유교적 생활양식에서 유래하는 전근대적 소산으로 인식되고 있다.[2] 그리고 이러한 인식은 식민지시대에도 일반적이었다. 서구적 근대사회로의 전환을 과제로 하는 시대에 전통적 인식과 생활양식에 대해서는 비판적일 수밖에 없었다. 그러나 식민지 조선인민의 족보편찬 붐은 전근대와 근대를 양분한 대립적 관점에서만 바라볼 수 없는 성격을 가지고 있다. 20세기 전반의 족보편찬 붐은 족보가 갖는 배타성과 개방성의 이중적 특성³에 기초하여 시도된 당시 조선인민의 '전통적이며 또한 근대적인' 대응방법의 하나일 수도 있기 때문이다.

　본고는 20세기 전반의 족보편찬 붐에 대해 민간의 족보편찬이 어떠한 국가적 인민파악 가운데 발생했으며 그 활동이 종족집단의 형성과 어떠한 관련 속에서 진행되어 왔는가라는 장기적인 관점에서 바라보고자 한다. 또한 족보편찬 과정에서 족적 네트워크의 개방성이 초래하는 관념의 확대와 그에 대한 반작용 현상에도 주목한다.

2. 20세기 전반의 족보편찬 상황

1989년에 중앙일보사에서 간행된『韓國姓氏大百科; 姓氏의 故鄕』은 15세기 이후 1980년대에 이르는 각 姓貫들의 '大同譜' 편찬 사실을 알려준다.⁴ 이것에 의거하여 요시다 미츠오(吉田光男)가 작성한 '대동보 편찬수의 시계열 변동' 그래프는 성관별 최초로 편찬된 '創始譜'와 동족 후손들에 의해 重刊되는 족보의 편찬건수의 변화를 반세기 간

〈표 1〉 20세기 전반 국립중앙도서관 소장 족보의 편찬연간별 건수 분포　(단위: 건)

편찬연간 구분	1901-05	1906-10	1911-15	1916-20	1921-25	1926-30
족보건수	2	3	30	252	329	470
편찬연간 구분	1931-35	1936-40	1941-45	1946-50	계	
족보건수	453	584	38	3	2,164	

참고; 2005년 현재의 상황이다.

<표 2> 조사연도별 족보, 문집, 경서의 출판허가건수   (단위: 건)

조사년도	1921	1924	1927	1930	1933	1936	1939
족보	70	*135	*162	161	200	*260	164
문집	36	68	58	69	118	108	49
경서	24	37	25	4	5		2
(기타합계)	495	876	1,083	1,322	1,721	1,904	2,534
총계	625	1,116	1,328	1,556	2,044	2,272	2,749
'기타' 내 분류 상 최다건수	신소설	신소설	신소설	사상	사상	문예	정치
	*89	100	99	*225	*494	202	*779

참고; 李貞和 2000년 논문 〈표1〉에서 재구성함.
*표는 서적분류항목상 최다건수인 경우의 수치임.

격으로 보여준다. 여기서 '창시보' 편찬수(총 384건)는 15세기 이후 18세기까지 꾸준히 증가하다가 19세기에 급격히 감소하는 경향을 보인다. 반면, 이 창시보와 중간 족보를 포함하는 대동보 전체의 편찬수(총 2,213건)는 18세기 전반과 20세기에 급격히 증가하는 현상을 보인다.

대동보는 여러 갈래의 후손들을 포함하여 전국 규모로 편찬된 족보를 말한다. 한 성관내에 '派祖(혹은 中始祖)'를 설정하여 '支派'를 형성하는 것은 18세기 후반 이후에나 일반화되는 것으로 보인다. 대체로 파조는 조선 전기부터 특히 壬辰倭亂과 丙子胡亂 양란기에 활동했던 인물이 많다. 그로부터 부계남성 후손이 번창하여 하나의 계파로 분류할 수 있을 정도의 가족수를 확보하려면 여러 세대를 거쳐 상당한 시간을 요할 것이기 때문이다. 18세기까지 대부분의 성관들이 창시보를 편찬하고 19세기부터는 대동보의 중간에 치중하게 된다. 그와 동시에 지파 후손에 한정된 '派譜'가 편찬되기 시작했다. 20세기에는 대동보 편찬수의 급격한 증가에 더해서 파보의 편찬이 대대적으로 진행되었음을 염두에 두어야 한다.

　국립중앙도서관에 소장된 족보 가운데 편찬년도가 분명한 20세기 전반의 족보가 2,160여 건에 이른다. 그 가운데 95% 이상은 주로 1910년대 후반부터 1930년대 후반에 걸쳐 편찬된 것들이다. 현존족보는 1915-1920년 사이에 편찬된 것 250여 건으로부터 1935-1940년 사이에 편찬된 것 580여 건으로 증가 추세를 보이지만, 1915년 이전과 1940년 이후의 5년 사이에는 각각 30여 건에 머무른다.[5] 모든 대동보와 파보를 국립중앙도서관이 소장하는 것은 아니지만, 파보를 포함하는 족보가 이 시기 20여 년 사이에 집중적으로 편찬되었음은 분명하다.

　한편, 1920·30년대의 출판법에 의한 통계자료에서 족보의 出版許可件數를 살펴보면, 1921년에 70건에서 1936년에 260건으로 증가하고 연도별 총출판허가건수의 10-12%를 차지한다.[6] 또한 1924년·1927년과 1936년에 족보가 서적 분류상 최다건수를 자랑한다는 점이 주목된다. 文集의 출판허가건수도 족보와 더불어 증감하는 추세를 보이는데, 經書는 1930년대에 출판허가건수가 대폭 감소했다. 족보와 더불어 최다 출판허가건수를 나타내는 것은 1920년대에 '新小說'이며, 1930년대는 '思想', '文藝', '政治'가 차례로 등장했다.

　그런데 이것은 서울을 포함한 전국의 통계이고, 지방의 출판허가 상황은 이와 약간 달랐던 것으로 보인다. 1923년도 경상북도의 출판허가 신청건수는 39건인데, 족보 15, 문집 16건이고 기타는 8건에 지나지 않는다.[7] 경상북도 출판 상황의 특수성이 인정되지만, 서울을 제외한 지역의 족보출간 상황은 크게 다르지 않았을 것이다.

　이러한 족보편찬 붐에 대한 대중매체의 평가는 그리 좋은 편이 아니다. 1921년의 『開闢』 제17호에 家庭倫理를 논하는 論說에서 당시의 족보편찬 붐을 '아무 노력 없이 자신들의 榮光을 위해 선조를 높이는 행위'로 여기고 있다.[8] 1924년에는 全南 莞島郡 所安面 勞農會에서 '종래 迷信, 因習을 타파하고 宗族과 門閥 관념을 소멸시키기 위해 會員 家庭의 神主와 族譜을 소각하고 祭廳을 破壞하는' 일이 있었다.[9] 또한 민족 계몽단체인 啓明俱樂部는 1928년에 족보의 폐지를 결의한 바 있다.[10]

朴日馨은 1932년『三千里』에 게재한 논설에서 "單行本의 형식으로 출판되는 것으로는 封建的 髑髏의 亂舞인 族譜刊行이 第1位에 잇다"고 하면서 그야말로 '反動의 極致'[11]라고 비판하였다. 이것은 '조선출판업자의 모든 反動的 工作'과 '현재 문필가협회원의 대부분을 점령한 小뿐르조아 문필가들의 문필활동'을 '투쟁 대상'으로 강조하면서다. 또한 1930년의 조선총독부 기관지 사설에는 지난 10년간 각종간행물 가운데 교육에 관한 것이 504건, 족보에 관한 것이 1,358건으로 과거를 위한 것이 미래를 위한 것보다 세 배나 많다고 하면서, 족보간행의 유행이 '과거에 살고자 하는 생활일반의 세태'를 반영하는 것으로 비판되고 있다.[12] 조선총독부 당국이든 사회주의 논자든 족보의 간행에 대해 매우 비판적임을 알 수 있다.

20세기 전반의 족보편찬 붐은 그것에 대한 비판이 주를 이루면서 서구적 근대의 '新文明'을 수용하고자 하는 분위기와 강한 대립 전선을 이루고 있었다. 이 분위기는 식민지 지배 당국의 조선인 파악방식과 연동되어 있다. 근대화와 전통의 유행 사이의 이러한 모순적 병존 상황을 어떻게 이해할 수 있을 것인가? 이 이해를 위하여 다음 장에서는 족보편찬 붐을 민간 족보의 발생으로부터 장기적으로, 그리고 가족에 대한 국가의 인식과 파악방법의 변화와 대비하여 살펴보고자 한다.

3. 戶籍; 가족에 대한 중앙정부의 인식

개별 戶口 기록은 고려시대 13세기의 것부터 현존한다. 한국의 戶籍에는 부부에게 각각의 四祖(父·祖·曾祖·外祖)가 기록되며, 남편에게 '職役'이, 처에게 신분에 따른 호칭(氏, 召史 등)이 기록된다는 점이 특징이다. 이것은 조선왕조 말기까지 호적양식상 변함이 없다. 그런데 조선 건국 초기의 15세기 중엽까지 호적은 부부 각각의 사조 기록이 4명의 선조에 그치지 않고 그 선조들 부부의 사조가 번잡하게 덧붙여지는 경향을 띠어간다.[13] 부부가 가족을 형성하기까지 하나의 호적에 가능한 한 많은 여러 계통의 선조들 계보가 제시되기에 이른 것이다. 이 선조들의 계보 정보는 혼인시에 주고받아 후손에게 전달되고 축적된 결과물이다. 이렇게 부부 각각의 사조나 그 이상의 다른 성관의 선조 가족들을 호적에 기재하는 이유는 역대 혼인관계의 정당성이나 높은 위상의 신분임을 주장하기 위한 것으로 여겨진다.

그런데 이러한 번잡한 선조 계보 기록은 조선왕조 초기의 정비된 법전, 『經國大典』이 완성(1480년대)된 이후, 다시 부부 각각의 사조에 한정되었다. '戶典'에는 良人 부부에게 직역과 각각의 사조를 기록하고 미혼 자녀와 소유 奴婢를 등록하는 '戶口式'이 공표되어 있다. 조선왕조는 중국고대사회의 '良賤制'를 계속해서 인용하면서 고려의 귀족을 부정하는 신분제를 제시하였다. 귀족 신분을 표명하기 위해 이전과 같이 번잡하게 기록되던 선조 계보는 제한되었던 것이다. 여기에 중앙귀족으로서의 '兩班'이 부정될 뿐 아니라 지방의 지배적 계층인 鄕吏까지 鄕役을 부담하는 양인의 하나로 통제되기에 이르렀다.[14] 다만, 지방의 士族인 재지양반은 향리를 견제하는 존재로서 그 정치활동을 인정받아 수령의 지방통치를 보조하는 고문역할을 수행하게 되었다.

위와 같이 戶의 대표자 가족을 단혼가족으로 한정하고 노비·雇工 등의 비혈연 가족을 개인 자격으로 포함하는 호구구성이 국가의 가족 파악을 위한 전형적인 틀로 제시되었다. 오래된 가족형태로의 '家父長的 家'[15]를 호의 구성원리로 하면서도 단혼가족의 형태를 띠는 호를 말한다. 이것은 양인 가족에 대해 신분적 차별을 무시한 일률적인 파악 방법으로 제시된 것이다. 인민에 대한 신분제 및 가족제 파악이 이전 시대에 비해 중앙집권화되었다고 할 수 있다.[16] 또한 이러한 제도적 전환은 군현제의 집권적 변화와 궤를 같이 했다.

17세기 이후로 현존하는 지역단위의 호적장부에서 주민의 신분구성을 추적한 많은 연구는 조선왕조의 '양반'으로 추정되는 가족들이 조선 후기를 통하여 호적상 지속적으로 증가했음을 보여준다.[17] 17세기 말까지 10%에 미치지 못하던 양반 인구는 18세기를 통하여 지속적으로 증가하여 19세기 초에는 30%를 넘어서고 급기야 19세기 중엽에는 50%로 급증했다. 호를 단위로, 즉 호의 대표자로 계산하면 그것은 더욱 높은 비율로 증가한다.[18]

전현직 관리와 進士·生員 이외에 호적상에 양반들이 즐겨 사용하는 직역명은 '幼學'이다. 이 직역명을 얻으면 과거 준비를 빌미로 군역이 연기되었다. 군역을 피할 수 있는 이러한 직역명을 얻기 위해서는 군역 및 재정운영의 실무를 담당하는 관청에 반대급부의 재물이나 노역을 제공해야 했다.[19] 18세기 호적에는 단지 군역을 회피하기 위해서만이 아니라 양반적인 삶을 지향함으로써, 본인이나 선조가 군역을 지는 평민인 경우에도 이러한 직역명을 사용하기 시작했다. 이제 호적상으로는 기존의 정통성을 유지하던 양반과 양반을 지향하는 자들의 구분이 불가능해졌다. 그리고 이후 양반지향적인 자들이 더욱 높은 비율로 증가하기 시작했다.

19세기 호적상 호의 대표자는 대부분 '유학' 등을 기재하는 자들로 채워졌다.[20] 그러나 '冒稱幼學'의 불법적인 기재를 경계하면서도 '모칭'을 구분할 기준은 없었다.[21] 19세기의 이러한 호적기재 상황은 커져가는 현실과의 괴리로 인해 호적의 유용성은 물론, 국가의 신분·가족 파악이 파탄에 이른 것으로 판단케 했다. 그러나 호적의 '형해화'라는 인식에 대해 호구 구성상 '이상형'의 일반화로 이해하는 인식도 제기되었다.[22] 18세기 말 호적에 10%로 감소했던 노비 인구가 19세기 중엽에 다시 30%대로 증가한 현상에 대해서도 현실론이 제기되었다. 즉, 양반지향적 인구가 증가함에 따라 양반적 삶을 영위하기 위한 노동인구가 노비로 확보되었다고 보는 것이 그것이다.[23] 그러나 그러한 현상 또한 양반을 대상으로 노비를 기록하는 『經國大典』 '戶口式'의 전형적인 기재양식을 따라 많은 호들이 노비를 한두 명씩 등재한 결과로도 이해할 수 있다.

혹은 군역을 피하여, 혹은 곤궁한 가계 때문에 노비를 자원하는 한편, 노비로서 군역을 부담하기도 하는 이러한 노비의 규정 자체의 애매함을 포함하여, 조선왕조의 신분제는 이상과 같은 의미에서 '존재하나 매우 유동적인' 특성을 갖는다.[24] 더구나 19세기의 호적은 동일한 양식에 맞춘 듯한 일률적인 기록으로 나타나며, 이것은 '四民'이 왕권하에 일원적으로 파악되는 집권적 전제국가의 통치이념을 호적상에 실현해가는 것으로도 읽히는 것이다.

大韓帝國期(1897-1910)의 '光武戶籍'은 현존 호구의 절반을 관행의 '호구총수'에 준하여 등재할 뿐인 조선왕조 '구호적'에 대해, '實戶實口'를 파악할 것을 기치로 매년 작성되었다. 여기에는 호의 대표자 개인을 '戶主'라 칭하고 그에게만 '四祖'를 기재하도록 했다. 이전의 신분 규정을 포기하면서도 호주에게 '土農工商'의 오래된 신분질서를 부여하고 있으나 매년 규정이 변하기도 하는 등, 현실적인 구속력은 없었다.[25] 광무호적은 왕권이 '사민'에게 직접적으로 미칠 수 있는 이념적 형식을 유지한 위에, 가능한 한 가족 가운데 남편이며 아버지인 자가 '가장'으로서 가족에 대한 권리와 의무를 독점하는 소위 '근대적 가부장제'의 형태로 파악되었다.[26] 그러나 조선왕조와 대한제국의 인민파악은 전제주의 국가의 중앙집권화를 경험하는 과정이기도 했다.

'一君萬民'의 인민파악은 일본의 明治戶籍에서도 시도되었는데, 1909년에는 명치호적의 형식에 준하여 '民籍'이라는 이름으로 한반도에 새로운 호구파악이 시작되었다.[27] 모든 호구성원에게 부모를 기재하도록 했으나 호 대표자를 호주로 칭하여 그를 중심으로 가족관계를 기록하는 것은 광무호적과 같다.[28] 또한 1915년까지 '사농공상'에 더해서 '兩班', '儒生'과 같은 조선왕조 전통의 사회계층이 '職業'으로 표기되었다. 민적조사는 광무호적의 연장선에서 시도되어 어린 연령대의 인구가 파악되지 않는 현상이 지속되었다. 호주는 가능한 한 남성으로 세우기를 권했으나, 여전히 여성호주가 다수 존재했다.[29]

그러나 1915년 이후 민적조사는 주민등록과 같은 '現住地主義'의 호적에서 '本籍地主義'의 호적으로 전환되면서 누락된 많은 인구가 파악되는 등, 새로운 국면을 맞이했다.[30] 동거하며 경제생활을 함께하는 가족=世帶가 아니라, 자식들이 혼인과 함께 분가하지 않고 연장자인 아버지를 호주로 남겨두어 출신지를 근거로 가족을 파악한 것이다. 이러한 호적 등재 규정은 1923년 초의 '戶籍令'으로 정식으로 반포되었다.

호적, 특히 본적지주의 호적은 당시 국가단위로 시행되던 근대적 인구조사(census)와는 이질적인 것이었다.[31] '인구'라는 것은 개인을 집단화하여 통계학적으로 파악하는 것을 말한다. 개개인에 대해 성별, 나이, 기혼여부 등의 인구요소를 일률적으로 조사하여 그 결과를 인구통계학적으로 분석함으로써 산업화의 발전방향성을 타진하는 근대적 인민파악 방법인 것이다. 일본은 이것을 대만에서 먼저 실험한 이후 1920년에 '國勢調查'라는 이름으로 실시했으며, 식민지 조선에도 이어서 1925년부터 시행했다. 그러나 전통적인 인민파악에서 유래하는 호적도 근대적 인구조사와 병행하여 계속해서 작성되었던 것이다.

4. 族譜; 민간의 가족 인식과 생존전략

계보를 볼 수 있는 현존하는 최초의 민간족보는 1467년에 편찬된『安東權氏世譜(成化譜)』다. 이 족보의 편찬에 참여한 자들은 주로 서로 다른 성관을 가진 중앙관료 가족들인데, 선조들의 역대 혼인관계를 근거로 안동 권씨 부계계보에 연결되어 있음을 이 족보를 통해 증명하고 있다. 안동 권씨 부계계보를 기준으로 본다면 이 계보는 안동 권씨 선조로부터 아들과 딸=사위 양쪽의 후손으로 내려가는 '內外子孫譜'의 계보형태를 띤다. 그러나 편찬에 참여한 자들로부터 본다면 부계와 모계의 선조 계보를 거슬러 올라가서 안동 권씨에 이르는 계보가 된다. 이러한 계보 정보는 조선왕조 초기까지의 호적에 기재된 사조나 그 사조의 사조 기록 가운데에서 제공된 것으로 여겨진다.[32]

　그런데 중요한 점은 한국의 족보가 조선왕조의 지배적 계층에게 신분제적 보장이 사라지는 시점에서 편찬되기 시작했다는 사실이다. 조선왕조 초기의 중앙관료들은 주로 고려의 귀족에 연원을 두거나 신홍세력으로 등장했지만,[33] 조선왕조적인 신분제도가 구축되어 선조들이 받았던 제도적 보장을 받을 수 없게 되었다. 이에 대응하여 그들 스스로 신분적 결합을 시도하게 된 것이다. 어기에는 족보편찬 참가자들의 신분적 배타성이 전제될 뿐, 혼인네트워크의 개방성으로 인해 안동 권씨 이외에 여러 성관의 가족들이 망라되었다. 17세기 초기까지 편찬된 족보는 이러한 계보형태가 일반적이다. 조선적인 '양반'이 형성되는 시기의 족보형태라 할 수 있다.

17세기 이후의 족보는 부계남성의 계보를 확대 게재하는 대신에 부계여성, 즉 사위의 계보가 1-2대로 짧아진다. 기존의 연구는 계보형태의 이러한 변화를 가지고 족보가 '부계혈연집단의 결집을 위한 물적 근거'가 되었으며, 그와 동시에 종족결합을 위한 '宗法秩序'와 '동성촌락'이 발달하게 되었다고 판단했다.[34] 이에 대해 딸=사위 계보의 기재에 대신해서 17세기 이후의 족보에는 여러 성관의 '妻父'가 기재됨이 지적되었다.[35] 계보가 중간되면서 증가하는 여러 성관의 인물들을 하나의 족보에 모두 게재하기 어려운 상황이 발생했다. 그래서 각 성관의 부계남성을 중심으로 계보작성을 분담하는 대신에 부계남성의 처부를 기록하여 혼인네트워크의 연결고리를 확보하게 되었다. 따라서 혼인네트워크를 확인하고자 하는 족보편찬의 기본적인 목적과 족보의 그러한 성격은 17세기 이후에도 변함이 없다는 것이다. 이로서 18세기까지 여러 성관의 창시보가 대대적으로 편찬되었다고 할 수 있다.

족보의 중간은 이전에 누락되었던 선조 계보가 첨가되어 부계남성의 방계가 확대되는 한편, 각 계보 내부에서 정통성을 인정받은 가계만이 배타적으로 게재되는 과정을 거친다. 창시보가 편찬될 당시에 이미 향리나 서자의 후손을 제외하고 신분적으로 한정된 방계 형제들만이 게재될 수 있었다. 그러나 족보의 중간 당시에 양반이 된 후손들이 자신의 누락된 직계선조의 계보를 첨가하게 되는 한편, 양반으로부터 탈락하여 족보편찬에 참가하지 못한 후손들의 계보는 더 이상 연결되지 못했다.[36]

어미의 신분이 자식의 신분을 결정하는 주요 요인이 되며, 신분 자체가 유동적이라는 조선왕조 신분제의 특성은, 사실 모든 부계남성을 결집시키는 종족집단의 형성과 모순되고 있었다. 특히 18세기 전반부터 호적상에 양반이 사용하던 직역 신분 표기가 다른 계층에 개방되기 시작하면서 호적상으로는 양반 신분의 구분이 어려워졌음은 전술한 바이다. 이에 대해 족보를 창간, 혹은 중간하여 민간 스스로 신분적 정통성을 확인하고자 하는 노력이 치열해졌다. 여기서 '정통성'이란 우선 어미와 처의 신분을 확인하는 혼인네트워크의 정통성을 가리킨다. 18세기 전반에 대동보 편찬 건수가 급증하는 것은 국가적 신분규정의 애매함이 촉발한 사태라고 할 수 있다.

그렇다고 부계남성의 일부가 결집한 집단적 활동이 부정되는 것은 아니다. 족보를 남기는 족속은 후손이 번성한 가계를 중심으로 게재하게 마련이다. 16세기 말의 인물을 파조로 하는 한 계파는 18세기 말에 성인남성 50여 명, 20세기 초에 100여 명으로 추정된다 — 丹城의 陜川李氏 天慶派 사례.[37] 이 가계는 18세기 말에 지파의 인원만으로 '門中'을 만들 수 있었던 것으로 여겨진다. 다른 한 계파는 해당 지역에 들어와 18세기 말에 10대가 넘었으나 30여 호에 성인남성 50여 명에 지나지 않았다고 한다 — 丹城 都山面의 密陽朴氏 사례.[38] 이 가계는 1774년에 宗中=문중 명부인 '大宗案'이 소실되어 1832년에 다시 작성하였는데, 70명의 명단이 등재되어 있다. 이 문중은 1836년에 서원을 세웠고 이후 자금을 모아 서원을 중창하였으며, 여러 선조의

墓祀 奉行과 종손의 생계를 위해 종중 토지가 마련되어 있었다.

족보에는 선조들의 묘지 위치를 기재하고, 忌祭祀를 올리기 위해 月日을 기록하는 경우가 많다. 족보는 부계남성 부부들의 제사에 대한 후손들의 분담을 계통적으로 명시함과 동시에 문중조직의 결성에 근거를 제시하고 있다. 다만 지파에 한정된 파보의 편찬은 일반적으로는 문중조직 결성 이후 훨씬 뒷 시기의 일로 여겨진다. 이러한 문제와 관련해서 족보 기록 가운데 가장 주목되는 것은 '系子' 입후에 대한 것이다.[39] 계자 ― 이후 '양자'로 언급함 ― 는 '生父'의 혈연적 계통으로 존재하지 않고 '계부'의 사회학적 계통을 이음으로써 계부의 신분, 제사권과 재산이라는 사회경제적 위상을 단독으로 상속받는 것을 의미한다.

중국과 한국의 양자는 부계남성 친족으로부터 입후하는 것이 관례이다. 양자를 찾는 친족범위는 부계남성 집단 내부의 사회경제적 분배와 공유 인식에 깊게 관련되어 있다. 뿐만 아니라 양자를 제공하고 제공받는 가족의 차원에서, 이것은 가족의 계승·생존 전략이기도 하다. 부계남성 가운데 양자를 세우는 비율 ― 양자율 ― 은 18세기에 더디게 증가하다가 19세기에 급격히 증가하는 추세로 나타난다.[40] 이것은 남성들이 가계계승을 위해 적자를 가지려는 의지가 약화되는 현상과 관련이 있다. 그런데 양자를 찾는 범위는 서로 상반된 두 가지 현상을 보이며 변화한다. 하나는 양자를 찾는 범위가 가까운 친척으로부터 점차 먼 친척으로 확대되는 경향이다. 다른 하나는 형제나 사촌의 아들을 양자로 삼는 비율이 높아지는 경향이다.

양자범위의 확대는 부계친족 가운데 사회경제적 분배의 대상 범위가 넓어지는 것을 말한다. 그러나 현실적인 분배는 양자를 교환하는 두 가족 사이에서 이루어질 뿐이다. 어떤 상황에서는 가까운 친족과의 결합이 약하기 때문에 먼 친족으로부터 양자를 들이는지도 모른다. 양자범위의 확대가 족적인 유대관계의 확대로 인식되고 문중, 대종회 활동의 근거가 되지만 그것이 극히 관념적일 수도 있음을 시사한다. 동족에 대한 이러한 '관념'이 성관조직을 향촌의 지역사회를 넘어 전국범위로 확대시킬 수 있는 논리를 제공한 것이다.

한편, 양자범위의 구심력 증강은 사회경제적 위상의 현실적인 분배를 가까운 친척 사이에서 진행하려는 의지를 나타낸다. 특히 후자의 경우는 19세기 후반에 심해지는데, 이때에는 형제들 가운데 계보가 단절되는 것을 그냥 두지 않는다. 양자로 갔던 자가 자신의 생부의 계보를 이어 '兩家奉祀'를 하거나, 그 아들이 할아버지를 잇는 '系孫'의 현상이 나타난다. 이것은 관념적인 동족조직 간의 유대에 대해 현실적인 가족 생존의 추구를 말한다.

19세기 후반에 들어 還穀을 위시한 국가의 곡물재분배시스템이 그 기능을 잃어가고 있음은 주지하는 바이다.[41] 이것을 보조하던 지방관청의 재정운영에 대해서도 수령, 향리 등 그 실무운영자에 대한 주민의 비판이 거세져 소위 '민란'이 확산되기에 이르렀다. 부계남성의 집단적 유대관계에 기초한 종중활동과 함께, 한편으로 가족의 현실적인 생존을 위한 계승전략이 요구되었던 것이다. 대한제국은 국가재정을 왕실로 집중시켜 사용화하고 국가재분배시스템을 회복하는 데에는 실패했다. 신분파악을 현실화하고자 하는 노력이 의미를 잃어가는 가운데, 그러한 정부에 국민은 가족을 단위로 하는 '戶稅' 납부로부터 숨어버림으로써 호구파악능력의 후퇴를 초래했다.[42] 이러한 상황은 가족의 생존전략을 더욱 획책한다.

앞에서 언급한 20세기 전반 편찬의 현존족보 상황을 다시 연도별로 세밀하게 관찰해보면, 1915년 직후, 1922년 직후, 그리고 1934-39

넌에 족보편찬이 활발하게 이루어진 것으로 나타난다. 조선의 '李氏王族'과 한일합방에 협조한 인사들을 귀족으로 우대하기 위해 시행된 1910년의 貴族令이나,[43] 1915년경까지의 民籍 조사에 시도된 신분 기재에 대해, 족보편찬이 그다지 활발하게 반응하지 않았음을 말한다. 오히려 이후 가족을 단위로 하는 본적지주의적 인민파악의 시도, 사회경제적으로 산업화가 활발히 진행되는 환경이 족보의 편찬 의욕을 자극했다고 할 수 있다. 20세기 전반에 사회적인 인식 속에서 신분관념이 존속되어, 당시의 분위기가 양반지향의 새로운 기회로 여겨졌던 것은 아닐까? 이 또한 족보가 갖는 배타성과 개방성의 이중적 특성에 기초하여 시도된 당시 조선인의 '전통적이며 또한 근대적인' 대응방법의 하나로 여겨진다.

5. 20세기 전반 족보편찬 붐의 의미

1903년에 충청남도 海美郡守 李寬鍾이 議政府에 보고한 李義甲·李義哲 상송사건은 족보를 중간할 때에 가계 계보를 새로이 끼워넣는 대가로 지불한 족보 책자대금과 수수료, 그리고 종중의 일로 기부한 돈을 둘러싸고 발생한 사건이다.[44] 동일한 부계혈연이라도 嫡·庶 및 신분적 차별로 기록에서 제외되거나, 그 후손이 후대의 족보편찬에 참가하는 등, 족보를 편찬할 때마다 기존의 계보가 재구성되는 것은 조선시대 족보의 특성이다. 다만 이 사건은 유동적이나마 존속되던 조선왕조의 신분제가 현실적으로 구속력을 잃어버린 세태를 반영한다. 민간에서는 족보의 편찬과 문중조직의 활동에 근거하여 사회적 신분 차별이 존속했다. 그 차별을 극복하기 위한 열망은 국가의 신분제도적 굴레를 벗어난 시점에서 더욱 치열했을 것이며, 그러한 열망이 족보편찬과 문중활동에 이용되었던 것이다.

이와 유사한 사건은 1920년대 동아일보 기사에서 더욱 흔하게 찾아볼 수 있다. 1924년에는 족보를 편찬하여 판매한 수익을 둘러싸고 소송이 벌어지거나, 족보를 편찬하기로 하고 돈을 받은 후 편찬을 중지하여 소송이 발생했다.[45] 1927년과 1930년에는 대동보에 서파를 비롯한 여러 가문을 집어넣고 각지에서 돈을 받아먹거나, 계파의 家乘譜所 인장을 위조하여 전국 각지의 계파 족속들에게 사기를 쳐서 돈을 거둔 사건도 벌어졌다.[46] 반대로 종중이 족보편찬에 드는 비용을 지불하지 못할 정도로 빈곤하여 대신 그 돈을 부담한 사실을 칭송하는 기사도 보인다.[47]

1931년에는 총독부가 족보 분쟁으로 '寃情 — 억울함을 호소하는 민원'이 줄을 서서 골치가 아프다는 기사가 눈에 띤다.[48] 족보 분쟁은 '十中八九 嫡庶問題'라는 것, 그리고 편찬소 有司라는 자들은 족보보다 이것을 구실로 생활하는 '族譜業者'가 대부분이라는 것이 지적되었다. 이들은 돈을 내지 않으면 족보에서 그 가계를 빼버리는 짓을 서슴지 않았다.

족보편찬이 활발해지면서 경제적인 이유로 분쟁이 생기는 한편으로, 족보편찬에 대한 비판적 인식이 제기되고 있었다. 1926년 9월 14일자 동아일보 사설에는 '弊習陋慣부터 改革하자. 族譜熱과 兩班心'이라는 제목 하에, 두 가지 관점에서 족보를 바라보고 있다.[49] 먼저 족보편찬 붐을 '民族歷史' 차원의 기록과 대비하여 '國破民弱'한 현재의 원인으로 보는 관점이다. 부계남성 친척간의 유대인식이 족보에 근거하여 전국규모의 동족집단을 형성하는 데에 이르렀으나, 결코 개별 성관을 넘어서서 '民族' 관념으로 전환되는 데에 이르지는 못했음이 지적되었다. 족보를 근거로 하는 동족관념의 확대를 식민지 조선 인민을 하나의 민족으로 묶는 내셔널리즘적 발상의 긍정적 과정으로 인식한 것이다. 그러나 이러한 인식은 식민지 상황에서의 민족적 대항의식의 발로인 반면, 그 연장선에 아시아 인민을 하나의 민족으로 묶으려는 사고방식이 가까이에 도사리고 있다. 족적 네트워크의 개방성이 초래하는 관념의 확대 현상 가운데 하나라 해도 좋을 것이다.

다른 한편, 논자는 족보를 '兩班 認識'으로부터 나온 것으로, "가정에서는 아이들에게 譜學이라 하여 自他族을 막론하고 선조와 派系를 암송시켰다"라고 서술하고 있다. 모든 성관의 계보가 혼인 등을 통해 양반이라는 신분 인식으로 결합되는 족보의 속성을 간파한 것이다. 그리하여 위의 여러 사건에서 보는 바와 같이 "換祖易父 하더라도 賂物과 財錢을 써서 名門巨族의 派系에 편입하는 것을 영광으로" 아는 사태가 초래되었다고 보는 것이다. 이러한 관점은 양반 인식과 족보의 그러한 속성이 1920년대에 이르러 더욱 활발히, 유효하게 작용하고 있었음을 말해준다.

그런데 1920년대 말에 대동보와 파보를 동시에 편찬한 陝川李氏의 족보를 살펴보면,[50] 계파마다 각 족보에 기재된 양상이 서로 다르게 나타나는 현상을 발견하게 된다. 대동보의 편찬에 앞서 譜所의 주최측은 분파마다 修單 — 집집마다의 單子를 기록, 정리하는 것 — 하도록 하였는데, 어느 분파는 족보편찬에 참가하지 않아 이전 단계의 족보를 참조하여 대동보를 편찬할 수밖에 없었음을 밝히고 있다. 여기서 대동보에 누락된 가계는 조선시대에 역대로 양반임을 자랑하던 가문이었으며, 이들은 대동보가 편찬되는 시기에 별도로 자신들만의 파보를 편찬하고 있다. 조선시대로부터 이어지는 신분과 혼인관계의 정통성을 고유하게 유지하기 위해 다양한 연원을 가진 가계들이 구분

없이 기재되는 대동보의 편찬에는 참가하지 않은 것이다.

1933년에는 족보를 발간치 못하도록 해달라는 소송이 벌어지기도 했다.[51] 漢陽趙氏族譜는 1924년에 편찬되었는데, 1927년에 '漢陽曹氏一統世譜'가 편찬, 발간되었다. 이에 후자의 '일통세보'를 압수해달라는 소송이 그 내용이었다. 동일 성관의 모든 계파를 망라하고자 하는 대동보는 몇몇 계파에 의해 주도되어 그들의 의도대로 편찬되는 경우가 많았다. 1936년에도 '換父易祖'하는 엉터리 대동보의 발행을 금지시켜달라는 인쇄발행금지소송이 벌어졌다.[52]

대동보로 부계방계 네트워크가 확산되는 한편에 그것에 대한 반작용이 좁은 범위의 족적인 응집을 촉진했다. 중앙집권적 통치를 추진하던 조선왕조가 멸망하면서 그나마 취약한 신분적 통제가 사라지고, 조선인민에 대한 일률적인 식민지 통치가 그것에 대신하는 과정에서 족적 네트워크의 확대나 족적 결합은 모두 조선인민의 자위수단이 되었다고 여겨진다.

1939년에는 총독부 도서검열의 일환으로 '經濟産業學術' 분야 서적의 출간이 기대'되는 반면에 '時局上 不必要한' 족보의 출간을 허가하지 않기로 하였으며, 이로서 그 달 중에 문집과 족보의 발간은 반감했다.[53] 급기야 그 해 말에는 허가 없이 족보를 편찬했다고 하여 출판법위반으로 송치되는 일도 벌어졌다.[54]

이어서 1940년에는 황민화정책의 일환으로 조선인에 대한 '創氏改名'이 시행되었다. 일본인의 氏名과 같이 하나의 가족은 하나의 씨명을 갖도록 모든 구성원의 성씨를 통일함으로써, 식민지 조선인의 호구를 근대가족 형태로 전환시키는 것이었다.[55] 지역을 넘어 일본과 동화하도록 획책되는 '민족' 관념의 확대와 함께 가족에 대한 국가적 개입이 강화되었던 것이다. 이것은 또한 '가족'과 '민족'에 대한 일률적·획일적인 '근대화' 과정이기도 했다. 그러나 그것은 결혼 후에도 여성의 부계 성을 유지하고, 자식의 신분은 어미의 신분에 근거하여 결정되는 조신왕조의 신분제와는 이질적인 것이었다.

호적상 창씨의 실제를 보면, 문중이 집단적으로 동일한 창씨를 행하는 경우도 있지만, 그렇게 결정되는 비율은 낮았다.[56] 형제 사이에도 각자 자신의 가족명을 달리하기도 하며, 먼 친척임에도 불구하고 같은 동리에 거주하는 동성동본의 가족들이 가족명을 같이 하는 경우도 있었다.[57] 동성동본의 종족 사이에 씨명이 달라지는 이러한 사태에 대하여, 이후에 편찬되는 족보에는 각 가족의 '創氏', '新名'이 병기되기도 했다.[58] 그 이유는 창씨로 인하여 후대에 서로 동족임을 알 수 없게 되는 사태에 대비해 동족의 단결을 유지하기 위한 조치이며, 한편 동성동본 사이에 혼인이 발생하는 것을 막기 위한 조치였다. 이러한 족보의 편찬은 총독부 당국의 출간허가를 쉽게 받기 위한 것일 수도 있지만, 종족집단 스스로의 생존전략이었다고 평가되고 있다.[59]

6. 맺음말

양반의 농업경영과 관련한 최근의 논문[60]은 동족촌락의 형성과정을 생각할 때 시사하는 바가 크다. 그 연구는 19세기 후반부터 20세기에 이르는 경제사정의 악화에 직면하여 양반의 소작경영이 타성의 소작인으로부터 동성의 소작인으로 이전해가는 실태를 그리고 있다. 성관을 불문하고 같은 마을에 거주하는 소작인과 상부상조하는 지역공동체적 유대에 대신해서 부계남성 사이의 유대에 기초한 종족집단의 생존전략이 시도되고 있었던 것이다. 20세기 전반에 족보편찬과 양반

관념이 붐을 일으킴과 동시에 경제적인 이유로부터 동성촌락의 형성이 대대적으로 진행된 것은 아닐까 여겨진다.

20세기 전반에 일었던 족보편찬 붐은 15세기 후반, 18세기 전반에도 존재했다. 조선왕조는 가족을 일률적인 호구양식과 신분제도로 편제하여 왕권하에 집권적인 전제주의적 인민파악방법을 시도했다. 이에 대해 민간에서는 혼인관계로 증명되는 상층 신분의 배타적 결합을 위하여 족보를 편찬하게 되었다. 족보편찬에 근거한 민간의 생존전략은 관념적인 문중집단의 확대와, 가족의 계승전략이라는 두 가지 서로 다른 방향으로 진행되었다.

서구적인 근대 통치질서를 한반도에 구축해가던 20세기 전반에도 이에 대응하는 민간의 생존전략이 족보편찬 붐으로 이어졌다. 20세기 전반의 족보편찬 붐은 부계방계 네트워크의 확산과 함께 그것에 대한 반작용으로 족적인 응집이 촉진되는 가운데 일어났다. 양반가문의 정통성을 견지하려 하거나 양반으로 가문을 일으키고자 하며 때로는 그것을 넘어 족적인 네트워크를 확대시키려는 전통적 인식은 조선인민이 식민지 조선사회를 견뎌내는 하나의 방편이었는지도 모른다.

20세기 전반 족보편찬 붐에 대해 당시의 긍정적인 관점이 없지는 않다. 잡지『別乾坤』에서「내가 자랑하고 싶은 朝鮮 것」에 대해 설문한 1928년 기사 가운데 崔誠愚는 다음과 같이 대답하고 있다.[61] 동족의 紐帶관계와 질서를 높이 평가하는 이외에, 족보가 역사연구에 중요한 재료로 제공될 것이라는 지적이 흥미롭다. 후세 연구자들의 족보에 대한 새로운 인식을 기대한 것일까?

朝鮮의 가족제도란 참으로 세계의 모범이라 하지 않을 수 없다. 즉 예를 들어 말하면 祖先을 崇拜하여 몇 10대 몇 100대의 祖先이라도 그에 대한 祭禮나 墓所 守護하는 데에 極敬極誠을 다하고 또 同族에 대해서는 소위 同姓同本은 百代之親이니 百年前 一室之人이라 하여 특히 사랑하고 愛恤하여 親兄弟나 叔姪 같이 여긴다. 그리고 朝鮮 사람의 族譜制度는 美風이라면 그런 미풍은 없을 것이다. 上下 몇 百代라도 血統이 문란치 않게 질서와 昭穆이 井然하여 某家 某族하면 一目瞭然하게 서로 잘 알게 되었다. 그것은 후세에 宗族을 연구하는 학자라든지, 역사가의 큰 참고재료도 될 것이다.

2부

서구에 대한 대응과
새로운 사유의 형성

1장

18・19세기 조선의
百科全書派와 『和漢三才圖會』

안대회
(성균관대학교 한문학과)

1. 머리말

『和漢三才圖會』는 日本 江戶時代 중기에 데라시마 료오안(寺島良安)에 의해 편찬된 百科事典이다. 明代 학자인 王圻·王思義 부자가 편찬한 백과사전『三才圖會』를 모방하여 만들었으나 모방작이라 폄훼하기 어려울 만큼 독창적이고 풍부한 내용을 담아내고 있다. 이 저작은 다채로운 특색을 가지고 있는데 첫째, 日本 고유의 문물과 지식을 풍부하게 담아냈고, 둘째 日本人이 접한 동남아와 西洋諸國의 새로운 문명을 소개하였으며, 셋째 도판이 독특하고 풍부하며, 넷째 세계를 구성하는 수많은 사물을 상세하게 고증한 장점을 과시하고 있다. 1713년에 출간된 이후 일본에서 여러 차례 간행되었고, 20세기 들어와서도 여러 차례 縮刷 影印되거나 일본 현대어로 번역되어 읽혔다. 현재도 에도시대 일본의 사회와 풍속과 생활을 조감하는 충실한 안내자 구실을 한다.

그렇다면 한국에서 이 저작은 어떠한 의미를 지닐까? 무엇보다 앞서 18·19세기 조선의 일부 지식인에게 특별한 애호를 받은 사실을 주목해야 한다. 18세기 중엽에 수용되어 일군의 지식인들에게 읽히면서 당시 조선 지식인의 학문과 의식에 적지 않은 영향을 미쳤다. 영향의 광범위함과 신뢰성 측면에서 『삼재도회』에는 미치지 못하지만 그 책과는 다른 차원에서 매우 중요하고도 신선한 학술적 영향을 끼쳤다.

조선 후기 학술사의 저류를 이해하려면 반드시 검토해야 할 工具書의 하나라고 판단하여 필자는 2002년 한국학중앙연구원 藏書閣에 소장된 판본을 저본으로 영인하도록 주선하고 간략한 해제를 쓴 바 있다.[1] 영인본을 출간한 이후에도 이 책과 관련한 조선 지식인의 기록을 찾는 대로 수집하고 연구를 진행하였다. 그 결과 『화한삼재도회』가 일본 학계의 다른 어떤 저작과도 비교할 수 없을 만큼 18세기 이후 조선 학계에서 활용되었고, 그 활용이 지성사에서 중요한 의의를 갖는다는 결론에 도달하였다. 이 저작의 수용 과정과 활용 양상을 분석하여 18세기 이후 조선 학계의 동향을 분석하고자 하는 이유가 여기에 있다.[2]

2. 18·19세기 朝鮮의 百科全書學派

『和漢三才圖會』가 18세기 이후 조선 학자들에게 활용된 시대적 배경은 학술의 변화와 깊은 관련을 맺고 있다. 당시 이 책은 보편적으로 널리 이용되지 않고 서울을 중심으로 활동한 일부 학자들이 활용한 편이다. 『三才圖會』에 비할 때 더욱 그렇다. 그 이유는 이 책이 일본 지식인의 체취와 일본적 정보가 강하여 중국 저작에 비교할 때 매우 낯선 인상을 풍겼다. 게다가 이 책은 구하기가 쉽지 않았는데 더욱이 지방 학자에게는 그 존재조차 알려지지 않았다. 학술의 경향이란 측면에서 義理를 指向하는 학문적 경향에 크게 이바지하는 요소가 없어서 대다수 조선 학자들에게 크게 환영받기 어려웠다. 당시에는 중국에서 수용되는 학술, 특히 淸代 이전의 학술에는 거부감이 약했으나 상대적으로 청대 이후 중국의 학술이나 일본에서 들어오는 학술에는 일종의 경계심 같은 것이 있었다.

이런 몇 가지 이유에 근거하여 『화한삼재도회』가 조선 학계에 수용되기에는 근본적 한계가 가로놓였다. 그런 환경에서 18세기 이후 일군의 지성인들이 이 저작의 가치를 발견하고 책상 위에 놓고 참고하는 주요 공구서의 하나로 활용하였다. 그들이 바로 이른바 조선의 百科全書學派라고 부르는 학자들이다. 대표적인 학자로는 李家煥, 李德懋, 柳得恭, 朴齊家, 尹行恁, 韓致奫, 徐有榘, 李圭景 등이 있다. 이들이 전개한 학문경향을 볼 때, 『화한삼재도회』는 그들을 매료시키기에 충분한 저작이었다고 필자는 판단한다. 그 이유를 다음에 간략하게 짚어본다.

17세기 이후 동아시아 3국의 학계에서는 실증적이고 백과전서적 학풍이 큰 조류를 형성했다. 그 조류는 각국의 학문풍토에 따라 서로 다른 발달과정을 거쳤다. 조선에서는 17세기 초반 李睟光(1563-1629)이 중심이 되어 새로운 지적 시도가 진행되었다. 1614년에 완성된 그의 저작 『芝峰類說』은 25部 3,425개의 항목으로 구성된 類書이다. 이 책은 조선 백과사전의 효시로 간주된다. 『지봉유설』은 세계를 구성하는 다양한 사물들에 대하여 전방위적 관심사를 표명하였고, 사실과 진위 여부를 밝힘으로써 올바른 지식을 알리려는 계몽적 의도를 구현하여 18·19세기 백과전서학파의 출현을 촉진하였다.[3] 이 책은 성리학 위주로 형성된 관심으로부터 세상의 다양한 사물에 주목하는 이른바 雜學으로 관심을 옮겼다. 이 세계가, 인식하기 어려운 다양한 사물과 인간, 지역으로 가득 차 있다는 실상을 드러내고, 흥미로운 많은 사실을 인정하여 기록한 것 자체가 벌써 인식론상의 큰 전환이다. 그 점에서 『지봉유설』은 1609년에 初刊된 『삼재도회』, 1713년에 초간된 『화한삼재도회』와 함께 백과전서 학술의 출발을 과시한다. 동아시아 삼국에서 비슷한 시기에 등장한 계몽적 저작을 대표하는 3종의 저작은 세계인식의 새로운 시도를 보여준다는 점에서 서로 유사한 측면이 많다.

그러나 이수광의 문제의식과 『지봉유설』의 학문방법은 17세기에는 제대로 인정을 받지 못하거나 순수하지 못한 잡학이라 폄훼되다가 18세기 중반에 들어와서야 각광을 받기 시작하였다. 李瀷을 비롯하여 이덕무, 정동유, 성해응, 이규경 등 백과전서파의 성향을 강하게 드러낸 학자들은 이수광의 학문을 재조명하면서 유사한 저술을 남겼는데, 『星湖僿說』, 『靑莊館全書』, 『晝永編』, 『硏經齋全集』, 『五洲衍文長箋散稿』 등이 그것이다. 이들 저작에 공통하는 특징은 바로 考據와 分析의 학문방법으로서 이수광의 저술과 같은 방향성을 지닌다. 전통적 학문방법으로서 당시에도 여전히 큰 세력을 유지한 義理를 따지는 성리학은 이 저작들에서는 주관심권을 벗어나 있다.

이수광으로부터 이규경에 이르는 학자들에게 큰 영향을 미친 것은 明淸 교체기의 신학문이었다. 그들이 발견한 학문의 새 경로는 다름 아닌 漢譯된 西洋學術書였다. 중국에서 수입된 서양번역서를 통해 이들은 중국 전통의 학술과는 다른 학문세계에 눈을 떴다. 한편으로, 서울과 그 주변 지역의 일부 학자들은 일본 학술서에도 관심을 보였다. 서양서에 비하면 수량도 적고 범위도 제한적이어서 그 분야에 집중하여 연구한 학자가 존재한다고 보기는 어려우나 적어도 일정한 영향을 미쳤다고 할 수 있다.

이들은 대체로 의리를 따지고 인간의 내면을 탐구하는 학문을 지양하는 대신 객관적 사실을 탐구하는 학문 방향을 선택하였다. 제각기 전문적으로 몰두한 분야가 있었지만 현실을 존중하고 실생활과 관련한 학문의 방향을 선호하였다. 그들은 오랫동안 묵수해오던 의리를 높이는 학문 외에 博物學과 科學이 존재하고 그 의의가 남다름을 인식하였다. 명청의 학술서를 폭넓게 수용하고, 서양과 그들의 학술에 깊은 관심을 표명한 것은 그런 학술사적 변화를 선도하였다.

이상의 학문경향을 명확하게 보여준 초기의 학자가 이수광이었다. 그가 가장 큰 관심을 보인 중국의 저작이 明淸 시대 博物學 계통의 저작이었다는 사실[4]을 음미할 필요가 있다. 18세기 이후 서울에서는 이수광이 시도한 그런 학문에 경도한 지식인들이 속속 등장하였다. 그 가운데 대표적 사례가 바로 鄭喆祚(1730-1781)이다. 천문학자이자 지리학자인 그는 서양 수학과 천문학을 20년 이상 전문적으로 연구한 학자로서 서양서를 왕성하게 수집하여 수많은 서적을 소장했다. 그는 최초의 서양 전문가라고 평가할 만한 학자였다.[5] 기호 지역의 신진 학자들은 정철조처럼 서양의 새로운 학술에 깊이 빠져들었는데 학술상의 새로운 변화는 막을 수 없는 추세로 대두하였다.[6] 일본 저술에는 그만큼 열의를 보인 학자가 없었으나 특정 저작을 선호한 학자들이 대두하였고, 그 대표적 저작이 바로 『화한삼재도회』였다.

3. 『화한삼재도회』의 수용 과정

『화한삼재도회』는 『삼재도회』나 『지봉유설』보다 거의 100년 뒤진

1713년 무렵에 간행되었다. 이 책이 조선에 전해진 시기는 그로부터 수십 년 지난 뒤였다. 이 책은 가장 먼저 曹命采(1700-1763)의 기록에 나타난다. 그는 1748년 朝鮮通信使 從事官 자격으로 德川家重의 장군 계승을 축하하기 위해 일본에 파견되었다. 그는 일본을 여행한 후 자신의 여행 견문을 정리하여 『奉使日本時聞見錄』을 저술하였는데, 그 일부인 「聞見總錄」 속에서 일본에서 본 서적들을 기록하였다. 여기에 『武田兵書』와 『各州分形記』, 『화한삼재도회』가 포함되었다.[7] 이것이 『화한삼재도회』가 조선측 문헌에 등장한 첫 번째 사례이다. 다만 기록에서 확인되지 않았으나 그 이전에 들어왔을 가능성도 배제하지 못한다. 적어도 18세기 중엽에는 조선 지식인들이 이 책을 접한 사실은 틀림없다.

첫 번째 사례가 보여주듯이 『화한삼재도회』는 조선통신사 사행 과정에서 조선에 들어왔다. 그밖에도 몇 가지 증거는 이 책이 조선에 수용되는 과정에 조선통신사와 밀접한 관련이 있음을 보여준다. 실제로 元重擧(1719-1790), 南玉(1722-1770), 成大中(1732-1812)이 쓴 日本使行錄에서 이 책을 이용하여 일본 풍속을 소개하고 있는데 다음에 그 일부를 사례로 든다.

1) 이제 『日本三才圖會』에 의거하여 그 본말을 드러낸다.[8]

2) 왜왕의 궁궐은 아직도 동쪽으로 30리쯤 떨어져 있는데 御城이라고 부른다. 궁궐의 크고 사치함은 『삼재도회』 그림을 보면 알 수 있으나 실제로는 볼 길이 없었다.[9]

3) 『왜한삼재도회』는 일본의 풍속을 자기들 손으로 서술한 책으로서 申叔舟의 『海東諸國記』를 가져다 쓰면서 몹시 자세하다고 말했다. 또 명나라 사람이 지은 『五雜組』에서 자신들에 관해 "천하의 바깥 오랑

캐 나라 가운데 조선보다 예의 바른 곳이 없고, 驊騽보다 부유한 곳이 없으며, 倭奴보다 교활한 이들이 없다"라고 말한 대목을 취하였으니 왜국의 풍속이 교활한 것은 왜인들 스스로도 잘 안다.[10]

이들이 일본에 다녀온 해는 1763-4년이고, 사행록은 그로부터 멀지 않은 시기에 지어졌으므로 18세기 70년대쯤에 이 책을 열람한 것이 분명하다. 인용문은 조선 지식인이 일본측 문화와 풍속을 파악하는 훌륭한 도구서로 이 책을 인식하였고, 또 이 책을 구입하고 읽게 된 계기와 통로가 조선통신사였음을 분명히 밝혀주고 있다. 남옥이 이 책을 두고 "일본의 산천과 풍속, 법제를 알려고 하면 『왜한삼재도회』와 『武鑑』이 가장 요긴할 것이다"라고 평가한 점은 그 때문에 나왔다. 대마도에서 조선 역관이 이 책을 반출하려 하다가 발각되어 문제가 발생한 일이 宗家文書에 나타나기도 한다. 조선의 지식인들이 일본 사정을 파악하는 효과적인 참고서라는 이 책의 가치를 인정한 때문이다. 따라서 일본에 갔을 때 이 책을 구입하여 돌아왔을 터인데 실제로 남옥은 일본 승려 周宏의 도움을 받아 이 책을 구입한 사실을 밝히기도 하였다.[11] 현재 한국 도서관에는 주로 1713년 초간본을 비롯해 그 이후 판본까지 소장되어 있어서 일찍부터 이 책이 수입되어 읽힌 실상을 보여준다.[12] 『화한삼재도회』는 이렇게 일본과 인적 학문적으로 교류하는 과정에서 조선 지식인들이 주목하였다.

이 책이 본격적으로 지식인들 사이에 활용되는 시기는 正祖시대이다. 이 시기에 이가환, 이덕무, 황윤석, 유득공, 박제가, 한치윤, 이옥 등이 이 책을 열람한 학자로 손꼽힌다. 물론 이 책을 입수한 경로는 조선통신사 사행이다. 이 책의 가치를 가장 높게 평가하고 적극적으로 활용한 학자는 다름 아닌 이덕무로서 이 책의 진지한 이해는 그로부터 시작한다고 필자는 확신한다. 그 사실을 황윤석의 『頤齋亂藁』에서 확인할 수 있다.

황윤석은 博物學에 큰 관심을 기울인 학자로서 당대의 석학으로 일컬어지는 李家煥으로부터 이 책에 소개된 망원경과 유리 제품에 관한 신선한 정보를 듣고 그 사실을 일기에 기록하였다.[13] 이가환이 어떤 경로로 이 책을 입수하여 읽었는지는 분명하지 않다. 보지 않은 책이 없다고 할 만큼 각 분야에 정통한 박학자로서 과학분야에 정통한 이가환으로서는 이 책에 관심을 기울인 것이 당연한 귀결이다. 이가환은 또 이덕무와도 친밀한 사이였으므로 이 책에 관한 정보를 공유했을 가능성이 높다.

그러나 이 책을 처음으로 광범위하게 이용한 학자는 이가환이 아니라 이덕무이다. 이덕무는 81책에 달하는 거질의 이 책을 직접 소장하고 있었다. 황윤석이 현재의 서울 종로구 인사동에 거주하던 이덕무 집을 찾아가서 그 집에서 『화한삼재도회』를 열람하고 돌아온 사실에서 확인할 수 있다.[14] 이덕무가 이 책을 소장한 이유는 그의 학문성향과 밀접한 관련을 맺는다. 名物을 고증하는 데 특별한 취미와 재능이 있었던 박물학자로서 실증에 관한 저작을 저술한 그에게 이 책은 매력을 끌기에 충분하였다. 더욱이 신분이 庶類였던 이덕무는 통신사행에 주로 참여한 庶類 지식인, 예컨대 앞서 언급한 남옥, 성대중 등과 아주 절친한 文友였다. 따라서 이 저작을 접하고 입수하는 데 누구보다 좋은 조건이었다. 그는 분명 통신사 참여자로부터 이 책을 입수하였을 것이다.

흥미로운 사실은 이 시기에 이 책을 한 번이라도 열람하고 언급한 사람은 모두 이덕무와 친분이 대단히 깊거나 적어도 일정한 친분을 맺고 있다는 점이다. 이덕무는 그와 친한 학자들에게 이 책의 장점을 소개하고 열독을 권했을 것이라고 필자는 판단한다. 이 책이 외국문화와 새로운 지식에 목말라 하던 일군의 학자들에게 널리 유포된 계기와 추동력은 이덕무에게 있다. 17세기 이래 통신사의 왕래는 朝日 양국간 문화교류를 촉진하였다. 외국문물의 수용에 적극적이었던 이덕무, 유득공, 박제가 등 北學派 학자들은 일본에 관한 정보를 얻는 측면에 그치지 않고 고증적 학술방법의 측면에서 이 책이 지닌 강점에 주목하게 된 것이다.

이후 19세기에도 이 책은 지속적으로 백과전서파 학자들에게 널리 이용되었다. 이 책을 적어도 한 번 이상 인용한 적이 있는 학자로는 朴準源, 丁若鏞, 徐有榘, 沈象奎, 成海應, 李圭景, 朴珪壽,[15] 憑虛閣 李氏 등을 들 수 있다. 이들은 모두 이덕무를 비롯하여 그의 文友와 학문적으로 깊은 관련을 맺고 있다. 이 가운데 이 책을 자신의 저작에서 가장 중요한 참고서로 이용한 학자가 바로 서유구와 이규경이다. 이규경은 이덕무의 친손자이고, 서유구는 이덕무로부터 직접 학문적 감화를 받은 학자이다. 학문적 취향 역시 백과전서파 학문경향을 따르고 있다.

박물학의 주요한 참고서적으로 이 책이 활용된 과정에서 주목할 사본에 『和漢人物會略』[16]이 있다. 『삼재도회』와 『화한삼재도회』를 주축으로 하여 주요한 내용만을 취하고 그림은 거의 생략했고, 일부 용어에는 한글로 어휘명을 밝혀놓은 책이다. 조선 후기 명물고증 저작의 계열에 속한 책으로 19세기 후반기에 편찬된 것으로 추정한다. 이런 종류의 유서에서 일본저작이 포함된 사례가 거의 없다는 점을 놓고 볼 때 일부 지식인들 사이에서 『화한삼재도회』의 위상을 꽤 높게 설정했음을 유추할 수 있다. 구한말에 조선과 일본의 國格을 논할 때 그 증거로 『화한삼재도회』가 거론된 것을 보면,[17] 구한말까지 이 책의 이용가치는 여전하였다.

이렇게 볼 때, 『화한삼재도회』는 18세기와 19세기에 일군의 학자들에게 적지 않게 활용되었다. 이 책을 활용한 학자들은 대체로 서울에 거주하며 학술 활동을 벌인 백과전서파에 속한다. 광범위하게 보급된 類書라고는 할 수는 없으나 이 시기 학술사에서 그 의의를 충분히 인정할 만한 저작인 것이다.

4. 『화한삼재도회』의 활용 양상

(1) 李德懋의 활용 양상

그렇다면 『화한삼재도회』는 어떻게 활용되었고 이 저작의 의의를 어떻게 보았는지를 주요한 학자들의 사례를 중심으로 검토하고자 한다. 이 저작을 가장 일찍, 그리고 널리 활용한 李德懋의 경우부터 살펴본다. 그의 저작에는 『화한삼재도회』를 인용한 곳이 대략 이십여 곳에 이른다. 일본의 실체적 진실을 이 저작에서 찾았다는 점에서 그가 이 책을 얼마나 소중하게 여겼는지 파악할 수 있다. 실례를 보면, 적국의 간첩행위를 적은 『盎葉記』의 「南北敵將」조에서 임진왜란 당시 일본 장군의 동향을 『화한삼재도회』 권13 「異國人物」항의 「조선」조를 참조하여 장황하게 수록한 내용이 눈에 뜨인다.

또 「日本寄占城書」조에는 〈일본인이 占城國王에게 보내는 국서〉를 문장과 사건이 대단히 기이하다고 소개하였다. 저자는 이 기사의 출처를 밝히지 않았으나 실제로는 『화한삼재도회』 권14 「外夷人物」항의 「占城」조를 인용하였다. 같은 저작의 「黑坊」 대목도 마찬가지이다. 이렇게 일본과 그 주변국에 관한 지식과 정보를 상당수 이 저작에 기댔다. 이덕무는 일본개설서에 해당하는『蜻蛉國志』의 참고도서로『화한삼재도회』를 거명하여 일본에 관한 풍부한 지식을 이 책에서 얻었음을 밝혔다. 여행기의 차원을 벗어나 일본의 전모를 서술의 대상으로 삼은『청령국지』는 문헌적 도움의 가장 큰 부분을 이 책에서 받고 있다.

더 주목할 사실은『화한삼재도회』가 일본에 관한 지식의 재료를 얻어내는 서적에 그치지 않는다는 점에 있다. 무엇보다 서양에 관한 정보나 지식도 중국 서적보다 이 저작에서 얻은 것이 많다. 실례를 들면, 이덕무는〈備倭論〉에서 일본이 북해도를 복속시키고 네덜란드를 이용하는 수완을 인정하고 그런 능력과 야심을 볼 때 조선의 재침략 가능성을 점치면서 대비할 것을 주장하였다. 그 진단의 근거를 대체로『화한삼재도회』에서 확보하였다.

阿蘭陀[필자주: 네덜란드] 같은 나라는 비록 우리와 인접해 있지는 않으나 뜻밖의 사변을 생각해두지 않을 수 없다. …… 일본은 교활하고 사나워 우리에게 강성한 이웃이다. 蝦夷[필자주: 북해도]를 능멸하고 紅毛[필자주: 네덜란드]를 농락하여 일본이 시키는 대로 움직이게 만들었으니 호랑이에게 날개를 달게 한 꼴이다. 천하의 사변은 끝이 없고 환란은 소홀히 대처하는 데서 발생하므로, 평상시 아무 일이 없다 하여 대비하지 않으면 안 된다. 사방 오랑캐가 멀리 떨어져 있다고 하여 그들의 동향을 소홀하게 다룰 수 없다.[18]

이덕무는 일본이 조선을 침략한 역사적 경험으로 보거나, 일본이 조선의 北關에 인접한 蝦夷를 복속시킨 사실을 보거나, 또 홍이포로 무장한 아란타와 연합한 수완을 놓고 볼 때, 예의 경계해야 한다고 분석하였다. 일본이 조선을 공격할 가능성이 있다는 인식에 접근하는데 긴요하게 이용된 정보원이 바로 이 책이다.[19] "네덜란드 사람은 개처럼 한쪽 다리를 들고 오줌을 눈다"는 유의 그릇된 정보도 실은 『화한삼재도회』 '外夷人物'[阿蘭陀]에서 획득한 것이다.

지식과 정보의 출처라는 의의도 중요하지만 그보다 한층 중요한 의의는 다른 곳에 있다. 이덕무가 名物考證學을 전개할 때 이 저술을 중요한 모범의 하나로 삼았다는 사실이다. 馬檟木이란 목재의 성격을 묻는 元有鎭의 질문에 답장하면서 밝힌 말을 통해 그 의의를 짐작할 수 있다.

마가목은 채찍이나 지팡이를 만드는 데 쓰는 나무인 줄만 알고 실제로 어떤 것인지는 알지 못합니다. 그대와 함께 『本草綱目』·『群芳譜』·『화한삼재도회』 따위의 책을 싸들고 농부와 들늙은이를 찾아다니면서 그 俗名을 확인하여 圖經을 만들지 못함이 유감입니다. 세상의 선비들이 내 말을 들으면 누구나 비웃을 것입니다. 그러나 그대와는 이 일을 더불어 말할 수 있습니다.[20]

여기서 이덕무는 자신이 추구하는 학문이 동시대 학계의 일반적 경향과 구별된다고 밝혔다. 그가 관심을 기울인 학문은 바로 名物度數之學이다. 이덕무는 풀이나 나무를 비롯하여 세상의 온갖 사물에 대한 해박한 지식을 구비하고자 했다. 그것은 빈말이 아니라서 이덕무의 실력을 직접 접한 유득공은 "靑莊館은 풀이름을 많이 아는 분이라 내가 풀을 뜯어 물어보면 어느 것이나 바로 대답하길래 수십 종을 기록해두었다. 청장관처럼 해박한 것이 가능한 것일까?"라고 감탄하였다.[21] 이덕무가 자신의 서재를 注蟲魚齋라고 명명한 것에도 학문적 관심사가 표명되어 있는데 위 인용문에서 『본초강목』·『군방보』와 함께 『화한삼새도회』를 제시한 이유도 名物度數의 박물학 추구와 밀접하게 관련된다.

앞서 언급한 것처럼, 이덕무의 관심은 혼자만의 그것에 머물지 않고 박제가, 이희경, 유득공, 이서구, 서유구, 정약용을 포함한 백과전서의 지식을 추구하는 동시대 여러 학자들과 공유하였다. 몇 가지 실례를 들어 그 구체적 정황을 살펴본다.

유득공이 지은 한 편의 시는 이덕무와 그의 친구들이 이 저작을 얼마나 잘 활용하였는지를 보여준다. 〈'鬼鱟歌(귀후가)'를 지어 이덕무에게 주다[鬼鱟歌贈懋官]〉는 『화한삼재도회』와 밀접한 관련을 맺는 작품이다. 작품의 서문에서 시를 짓게 된 배경을 설명하였다. 『화한삼재도회』 권46 '介甲部'에 실려 있는 참게의 일종인 鬼鱟(귀후)에 얽힌 전설을 먼저 밝히고, 제자들이 새우 틈에서 이 특이한 게를 찾아 이덕무에게 바치자 이덕무가 관련사실을 『화한삼재도회』를 이용하여 설명해주었다고 밝혀놓았다.[22]

일본의 壯士 秦武文이 싸우다가
攝州의 푸른 바닷가에서 죽었네.
그 뒤로 바다에는 귀신 낯짝을 한 게가 많이 나오니
토착민들은 진장군의 후신이라 말했네.
秦 장군이 칼 잡고 크게 노하며 "이제 끝났구나!"하고서
슬피 울고 냉소하느라 종횡으로 주름살 생겼네.
그 당시 戰陣 앞에서 마신 한 말 술이
지금토록 두 뺨에 붉은 기를 돌게 했네.

靑莊館道人이 이 사연을 얻고 기뻐하여

부채 부치며 손님들에게 특이한 전설 말해주었네.

이웃에 사는 유득공이 그 모습을 보고 감탄하여

검을 뽑아 들고 일어나 춤추며 청운에 오를 기세네.

그대는 듣지 못했는가?

운봉 전투에서 兒拔都를 사살하여

佟公은 화살 하나로 굉장한 공훈을 거뒀지.

또 듣지 못했는가?

남녘 고을 의사가 밤에 小西飛를 저격하여

평양성이 도적의 기세로 혼란스러웠던 것을.

백 척 높은 촉석루 다락에서

회오리바람이 석류빛 치마에 몰아쳤네.

누각 아래 천년토록 논개의 비석이 서 있으나

세상에는 다만 남자들 숫자나 많을 뿐.

오호라! 남아는 외적의 머리를 가져올 뜻을 가져야지

어째서 벌레나 물고기를 주석하는 일에 골몰하는가?

日本壯士秦武文, 鬪死攝州滄海濆.

海中多產鬼面蟹, 土人云是秦將軍.

秦將軍擁劍大怒嗟已矣, 悲啼冷哂縱橫紋.

當時一斗臨陣酒, 至今雙頰微騰醺.

靑莊道人得之喜, 對客揮塵誇異聞.

東隣柳子見之歎, 拔劍起舞凌靑雲.

君不聞雲峯之役躲殺兒拔都, 佟公一箭收奇勳.

又不聞南州義士夜刺小西飛, 平壤城中迷賊氛.

矗石之樓高百尺, 旋風吹碎榴花裠.

樓下千秊論娘碣, 世間男兒徒紛紛.

嗚呼! 男兒有志請纓去, 安用屹屹長抱蟲魚疏?

제자들이 이상하게 생긴 게를 보고 스승에게 가져오자 이덕무는 바로『화한삼재도회』에 실린 그림과 사연을 떠올리고 그 이름과 게에 얽힌 일본의 옛 전설을 유득공에게 떠벌렸다. 시의 내용을 볼 때, 이덕무는 그 책에 실린 내용을 근간으로 상상까지 덧붙여 설명한 것으로 보인다. 유득공은 일본 장군의 죽음으로부터 연상하여 후반부에서는 일본 침략군을 사살하거나 저격한 조선의 의로운 인물을 제시하여 사물의 고증에 골몰한 이덕무를 은근히 놀리는 해학적 수법을 썼다. 시의 내용이야 어찌 되었든 이 시는 이덕무와 그 주변 지식인들이 이 저작에 정통하다는 사실을 입증한다. 한편, 이규경은 〈鱟魚辨證說〉을 써서 이 시를 중심으로『화한삼재도회』와 고증의 문제를 다시 논하기도 했다.

이덕무가 이 저작에 정통한 사실을 보여주는 또 하나의 증거는 바로 兵書이다. 이들 학자그룹이 왕명을 받아 공동으로 편찬한『武藝圖譜通志』에도 이 책이 여러 차례 인용되었다. 이 저작은 이덕무와 박제가와 백동수가 편찬을 맡았다. 이 저작에는 조선 고래의 兵法書를 비롯하여『삼재도회』나『武備志』와 같은 저작이 주요한 참고서로 활용되었다. 그런데 그동안의 병법서와는 다르게 일본측 사례를 다수 활용하여 北學派다운 태도를 보여주었다. 활용한 내용 가운데에는 傳聞의 도움을 받은 것도 있겠지만 문헌으로는『화한삼재도회』와『和名抄』가 여러 차례 이용되었다. 실제 내용을 검토하면, 권1의 長槍條에서는 칼자루로서 최상의 일본산 목재를 제시한 때와 기타 목재를 다룰 때에 인용하였다. 권2의 銳刀에도 이 저작을 인용하여 제작법과

産出地를 제시하였다. 흥미롭게도 권2의 倭劍條에서는 이 저작을 이용하여 일본에서 검술의 중흥조로 인정받는 源義經의 검술을 소개하였다. 그가 이인을 만나 神道流 검술을 익혀 陰流를 창안하였고, 그 제자들 가운데 또 新陰流를 비롯한 여러 파벌을 만들었음을 밝혔다. 이 책에서는『武備志』에 이 陰流에서 猿飛 猿回와 같은 검술이 소개된 것을 지적하고 이 검술의 이름이 타국에까지 알려졌다고 높이 평가하였다. 이 밖에도 狹刀條를 비롯한 곳에서 인용하였다.

(2) 다른 학자들의 활용

이덕무와 학문적 지향을 공유한 일군의 학자들 역시 이 저작을 즐겨 보고 활용하였다. 몇몇 사례를 통해 실상을 살펴본다. 먼저 柳得恭은 李書九가 편찬한『日東詩選』에 쓴 서문에서 이 저작을 통해 일본에 관한 풍부한 정보를 얻었음을 밝혔고,[23] 『古芸堂筆記』에서 이 책을 자주 언급하였다.

  뿐만 아니라 成大中이 일본 사람들과 주고받은 시집『日東唱和集』에 붙인 서문에서 일본에 학문을 전해준 百濟의 王仁 박사 사연을 자세하게 고증하여 서술하고 있는데 왕인과 관련한 사실은『화한삼재도회』에서 주로 정보를 얻고 있다. 왕인 박사의 존재는 18세기 이전에는 조선에 알려지지 않았는데 그의 존재는『화한삼재도회』를 통해 이덕무로부터 유득공, 한치윤, 이규경, 김정희 등으로 확산되어 갔다. 이 저술이 지닌 파급력을 잘 보여주는 사례가 바로 왕인 박사의 전설이다. 한편, 유득공의 이종사촌 李鈺도『白雲筆』에서 호박을 돼지고기와 섞어 삶으면 매우 맛이 있다는 사실을 이 저작을 인용하여 밝혔다. 이옥의 경우에는 다음에 살펴본다.

다수의 저작에서는 이 책을 활용하였으면서도 출처를 밝히지 않은 경우가 적지 않다. 예를 들어 이희경은 『雪岫外史』의 누에치기 항목에서 "마침 왜의 책을 보니 베틀을 그린 것이 있었는데 중국 것과 대략 비슷하였다. 다만 왜인은 매우 솜씨가 정교한데, 어찌 이같이 조잡하게 만들었을까?"[24]라고 하였다. 이희경이 언급한 왜의 책은 의심할 것 없이 『화한삼재도회』로 권36 '女工具'에 그가 비판한 베틀 그림이 실려 있다.

박제가의 경우도 마찬가지이다. 『정유각시집』 권4에는 〈魚卵 두 종을 보내준 감사 홍인호에게 사례하다(謝洪監司仁浩惠魚卵二種)〉의 두 번째 시는 물고기 대구[鰔]를 읊은 시인데 다음과 같다.

周公은 沃沮의 물고기를 몰랐으니	周公不識沃沮魚
천 년 전 『爾雅』가 엉성한 것 이상하지 않네.	無怪千秋爾雅疏
왜국의 책에서 힘겹게 鱈 자를 찾아내고 보니	苦向倭書尋鱈字
그림과 해설로 『坤輿圖』를 보완하면 딱 좋겠군.	合將圖說補坤輿

벗으로부터 대구알을 선물받고 감사의 시를 보냈다. 중국 고대문물의 기초를 세운 周公이라도 조선의 물고기를 알 리가 없어 『爾雅』 같은 높은 평가를 받는 어휘 사전에 대구[鰔]라는 말이 들어가 있지 않다. 일본의 『화한삼재도회』를 뒤져봤더니 대구가 鱈이란 글자로 등재되어 있다. 그 책의 도판과 설명을 가져다가 『坤輿圖』 지도 위에 조선과 일본 바다의 물고기로 채워 넣으면 딱 어울리겠다고 했다. 이 시에서 왜국의 책이 『화한삼재도회』임은 의심할 여지가 없고, 名物度數의 박물학 저술로서 이 책의 가치를 높이 인정하고 있다.

유득공과 학문적 교류가 깊은 역사학자 韓致奫 역시 『화한삼재도회』를 광범위하게 활용한 대표적 학자이다. 그는 어떤 학자보다 일본측 사료를 많이 활용한 학자인데 많은 일본 저술 가운데서도 특히 『화한삼재도회』를 다수 활용하였다. 朝日交流史를 체계적으로 서술한 『海東繹史』「日本考」에서 『日本書紀』를 비롯한 10여 종의 일본측 사료를 활용하면서 특히 『화한삼재도회』를 자주 인용하였다. 임진왜란의 경과를 다룰 때 『화한삼재도회』 권13 「異國人物」항의 「조선」조를 폭넓게 인용함으로써 역사를 객관적으로 기술하려는 태도를 보여주었다. 한치윤은 또 백제와 신라의 문화가 일본에 수용된 실상을 이 저작을 통해 확인하였다.[25] 또 식물이나 동물, 기타의 器用 분야에서도 이 저작을 적극적으로 활용하였다. 『화한삼재도회』에 수록된 조선의 기물과 자연물을 조사함으로써 한치윤은 조선의 물자가 일본에 수용된 사실을 확인시켰다.

서유구는 『화한삼재도회』를 몹시 중시하여 『林園經濟志』에서 아주 중요한 전거로 이용하였다. 그는 이덕무나 박제가보다 더 적극적으로 일본의 기술과 물산을 벤치마킹하려는 의도를 드러냈는데[26] 그 의도를 반영하여 일일이 매거할 수 없을 만큼 많은 항목에서 이 저작을 새롭고 유용한 문물의 취재원으로 이용하였다. 예컨대, 『怡雲志』의 안경 항목은 가장 많은 항목에서 인용하였고, 일본 특유의 折枝를 이 저작을 인용하여 설명하였다.(『怡雲志』 권3 〈山齋淸供〉, '花石供'). 또 일본에서 생산하는 붓과 벼루, 먹과 종이를 이 저작을 인용하여 설명하였다. 『임원경제지』보다 앞서 저술한 『杏蒲志』나 『蘭湖漁牧志』에서도 후추와 黑柹, 솜과 같은 품종의 차이와 서로 다른 재배법을 이 저작을 인용하여 설명하였다. 그 가운데 건축재료의 하나로서 풀[糊]을 어떻게 서술하였는지 살펴본다.

동국 사람들은 벽면을 바를 때 대체로 밀가루를 사용하여 풀을 쑨다. 『본초강목』에는 '접시꽃(黃蜀葵) 줄기 즙이나 構木汁은 모두 종이에 단단하게 달라붙는다'라고 나와 있다. 또 『화한삼재도회』에는 '고사리 줄기의 중심에 있는 흰 가루는 종이에 가장 잘 달라붙는다. 따라서 紙工家가 그 가루를 취하여 풀을 만들어 상자나 바구니 같은 물건을 접착시킨다'라고 하였다. 또 "말[海蘿]이라는 물건이 있는데 끓여서 풀을 만들어 종이를 바른다. 혹은 석회와 반죽하여 바른다"라고도 하였다. 이들 재료는 모두 밀가루와 반죽하여 풀을 쑬 수 있다.[27]

이렇게 『화한삼재도회』를 광범위하게 활용하여 조선과 일본과 중국 세 나라의 서로 다른 방법을 비교하여 살펴보도록 하였다. 그럼으로써 오랫동안 중국과 한국에 치우친 지식과 학문의 편중에서 어느 정도 균형을 얻었다.

서유구의 학자적 자세는 형수이자 徐有本의 아내인 빙허각 이씨에게도 비슷하게 나타난다. 그녀가 한글로 저술한 『閨閤叢書』에서도 『화한삼재도회』를 인용하였다. 『규합총서』 권2 縫紝則 織造條에서 俗火浣布法을 인용하였고, 권3 山家樂에서 나물의 일종인 가지를 심을 때의 금기를 다룬 내용을 인용하였다.[28] 화완포는 불에 타지 않는 물건으로 『화한삼재도회』 권27 「火浣布」조에 나오며 이규경도 〈火浣布辨證說〉에서 이 책을 인용하여 변증하였다. 이렇게 서유구와 그 집안에서는 『화한삼재도회』를 아주 폭넓게 활용했다.

그러나 이 저작을 가장 잘 활용한 학자는 아무래도 이덕무의 손자이자 19세기 실증학풍의 대가인 이규경이다. 그는 『五洲衍文長箋散稿』과 『詩家點燈』을 비롯한 여러 저작에서 이 책을 십분 활용하였다. 박물학에 관하여 가장 해박한 지식을 소유한 이들에게 희귀하고 새로운 사실을 전하는 중요한 서목 가운데 이 책은 빠지지 않았다. 실증을 중시하는 학자들에게 이 책의 용도가 적지 않았음을 알 수 있다.

『오주연문장전산고』는 이전의 어떤 책보다 일본서적을 다수 전거로 이용하였다. 『續日本紀』(1회), 『和漢名數』(1회), 『日本紀略』(2회), 『吾妻鏡』(5회), 『蔫錄』(5회), 『화한삼재도회』(126회)이다. 이 수효는 方以智의 『物理小識』(221회), 顧炎武의 『日知錄』(144회), 謝滌湅의 『五雜俎』(130회) 다음이다.[29]

이 책은 그의 다른 책에서도 동일하게 이용된다. 예컨대, 『五洲書種博物考辨』의 거울 제작법을 설명하는 대목에서 『古今醫統』과 함께 참조하였음을 밝혔다. 詩話인 『詩家點燈』에서도 십여 곳에서 이 저작을 이용하여 고증하고 있다.[30] 조선과 일본의 공기놀이가 비슷함을 고증하거나(〈弄丸歌如我控碁戲〉) 벛나무의 특징을 논하였고(〈山櫻詩〉), 일본 詩文의 개략을 서술하였다. 李書九가 이 저작을 통해 『日東詩選』을 편찬한 시도와 흡사한 노력을 그도 기울였다.

그가 『화한삼재도회』를 신뢰할 만한 저작으로 간주하여 중시한 것은 저술의 내용에 대한 믿음이 깔려 있다. 〈海狗辨證說〉에서 이규경은 그의 시각을 이렇게 밝혔다.

바다에서 나온 생물은 대체로 육지에서 나온 짐승과 비슷한 것이 많다. 牛魚, 海馬, 海驢, 海獾, 海狗, 海豚, 海猫, 海獺과 같은 동물이 여러 서적에 보인다. 그러나 중국 사람이 기록한 것은 번번이 虛文과 誕妄이 많아서 다 믿기가 불가능하다. 오직 일본인과 먼 서양인이 기록한 것이 실상을 자세하게 갖추어 차이와 오류가 전혀 없다. 나는 海狗라는 한 대목에서 비로소 중국 사람이 말한 것이 일본인의 기록에 미치지 못함을 깨달았다. 『본초강목』한 책은 名物에서는 金石과 같은 전적으로 불리나 이 책도 옛 문

헌의 잘못을 답습하여 오류가 절반이다.[31]

금과옥조로 인정하던 중국 전적의 권위를 부정하고 대신 그 빈자리를 실제 사물로 대치하였고, 그 실제사물과 비교해서 신뢰할 만한 지식을 담고 있는 일본이나 서양의 저작에 권위를 부여하였다. 이규경은 역대의 중국 백과전서에 대하여 자주 "옛사람은 길거리에서 주워들은 말을 철썩같이 믿고서 기록해놓았기 때문에 사람의 이목을 이렇듯이 많이 그릇되게 만들었다"[32]라고 비판하였다. 그가 중국의 옛 전적을 비판하고 그 대안으로 내세운 일본 저작의 대표는 다름 아닌 『화한삼재도회』이다. 위에서 예로 든 海狗는 『화한삼재도회』 38권에 膃肭臍란 항목에 나온다. 膃肭臍는 곧 海狗의 별칭이다. 이규경이 海狗의 실체를 파악하는 경로를 찾아보면 다음 세 가지이다.

1) 함경도 六鎭 孔州 사람으로부터 직접 들은 사실로서 육상의 개와는 무관한 바다생물이다.

2) 그럼에도 불구하고 믿지 않았으나 『화한삼재도회』에 실린 형상 도판과 맞아떨어지자 그제야 비로소 공주 사람의 말이 맞다고 인정하였다. 조선 동북방 사람이 말한 사실과 정확히 맞아떨어지는 사실을 통해 다시 한 번 『화한삼재도회』의 내용이 거짓이 아님을 확인했다.

3) 다시 할아버지 이덕무가 쓴 『豈棚散書』에서 기록한 내용으로 傍證하였다. 그 내용은 "膃肭臍가 물개로서 조선의 영해와 평해 등지에 사는 것은 모두 수컷이므로 陽藥으로 쓴다. 해마다 떼를 지어 바다를 따라 남하하여 남해현까지 이르러 암놈을 만나 교미하고 떠나간

다. 암컷을 낳으면 그곳에 남겨두고 수컷을 낳아 성장하면 반드시 동해로 옮겨가 산다"이다.[33]

그가 인용한 이덕무의 저술 『뽚棚散書』는 현존하지 않지만 "注蟲魚"의 학문적 자세를 반영한 저작이라 추정한다. 이규경이 직접 보지 못한 사물을 파악한 경로는 세 가지이다. 하나는 실물을 확인한 사람으로부터 직접 들은 것, 두 번째로 신뢰할 만한 저작인 일본의 『화한삼재도회』와 조부의 『기봉산서』를 가지고 확인한 것이다. 그동안 절대적 권위를 지니고 있던 『본초강목』을 무조건 신뢰하지 않고, 사실에 맞는다면 어떤 것이든 인정하는 태도를 취하였다. 이규경이 이덕무를 비롯한 선배 조선 학자의 저작을 중시하고 여기에 『화한삼재도회』의 언급에 비중을 두어 사물을 고증한 사례는 이외에도 많다.

할아버지 炯菴公의 『不離飛鳥編』 評語는 이렇다. "앵무새는 사람 말을 하는 새다. 그래서 鸚은 嬰 자에서 부회하였으니, 어린 것을 말한다. 母鳥는 母를 부회하여, 나이든 것을 말한다." 또 말했다. "앵무새는 앵도를 잘 먹는다. 그래서 나무 木을 생략하고 嬰 자를 가지고 뜻과 소리를 겸하였다. 母鳥는 武 자로도 쓴다. 그 걸음걸이가 다른 새의 걸음과 다른 점을 귀히 여긴 것이다." 영재 유득공의 평은 이렇다. "앵무새는 사람 말을 하는 새다. 예쁘고 사랑스러워 특히 여자에 가깝다. 그래서 嬰嬰이란 말로 어린 여자를 일컫고, 母母란 말로 늙은 여자를 일컫는다. 젊으나 늙으나 모두 여자 같음을 말한다." 형암공이 또 批評하여 말했다. "불경에서는 앵무새를 甄叔迦라 하고, 진조국에서는 秦吉了라 불렀다. 모두 사람의 성인 데다 이름 또한 몹시 기이하다. 『화한삼재도회』의 橿鳥는 일본산인데 큰 소리를 잘 낸다."[34]

앵무새의 명칭을 辨釋하고 특징을 밝히면서 이덕무와 유득공을 비롯한 조선 학자의 견해를 채택하였고, 끝에서 『화한삼재도회』에 나오는 앵무새의 일종을 제시하였다. 정확한 지식을 얻는 문제에서 낡은 권위보다 진실하고 신뢰할 만한 근거를 동원하고 있다.

이처럼 이규경은 『화한삼재도회』를 다양한 사물의 고증에 적극적으로 채택하였다. 그 가운데 『시가점등』의 한 조항을 이옥의 『白雲筆』과 비교하여 살펴본다. 호박이란 식물이 조선에 전래되어 음식으로 먹게 된 과정을 밝힌 기사이다.

1) 南瓜는 우리 동방에서 호박이란 속명으로 불리는데 본래 南番에서 왔다. 만력 연간에 처음으로 우리 동방에 들어왔다. 맛이 담백하여 일반 백성들이나 산중의 승려들이 먹는다. 그래서 중나물이라고도 불린다. 칠팔십 년 전부터 귀인들도 먹는다. 이 채소가 등장한 서적은 『瀕湖本草綱目』과 『화한삼재도회』, 王世懋의 『瓜蔬疏』밖에 없다. 그 생김새를 말하기도 했고, 맛을 논하기도 했으나 詩로 지은 사례는 없다. 지은 사람이 있는데도 내가 미처 보지 못한 것일까? 못난 재주를 돌보지 않고 시험 삼아 시를 한 편 짓는다.[35]

2) 倭瓜[필자주: 호박]는 팔구십 년 전에는 심는 사람도 드물었고 먹지도 않았다. 오로지 절간 승려가 심어 맛있는 음식이라 여겼다. 그 뒤 어떤 정승이 아주 즐겨 먹어 밥상에 호박 나물이 없으면 밥을 먹지 못했다. 처음 기름으로 부치고 식초를 뿌렸을 때에는 먹지 않다가 새우젓을 넣어 볶아 내놓자 바로 먹었다. 호박은 이 때문에 세상에 널리 퍼졌다고 한다. 근래 돼지고기와 섞어 나물을 만드는 새 조리법이 등장했는데 아주 맛이 있다. 『倭漢三才圖會』에도 "돼지고기와 섞어 삶으면 아주 맛이 있다"라고

되어 있다. 똑같은 조리법인데, 倭人이 먼저 터득한 것인지, 아니면 良安尙順에게 전수받은 것인지 잘 모르겠다.[36]

조선에서 호박을 음식으로 먹게 된 과정을 설명하고 있는 흥미로운 내용인데 서로 설명이 일치하고, 또 똑같이 『화한삼재도회』를 중요한 근거로 내세웠다. 이처럼 의식주의 일상생활에 필요한 도구와 물품을 논의하는데 『화한삼재도회』는 곧잘 인용되었다.

이 밖에도 한국과 중국의 음식을 벗어나 일본의 음식까지 다룰 수 있게 된 것은 『화한삼재도회』가 있기 때문이었다. 포르투갈에서 들어온 카스테라[加須底羅]가 일본 고유의 음식으로 제각각 이덕무의 『청령국지』와 이규경의 『오주연문장전산고』, 그리고 서유구의 『임원경제지』에 올라온 것은 순전히 『화한삼재도회』 권105에 소개된 음식 항목에서 취해온 것이다. 조선에서 널리 먹는 채소의 실체를 규명하고, 그 조리법을 다룬 서유구의 2종의 저작에서 모두 『화한삼재도회』를 중요한 전거로 들고 있다. 구체적인 품목이 인용된 내용은 일일이 밝히기 어려울 정도이다.

5. 『화한삼재도회』의 성격과 18·19세기 조선의 학계

17세기 이후 근대에 이르기까지 실증과 계몽을 표방한 類書가 지속적으로 편찬된 사실은 동아시아 3국에 공통적으로 나타나는 현상이다.[37] 주자학의 번성 이후 義理之學의 유행과는 별도로 학계의 일각에서 현실의 실제적 현상을 폭넓게 이해하려는 실학적 풍조가 발흥하면서 이렇게 유서의 편찬이 가속화되었다.

『삼재도회』는 간행된 이후 바로 조선과 일본에 수용되어 대표적 유서로서 널리 읽혔다. 17세기 초엽에 저술된 이수광의 『지봉유설』에 『삼재도회』가 광범위하게 이용된 것만 봐도 그 실상을 파악할 수 있다. 조선에서는 중국의 지리뿐만 아니라 그림을 그리는 데에도 『삼재도회』에 실린 圖譜를 널리 이용하였다. 그러나 『삼재도회』는 그야말로 중국적인 책에 불과하여 각국의 학문과 실상에 부합하는 새로운 유서가 제각기 필요하였다. 그런 필요에 의해 만들어진 유서가 바로 『지봉유설』과 『화한삼재도회』이다. 조선은 이후에도 여러 종류의 유서가 만들어졌으나 『삼재도회』나 『화한삼재도회』와 같은 圖說式 백과사전을 만들어내지 못했다. 책에 삽도를 그려 넣는 기술과 그에 필요한 자금이 부족한 것이 그 요인이다. 丁若銓도 『玆山魚譜』를 삽도와 함께 제작하려 했으나 실행에 옮기지 못했다. 그 점에서 『화한삼재도회』의 圖說式 유서는 조선 학자들에게 부러움의 대상이었다.

이상에서 『화한삼재도회』를 활용한 상황을 놓고 볼 때, 이 책의 가치를 결코 소홀하게 다룰 수 없다는 결론에 이른다. 조선에서 활용한 실태만을 가지고 그 가치를 판단해서는 옳지 않지만, 이 책이 18·19세기 조선의 실증적 학풍과 깊은 관련을 맺고 있고, 조선 후기 학자가 일본과 서양의 문물을 파악하는 정보의 보고 역할을 했다는 점에서 대단히 중요한 학술적 가치를 지녔다.

일본인이 저술한 서책의 수준을 우습게 보아 넘기던 조선의 학자들에게 이 책은 충격을 안겨주기에 충분하였다. 이 책이 일본 특유의 문화와 사고를 폭넓게 수용한 동시에 동아시아 사회의 보편적 문화를 아우르고 있다는 강점 역시 주목을 받았다. 더구나 중국의 저술에서 찾기 어려운 서양의 제반 사정에 관한 정보 역시 정보에 목말라 하던 학자들에게 신선하게 다가갔다. 중국의 저서가 보여주지 못한 참신한

博物學的 지식과 圖說은 조선 후기의 신예 학자들에게 적지 않은 영향을 미쳤다.

이 책은 실증의 측면에서 장점을 가지고 있을 뿐만 아니라 도판을 충분하게 활용함으로써 계몽적 성격까지도 발휘하였다. 그런 특성이 이 책을 깊이가 없는 淺近한 교양독서물의 수준으로 貶下하는 논자를 만들기도 했으나, 그렇다고 하여 그것이 이 책의 가치를 감쇄할 정도는 아니다. 조선시대에 식자들이 참고할 수 있는 일본에 관한 지식은 통신사를 통해 알려진 견문과 일부 문집과 저작에 불과한 실정이었다. 그 실정에서 이 책은 일본문화에 대하여 체계적 이해를 가능케 한 저작이었고, 실제로 중요하게 활용되었기 때문에, 18세기 이후의 실증적 학문의 저변을 이해하려고 할 때 꼼꼼하게 검토할 필요가 있다.

조선 후기 실학자들은 자신의 주변을 감싸고 있는 세계와 조선에 영향을 미칠 수 있는 외부세계에 대한 정보에 목말라 있었다. 특히, 무서운 힘으로 다가오는 서양 제국의 정보가 그들을 두렵게 만들었다. 위기의식을 느낀 지식인들에게 지적 갈증을 해결해줄 수 있는 정보는 대부분 중국측에서 들어오는 일방적 정보였다. 중국에서 들어온 서적과 정보는 지적 편식으로 시각의 제한성을 띨 수밖에 없다. 제한적이기는 하지만 『화한삼재도회』가 중국측 정보에만 길들여진 조선 지식인, 특히 18·19세기 조선 실학자들에게 지적 자극을 가한 유서로서 적지 않은 역할을 한 실상은 무시할 수 없는 사실이다.

2장

가토 히로유키(加藤弘之)의 양학수용과 '천(天)'관념의 변용

김도형
(성균관대학교 동아시아학술원)

❖

1. 머리말

메이지 유신을 전후한 시기, 일본의 서구사상 및 제도의 수용문제는 오랫동안 사상사의 주요한 과제들 중 하나였다. 특히 일본의 근대이행과정을 설명하는 데 있어서 그 수용양상의 적부(適否)를 따지는 것은 사상사연구의 한 전형을 이루는 방법이기도 했다. 이것이 유효하고 적절한 방법이라는 데에 이견은 없겠지만, 동시에 그와 같은 전형을 기준으로 하여 '근대화에 성공'하였다던가 '서구사상 수용에 실패/오용'한 일본과 같은 단순한 이미지를 형성하는 데 일조하였던 것도 사실이다. 그리고 이런 성공과 실패의 차이를 만들어낸 요소들 가운데 하나로서 '유교'라는 키워드가 주목받는 경우가 적지 않았다.

최근에는 일본사상에서의 전통적 맥락이나 유교의 영향을 강조하는 연구가 다수 등장하고 있지만(가령 '한문맥'에 주목[1]하거나 근대 지식과 유교적 소양의 상관관계를 밝힌 연구 등[2]), 소위 '유교적 잔재'를 청산하는 것으로부터 '문명개화'로 나아갈 것을 주장했던 후쿠자와 유키치(福澤諭吉) 이래로 이런 인식은 뿌리 깊게 일본사상사, 혹은 일본의 타자인식에 남아 있는 것이 아닌가 하는 생각을 지울 수 없다. 최근 한국사 연구자인 미야지마 히로시(宮嶋博史) 교수는 일본의 왜곡된 한국·중국 인식의 근저에는 이와 같은 유교인식(혹은 오해)이 놓여 있음을 지적한 바 있는데,[3] 그런 의미에서도 메이지 초기 지식인들의 '문명개화'와 유교적 교양 간의 관계를 재평가하고 재인식해 보는 일은 일본의 근대사상뿐만 아니라 나아가 동아시아의 근대를 이해하는 데에 중요한 의미를 가질 수 있을 것이다.

이처럼 근대사상에 끼친 유교의 영향관계를 생각할 때, 가토 히로유키(加藤弘之)의 서양사상 수용 양상은 이 문제를 이해하는 좋은 사례를 제공해준다. 그는 막부 말기에서부터 메이지를 관통한 대표적인 지식인들 가운데 한 명으로, 일본에서는 독일학의 開祖라 일컬어지며, 동경대학의 초대 총장으로서 일본의 근대적인 대학체제 확립에 깊이 관여하기도 하였다. 메이지 초기의 대표적인 洋學者였다는 사정으로부터 그에 관련한 연구들은 서구사상의 수용자(혹은 오용자)로서의 가토상(像)에 주목하는 것이 대부분이었다. 단적으로 그의 진화론 수용 및 국가사상의 확립은 근대 일본에서 일어난 지식인들의 소위 '전향'의 선구이자, 그 파시즘적 국가이론과의 유사성으로부터 '서구사상을 그릇되게 수용'한 하나의 전형으로 알려져 왔다. 그리고 가토의 이러한 '그릇된 수용'에 영향을 끼친 요소들 가운데 하나로 유교가 지목되는 경우도 있었다.[4] 그러나 과연 가토의 국가주의 사상형성을 '유교'의 탓으로 돌릴 수 있는지에 대해서는 좀 더 검토가 필요하다. 정작 가토가 유교적 교양을 바탕에 두고 서구사상을 수용하기 시작하던 초기단계에서, 그는 소위 '천부인권론자'로 잘 알려져 있었다. 동시에 그가 서구사상(특히 진화론)을 본격적으로 수용하여 자칭 '주의의 변화',[5] 혹은 타칭 '전향'을 이룬 이후의 시점에서도, 유교는 여전히 그의 사상형성에 영향을 미치고 있었다. 그렇다면 이 문제는 단지 '유교'의 영향으로 서구사상이 잘/못 수용되었다는 데에 그칠 것이 아니라, 그것이 어떤 영향을 끼치고 있었는지를 보다 면밀하게 살펴봄으로써 판단하게 될 수 있을 것이다.

본 연구는 위와 같은 관점에 입각하여 가토의 '유교적 교양', 그 가운데에서도 대표적인 형이상학적 요소라 할 수 있는 '天'이라는 관념이 가토의 사상형성단계에서 어떤 영향을 끼치고 있으며, 서구사상의 수용과 함께 그 자체가 어떻게 變容하는가에 주목하였다. 특히 가토가 양학수용을 본격화한 이후 입헌제도 도입과 천부인권론을 표방한 저작들, 즉 『立憲政體略』『眞政大意』『国體新論』은 물론, 그가 남긴 草稿 등을 함께 검토함으로써 그 변용의 양상을 살펴보고자 한다.

2. 『입헌정체략』 – '仁義의 정치'를 위한 제도론의 심화

가토는 일찍이 자신의 처녀작 『도나리구사(隣草)』(1860)에서 人和를 이루어 武備의 정신을 채우고, 이로써 淸朝(=막부)의 안녕을 도모하기 위해서 서구의 上下分權 제도를 도입할 것을 주장한 바 있다. 상하분권의 제도는 군주권력의 입법을 통한 제한과 公會의 설치를 통해 가능해지는데, 이러한 서구제도 도입론의 발상에는 그가 어릴 적부터 익혀왔던 유교적 교양이 영향을 끼치고 있었다. 그리고 이 모든 주장의 바탕에는 仁義의 정치를 바라는 가토의 소망이 담겨 있으며, 그것이 상하분권을 통해서건 萬民同權을 통해서건 궁극적으로는 소위 '공명정대'한 '天心'에 부합하는 정치의 실현을 목표로 하는 유교적 형이상학 내지 이상주의가 작동하고 있다는 점이 가토 초기사상의

특징이라고 말할 수 있을 것이다.[6]

이러한 유교적 형이상학과 이상주의는 가토가 서구의 제도론 및 사상을 본격적으로 연구한 이후로도 계속해서 큰 영향을 끼치고 있다. 가토가 서구의 제도를 통해 '人和'를 달성하고 궁극적으로는 '공명관대한 인의의 정치'를 실현하고자 하는 자신의 의도를 『도나리구사』에서 피력한 이래, 이런 태도는 그의 이후 저작들에서 적어도 가토 사상의 전반기[7] 무렵까지는 계속적으로 일관되고 있음을 확인할 수 있다. 가령 『입헌정체략(立憲政體略)』(1868)을 저술하기 1년 전, 가토는 블록(M. Block)의 저서 『Die Machtstellung der europaischen Staten, Gotha』(1862)를 抄譯해서 『서양각국성쇠강약일람표(西洋各國盛衰強弱一覽表)』라는 제목으로 내놓았다. 이 책의 머리말에서 가토는 5대륙 가운데 가장 작은 대륙인 유럽이 '부강함에서 홀로 세상의 으뜸'인데, 그 이유를 '천문지리격물의 학문들로부터 병법항해의 기술에 이르'는 학문기술이나, '화륜차선, 풍구, 전기 등의 기계에서 서구의 부강함의 원인을 찾는 것'[8]은, 아직 그 진정한 이유를 알지 못하는 것으로, 기본적인 이유는 '유럽 각 국민 상하가 부자와 같이 능히 서로 친목하는 데'(=인화)에 있으며, 궁극적으로는 '유럽 각국의 인문이 모두 열려 올바른 정체를 세우고 좋은 제도를 설치한 데에서 기인한다'[9]고 말한다.

이런 인식은 이후의 저술들에서도 계속 이어진다. 가령 가토는 『도나리구사』의 말미에 '다만 지금 논한 것만으로는 상하분권이 군주악권보다 뛰어난 연유를 충분히 밝히지 못한 듯합니다. 언젠가 다시 기회가 된다면, 그 정체가 공명정대한 연유에 대해서 상세히 논해보고자 합니다.'[10]라며 자신의 논의를 심화시킬 것을 기약하였는데, 그 결과물로 나온 것이 『입헌정체략』이라고 말할 수 있다. 특히 여기에서는 기존의 상하분권/군주악권의 정체구분에 더하여 君主擅制라는 정체를 새롭게 추가하고 있다는 점이 주목되는데,[11] 가토는 '군주천제'를 '군주가 천하를 사유하며 백성을 제멋대로 제어하여, 생사여탈의 권리가 오직 그 마음대로 맡겨지는 것'[12]이라고 규정한다. 이것은『도나리구사』에서 이미 부정했던 정체인 '군주악권'(=군주전치)이 그래도 '다만 습속이 저절로 법률이 되어 약간 군권을 제한하는 바가 있'는데 비해, 이 '군주천제'에서 국가는 완전히 군주의 私有에 해당하는 것이다.[13] 이런 인식은 귀현전치에 대해서도 이어져 '나라 안의 貴戚·顯族 여러 명이 대대로 정권을 장악하는 것을 말한다. 즉 貴顯이 천하를 사유하는 것'[14]이라 하여, '이 다섯 정체 중에서 군주천제, 군주전치, 귀현전치와 같은 것은 아직 개화문명으로 향하지 않은 나라의 정체'[15]라고 평가한다. 즉 이 정체들은 군주 내지 귀족의 '사유'라는 점에서 '만민의 천하(天下爲公)'라는 이념과 정면으로 배치되는 종류의 것으로, 가토는 여기에서 제도론의 장점을 강조하는 데에만 그치지 않고 가장 배격해 마땅한 정체의 모습을 강조하고자 하는 의식이 강해졌음을 알 수 있다.[16]

또한『입헌정체략』에서는 이전『도나리구사』에서는 보이지 않았던 '개화문명으로 향한다'는 개념이 등장하고 있는데, 이것은 역시 서양 서적에 대한 접촉이 늘어나면서 새롭게 받아들인 관념이라고 보아야 할 것이다.[17] 그러나 여기에서 중요한 것은, 가토의 '개화문명'에 대한 개념이『도나리구사』에서 말한 공명정대한 정치의 실현과정에 다름 아니라는 점이다. 가토의 관점에서 '개화'는 군주나 귀족의 사사로운 정치로부터 벗어나는 과정이다. 이러한 관점은 서구문명의 개화사에 그대로 적용되고 있다.

지금으로부터 1, 2백 년 전 무렵부터 名彦과 鴻儒들을 배출하여 이들로 인해 慷慨함을 품은 자가 적지 않았다. 그 중에서도 영국인 밀튼 씨, 로크 씨, 프랑스인 몽테스키외 씨, 루소 씨, 독일인 칸트 씨, 피히테 씨, 그 외여러 명이 빈번히 王公이 천하의 백성들을 사사로이 소유하는 것이 그릇된 일임을 변론하고, 혹은 상하동치, 혹은 만민공치의 정체를 주장하였는데, 이 공론에 따르는 백성들이 많아서 결국 왕공의 학정을 거부하고 종종소란이 일어났기 때문에, 왕공의 暴威는 조금씩 쇠퇴하여 결국 종래의 정체가 영존할 수 없는 기세가 되어 각국이 조금씩 그 정체를 바꾸면서 혹은상하동치, 혹은 만민공화의 정체를 세우고, 이로써 인민과 정치를 함께 하게 되었다.[18]

이 대목만을 보면 흔히 서구의 문명개화에 대한 관념을 받아들임으로써 공명정대한 정치를 구상한 것이라고 생각되기 쉽지만, 적어도앞에서 살펴본 것처럼 '천하위공' 등과 같은 유교적 이상주의로부터서구의 정체를 받아들일 준비가 되어 있던 가토의 관점에서 보자면'공명정대한 정치'라는 일종의 보편적 이상이 서구의 역사 안에서 실현된 것일 뿐이다. 나아가 가토는 다음과 같이 말한다.

우리 황국 또한 2천여 년간 고유한 정체를 가졌으나, 작년에 우리 구 막부가 시세를 관찰하여 정권을 天朝에 歸納하신 이래로 만기일신하여 공명정대한 정체를 일으키셨다. 진실로 황국중흥의 성업으로, 백성의 행복이 이보다 큰 것이 없다.[19]

사실 이와 같은 메이지 유신에 대한 평가는 의례적인 것이겠으나, 동시에 가토의 희망을 담고 있는 표현이기도 했을 것이었다. 막부의신하였던 가토의 입장에서 보자면, 막부가 '정권을 천조에 귀납'한 사건은, 그야말로 유교의 '천하위공'적인 관념에 입각하여 공명정대함을 실현한 결단으로 합리화되었을 가능성이 높다.

이어서 가토는 상하동치와 만민공치의 입헌제도와 '三大權柄', 즉 삼권분립에 대해 각국의 사례들을 들어가며 구체적으로 설명하는 데 많은 지면을 할애한다. 실제로 '부강'을 이룬 나라들에서 실시하고 있는 입헌제도의 사례들을 설명함으로써, 작금의 일본이 처한 위기상황을 타개하고 부강을 이룩하는 일이 서구의 제도를 적극적으로 채용하여 공명정대한 정치를 실현하는 것으로 가능하다는 점을 강변하고자 했던 것이다. 그리고 마지막 부분에서 '國民公私二權'에 대해 덧붙이는데, 이 부분은 『도나리구사』로부터 이어진 이제까지의 주장으로부터 한걸음 더 나아간 내용을 담고 있다고 평가할 만하다. 여태까지 이루어진 '良術'로서의 정체와 그 구체적 설명은 어디까지나 정책적 제언이었던 데 비해 이 부분은 그 근거로서 '인민의 권리'에 대한 규정이 시도되고 있다는 점에서 그러하다.

군주천제, 군주전치, 귀현전치와 같은 데에서는 천하의 백성들이 군주, 귀현의 私有僕妾이다. 복첩이라면 다만 그 주인의 명령을 받드는 것이 당연한 이치이므로 하나의 권리도 가질 수 없음은 논할 것도 없다. 단 입헌의 양 정체와 같은 데에서는 그렇지 않아서, 천하를 군주, 귀현의 私物로 삼지 않고, 소위 천하의 천하로 삼는다. 그러므로 그 신민인 자에게는 스스로 권리가 존재한다. 권리에는 두 종류가 있다. 하나를 사권이라고 하고, 다른 하나를 공권이라고 한다. 사권이란 자기 몸에 관계된 것으로, 소위 임의자재의 권리라고 칭하는 것이다. 공권이란 국사에 관여할 권리를 말한다.[20]

이렇게 『입헌정체략』에서는 『도나리구사』에서 제시한 입헌의 양 정체에 대한 실제 사례들로부터 근대국가의 공적 성격, 서양 근대국가에서 실현되고 있는 공명정대한 정치를 지탱하고 있는 기본적 제도인 국헌과 3대 권병에 대한 설명, 나아가서는 모든 인민을 공사 두 권리의 소유자로 파악하는 데까지 나아가고 있다. 그런데 이에 대해 기존의 가토 연구들에서는 헌법, 삼권분립, 개인적 권리라는 세 가지의 '서구적'인 개념들을 수용함으로써 '명확한 근대국가상이 만들어지고 있었다'[21]고 보는 관점이 지배적이었지만, 적어도 이 시점에서 서구 제도에 대한 가토의 이해는 유교적 교양으로부터 형성되거나, 혹은 그 색채를 여전히 강하게 남기면서 변주된 것으로 보는 관점 또한 가능할 것이다.

가령 가토가 『입헌정체략』을 저술하기 이전에 쓰인 미완초고 가운데 「자주의 권리(自主の権)」[22] 등을 살펴보면, 그의 권리 및 자유개념이 그가 지닌 유교적 교양으로부터 이해되고 있음을 확인할 수 있다. 이 글의 문제의식은 네덜란드어 '프레이헤이트(freiheit)'를 두고 '일본인은 물론 漢人들도 일찍이 직역할 수 없는 말'로 '우선 자유자재라고 하던가, 勝手次第라고 하는 정도의 의미를 가진 말'이라 하여 그마땅한 번역어 찾기를 고심하는 데에서 출발한다. '요사이 영국인 미국인 등이 한문으로 저술한 책을 보면 그 안에 자주라는 글자가 있는데, 이것은 저 프레이헤이트라는 글자를 번역한 것'으로, 직역이 아닌 의역이므로 번역어로 쓰기에 마땅하지 않지만 '글자를 음미하여 보면 실로 원어의 의미를 잘 담고 있는 飜譯字라고 생각되어 그 맛이 매우 깊다'[23]고 평한다. 여기에서 흥미로운 것은, '프레이헤이트'는 단지 '자유자재'나 '승수차제'에 그치지 않고 '자유자재할 권리가 있'다고 하는 권리의 소유개념으로까지 나아감으로써 의역이기는 하지만 번역어로서 보다 타당한 측면이 있음을 이해하고 있다는 점이다. 이로부터 보자면 『입헌정체략』에서 '公私二權'을 인민이 '소유'하는 것으로 인지하는 관념이 이미 초기의 사상형성단계에서부터 가토에게 존재하고 있었다는 점을 확인할 수 있다. 기존 연구들에서는 가토가 초기에 신봉하였던 '천부인권설'은 루소적인 개념이 아닌 사실은 블룬칠리 국가학에서 나온 자유 및 권리개념의 영향이라는 점이 지적[24]된 바 있었고, 이로부터 가토의 소위 '전향'을 설명하는 논리의 타당성이 확보된다는 견해가 있었는데, 적어도 이 초고에서 가토가 이해하는 '자주', 즉 '자유의 권리(소유)'의 개념은 블룬칠리나 루소 이전의 것일 가능성이 높다. 이 초고가 작성된 일자는 정확하지 않으나, 『도나리 구사』의 탈고 이후 그리 오래지 않은 시점에 쓰였을 가능성이 높다는 점[25]을 고려하면, 이후 가토가 주장하게 되는 '천부인권설'은 본래 자신이 지니고 있던 가치관으로부터 관련 개념들을 이해하고 선택하는 방식으로 그 기초를 마련하였다고 보아도 무방할 것이다.

동시에 이 '자주의 권리', 즉 권리로서의 자유에 대한 관념은 곧바로 누구에게나 차별 없이 동등한, 즉 평등의 관념으로까지 이어지는 근거를 마련해주고 있다. 「자주의 권리」 다음에 곧바로 이어지는 초고 「君臣尊卑」[26]에서 가토는 서양의 군신관계와 그 외 나라들의 군신관계를 비교하면서, 그것이 '자연적'인 것이 아님을 주장하는 논법을 취한다. 가토에 따르면, 서양 이외의 나라들에서는 '천하의 백성들이 모두 몸을 바쳐 군주에게 충성을 다하는 것을 신민 제일의 요무'라고 하는 데 비해, 서양의 나라들에서는 '임금의 지휘에 따라서 몸을 바쳐 국가에 충성을 다하는 것을 신민 제일의 요무'로 삼는다고 하여 '임금에 충성'하는가, '나라에 충성'하는가의 차이가 있다고 말한다. 이러한 견해를 두고 기존에는 '서양군신의 도가 대단히 천리에 어긋나는 것'으로 생각하곤 했지만, '公眼平心'하게 바라보면 '서양군신의 도가 도리어 천리에 가까운 것임이 명료'[27]하다고 주장한다.

또 한 가지 이 초고에서 흥미로운 것은 가토가 군신관계 성립의 이치를 '역사적인 관점'으로부터 추론해 설명하고 있다는 점이다. 가토는 인간세상의 태초로 거슬러 올라가면 서양이건 和漢이건 관계없이 처음에 부부로부터 시작하여 부자, 형제, 장유로 이어지는 인간관계가 이루어지고 있음은 모두 마찬가지라고 설명한다. 그러므로 이 네 가지 인간관계, 즉 '四倫은 반드시 천리자연에서 나온 것'[28]으로 개벽 이래로부터 언제 어디에서나 변함이 없다. 그런 의미에서 가족, 친지, 이웃은 사실 부자관계를 중심으로 하는 孝적 질서로부터 연역할 수 있는 것으로서 '자연적 질서 = 천리'로부터 나온 것으로 간주할 수 있지만, 여기에서 군주마저도 동심원적인 자연 질서 안으로 포함시키려면 사실 어떤 식으로든 비약이 필요하게 된다. 물론 그렇다고 해서 그가 군주제의 정당성을 부정하는 것은 아니고, 군신존비가 천리일 수 있는 근거를 그는 부자, 형제와 같은 위계적인 자연성이 아닌, '현명한 군주가 암매한 아랫사람들을 다스리는 것'의 자연성으로부터 찾아서 정당화하고 있다. 즉 가토는 '賢愚의 차이'와 이로부터 발생하는 상하관계를 자연적인 질서(=천리)로 간주하고 있는 것이다.

적어도 이 시기의 가토가 생각하기에 '군주의 지배'라는 것은 어떤 신적인 권위에 입각한 것도, 혈연적 정당성이나 장유질서에 기반하는 것도 아닌, '인민이 점점 증식'하게 되면서 '그 안에서 才智가 사람들 가운데에서도 더욱 뛰어난 자가 모든 일에서 사람들의 우두머리가 되어 일을 도모하게' 되고, 사람들이 그에게 의지하여 '무엇이든 처리하도록 하게' 한 데에서부터 생겨난 것이다.[29] 그것은 어디까지나 '사회'적인 현상으로, 여기에는 군주의 권위가 사람들로부터 나온 것이라는 발상이 깔려 있다. 이윽고 이 우두머리 된 자의 은혜를 받은 사람들이 '그 자손은 그에 미치지 못할지라도 기꺼이 지휘를 감수하면서 그 家筋이 군주의 가문이 되었고, 그 친척이나 가까운 자들로부터 유력한 이들이 귀하게 여겨지면서 군신존비가 생겨났다'[30]고 말한다. 이것이 오래되면서 마치 자연적 질서와도 같이 여겨지게 되었지만, 가토가 보기에는 어디까지나 '군신의 一倫만은 부자, 부부, 장유, 붕우의 사륜과 같이 천리자연에서 시작된 것이 아니라 다만 우연한 기세로부터 이와 같이 된 것'[31]이다.

이처럼 가토는 적어도 『입헌정체략』를 집필하기 이전부터 '인간의 동등한 본성(모두가 자주의 권리를 지닌)', 즉 '동등한 사람들'에 대한 감각과, 그로부터 사회(나아가 국가)형성의 당위성을 찾으려는 발상을 보여주고 있다. 이런 감각은 단지 관념상에만 머물지 않고 실제 정책의 입안제의로까지 이어지는데, 가령 1869(明治 2)년 그가 公議所에 제출한 '히닌·에타 폐지의견(非人穢多御廃止ノ議)'은 이 시기 가토의 인간관을 무엇보다도 잘 드러내주는 것이라고 볼 수 있다.

히닌·에타와 같은 것은, 그 연유한 바를 분명히 안다고는 하지만, 人類임에 틀림없는 자에게 인간 이외의 취급을 하는 것은 대단히 天理에 어긋나는 일입니다. 또 지금 외국과 교제하는 시대가 되었는데, 이와 같은 것을 그대로 내버려두어서는 무엇보다도 이보다 더한 國辱도 없을 것이라 생각합니다. 부디 이 御一新의 때를 맞아 히닌·에타라는 칭호를 폐지하시고 庶人으로 하시기 청합니다. 이미 구 막부가 지난봄에 단자에몬(弾左衞門) 지배하에 있던 것을, 히닌·에타의 칭호를 폐지한 일이 있음에도, 어일신을 맞아 여전히 이와 같은 일에 마음을 쓰지 않는다면 왕정의 큰 缺典이 될까 두렵사오니, 이번에 다시 서민으로 하시기를 바라옵니다.[32]

이 히닌·에타를 폐지하는 이유로 그는 외국과의 교제상에서 생길 곤란함, 어일신의 취지상 어울리지 않는다는 점 등을 들지만, 무엇보다도 같은 인류이면서 인간 이외의 취급을 하는 것이 '천리에 어긋나'는 일이라는 점을 가장 중요한 이유로 들고 있다. 이렇듯 누구나 '권리'를 동등하게 지녔다는 인간론의 문제는 이후 일본 洋學史에서 가토의 초기사상이 지닌 특수성을 보여줄 만큼 중요하다고 말할 수 있을 것이다.

3. 『진정대의』 – 제도론으로부터 인간론·국가론에로

『입헌정체략』으로부터 다음의 저술인 『진정대의』가 나오기까지는 대략 2년 정도의 시간이 걸렸다. 그사이 가토는 『입헌정체략』까지에서 제시하였던 '제도'의 문제로부터, 본격적으로 그 제도의 운용과 정당성의 단계로 문제의식을 심화시키고 있었다.

『진정대의』에서 가토는 먼저 '治法'과 '治術'을 구분하고, 이 두 가지는 '국정에서 소위 수레바퀴의 축, 새의 날개와도 같은 것으로 결코 하나라도 빠질 수 없'[33]다고 하면서도, 동시에 '본래 치법을 제정하거나 혹은 새롭게 고치는 것도 즉 치술로, 특히 제1의 급무라고 해야 할 것이다. 그러므로 치법의 좋고 나쁨도 치술의 巧拙에 관련되는 것으로, 좋은 치법을 제정하는 것이 곧 훌륭한 치술이고, 나쁜 치법을 세우는 것이 즉 졸렬한 치술로서, 국가의 안위와 존망은 오로지 치술의 교졸에 달린 것'[34]이라고 하여, 이 저술의 목적은 어디까지나 '치술'에 중점을 두고 있음을 분명히 하고 있다.

그렇다면 여기서 말하는 '치술'이란 무엇인가. 이전에 가토가 설명했던 '치법(=제도)'은 구체적인 형태를 갖추고 있고, 실제 사례들도 명확하기 때문에 설명하기에 어렵지 않다. 이에 비해 치술은 '설령 입헌의 양 정체를 갖춘 나라들에서도 치법처럼 확실하게 정해져 있는 것이 아니고, 많은 경우는 사안과 시기에 따라서 그 마땅함을 정하는 것'[35]인 만큼, 정확하게 정해진 어떤 규칙이 있지는 않고, 특히 이것은 '오로지 정권을 쥔 자의 지략, 재능에 의하는 것'[36]이라고 설명한다. 즉 치법이 제도, 규칙으로서의 보편성을 지니고 있는 데 반해, 이 치술은 인물, 그 나라의 사정 등에 따라서 보다 특수할 수 있다는 것이다.

그러면서도, 역시 고금의 학자들이 연구한 규칙들과 각종 사례들을 통해서 그 대강을 설명하자면, '치술의 정칙'은 '먼저 첫째로 治國의 本意를 아는 것'이 중요하다.

> 치국의 본의라고 하면, 어려운 듯하지만, 결코 어려운 것은 아니다. 말할 것도 없이, 다만 安民 이외에 아무것도 아닌 것으로, …… 치술이라는 것은 오로지 이 안민을 일대목적으로 하여, 이 안목을 달성하기에 충분한 방법이 아니면 안 되는 것으로, 실로 그대로만 된다면 진정으로 치안을 영위하기에 충분한 것이므로 이와 같은 치술을 곧 眞政이라고 말할 수 있는 것 ……?[37]

그러면서 비유하기를, 의사가 병을 치료하면서 '병자를 진찰하여 그 병의 성질을 아는 일'이 무엇보다도 중요한 것처럼, '치술을 시행하'면서 '꼭 염두에 두지 않으면 안 되는 요건'은 치술의 대상인 '사람의 천성과 국가정부가 일어난 연유인 天理를 아는 일'이다.[38]

이제 제도론에서 정치론으로 넘어온 가토는, '사람의 천성과 국가정부가 일어난 연유', 즉 국가의 기원과 인간의 본성을 설명해야하는

단계에 이르렀다. '이 두 가지를 모르고서 함부로 치술을 시행하면 자
칫 인성과 천리에 어긋나게 되므로 마치 실력이 없는 의사가 그 병증
을 잘못 아는 것과 같은 일로, 다만 그 목적인 안민이 가능하지 않을
뿐만 아니라 도리어 그로 인하여 마음에도 없는 虐民에 빠지게'[39]되
므로 반드시 주의해야 하는 것이다.

> 사람이란 새삼 말할 것도 없이 하늘이 가장 사랑하신 것으로, 사람에 대
> 해서만 만복을 내려주신 하늘의 뜻(天意)을 보자면, 모든 신체의 구성법
> 으로부터 그 정신·재지의 영묘함이라는 것이 결코 금수와 비슷하지 않고,
> 또 천성에는 다양한 여러 가지 情이 있는데 그 중에서 不羈自立을 바라는
> 정이 가장 왕성하여 특히 이것이 일신의 행복을 가져올 수 있는 매개가 되
> 는 것으로 보인다.[40]

가토가 보기에 사람의 성질은 '하늘이 가장 사랑'하여 '만복을 내
려주신' 까닭에 애초에 '금수와는 다른' 것으로, 그 차이점에는 정신
과 재지뿐만 아니라 여러 가지 정을 가졌다는 점도 포함된다. 특히 그
중에서도 가장 중요한 것은 바로 '불기자립의 정'이다. 가토에 따르면
우리는 불기자립의 정으로 인하여 행/불행을 구분하게 되고, 이 정을
온전히 확보하는 일이야말로 인간 행복의 전제조건인 셈이다. 나아가
가토는 인간의 생각이나 행동에 제약을 받는지 아닌지에 따라 느끼는
쾌, 불쾌의 감정으로부터 그것이 '天性에 있다는 확증'이라고 설명함
으로써 '불기자립의 정'의 존재증명, 즉 실체화를 시도하고 있다.

가토의 향후 사상 전개를 생각할 때, '하늘이 사랑'하여 '만복을 내
려'주었다고 하는 그의 인간관 및 '불기자립의 정'의 실체에 대한 인
정은 대단히 중요한 의미를 갖는다. 이것은 이후 가토 초기사상의 집

대성이라고 말할 수 있는『국체신론』의 천부인권설로 이어지기 때문이며, 동시에 이 천부인권설의 방기를 계기로 하여 그의 소위 '전향'이 이루어진다고 일컬어지기 때문이다.

그런데 여기에서 '하늘이 사랑하'여 내려준 인간만이 지닌 성질들, 즉 '천부인권'에 대한 사고방식이 어디에서 연유하였는가를 놓고 여러 가지 견해가 있을 수 있다. 우선 먼저 생각할 수 있는 것은 역시 전술하였던 대로 루소의 영향으로 보는 관점으로, 가토 스스로가『경력담』에서 '루소 등이 주장하는 천부인권의 주장을 믿고, 모든 우리 인류는 태어나면서부터 동등하게 평등한 권리·자유를 갖추고 있는 것이라는 설을 대단히 흥미로운 진리'[41]라고 언급한 부분으로부터 일찍부터 루소의 존재를 알고 있었음은 분명하다.

또한 가토가 루소 본인의 저작 등을 통해 그 사상을 이해하였다기보다는, 이후 가토의 주요한 사상적 원천이 되는 블룬칠리의 자유주의적 관점으로부터 이해된 루소를 받아들임으로써 이미 초기부터 '루소의 과격한 정치사상은 방법론적으로는 편리법론, 즉 추상적이고 이데올로기적인 방법의 산물'[42]이라고 한 블룬칠리의 주장에 영향을 받고 있었기 때문에 이후에 일어나는 천부인권론 비판과 전향의 계기를 안고 있었다는 견해[43]도 존재한다.

그러나 가토의 천부인권 개념은 역시 유교의 인간관을 벗어나서는 성립할 수 없는 것이었다. 앞에서 蕃書調所 시대의 가토가 인간의 천성을 '자주의 권리(자유)'로부터 정의하고, 그로부터 '군신존비의 구별'이 없는 질서를 생각한 바 있음을 살펴본 바 있는데, 이『진정대의』에서 가장 핵심적인 개념이 되고 있는 '불기자립의 정'은 'freiheit'의 번역어로서 가토가 논하였던 '자주의 권리'를 연상케 한다. 가토는 거기에서 이 '자주의 권리'가 인간이 타고나는 性이라고 말한 바 있는데, 그것이 여기에서 인간이 타고나는 성질로서의 '불기자립의 정'이라는 이름으로 나타나고 있다고 말할 수 있을 것이다. 그런데 애초에 거기서 말하는 天性이란 타고나는 것이기도 하지만, 단지 그런 의미에만 그치지 않고 하늘이 부여해준 것(天賦)이라는 관념 또한 함께 가지고 있음에 주목할 필요가 있다. 본디 天관념이라는 것은 대단히 복합적이고 애매하여 일률적으로 정의하기는 어렵지만, 적어도 그것이 완전히 자연과학적인 개념이 아니라는 점만큼은 분명하다. 가령 마쓰모토 산노스케(松本三之介)는 일본사상사에서 나타나는 천의 관념을 1. 인격적인 천, 2. 규범으로서의 천, 3. 불가항력적 힘으로서의 천이라고 하는 세 가지 유형으로 정리한 바 있는데,[44] 여기서 가토가 말하는 천은, 앞의 '하늘이 사랑하셔서' '만복을 내려주셨다'는 표현 등으로부터 이미 인격적인 천이 부여한 성질이라는 종교적, 혹은 형이상학적인 의미를 강하게 띠고 있는 것이라고 말할 수 있을 것이다.

그런데 여기에서 가토의 천성론은, 이전 「자주의 권리」 때와도 다시 미묘하게 달라져 있다. 여전히 '불기자립의 정'이 인간에게 가장 중요하고 본질적인 성질로서 설명되고는 있지만, 이 정 자체는 구속의 배제나 이익의 추구와 같이 크건 적건 자기중심적인 성격을 가진 것으로, 그것은 본질상 개별적이며 사적인 것이라고 말할 수 있다. 따라서 거기에서는 이 개별적이며 사적인 본성이 단순한 개인의 자기주장에 그치지 않고, 권리로서 널리 사회적으로도 용인할 수 있는 일반적, 공적인 관념이 될 수 있을지 아닐지, 될 수 있다고 한다면 그것은 어떻게 가능할지에 대한 의문이 당연히 제기된다. 가토는 그 해답을 다음과 같이 제시한다.

그러나 그렇게만 말하면, 사람은 선악에 관계없이 불기자립의 정을 멋

대로 해도 좋다고 생각하게 되는데, 결코 그런 것은 아니다. 造化라는 것
은 실로 기기묘묘한 것으로, 또 다른 하나의 적절한 性을 부여하였는데,
그것은 무엇인가 하면 소위 인의, 예양, 효제, 충신 등과 같은 종류의 것으
로, 사람에게는 반드시 이러한 마음이 있어서 사람들이 오늘날 교제상 각
각 다할 바 본분이라는 것이 있으니, 자기 혼자만 좋으면 무엇이든 해도
좋다는 것은 결코 아니다.[45]

인간의 본성이 지닌 한 측면, 즉 '불기자립의 정'만으로는 질서를
유지할 수 없고, 따라서 그것이 사회에서 권리로 용인되기 위해서는
어떤 도덕적 규범에 기초한 억제가 조건이 되어야 한다는 사고방식
이다. 이것은 명백하게 유교적인 性의 개념으로 돌아오고 있는 것으
로 보이는데, 다만 가토는 그 억제를 외부의 법이나 예로 돌리지 않
고, 또 하나의 천성이라 하여 인간 내부로 끌어들인다. 인의, 예양, 효
제와 같은 개념들이 '불기자립의 정'으로부터 도출되는 것이 아니라,
인간 본래의 또 다른 천성으로 주어지는 것으로 설명된다. 마치 주자
학의 이기론을 연상시키는 듯한 이 설명은, 이제 사회(질서)를 이루려
면 역시 '불기자립의 정'을 표출할 권리만으로는 안 된다는 포기선언
이기도 하다.

결코 자기의 권리만 함부로 해서는 안 되고, 반드시 자기 본분을 다하여
타인의 권리까지 敬重하여 감히 屈害하지 않도록 하지 않으면 사람으로
서의 道가 서지 않는다는 이치는 분명하다.[46]

가토는 이에 대해서 '자기의 본분을 다하고 타인의 권리를 경중하
는 것은 즉 義務라고도 칭할 수 있는 것으로, 사람이라면 잠시라도 잊

어서는 안 되는 일'라고 말한다. 즉 '불기자립의 정'을 행사할 권리가 온전한 질서 속에서 행해지기 위해서는 의무개념이 요청되지 않으면 안 되기에 이른 것이다. 이렇게 '불기자립의 정'은 이와 같은 효제, 충신, 예양 등과 같은 또 다른 천성과 결부되어야만이 비로소 자연적 권리 즉 '천부인권'으로서 인증된다. 그러므로 가토의 '천부인권설'에서 '천'이라는 유교적인 관념은 개인의 생존이나 행복의 추구라는 '天意'를 위한 수단으로써 소위 자연적 자유(불기자립을 바라는 정)를 기초매기는 역할을 달성함과 동시에, 또한 이 자연적 자유가 권리로서 인정되기 위한 도덕적 규범과도 결부되는 경향을 가지고 있었던 데에 그 특징이 있다는 점을 놓쳐서는 안 된다.

그러나 가토는 저 '불기자립의 정'과 '의무'의 관계를 가토는 굳이 '造化라는 것의 기기묘묘함'[47]으로 설명하고 있다. 어쩌면 가토는 서구의 '프레이헤이트' 개념을 받아들이면서 도달하였던 '권리'로서의 자유를, 이제 유학적인 틀 안으로 받아들임으로써 온존시키고자 하는 것인지도 모르겠다. 결국 이처럼 천성으로서의 자유와 타인 자유의 경중의 '조화'는 모두 교제의 도를 위해서 천이 부여해준 것이다. 만일 이것이 조화되지 못하는 세상이라면 '강자는 언제나 약자를 능멸하고 큰 것은 언제나 작은 것을 쓰러뜨리게 되어서, 오늘날의 교제의 도라는 것이 결코 서지 않'[48]게 된다. 그리고 교제의 도가 서지 않으면, '사람들은 행복을 구하여 그 생을 편하게 하는 일은 결코 불가능'[49]해질 것이다.

이렇듯 이 시기 가토의 천부인권설로 이어지는 사고방식은, 그가 어렸을 때부터 익혀왔던 유교를 위시한 전통사상의 天관을 바탕으로 하는 유교적 교양이 서구의 천부인권적인 관념을 접하게 되었을 때, 일단 큰 모순을 느끼지 못하는 단계에서 조화를 이루면서 형성된 것이라고 볼 수 있다. 다만 이와 같은 견해로부터 가토는 '인위적인 계약'에 의해서가 아닌, '인간의 천성으로부터 국가와 정부가 일어나'는 것을 천리[50]로 간주하는 사고방식을 기초에 두고 있음을 알 수 있는데, 이것은 '국가를 생존을 위해 불가피한, 그리고 불가결한 요건'[51]으로서 무조건적으로 긍정하는 경향이 있음과 동시에, 그것이 '천성'이라는 인간의 자연성에 근거를 가지는 한, 인위에 의한 국가의 재구성이라는 행위를 허용하지 않고 자연성을 절대시할 가능성을 열어주는 것이기도 하다. 따라서 거기에서 도출되는 권리 또한 천성으로서의 '불기자립을 바라는 정'에서 도출되어 규범적 내지 이념적인 것으로서가 아니라 자연스레 '사실의 문제'[52]로서 주장되게 된다.

그런데 가토가 이『진정대의』에 들어오면서부터 이전 저술들과 달라진 특징이 있다면, 국학자류의 국가론이나 복고적인 주장들에 대한 반박이 눈에 띄게 늘어났다는 점이다. 이런 특징은 이 시기 가토가 처했던 현실 상황을 잘 보여준다고 말할 수 있는데, 가령 헌법의 제정을 설명하는 부분에서 그는 새삼 군주천제의 정체를 강력하게 비난하며 다음과 같이 말한다.

천하의 백성이 군주의 사유복첩이라는 논리로 인해서 그 신민은 국가의 일에 대해서는 물론, 자기의 일이라도 결코 자유로이 처치할 수 없게 되는 것으로, 그리하여 소위 불기자립의 권리라는 것이 조금도 서지 않고, 선악사정을 막론하고 다만 명령에 따르지 않으면 안 되게 된다. 그러므로 일단 정부와 시민 사이에 권리, 의무와 같은 주장이 있을 도리가 꿈에도 없다. 이래서는 실로 예의 인성, 천리에도 완전히 어긋나는 일로, 억조를 위해서 일군이 있다고 하는 것이 아니라, 도리어 일군을 위해서 억조가 있는 셈이 된다. 진실로 한심한 도리가 아닌가.[53]

상당히 격앙된 어조로도 느껴지는 위의 발언이야말로 가토가 당시 어떤 주장을 주된 論敵으로 삼고 있었는지를 보여준다. 그것은 말할 것도 없이 신민들을 '군주의 사유복첩'으로 보는 입장으로, 이것은 불기자립의 정과 그 권리를 근본적으로 차단하는 논리였다. 이것은 곧 당시의 일본이라는 나라를, 그 군주인 천황을, 그 백성을 어떻게 바라볼 것인지 그 인간관, 그리고 그로부터 연역된 국가관(국체)의 차이를 놓고 벌어지는 논쟁이었다.

> 단 이렇게 말하면 혹은 비난하는 자(難者)가 있어서, 億兆를 위해서 一君이 있다고 하는 것은 다른 나라(異邦)의 국체이지 결코 우리 황국의 국체는 아니라고 한다. 황국의 경우는 이자나기가 명하고, 미토스사노오미코토의 부름을 받아…… 천지가 있는 한 황국을 天孫의 나라로 정하셨으므로, 외국과 같이 억조를 위해서 일군이 있는 것이 아니라, 도리어 일군을 위해서 억조가 있는 것으로, 이것이 곧 황국이 가장 고귀한 연유, 저 이방의 국체 등과는 천지현격의 차이가 있는 이유라고 말하는 것이다.[54]

가토는 국학자들이 말하는 위와 같은 국체를 정면에서 반박한다. 그 가장 주된 이유는 가토가 초기의 『도나리구사』에서부터 기초로 삼아왔던 원리, 즉 '만사를 왕실조정을 위해서 도모하는가, 국가만민을 위해서 도모하는가'로부터 公私여하를 판단해야 한다는 가치관 때문이다. 동시에 이전부터 고수하던 '군주 한 사람의 천하가 아'닌 '모두의 천하'라는 '천하위공'의 관념이야말로 메이지의 일본이 지향해야 할 가치이고, 진정한 치술의 판단 근거이며, '공명정대'한 '眞政'이라고 믿기 때문이다. 가토는 이런 가르침은 국학 안에서도 찾을 수 있다고 말한다.

원래 황국은 天神天祖의 조칙에 의해서 영원히 천손의 나라라고 정하신 것이므로 황통의 萬古一姓에 대한 것은 논할 필요도 없는 일이지만, 원래 그 천신천조께서 이와 같이 정하신 바가 곧 억조를 愛憐하게 생각하시는 마음에서 나와…… 천조대어신이 천손에게 내린 조칙에, '그대 스메미마노미코토에게 명하노니, 평안하게 나라를 다스려 운운(汝皇御孫命いでまして, 安国と平らけく安らけく, 云云)'이라고 말씀하신 것으로, 간략히 말하자면 천손황국의 군주가 되신 이상은, 영원히 황국을 安泰하게 다스리라고 말씀하신 조칙으로, 즉 억조창생을 위해서 일군을 하늘로부터 내려보내신 것이라는 점에는 조금의 의문을 제기할 여지가 없으며, 특히 또 人皇의 세상에 이르러서도, 仁德천황의 조칙에 '하늘이 임금을 세운 것은 백성을 위함이다. 그러므로 임금은 백성을 근본으로 삼는다'고 말씀하신 것도 있으므로, 이로써 억조창생을 위해서 일군이 있는 것이지, 결코 일군을 위해서 억조창생이 있지 않다는 것은 실로 명료하다.[55]

이상으로부터 가토가 생각한 '진정'은 곧 '안민'을 위한 것임을 알수 있고, 이를 위해서는 '불기자립의 정'으로부터 생겨나는 권리와 의무를 헌법으로 규정하여 이것을 보호하는 일이 국가 '제일의 급무'이며, 이러한 제도가 정해지지 않는다면 '안민'은 이루어질 수 없다고 보았다. 동시에 이 안민을 위한 또 하나의 조건은 신민을 '勸導'하는 일인데, 이 권도는 절대로 정부의 과다한 간섭으로써 이루어져서는 안 되며, 어디까지나 신민의 '생명, 권리, 사유(재산)'를 보호한다고 하는 국가의 제일원칙 위에서 이루어지는 소극적인 것이었다. 무엇보다도 이것은 천하가 군주의 사유가 아닌 만민이 공유하는 것이라는 국체관념이 전제가 되어야 하는데, 가토는 이 점에서 강한 반발에 부딪히게 된다. 이제 가토는 천하가 만민을 위한 천하라는 점을 증명해야만 하는 상황에 놓이게 되었다. '불기자립의 정'을 바탕으로 하는 인간관으로부터 새로운 국가관을 연역해낼 차례가 된 것이다.

4. 『국체신론』 – 만민의 천하로부터 안민을 위한 국체로

『국체신론』은 위와 같은 상황에서 가토의 이전까지의 생각을 집대성하여 간행한 책이다. 이전의 저술들, 『진정대의』는 물론 그 이전의 『입헌정체략』이나 『도나리구사』에 나온 가토의 인간론, 정체론, 국체론 등이 모두 『국체신론』에서 보다 구체화되어서 비교적 명백한 국가상을 제시하는 데에까지 이르고 있다. 다만 가토의 '천하위공'적 관념을 기초로 하면서 양학의 지식을 통해 제시되는 국가론은 당시 조정의 관료 및 지식인들에게 그다지 환영받지는 못하였던 듯하다. 앞의 『진정대의』에서도 '慕古主義'에 대한 비판이나 국학자들의 국가론에 대한 비판이 다수 등장하는데, 이제 『국체신론』에서는 그 비판의 수위를 한층 높여서 그들을 공격함으로써 자신의 '국체에 대한 최신이론'이 지닌 정당성을 증명하고자 시도했던 것이다.

가령 초기의 「군신존비」에 대한 초고에서 가토가 위계적인 군신관계의 '비자연성'을 주장한 이래로 일관되게 지녀온 원칙, 즉 평등에 대한 감각은, 이제 그런 감각 없이 여전히 신분질서의 '자연성'(혹은 神性性)을 주장하면서 이루어진 국체를 '野鄙陋劣'하다고 비판하기에까지 이르렀다.

군주도 사람이고 인민도 사람이다. 결코 다른 종류(異類)의 존재가 아니다. 그런데 오직 권리에 대해서 天地霄壤의 차이가 나는 것은 대체 어째서

인가. 이렇게 야비누열한 국체의 나라에서 태어난 인민이야말로, 실로 가장 불행하다 말해야 할 것이다.[56]

이 비판은 단지 국학자들에 대한 것만이 아니라, 신분질서를 '천리당연'한 것으로 가르쳐온 기존의 유학을 배워온 한학자들을 향해 있는 것이기도 하였다.

和漢과 같이 개화가 완전하지 않은 나라들에서는, 옛날부터 아직 국가·군민의 진리가 분명치 않았기 때문에, 이와 같이 야비누열한 국체에 대해 실로 도리에 맞지 않는 것이라고 생각하는 자들이 없었을 뿐만 아니라, 도리어 이것을 옳다고 하며 점점 이를 양성하기에 이른 것은 실로 개탄할 만한 일이라 할 것이다.[57]

기존 중국과 일본의 지식인들은 국가와 군민에 대한 이치를 제대로 알지 못했으므로, 자신들이 주장하는 국체가 심지어 '야비누열'한 것인지도 잘 알지 못했고, 이것을 옳다고 하면서 계속 '조장'함으로써 인민들을 괴롭혔다는 것이다. 이런 비판의 화살은, 이제 '경전'과 '성인'을 향하는 것마저 서슴지 않게 되었다.

시경에 이르길, '온 하늘 밑은 왕의 땅이 아닌 데가 없고, 땅 닿은 곳에 사는 이 치고 왕의 신하 아닌 사람은 없다(普天·率土, 王土·王臣)'(小雅, 北山篇, 普天之下, 莫非王土, 率土之濱, 莫非王臣)고 하였고, 또 맹자가 '온 나라의 재부를 홀로 차지하였다(富有天下)'(孟子 萬章上篇)고 말했던 것은 완전히 국토를 군주의 사유로 보고 인민을 군주의 신복으로 여긴 것임이 분명하지만, 옛날부터 지금까지 아직 이 말을 非理라고 한 자가 있음을 들

어본 일이 없다.[58]

가토가 보기에는, 경전의 내용과 맹자의 말씀마저도 '비리'이다. 천하는 만민의 천하로 일개인의 사유가 아니라는 것은 가토가 일관되게 자기 입론의 기준으로 삼는 준거적 가치관, 즉 '천리'라고 말할 수 있다. 그런 가토의 기준으로 보기에는 시경에 나오는 성인의 말씀도, 맹자의 말씀도 모두 '천리'에 부합하지 못하는 '비리'인 것이다.

사실 가토의 이런 생각은, 이미 『국체신론』에 이르기 전부터 엿보이기는 하였다. 앞에서 살펴본 만민공치에 대한 인식이나, 자유와 평등을 수용하는 데 있어 '천하위공'이라는 관념으로부터 그 사유를 연역해가는 방식을 보면 가토는 반드시 주자학적인 입장에 매여 있지는 않았고, 비교적 자유롭게 자신이 지닌 유교적 교양을 변형시키거나 때로는 포기하는 듯한 모습마저 보여주고 있었다.

가령 가토는 우선 유교의 좋은 점들을 열거한다. '지나는 일찍이 개명으로 나아간 나라'이므로 거기에는 감탄할 만한 좋은 가르침들이 있다. 가령 '백성이 가장 귀하고, 사직이 그 다음이며 군은이 가장 가볍다(民爲貴, 社稷次之 君爲輕 / 孟子 盡心下篇)'고 한 맹자의 가르침이나, 상서(尙書)의 '민은 나라의 근본(民惟邦本 / 五子之歌篇)'이니, 제범(帝範)에 '백성이 나라보다 먼저이고, 나라는 임금의 근원이다(夫人者國之先 國者君之本)'라고 한 것 등, 눈을 돌리면 얼마든지 백성을 근본으로 생각하는 좋은 가르침을 찾을 수 있다. 하지만 가토가 보기에 이것들은 '단지 인군·성주 및 명현·홍유들의 언행에 그치는 것으로, 이것으로 인해서 실로 그 국체를 개정할 정도에는 이르지 않았던 것'[59]이다. 무엇보다 앞에서는 온 국토를 군주의 사유(富有天下)로 본 맹자가 다른 데에서는 백성이 가장 무겁고 임금이 가장 가볍다고 하니, '대체 얼마나 표리모순한 말'이냐며 그 논리적 모순을 지적한다.

이와 같은 一君의 국가사유에 대한 반론은 그대로 국학자류에 대한 비판으로 옮겨간다. 그들이 황통을 중시하는 것은 칭찬할 만하지만, 그렇다고 해서 '국가·군민의 진리를 모르기 때문에 결국 천하의 국토는 모두 천황의 사유이며, 억조인민은 모두 천황의 신복이라 하고, 따라서 여러 가지 견강부회의 망설을 주장하며, 우리나라에서 태어난 인민은 오로지 천황의 미고코로(御心)를 그 마음으로 삼고, 천황의 말씀만 있다면 선악사정을 막론하고 다만 감수하면서 칙명대로 따르는 것이 眞誠한 臣道'[60]라고 말하며 이를 일본의 '국체'라고 주장하는 것은, '견해의 陋劣함과 그 주장의 野陋함이 실로 비웃을 만'[61]한 것이다.

> 천황도 사람이고 인민도 사람이므로, 다만 동일한 인류 가운데에 존비상하의 구분이 있을 뿐인 것으로, 결코 사람과 가축과 같은 차이가 있는 것이 아니다. 사람과 소나 말은 천연상 존비의 구별이 있는 다른 부류이므로 사람이 소와 말을 자기 사유로 삼아 자유롭게 사용하는 것은 당연한 일이지만, 천황은 인민과 같은 인류이므로, 설령 천황의 권리라고 한들 인민을 소나 말과 같이 대하는 일은 옳다고 할 이치가 없는 것이다.[62]

가토가 보기에 한학자와 국학자를 막론하고 이런 오류를 범하는 것은 바로 '국가의 성립원리'를 제대로 알지 못하기 때문이며, 이들이 모두 과거로부터 이어진 '天神政治'를 믿기 때문이다. 모든 개화가 완전하지 못한 나라들에서는 툭하면 국가상의 일에 天神을 끌어들여서 神勅이니 天命이니 하면서 정치를 하는 경우가 많은데, 이것은 모두 '군주가 지식이 몽매한 인민을 駕馭하기 위한 權謀로부터 나온 풍습'[63]이라고 비판한다. 가토가 보기에 한학자나 국학자들이 주장하는 국체란 바로 이 천신정치에 입각하여 나온 것으로, 그렇기 때문에 이런 국체는 '국가·군민의 진리를 배반하는 것'[64]에 다름 아니다.

그런데 앞에서 잠시 살펴본 바 있듯이, 가토의 초기사상에서 가장 중요한 개념인 '하늘이 사랑하셔서' '만복을 내려주'었다는 '천부'의 개념은, 위에서 자신이 비판하고 있는 天神成國적인 논의와는 어떤 관계에 놓이게 되는 것일까. 앞의 『진정대의』에서 살펴본 것처럼, 가토의 인간관은 어디까지나 '천'이 부여해준 성질, 즉 '천성'에 입각함으로써만이 성립할 수 있는 것이었다. 그것은 '불기자립의 정'에 효제, 예양과 같은 '타인의 정을 배려하는 성질'마저 함께 갖추어야 하는 것으로, 이것 역시 이미 '인격적인 천'의 존재를 암암리에 상정하여, 그로부터 부여받은 성질이라는 종교적, 혹은 형이상학적인 의미를 강하게 띠고 있는 것임을 부정할 수 없다. 그렇다면 가토는 이 『국체신론』에서 국학자나 한학자류의 국가론을 비판하면서 그러한 종교적, 형이상학적 '천'의 관념을 넘어서서 완전한 실증주의적 태도를 취하고 있는 것일까.

이와 관련하여 잠시 가토의 또 다른 초고본 「真政大意 草稿」를 살펴볼 필요가 있다. 사실 앞에서 살펴본 것과 같은 국학자류 논의에 대한 비판은 앞서 『진정대의』에서도 확인할 수 있는 것인데, 그는 자신이 생각하는 '공명정대한 정치'가 이루어지는 국가를 주장하기 위해서 국가의 여러 가지 유형들과, 그 국가들이 성립한 연유를 밝힘으로써 자신이 구상하는 국가론의 정당성을 역사적으로 증명하고자 시도한 바 있었다. 「진정대의 초고」에서 가토는 국가의 유형을 그 성립의 근원에 따라서 天勅成國, 宗支成國, 強弱成國, 立約成國, 必要成國의 다섯 가지로 분류하였다. 이들 가운데 특히 주목할 만한 것이 '천칙성국'에 대한 설로, 이에 대해 가토는 '천하의 정치라는 것은 사실은 상제가 하시는 것이나 가령 한 성인에게 명하여 인민을 다스리게 하신 것이라고 하였기 때문에 그 폐단이 결국 후세가 천명을 구실로 삼아서 그 나라의 군주 된 자가 이것도 천의, 저것도 천명이라고 하여 함부로 폭학한 정치를 시행하였던 것'65이라며 비판적인 시선을 가하고 있다. 이와 같은 것은 바로 중국과 일본에서 오래도록 시행되었던 것으로, 가토가 보기에는 이 '천칙성국'이야말로 '천하를 私有'하는 근원이었던 것이다.

한토 삼대성왕의 정치 등은 결코 폭학한 것은 아니지만, 그 설은 역시 제왕이 하늘을 대신하여 인민을 다스린다고 하는 설로 [그 증거로는 尙書에 하늘이 사람으로 하여금 대신하게 한다(天工人其代之)고 하였고, 혹은 요가 순을 하늘에 천거하고 순은 다시 우를 하늘에 천거하였다(堯薦舜於天舜薦禹於天)고 하였다. 맹자에 보면 萬章이 묻기를 요임금이 천하를 순임금에게 주었다 하거니와 그런 일이 있었나이까?(堯以天下與舜有諸) 하자 맹자께서 아니다, 천자가 남에게 천하를 줄 수 있는 것이 아니라고 하셨다.(孟子曰否天子不能以天下與人) 다시 만장이 그렇다면 순임금이 천하를 가지신 것은 누가 준 것입니까?(然則舜有天下也孰與之)라고 묻자, 하늘이 준 것이다(曰天與之)라고 답하였다고 하는 것 등이 있는데, 모두 이에 관한 것들이다] 모두 하늘을 대신한다는 설로부터 일어난 것이다. 그런데 이와 같은 설도 결코 국가를 사사로이 한다고 하는 나쁜 마음에서 나온 것이 아니라 도리어 인군이 국가를 사사로이 하는 것을 경계하는 마음에서 나온 것이지만, 모두 견강부회의 설로 조금도 근거가 없는 것이다.66

이처럼 지배자가 '천'의 이름을 들어 정치하는 것은 비록 결코 나쁜 마음에서 나온 것은 아니지만 모두 '부회설'로서, 그 근거가 박약하다는 것이다. 이로부터 보자면 가토가 '천'의 형이상학적, 인격적 성격을 부정한 것으로도 보이지만, 다만 여기에서 가토가 비판하는 것은 '천' 그 자체라기보다는 '천의 이름을 빙자하여' 정치하는 행위일 것이다.

가토가 보기에 '천'은 어떤 한 개인에게 특별히 천리를 부여하거나 대신하게 하는 것(天工人其代之)이 아니라, '누구에게나 동등하게 부여'하는 공평한 존재였다. 그것이 비록 '인격적인 공평함'의 차원에서 사고되었을지언정, 이미 '공평하게 부여'하는 것이라면 그것은 어렵지 않게 '원리적인 공평함'으로 전화할 가능성도 높다. 이런 관점은 앞에서 이미 살펴본 「군신존비」 등의 텍스트로부터 읽혀지는데, 가령 '군신은 천리자연에서 나온 것이 아니라 오직 현자가 위에 서서 아랫사람들의 암매함을 다스려서 비로소 천리당연의 도가 되는 것'[67]과 같은 논리는 결국 천리당연의 도가 애초부터 누군가에게 부여되어 있다기보다는, 부여된 원리로부터 사람들의 삶을 통해 '되는 것'이라는 관념이 포함되어 있음을 확인할 수 있다. 이러한 모양새로부터 누군가는 군주로 추대되고, 그 군주는 하늘의 뜻(하늘이 부여한 사람들의 자유, 권리를 보호하며 사유하거나 지나치게 간섭하지 않는)을 세상에서 펼치고자 힘써야 하는 것이다. 이런 양상에 대해서 가토는 '불가항력적인 도리(已ムヲ得ザルの道理)'라는 표현을 사용하고 있는데, 그런 의미에서 가토는 자신의 논리를 서구사상의 수용 등을 통해서 심화시키고 개발시켜가는 와중에서 유교적인 '천'의 형이상학으로부터 벗어났다기보다는, '천'의 형이상학을 보다 탈 인격적, 탈 종교적인 경향이 짙은 것으로 재구축함으로써 그것이 '사유'되거나 남용되지 않는다고 하는 원칙에 더욱 충실한 것으로 자신의 이론 속에서 '變容'시키고 있었던 것이다.

5. 『국체신론』에서의 천부인권 − 天의 변용와 저항권 개념

『국체신론』에서 '천'의 변용양상과 관련하여 특히 주목할 만한 부분은, 이 책의 제5장 '인민의 군주정부에 대한 권리·의무' 안에서는 조건부이기는 하나 인민의 저항권을 주장하고 있는 부분[68]이다. 그는 먼저 '납세의 의무', '군역의 의무'라는 인민의 2대 의무를 든 후에, 인민의 의무로서 다시 정부에 '공순준봉'할 것을 권하는데, 거기에는 한계가 있음을 밝히고 다음과 같은 저항의 의무를 주장했다. '군주정부가 만일 그 권한을 넘어서 멋대로 인민의 권리를 방해하는 것이 명백해지면, 인민은 감히 여기에 공순하지 않을 권리가 있을 뿐만 아니라, 도리어 여기에 공순하지 않는 것을 인민의 의무로 해야 한다. 그렇지만 이와 같은 때를 당해서는, 인민은 단지 공순하지 않을 의무를 질뿐만 아니라, 또한 힘써 군주정부의 악을 바로잡고, 이로써 그 명령·처분을 올바르게 돌리도록 할 의무를 지는 것임을 알아야 한다. 단 인민이 백방으로 초심진력하여 군주정부의 악을 바로잡고자 하여도, 군주정부가 감히 이를 사용하지 않고, 다시 폭정을 행하며, 인민을 殘害하는 것이 점점 심해져서 도저히 벗어날 수 없을 정도로 무도해지면, 그때에는 어쩔 수 없이 군주정부에 항거하여 폭정의 큰 재해를 면하고, 이로써 천부의 인권을 온전하게 하지 않으면 안 된다.'[69] 이와 같이 가토는 폭정에 맞서 인민이 일어서서 그것을 '올바르게 돌려놓게 하'는 일이 인민의 의무, 즉 자유권을 부여해 준 天에 대한 인민의 의무라고 주장한다. 그러나 그것이 천에 대한 의무이기 때문에, 다음과 같이 저항을 실행하는 데 있어, 그것이 천도에 합치해야 한다고 하는 조건까지도 함께 부가하고 있다.

내란과 같은 것은 국가에 위해가 가장 커다란 것이므로, 인민 된 자는 반드시 공명정대라는 조금의 사사로움도 없는 마음을 가지고 군주정부의 명령·처분을 고찰하고, 그 명령·처분이 실로 잔학무도하여 천하의 공론이 이미 그것을 허락하지 않는 때가 아니면, 감히 저항의 소행을 기도해서는 안 된다.[70]

'저항권'이라는 개념은 천부인권론적 견지에서 보자면 자연스레 도출 가능한 것이다. 애초에 국가 위에 '천'이라는 상위존재를 상정하고 있으므로, 국가의 잘못된 운영으로 인해 천이 부여한 권리에 손해가 있다면 국가에 항의하는 것은 당연한 수순이다. 그러나 가토가 '천'의 개념을 어떻게 규정하는가에 따라서, 이것은 미묘하게 달라진다. 가토의 '천'개념은 이 시기에 오면 어떤 인격적인 '천'개념으로부터는 어느 정도 거리를 두게 되었던 것이다.

초기사상에 나타나는 가토의 '천'개념에는 인격적 절대자 개념이나 天人相關적인 사고가 작동하고 있었다. 가령 『도나리구사』에 남북전쟁에 대한 전망에서 가토는 '사람의 힘이 왕성하여 하늘을 이긴다'든가, '하늘이 반드시 사람을 이긴다'는 식의 표현을 쓰고 있다.[71] 사실 유교에서 말하는 '천'은 여타 종교 등에서 말하는 '절대자'만큼 인격성을 분명하게 띠고 있지 않으며, 전술한 마쓰모토 논문[72]에서 살펴보았듯이 여러 가지 관념이 복합적으로 뒤섞이면서 나타나는 경우가 많기 때문에 그 성격을 떼어서 명확히 규정해 보이기란 쉽지 않은 일이다. 다만 그 복합적인 '천'의 관념 안에서 어떤 성격이 보다 우세한가는, 천이라는 언설이 상황 속에서 어떻게 사용되고 있는지 로부터 판단할 수 있을 것인데, 가령 위 『도나리구사』의 단계에서 가토가 말하는 천은 1. 인간과 경쟁하는 인격적 천, 2. 결국에는 그 이치를 따르

지 않을 수 없는 불가항력적인 천으로서의 두 가지 관념이 혼재하고 있는 것으로 보인다. 그러나 이후 「진정대의 초고」 등에서 살펴본 가토의 '천'개념은, '천이 사람을 대신하여 시킨다'는 식의 인격적인 天勅개념을 부정함으로써 스스로 '불가항력적 법칙'의 개념을 강화하는 방향으로 변화하고 있는데, 그렇다면 가토가 말하는 천부인권의 개념 또한 국가의 상위에 있는 어떤 '절대자가 부여했기 때문에 남이 어찌할 수 없이 고유한' 권리로부터, 여전히 고유한 권리이기는 하나 '누구나가 동등하게 지닌 본성'으로서의 권리개념 쪽으로 변화할 가능성이 높다고 말할 수 있다. 이것은 곧 천부인권의 신성성, 절대성, 불가침성보다는 그 공공성, 상대성, 상호보존성 등이 더 핵심적인 성격으로 떠오를 가능성으로 나타난다. 그가 말한 '불가항력적인 도리(已む を得ざるの道理)'란, 결국 '절대자로서의 천'이라기보다는 '절대적인 법칙으로서의 천'에 가까운 것이 되고 있다. 초기의 '천'이 지니고 있던 인격성, 절대성은 서구 정치이론 등의 섭취와 더불어, 『진정대의』 집필 당시의 초고들에서 드러나는 '유교적 가치의 객관화'와 함께 그 형이상학적 인격성의 근거를 서서히 잃어가고 있었던 것이다.

그런 의미에서 가토가 이 시점에서 말하는 '저항권'은 엄밀하게 말하자면 '권리'로서의 저항권이라기보다는 '법칙'으로서의 저항의 원리에 가까운 것이 아닐까 생각된다. 세상 법칙의 균형을 유지하기 위한 것으로서의 저항의 원리. 이 원리에 따라 인간은 지켜져야 할 권리를 지니고, 그것을 자제할 의무를 가지며, 이러한 개개인들의 천성으로부터 지배자를 '요청'함으로써 세상의 질서(「君臣尊卑」)를 세웠다. 군주는 어디까지나 천성에 의해서 요청된 자이며, 이것을 지키고 이 균형상태(=안민)를 잘 유지하는 것이야말로 '천리의 수호' = '천하위공'의 달성이라고 믿을 수 있다. 만일 이러한 균형 상태를 유지하지 못하고 그 천리에 어긋나리만치 개개인들의 권리를 침해하고 사유하여 '안민'을 해치게 된다면 사람들은 다시 '안민'을 되찾기 위해서, 즉 어디까지나 천리의 회복, 혹은 유지를 위해서 저항에 나설 권리를 갖는다. 그러나 이것은 어디까지나 인민 스스로 군주가 되어 천하위공을 달성한다는 개념의 저항권으로는 절대로 나아가지 못한다. 왜냐하면, 그 개인은 이미 '천명을 위탁'받는다고 하는 정당성도, 명분도 잃어버렸기 때문이다. 이처럼 '천'개념은 여전히 유효하지만, 그것이 지닌 절대성, 인격성을 잃어버리면 인간이 천의 '의지'를 '대행'하는 사태는 발생하지 않는다. 그런 의미에서 이 시점에서의 가토는 비록 여전히 '천'의 개념에 기대고는 있었지만, 그가 말하는 '천부적 권리'로서의 '저항권'은, 그것이 '(자연적으로)타고나는 것'일지언정 그것을 '(절대자에게)부여받게' 될 가능성은 점점 희박해지고 있었다. 그 결과 가토에게 있어 인민의 저항권은, 도저히 '어쩔 수 없는' 상황에 이르기 전까지의 인민의 절제와 그 상황에 이르렀을 때 '불가항력'적으로 이루어지는 저항이라는 소극적인 개념으로 나타난다. 가토는 이처럼 '저항권'의 존재를 인정하지만, 그것은 루소적인 것이 아님은 물론, 거기에서는 '天命'을 새롭게 대행할 누군가가 등장한다는 관념 역시 개입하기 어렵기 때문에 전통적인 유교의 저항논리(革命, 혹은 反正과 같은)와도 거리가 있는 어떤 것으로서 변용하고 있었던 것이다.

이처럼 가토는 『국체신론』에서 『도나리구사』 이래의 자신의 정치적 이상을, 국학자류 천황제국가론에 대항하면서까지 그 이론적 일관성과 체계성을 유지하기 위해 힘쓰고 있다. 여기에서 그는 '천하위공'적인 유교적 이상주의를 유지하면서, 그 원리로부터 다양한 서구의 개념들을 재단하고 수용하고 있었다. 그러나 그 일관성의 유지를 위해서는, 기저원리로서의 '천'개념이 서구의 입헌주의사상의 섭취와 조화 안에서 자리를 잡아가는 과정에서 변용을 겪지 않을 수 없게 된 것으로 보인다. 가토는 이 시기까지 '천하의 私有'라는 강적과 싸우는 와중에 그 치열함에 눈을 빼앗긴 나머지, 어쩌면 자신의 가장 강력한 무기(현실 위의 초월자적 개념으로서 '천'이라는 일종의 형이상학적 인격성, 즉 천부인권)가 부지불식간에 녹슬고 변해가는 모습을 깨닫지 못했던 것은 아닐까 생각하게 된다.

6. 맺음말

가토는 이제까지 살펴본 것처럼, 사상의 진행에 따라 자신이 본래 지녔던 유교적 교양, 그 가운데에서도 특히 '天'과 관련한 형이상학을 바꾸어가지 않을 수 없었다. 초기의 인격적 개념을 내포하고 있던 '天'은 후반부로 갈수록 그 인격성은 후퇴하고 법칙성이 전면으로 등장하는 경향을 보이고 있는데, 이것은 일견 서구사상의 본격적인 수용과 그 궤를 함께하는 듯 보이기도 하지만, 동시에 그것이 본래 내포하던 전통사상의 다양성 가운데 한 측면이 전면으로 도출되면서 스스로 변용하는 것으로도 볼 수 있다. 이런 변용이 일어나는 가운데 가토가 이후 진화론에 급격히 빠져들게 된 것은 결코 우연이 아닐 것이다.

그렇다면 가토의 자칭 '주의의 변화', 타칭 '전향'은 이러한 인격적 '天'관념의 후퇴, 또는 변용과 관계가 있는 것일까. 그것은 '법칙적 천'의 등장과 진화론의 수용으로 인해 촉발된 변화였던 것일까. 그것이 관계없는 문제는 아니겠지만, 반드시 그러했다고 성급히 단정할 문제도 아니다. 가토는 후일 자신이 '주의의 변화'를 이루었다고 자부한『人權新說』에서 '優勝劣敗의 법칙'에 입각한 천부인권론비판과 천황중심적 국가관을 주장하지만, 정작 우승열패를 설명하면서 '養正한 우승열패'라는 관념을 도입해야만 했다. 완전한 법칙으로서의 우승열패(=天理)는 자칫 군주마저도 그 법칙의 소용돌이 안에 휘말리게 만들 수 있는 위험한 도구임을 그 또한 깨닫게 되었기 때문이다. 그 때문에 '最大優者'인 군주(=천황)를 잘 보필하는 優者들의 존재까지만을 용인하는 우승열패만이 '養正'하다고 규정함으로써 몰인격적이어야만 하는 법칙에 다시금 인격적인 선악구분을 넣어야 하는 자가당착에 빠져버린다.

그런 의미에서 가토의 자칭 '주의의 변화', 타칭 '전향'은 사실상 불완전한 채로 끝나버렸으며, 이 불완전함은 그가 이후의 사상에서도 끊임없이 안고 가야 할, 혹은 극복해야 할 과제로 남아버리게 된다. 이에 대해서 기존과 마찬가지로 가토 진화론수용의 '불완전성'이라고 비판하는 것도 가능하겠으나, 도리어 그 자체로 가토 사상의(혹은 메이지 초기 양학수용, 나아가 동아시아 사상사를 생각할 때) 특징을 드러내주는 좋은 사례라고 말할 수 있지 않을까 생각한다. 이후 가토 사상의 변화 추이를 보자면 이 전통적인 형이상학으로서의 '天'은 끝까지 해소되지 않고 스스로 변용하면서, 혹은 타자를 변용시키면서 사라지지 않기 때문이다. 이것을 '불완전성'으로 인한 '모순'이라기보다는 도리어 사상 내부에서 변화를 추동하는 원동력으로서의 '모순'이라고 파악할 수 있다면, 『인권신설』은 '잘못된 수용'으로 끝나버리는 텍스트가 아닌, 메이지 사상사에서(혹은 동아시아 문화권의 사상사에서) 그 모순의 존재와 해결방안의 모색을 확인하고 비교해볼 수 있는 흥미로운 자료가 될 수 있을 것이다.

3장

金炳昱(1808-1885)의
글쓰기에 나타난 비판정신

김용태
(성균관대 한문학과)

❖

1. 서론

김병욱은 아직 학계에 널리 알려지지 않았는데, 그는 일제시기 극작가로 유명했던 金祐鎭(1897-1926)의 조부가 되는 인물이다. 그의 본관은 安東, 자는 文擧, 호는 磊棲이며 1808년 경상도 聞慶의 한미한 鄉班家에서 태어났다. 그의 12대조 되는 金瑛(1475-1528)은 서울 청풍계에서 거처하였으며, 김영의 동생 金璠이 金尙憲의 증조부가 되므로, 김병욱은 19세기 세도정치의 중심에 있었던 '안동김문'과 관련이 깊다고 할 수 있다. 그러나 김영의 손자 金箕報가 안동으로 낙향하고, 김병욱의 6대조 金啓源에 이르러 안동에서 문경으로 거처를 옮긴 이후 김병욱 집안은 완전히 향반이 되고 말았다. 그러므로 단순히 '안동 김씨'라는 점만으로 김병욱을 세도정치의 중심 '안동김문'의 일원으로 보기는 어려운 점이 있다.

그렇지만 김병욱은 1840년경 서울에 올라와 안동 김씨 세도정치의 중심인물이었던 金洙根(1798-1854)의 사랑에 거처하며 문객 노릇을 하면서 견문을 넓힐 수 있었으며, 1850년대 후반에 들어서는 孝定殿

奠監, 司憲府 監察, 掌樂院 主簿, 徽慶園令, 翼陵令 등의 관직을 거쳐 1862년에는 延豊현감에 제수되어 자신의 경륜을 펼칠 기회도 얻을 수 있었다. 1864년 연풍현감에서 물러난 뒤로는 더 이상 관직을 수행하지 못하고, 1867년에는 황해도 문화현으로 유배를 가는 등 순탄치 못한 삶을 살았다.

하지만 그는 어려운 시국을 풀어나갈 방도에 대해 깊이 고민하였고 그러한 고민의 성과를 세상에 알리기 위해 지속적으로 상소하는 등 세상에 적극적으로 참여하는 삶의 자세를 견지하였다. 그가 비록 고위관직에 나아가 자신의 경륜을 소신껏 펼치거나 전문적인 학술적 저술을 남기지는 못했으나, 그의 논설문, 상소문 등에는 경세문제에 대한 절실한 문제의식이 담겨 있어 일찍부터 사학계의 주목을 받았다.[1] 19세기에 대한 학계의 관심이 크지 않은 관계로 김병욱이란 인물이 아직까지 널리 알려지지는 못했으나, 그의 경세론이 어떠한 것이었는지는 선행 연구에 의해 상당한 정도로 밝혀질 수 있었다.

가장 앞서 김병욱에 대해 주목했던 김용섭은 김병욱의 아들인 광무시기 관료 金星圭(1864-1935)에 대해 연구하는 과정에서 김병욱을 발견하였다. 김성규는 광무시기의 개혁관료로서 당시 양전사업을 담당하였던 인물인데 그는 부친의 개혁적 경세론으로부터 많은 영향을 받았음을 김용섭은 밝혔다. 송찬섭은 김병욱이 구상했던 환곡과 사창 제도 개혁론의 수준이 대단히 높았음을 집중적으로 분석하였고, 김병욱이 지방관을 맡았을 때의 행적을 꼼꼼히 재구성하여 김병욱이 자신의 구상을 실현하기 위해 얼마나 철저하게 노력하였던가를 치밀하게 밝혔다. 노대환은 김병욱의 대외인식을 동도서기론의 관점에서 집중적으로 분석하여 김병욱의 사상이 이후의 개화파에게도 상당한 영향을 끼쳤다고 보았다. 이상 3편의 역사학 논문을 통해 김병욱의 삶과 사상은 상당 부분 밝혀졌다고 할 수 있다.

본고에서는 이상의 선행 연구를 발판으로 삼아 김병욱의 '글쓰기'에 주목해보고자 한다. 김병욱은 경세 문제의 해결에 집중하였던 인물이었으며, '문학' 방면에는 그다지 공력을 들이지 않았던 것이 분명하다. 그렇지만 김병욱의 글쓰기에는 여느 '文人'이나 '作家'에게서는 느끼기 어려운 강한 개성과 힘이 느껴지는 측면이 있다. 비록 글쓰기의 완성도나 예술적 성취에 대한 고려에서 나온 것은 아닐지라도, 김병욱의 글쓰기가 지닌 특이한 매력과 에너지에 대해서는 일정한 평가가 필요하다고 본다. 또 김병욱의 내면을 '작가의식'의 측면에서 접근하다 보면 기존의 연구에서 밝히지 못한 보다 내밀한 사유에 대한 이해도 가능할 것이다. 이러한 목적에서 본고는 먼저 본격적 분석의 바탕이 되는 텍스트 문제를 검토해보고, '작가의식'에 유의하여 그의 글쓰기의 특징을 살펴보도록 하겠다.

2. 간행본 『磊棲集』의 문제점

김병욱의 문집 『뇌서집』은 손자 김우진의 편집을 통해 1923년에 6권 2책의 신식활자로 간행되었으며, 현재 국립중앙도서관을 비롯한 여러 공공도서관에 소장되어 있다. 그런데 국립중앙도서관에는 이 간행본 이외에도 寫本 6권 2책으로 이루어진 『뇌서집』의 이본이 소장되어 있다. 이 사본과 간본을 전체적으로 대조해보면, 사본에 가필되어 있는 편집 지시 사항이 간본에 거의 전부 반영되어 있어, 이 사본은 간본의 대본이었음을 확인할 수 있다.

예컨대 사본에 나와 있는 작품 전체의 삭제 지시, 부분적 삭제 지시, 자구의 수정 지시가 간본에 그대로 반영되어 있는 것이다. 그 결과 사본에는 실려 있으나 간본에서는 볼 수 없는 작품이 상당수에 이르고, 부분적으로 삭제되거나 수정된 경우도 적지 않은 편이다. 따라서 김병욱의 글쓰기를 본격적으로 검토하기에 앞서 이 두 이본의 대조를 통해 연구의 底本 관계 문제를 검토하고, 나아가 간본의 편집 방향이 어떠한 것이었는가를 확인할 필요가 있다.

먼저 완전히 삭제된 작품을 살펴보면 그 현황이 다음과 같다.

권1(詩) 「贈和谷(族姪石均)」, 「戲贈募緣僧」, 「錦江官船次河西原韻」, 「待家信」, 「登六閣峴觀燈」, 「過槐山郡觀燈和徐石史」, 「伏次家親寄示韻」, 「石莊(金明覺)自徽陵來訪」, 「鄕友來訪」, 「次能坡台韻」, 「世人」, 「驟雨」, 「貝葉寺(敗寺也)」, 「兜率菴訪荷隱不遇」, 「荷隱朝而出見因與贈別」, 「書童折花而來 乃杜鵑紅也……」, 「柳絮」, 「蓮亭次原韻」, 「惜花」, 「大醉」, 「擬賞花」, 「衰病」, 「感懷」, 「次鶴撰」, 「患難後逢雲農」, 「梅下偶吟」 이상 26편.[2]

권2(詩) 「戲次駱山遊賞韻」, 「又與陶泉共賦」, 「會雲棧小屋」, 「贈別鄭鶴山還天安」, 「北部直廬夜會(三首)」, 「次人老妓韻」, 「庚辰十月二十三夜歎鄕信久絶」, 「白髮」, 「水春」, 「憎群兒偸梨」, 「喜梨盡兒止」, 「痛逆變(甲申十月日)」 이상 12편.[3]

권3(書) ※「附答書」(金炳學, 金炳國, 閔台鎬 등의 답서) 6편, 「上大院君書」 이상 7편.

권4(雜著) 「祭李道卿文」,「三敎論」,「投石論」,「斥和論」,「淸濁論」,
「一唐賀胡越一家表」,「擬殷傅說謝謚以用汝作霖雨表」
이상 7편.

권6(公文書) 「下帖校宮(癸亥正月十九日)」,「下帖校宮(正月二十三日)」,
「警示境內大小民人」,「營題」,「曺揆承孝行報辭」,「權
參奉柳延豐兩家開沓相訟事報辭」,「鄕校齋任以鄕約
辭稟目題辭」,「校任許馥以申崔兩漢逐出辭稟目題辭」,
「訟錢訟沓屬公事報辭」,「營題」,「再報」,「營題」이상
12편.

작품 수를 기준으로 볼 때, 삭제된 작품 수는 대략 전체의 15%에
해당되며 또 부분적으로 삭제된 경우도 상당하므로 전체적인 삭제 분
량이 상당하다고 할 수 있다. 이러한 삭제가 김병욱의 뜻이었는지는
확실히 알 수 없다. 그런데 삭제 표시된 작품들을 전반적으로 살펴보
면, 대체로 김병욱의 體貌가 손상되거나 時諱에 저촉되는 것을 우려
했던 후손들의 판단이 아니었을까 짐작된다.

예컨대 "예원의 유능한 시객 되기는 어려우니, 푸줏간의 술꾼 됨이
해롭지 않으리라(難爲藝苑能詩客, 不害屠門作酒徒)"(권1,「次能坡台韻」)라
거나 "애써봤자 되는 일 없을 것을 일찌감치 알았으니, 차라리 기생
집 비단 비파 곁에 누우리라(早知苦行無成立, 寧臥紅樓錦瑟傍)"(권2,「用前
韻自遣」)와 같은 대목을 삭제한 것은 아마도 김병욱이 행여 허랑한 술
꾼으로 비쳐질까 우려한 때문이었다고 생각된다.

또 간본의「梨園直中次板上韻(二首)」(권1)에는 첫째 수 말미에 "尾
聯漏"라고 표시되어 있고 실제로 미련이 생략되어 있지만, 초본에는

'누락'되었다는 미련이 온전히 실려 있다. 삭제된 구절은 "창피하여라 시골 출신은 벙어리에 귀머거리이거늘, 무희들은 쓸데없이 다투어 정재무용 공연하네(慙愧鄕生聾且瞽, 伶官徒爾競呈才)"이다. 구태여 이 대목을 삭제해버린 것은 아마도 김병욱이 시골출신이기에 정재악무를 감상할 문화적 소양을 갖추지 못했던 점을 감추고 싶었던 의도라고 짐작된다.

한편 간본에 수록된 「憲宗大王因山時輓章」에서 삭제 처리된 제5수를 사본에서 찾아보면 "동한 때의 성균관을 바야흐로 계승하여 중수하셨고, 서양 별종들을 모조리 쓸어내셨네(東漢辟雍方肯搆, 西洋別種盡除鋤)"라고 되어 있고, 이에 대해 "이 시는 성균관을 중수하고 邪學을 엄히 다스리셨으며 또 춘과가 지극히 공정했음을 칭송하였다(右頌重修泮宮嚴討邪學 又春科至公)"는 주석이 달려 있다. 이 작품은 헌종에 대한 만사로써 헌종의 업적을 기리는 성격을 지니고 있는데, 이 구절이 삭제된 것은 '西洋別種盡除鋤' 때문이 아니었을까 싶다. 『뇌서집』이 간행되는 20세기 초반에 이르러서는 19세기 전반에 일어났던 가혹한 천주교 박해에 대한 역사의 평가가 이전과는 달라져, 오히려 헌종이나 김병욱에 대하여 부정적인 인식이 생겨날 수도 있다는 우려가 작용하였을 것으로 생각되는 것이다.

그런데 다른 한편으로 권4에 소속되는 「三敎論」 같은 경우는 기독교에 대한 입장이 너무 관대한 점을 우려한 삭제가 아니었을까 싶다.

…… 유독 洋學의 무리들에 대해서만 이처럼 배척하고 끊어낸다면 저들이 어찌 구석으로 내몰린다는 탄식이 없겠는가? 내 생각으로는 의당 절집 세우는 것을 허락했던 것과 같이 해서 聖朝의 생명을 존중하는 덕을 드러내 보이는 것이 좋겠다. 이단을 공격하면 해로울 뿐이라는 공자의 가르

침을 되새겨야 한다."[4]

요컨대, 불교나 도교도 이단이기는 하지만 일정 정도 그 존재를 허용하고 있으니 '洋學' 즉 기독교에 대해서도 교회당의 설립을 허가해주자는 것이다. 편집체제를 고려할 때, 대략 1860년대 중반에 지어진 것으로 판단되는데, 이때는 아직 신미양요(1871)가 일어나지 않았으며, 대원군을 중심으로 하여 서양세력에 대한 단호한 배격이 시대정신을 이루고 있던 시절이었다. 그러한 상황에서 위와 같은 주장을 폈던 것은 대단히 파격적이라고 할 수 있겠다. 만일 이 글이 당시에 조야로 퍼져나갔다면 일반 유림들의 분노를 상당했을 것이며, 유림에 적잖은 파문을 일으키지 않았을까 짐작된다.

이처럼 한쪽에서는 기독교에 대한 탄압을 찬양한 내용이 삭제되고, 다른 한쪽에서는 기독교의 허용에 대한 논의가 삭제되는 등 일견 일관성이 없는 것이 아닌가 보이기도 한다. 그런 점에서 볼 때, 이는 역시 '가급적 물의를 일으키지 않도록 하려는 것'이 편집원칙이었음을 보여주는 사례가 아닐까 생각된다.

그리고 권3의 「附答書」가 모두 삭제된 것은 그 편지들의 내용이 실상 보잘 것 없기도 하거니와 김병욱의 비판적인 편지에 대해 金炳學, 金炳國, 閔台鎬 등 고위인사들이 내보인 고식적인 태도를 감추어주려는 의도가 아니었을까 생각된다.[5] 또 권5의 「鵬舍所見」에는 김병욱이 김병학 집안에 기거하며 직접 겪은 일들이 대거 수록되어 있는데, 그 가운데에는 김병학 일가의 입장에서 보았을 때 떳떳치 못한 점들도 있다. 그 가운데서 문제가 될 것 같은 부분은 간본에서 삭제했던 것[6]도 역시 같은 편집 방침이었다고 보인다. 이 밖에 사본에는 여러 곳에 걸쳐서 자구를 수정해놓았는데 대부분 단순 오탈자를 바로잡거나, 표현을 다듬기도 하고 인물의 호칭을 수정하는 내용이다. 이 문집이 일제시기에 간행되기는 하였으나 총독부를 의식한 자기검열은 없었던 것으로 판단된다.

간본을 내면서 삭제한 작품 가운데 그 성격이 가장 독특한 경우는 사본 권1에 편차된 "書童折花而來, 乃杜鵑紅也……"라는 말로 시작되는 긴 작품이 아닐까 한다. 본문은 고작 7언절구 28자 되는 짧막한 시인데, 그 서문(제목은 따로 없음)이 460여 자에 이르며 그 성격 또한 독특하다.

> 글방 아이가 꽃을 꺾어 왔는데 붉은 두견화였다. 내가 그것을 보고 놀라 말했다. "꽃이 벌써 폈느냐? 봄이 벌써 왔느냐? 봄이 오고 꽃이 폈거늘 나는 유독 돌아가지 못하는구나. 아 너 두견화야 너는 고향으로 돌아가지 못함을 한탄하지 말거라. 위아래 천 년 동안 강산 만 리에 걸쳐서 어디인들 네 자취가 미치지 않은 곳이 없었고, 해마다 오래된 가지에서 꽃을 피우지 않았느냐. 저 촉나라엔들 어찌 이 꽃이 없겠느냐? ……무어 깊은 한이 있어 피를 토하며 우느냐? 나야말로 무엇 때문에 이렇게 쫓겨났단 말이냐? ……이 몸의 남은 혼이 고향산천으로 돌아가고 온갖 산과 나무에 자취 남기기를 기약할 수나 있느냐? 나의 한이 너 두견보다 깊단다. 절통하고 비통하지 않겠느냐? 죽은 뒤에 다시 두견새가 되기 어렵다면 의당 어서 살아생전에 고향에 돌아가야 하리. ……어느 때고 돌아가기는 돌아가리. 내가 돌아갈 적에, 나는 빈산 달뜬 밤에 구슬피 우는 너를 비웃어주리라." 꽃이 나를 향해 웃는 듯하여, 나도 장난삼아 시를 지어준다……[7]

김병욱이 1867년 황해도 문화현으로 귀양 갔을 때 지은 이 작품은 유배된 처지의 비애를 두견화와의 대화라는 수법을 통해 유머러스하게 그려내고 있는데, 이른바 '小品趣'가 물씬 풍기고 있어 한 편의 독립된 산문으로 보아도 전혀 손색이 없다 할 수 있다. 지금까지의 연구에서 부각된 김병욱의 이미지는 치열하게 시대를 고민하였던 경세가의 면모였기에 이와 같이 가벼운 글을 지어내기도 하는 김병욱의 모습이 조금 생소하게 보이기도 한다. 그러나 한 사람의 작가로서 김병욱을 이해하고자 할 때, 이 글은 매우 중요한 자료라 할 수 있을 것이다. 그런데 이 글 앞쪽에는 "서문과 시를 여러 번 읽고서 감히 쪽지를 붙인다(序與詩, 讀之屢遍, 而敢付標紙)"라고 하는 편집자의 짤막한 노트가 적혀 있는 것을 볼 수 있다. 편집자로서도 이 글의 삭제에 앞서 깊은 고민이 있었음을 알 수 있는데, 선뜻 삭제를 결심하지 못했던 것은 이 글이 나름 문학적으로 흥미 있는 작품이었기 때문이었을 것이다.

이상과 같이 『뇌서집』의 두 이본을 검토해보면, 간본을 선뜻 '정본'이라고 판정하기는 어렵다고 보인다. 「三敎論」, 「淸濁論」 등의 중요한 글이 삭제된 것도 문제이거니와 문학적 흥취를 담은 글들을 삭제한 것도 오늘날의 시각으로 보면 아쉬운 선택이었다고 판단된다. 편집자의 의도와는 배치되겠지만, 사본에 실린 글들을 연구 대상에서 배제할 수도 없는 상황이다. 결국 현재로서는 '정본'이 없는 상태라고 할 듯하다. 향후 연구자들은 보다 세심한 주의를 기울여야 할 것이다.[8]

3. 비판적 글쓰기의 지향점

전통시대 유력한 가문의 사랑채에는 대개 '문객'이라 불리는 부류가 문전성시를 이루었다고 일반적으로 알려져 있는데, 공적인 국가체제가 이완되고 몇몇 유력 가문이 국정을 좌지우지하였던 19세기에 있어서 '문객'이라는 존재는 그 부정적 성격이 더 두드러진다고 볼 수 있다. 일률적으로 일반화할 수는 없겠지만, 공적인 인재등용 방식이 제대로 작동되지 않고 세도가의 입김에 의해 관직 진출여부가 결정되는 상황에서 獵官을 위해 세도가에 접근하는 '문객'들의 자세는 더욱 낮아질 수밖에 없고, 私的인 수단을 써서라도 정치적 영향력을 유지하기 위해서는 手足과도 같이 부릴 수 있는 문객들의 존재를 필요로 했던 세도가들의 요구가 결합함으로써 상황은 더욱 악화될 수밖에 없었을 것이다.

서두에서 언급한 바와 같이 김병욱은 안동김문 김수근의 문객이었다. 그리고 김병욱 또한 '陞鄕事錢', '解配錢'과 같이 부정부패에 연루된 돈에서 자유롭지 못한 처지였다.[9] 그러나 그는 자신의 떳떳치 못한 모습을 스스로 기록해놓은 것은 양심의 가책이 있었기 때문이었을 것이다. 나아가 그는 자신이 의지하고 있는 세도가들이 제 역할을 해내지 못하고 있다며 지속적으로 비판적인 글을 써서 보냈다. 이러한 점은 19세기 세도정치의 상황 속에서 매우 특이한 경우라고 생각된다. 아래에서는 먼저 그의 비판적 글쓰기가 어디를 향하고 있었던가를 살펴보도록 하겠다.

(1) '爲民'의식의 극대화

김병욱은 문객의 처지이면서도 세도가들에게 신랄한 비판을 담은 편지를 지속적으로 보내었다. 다음과 같은 글이 그 전형적인 예라 할 수 있다.

……相公께서는 어찌 나라를 위해 모든 것을 바치는 의리를 생각지 않으시고, 스스로 尸位素餐을 하려 하십니까? 지금 朝野에서는 상공이 어질다고들 합니다. 모르겠습니다, 상공께서 무슨 사업을 이루셔서 그런 말들을 하고 있는 것입니까? 다만 德量이 사람을 감동시켰기 때문일 것입니다. 그러나 덕량이라는 것은 상공 개인의 덕량이고, 사업이라는 것은 국가의 사업입니다. 상공께서는 다만 개인적인 덕량만을 지녔을 뿐이요, 국가의 사업과는 아무 관련이 없습니다. 그렇다면 仙源, 淸陰 이하 여러 선조들께서는 어쩌면 저렇게 힘들게 나라를 위해 목숨을 바치셨단 말입니까? 성공과 실패는 하늘에 맡기고 성심으로 이해를 돌보지 않는 것이 상공의 家法 아닙니까?[10]

이 글은 김병욱이 김수근의 아들 金炳國에게 보낸 편지로, 김병국이 우의정에 올랐던 1875년 이후에 작성된 것으로 보인다. 편지의 내용은 김병국의 保身的 태도를 비판하는 것인데, 그 어조가 매우 신랄하다. '시위소찬'[11]이란 단어의 강한 뜻이 두드러지거니와 사적인 은혜를 베풀어 덕망을 쌓기나 할 뿐이요, 국가적인 사업에는 아무런 기여도 하지 않는 것이 아니냐는 비판의 내용이 대단히 날카롭다. 게다가 안동김문의 정신적 지주라 할 수 있는 金尙容(1561~1637)과 金尙憲(1570~1652)을 거론하며 압박하기까지 하였으니, 듣는 입장에서는 모욕감을 느꼈을 법도 하다. 아무리 김병욱이 김병국과 같은 촌수의 一家라 하여도, 이는 쉽사리 할 수 있는 말은 아닐 것이다. 그리고 만약 김병욱이 김수근, 김병국 부자의 권세를 이용해 사적 이익을 채우려는 마음이 있었다면 이러한 말은 결코 할 수 없었을 것이라 생각된다. 이러한 성격의 편지를 김병욱은 수차례에 걸쳐서 보내었다.

……지난 을해년(1875) 상공께서 우의정이 되셨다는 소식을 듣고 기뻐 잠을 자지 못하고 총총히 길을 나서 소매 속의 책자를 올리며 시행해주시기를 바랐습니다만, 相公께서는 모두 옳으나 아직 때가 아니라고 하셨습니다. 이에 물러나 기다렸습니다. 그러나 상공께서 누차 임금님을 만나 뵈었습니다만, 聖學을 권면하는 데 그칠 뿐 지금 세상의 문제를 해결할 방도에 대해서는 하나도 거론하지 않았습니다……[12]

역시 김병국을 수신인으로 하는 편지이다. 위의 글에 견주어 어조는 다소 온건하나 내용은 여전히 날카롭다. '성학을 권면' 운운하는 대목은 군주(곧 성인)의 一心이 바르기만 하다면 모든 천지의 운행이 바르게 된다고 하는 性理學의 상투적 언설을 지칭하는 것이다. 이미 현실 대응력을 상실한 성리학의 권위 뒤에 숨어 아무런 책임 있는 정책을 수행하지 못하고 있는 김병국의 안이한 태도를 김병욱은 여지없이 비판하고 있는 것이다.

한국 한문학에서 비판적 글쓰기의 전통은 매우 풍부하다 할 수 있다. 그 가운데 두드러지는 예로는 국왕의 실정을 날카롭게 비판하는 내용을 담은 상소문을 들 수 있다. 그런데 그러한 글쓰기가 이루어지는 배경에는 대개 '君權'과 '臣權'의 대립 구도가 전제되어 있으며 대개 뜻을 같이 하는 '臣'의 집단 속에서 나오는 것이 일반적이지 않은가 한다. 또 실록에는 특정 세력가를 공박하고 탄핵하는 내용을 담은 상소문들도 많이 볼 수 있는데 이런 글들은 많은 경우 정쟁의 일환으로 작성되는 것이 일반적이다. 그래서 이런 글쓰기는 많은 경우 '집단적 자아'가 화자로 내세워진다고 할 수 있다.

그런데 김병욱의 경우는 자신이 의지하고 있는 세도가를 향한 비판이라는 점에서 유례를 찾기 어렵다 할 수 있고, 또 그 글쓰기에서 수행하는 비판이 수신인을 '탄핵'하는 것이 아니라, 종국적으로 '설득'하기 위한 것이라는 점이 또한 특이하다 할 수 있다. 무엇보다 세속적인 '은혜'를 입고 있는 대상을 향한 개인적 글쓰기에서 수행하는 비판이므로 다른 어떤 경우보다 그 의도가 순수하다고 보아도 좋을 듯하다.

이처럼 김병욱이 치열하게 비판적 글쓰기를 감행한 데에는 나름의 절박한 소명의식이 있었기 때문이었다고 생각되는데, 그것은 자신이야말로 당대 民이 처한 현실을 누구보다 잘 알고 있다고 하는 자각이 아니었을까 싶다.

> 내가 일찍이 聞慶邑 백성들의 고통에 대해, 潁漁(김병국-역자)에게 이야기하니 영어는 그 번다함을 괴로워하며 꾸짖어 말했다. "나는 백성을 진실로 위하는 사람을 보지 못했다. 그대는 어떤 사람이기에 말끝마다 백성 타령인가? 이것이 어찌 자신에게 이로운 것이겠는가? 끝내 스스로에게 해가 되고 말 것이다." 내가 말했다. "다른 곳 백성은 제가 잘 모릅니다만 문경 백성에 대해서는 제가 눈으로 그 애통한 참상을 보았습니다. 그들을 도울 수 있는 기회를 맞이하여 힘을 쓰지 않는다면 어찌 사람의 마음이라 하겠습니까? 만약 백성들에게 이로움이 된다면 비록 제게 해가 되더라도 기쁜 마음으로 받겠습니다." 영어는 이에 측은히 여겨 내 부탁을 들어 주었다. 문경 백성들이 지금껏 다소 편안히 지내는 것은 모두 영어의 은혜이다. 그러나 내가 구설에 휘말리고 화를 입은 것은 실로 이 일에 연유한 것이다. 지금 생각해보면 영어는 과연 선견지명이 있었던 것이며, 나는 그저 내 살을 베어 보시하는 중이 되고 말았다고 할 수 있다.[13]

김병욱의 고향인 문경 지방의 환곡제도가 큰 사단을 일으키고 이를 해결하기 위해 김병욱이 백방으로 노력하였던 전말은 선행 연구에 소상히 밝혀져 있다.[14] 위 자료는 김병욱이 유배지에서 과거 문경 시절을 회상하면서 쓴 것으로, 김병국의 도움에 의해 문제를 해결할 수 있었다는 것이 글의 요지이다. 표면적으로는 김병국에 대한 고마움을 드러내고 있으나, 김병국의 세속적이고 타협적인 태도가 오히려 두드러지는 것이 흥미로우며, '爲民'이라고 하는 유학의 핵심 가치가 이 시대에 이르러 形骸化되었음도 실감케 해주고 있다. 이에 비해 김병욱이 자신은 문경 백성들의 '哀痛之狀'을 잘 알고 있으며, '可救之機'를 앞에 두고 가만히 있을 수 없다는 언급은 지방과 중앙의 상황을 잘 알고 있던 그의 입각점을 함축적으로 보여주고 있다. 주지하듯 조선 후기에 들수록 '京鄕의 分岐' 현상이 고착화되어 가는 상황에서, 김병욱처럼 지방과 중앙의 양쪽 상황을 모두 잘 알고 있는 경우가 흔치 않았을 듯싶다. 이러한 점이 김병욱에게 소명의식을 심어주고 士意識의 적극적 실천으로 이끌었던 것이 아닐까 생각된다.

김병욱은 역시 세도가라 할 수 있는 閔台鎬(1834-1884)에게 보낸 편지에서도 "저는 시골 사람입니다. 눈으로 民生의 艱難을 직접 보아 마음으로 애통해하고 있습니다(盖炳昱田野人也, 目見民生之艱難, 心竊哀痛之)"라고 말하기도 하였으며,「聞慶縣捄弊顚末」에서는 문경 백성들의 육성을 다음과 같이 전하였다.

……정사년(1857) 봄 覲親하는 길에 陣場店에 당도하니 고을 사람들이 꾸역꾸역 읍내로 들어가고 있었다. (한 사람이 말하였다-역자) "이제 우리들은 모두 죽었습니다. 首吏인 錢아무개가 고을 수령에게 종용하여 농지에다가 환곡의 부족분을 부과하려고 합니다. 매 결마다 5냥씩 징수해서 만 냥을 마련하겠답니다. 이제 그 돈으로 三錢還으로 분급하고 나머지 7, 8천

냥은 그들의 주머니로 들어가겠지요. 이 일로 지금 향회에 참석하라는 명령이 내렸는데 만일 들어가지 않으면 먼저 봉변을 당할 것이고 반대를 하면 즉시 몸이 부서지고 말 것입니다. 19년 동안 시달림을 당한 끝에 이런 착취를 당하게 되었으니 어찌 죽지 않을 수 있겠습니까?"[15]

현대 문화론에서 하나의 警句처럼 통용되는 "하위주체는 말할 수 있는가?"라는 말이 함축적으로 보여주듯, 역사의 기록은 전적으로 지배 집단의 목소리만을 들려줄 뿐이다. 한국 한문학에서 '서사한시'의 성과를 중시하는 것도 부분적이긴 하나 하위주체가 등장하기 때문이라고 할 수 있을 것이다. 그러한 점에서 직접화법을 써서 백성들의 목소리를 생생하게 담은 위 글은 그 자체로 소중한 글쓰기 전통이 아닐 수 없다. 또한 이처럼 백성들의 목소리를 생생하게 들을 수 있는 위치에 있었다는 점이 김병욱을 이해함에 있어서도 핵심적 요소라 할 수 있지 않을까 한다. 김병욱은 유배지에서 자신의 생각을 정리하여, 당시의 民, 國, 君, 世祿家(세도가)의 관계를 다음과 같이 일반화시켜 표현하였다.

世祿의 법을 쓰면 '國'에는 이롭지만 '民'에게는 불리하다. 어째서 그런가? 대개 世祿의 집안은 모두 이 나라를 위해 절의를 바친 자들의 후손이다. 이 '國'이 존속하면 그 '家'도 존속하고, 이 '國'이 망하면 그 '家'도 망한다. 그러므로 비록 서로 분당을 해서 서로 살육을 하더라도 '國'을 위하는 마음은 처음부터 다름이 없다.

그런데 문벌이 이미 높아지면 교만과 사치가 절로 생겨 항상 자기 집안이 부족할까 걱정을 하게 되니 백성의 고통을 돌볼 겨를이 있겠는가. 비록 백성을 벗기는 학정을 펴더라도 요행히 다른 쪽의 구원이 따른다. 시험 삼아 세상에서 탐학으로 이름난 자들을 보면 모두 '世祿家' 사람이다. 아, '君'은 '國'에 의지하고, '國'은 '民'에 의지한다. '民'이 망하면 '國'도 따라서 망하게 된다. ……내가 보건대 '世祿家'가 만일 자신의 가업을 길이 보전하고 싶다면 '吾民' 보기를 응당 '吾君' 보듯이 함이 가할 것이다.[16]

이 인용문에서는 말미에 나타나는 '民'을 '君'과 동일시하는 높은 수준의 민본의식도 주목되지만, 더욱 흥미로운 점은 '세도가'들이 비록 잔인한 정쟁을 일삼고 백성들의 안위는 안중에도 없지만, 모두 '國'을 위하는 마음에는 다름이 없다고 말하는 대목이다. 세도가들은 '國'을 위해 절의를 바친 공신의 후예들이므로, 스스로 '國'과 더불어 공동의 운명체라고 여긴다는 것인데, 여기서 한걸음 더 나가게 되면, 자신의 '家'가 잘되는 것이 결국 '國'이 잘되는 것이라는 논리가 도출되고, 자신의 '家'를 위해 '民'을 착취하는 것도 결국은 '國'을 위하는 것이라는 허위의식에까지 이를 수 있다. 김병욱의 비판은 이 지점을 향하고 있다고 보인다. 자신들이 '國'을 지탱하는 중추라고 스스로 명분을 내세우지만, 사실은 나라를 갉아먹는 주범이 바로 세도가라는 점을 김병욱은 밝혀 말하고 있는 것이다. 그리고 김병욱의 비판이 세도가의 특정 인물에만 국한되는 것이 아니고 사회의 구조적인 문제에 이르고 있다는 점도 주목을 요하는 내용이다.

(2) 능동적 외세 대응 요구

김병욱의 치열한 비판적 글쓰기는 '爲民'이라는 주제 이외에도, 당시 집권층이 고식적인 태도로 일관하고 있던 '對外關係' 분야에서도 지속적이면서도 심도 있게 수행되었다.

아래의 자료는 김병학에게 보낸 편지글이다.

지난 신유년(1861) 섣달 저는 마침 장악원에서 숙직을 하고 있다가 북
쪽의 급보를 듣게 되어 밤에 잠을 잘 수 없었습니다. 편지에 대책을 적어
季氏 閣下(김병국-역자)에게 올렸으나 답을 받지 못했습니다. 지난해 겨울
에는 매일 밤 (김병학과 함께-역자) 이야기를 나누었는데 화제가 그 일에
이르러 저의 소견을 대략 올렸었습니다. 제가 고향에 돌아와 봄에 일어났
던 소식을 들었을 때는 이미 조정의 처분이 있었습니다. 여름에 뵈었을 때
수습책을 올렸으나 채택 받지 못해 오늘과 같은 사태가 생기고 만 것입니
다.[17]

이 편지는 1866년에 보낸 것이다. 여기서 '북쪽의 급보'란 러시아
의 함대가 원산에 와서 통상을 요구했던 사건을 가리키고, '봄에 일어
났던 소식'은 조선에 들어와 있던 프랑스 선교사를 처형하였던 사건
을 가리킨다. 이 편지에서도 김병욱은 김병학에게 자신이 수년 전에
이미 대외 관계에 대하여 특단의 대책을 시행해야 한다고 건의하였음
에도 왜 아무런 조처도 시행하지 않고 세월만 보내고 말았는가를 질
책하고 있다. 김병욱과 같은 향촌 출신 인사가 대외관계에 대해서도
이와 같은 목소리를 낼 수 있었던 것은 서울에 올라와 새로운 정보를
접하면서 이 문제에 대해 꾸준한 관심을 갖고서 고민을 하였기 때문
이라고 보인다. 그는 만년에 자신이 몸소 목도하였던 대외관계에 있
어 큰 사건들을 정리하여 『記變』이라는 책자로 정리를 하였던 것으로
보이는데, 그 서문에서 다음과 같이 말한 바 있다.

늘 일어나던 일이 뒤집혀 예측할 수 없음을 변고라 한다. 근일의 시사는

곧 변고 가운데서도 큰 것이라 할 수 있다. 병인년(1868) 이후로 내가 의론한 것들이 어떤 것은 적중하고 어떤 것은 그렇지 못했는데 그 대의는 요컨대 미리 경계하고 염려하자는 것이었다. 지금 한가한 가운데 그동안 논했던 바를 모아서 한 편을 만들어 '기변'이라 이름 지어 뒷날의 감계로 쓰고자 한다.[18]

현재 『기변』이라는 책은 전하지 않고 그 서문만이 문집에 실려 있는 상황인데, 김병욱이 그러한 책자를 엮었다는 사실을 통해 그가 대외관계에 대해 오랜 기간에 걸쳐 지속적인 고민이 있었음을 알 수 있다. 또 위 구절 가운데 "어떤 것은 적중"하기도 하고 그렇지 않았다는 말을 통해 그의 생각이 일정하게 발전하였음도 짐작해 볼 수 있다. 앞의 2절에서 언급했던 「三敎論」에서는 김병욱이 제한적이나마 기독교의 포교를 허용해야 한다는 파격적 생각을 지니고 있었음을 볼 수 있었지만, 1870년대 전반까지만 해도 김병욱은 '서양 오랑캐'와의 통교를 반대하는 입장이었음이 분명하다.

……지금 日皇이 망령되이 스스로 높이는 것을 보고서 족히 꾸짖을 것이 못된다며 그대로 날뛰도록 둔다면, 만일 저들이 '폐하'라 칭하거나 '陛字'라 칭하라 하더라도 또한 족히 꾸짖을 것이 못된다면서 편안히 받아들이겠습니까? ……저 서양 오랑캐가 필시 우리를 엿보는 것이 진실로 오래되었습니다. 필경 일이 벌어지고야 말 것이니 이는 피할 수 없습니다. 그렇다면 순순히 받아들여 얕보이는 것이 낫겠습니까, 아니면 정도를 지켜 저들의 간사한 싹을 미리 꺾는 것이 낫겠습니까?[19]

이 자료는 1875년에 작성한 「論時弊仍進五策疏」의 일부이다. 이

때는 메이지유신 이후 일본이 외교문서 양식을 크게 바꾸었기에 우리 측이 그러한 외교문서를 받아야 하는가를 두고 논란을 벌였던 이른바 '書契接受 문제'가 현안이었다. 이 문제에 대한 김병욱의 입장은 '접수 불가'였음을 위의 자료는 보여주고 있으니, '洋賊'에 대한 적개심이 문면에 여실히 드러나고 있다. 다만 김병욱은 일본과 서양 세력의 침략에 대비하는 실질적인 준비가 있어야 하는데 그러한 준비는 아무것도 하지 않고 말로만 대명의리를 다짐하는 당시의 분위기에 대단히 비판적인 입장이었다. 다음 자료는 앞에서 보았던 김병학에게 보낸 편지의 앞부분에 있었던 내용이다.

> (서양인들은-역자) 만 리 바닷길을 마치 평평한 길 보듯 하여 육지에서 달리는 것 보다 빠릅니다. 북경성이 견고해서 그들이 들어가지 못했단 말을 듣지 못했고, 일본 바다가 험하여 그들이 다니지 못한다는 말을 듣지 못했습니다. ……그들이 와도 두려울 것이 없다는 이야기는 서양국가에서 요구하는 것이 북쪽 오랑캐가 요구하는 것과는 다르다는 것에 불과합니다. 그러나 우리가 죽인 그 사람들이 전후로 몇 명입니까? 그들이 잃은 재산은 일단 중국에 미루었다가 분할상환하면 될 수도 있다지만 죽은 인명들에 대해서는 그들이 어찌 우리나라에 그대로 맡겨두어 보복하지 않는단 말입니까?[20]

이 당시 김병욱은 북경이 서양에 의해 함락되었던 일(1860)이나 일본의 개항에 대해 이미 알고 있었음을 확인할 수 있다. 그리고 '우리가 해친 그 사람'이란 그동안 조선에서 살해된 선교사들과 그 해에 있었던 셔먼호 격침 사건 등을 지칭하는 것이라 생각된다. 요컨대 김병욱은 미구에 서양의 침범이 있을 수밖에 없으니 대비하지 않을 수 없다는 주장으로, 당시 아무런 대비도 하지 않고 있던 조정의 처사를 강력하게 비난하고 있는 것이다.

교착 상태에 빠져 있던 '서계 접수 문제'는 결국 1876년 '강화도 조약'이 전격적으로 체결됨으로써 자동적으로 해소되었다. 이때에 김병욱은 조약은 불가피하게 체결되어야 한다고 보았지만, 여전히 아무런 대비도 하지 않던 조정에 대해서는 더욱 비관적인 전망을 하였다.

　　……지금 이 일본인은 또 하나의 오랑캐이지만 다시 이전의 우호를 닦는다고 하니 이는 아름다운 일인 듯하다. 저들이 이미 스스로 세계에서 건방진 말들을 고쳐 우방과의 격식으로 맞추었는데 우리가 만약 문을 닫고 약속을 끊는다면 이는 잘못이 우리에게 있게 되는 것으로 延廣의 무모함에 지나지 않아 橫磨의 칼날도 믿을 수 없을 것이다.[21] 차라리 이를 인해 잘 대해주어 사신이 왕래토록 하는 것이 진실로 옳은 계책이라 하겠다. 하지만 어찌 이렇게 신중히 헤아리지 않아 만만하게 보이고 말았는가. 앞으로 몇 년 지나지 않아 닥쳐오는 화란이 장차 壬辰年보다 심하리라.[22]

이 글을 보면 김병욱은 아직 일본을 오랑캐로 보는 화이관의 편견을 벗어나지 못하고 있지만, 현실적인 외교관계에서 볼 때 일본과 수호하지 않을 수 없다는 점은 인정하고 있다. 그러나 교섭의 과정에서 일본에게 주도권을 내어주고 말았으니 장차 임진왜란(1592)보다 더 큰 화란이 닥칠 것이라는 우울한 전망을 하고 있다. 이후의 역사가 그의 예상대로 전개되고 말았으니 그의 통찰력은 상당히 냉철한 것이었다고 하겠다.[23]

그런데 1880년 일본에 수신사로 갔던 김홍집이 黃遵憲의 『朝鮮策略』을 가지고 들어와 소개함으로써 조선의 지식인들도 널리 그 책을 접하게 되었는데, 김병욱은 그 책을 읽고서 그때까지의 우울한 전망에서 벗어나 새로운 희망을 발견하게 되었던 것으로 보인다.

　　전에 사람들이 혹 북쪽이 걱정이라 해도 나는 또한 헛소리라고 생각했다. 작년에 일본 사신이 왔을 때도 북쪽이 걱정이라는 말을 들었지만 또한 헛된 위협일 것이라 여기며 오로지 일본인들의 음흉함을 의심했다. 이제 黃遵憲의 책략을 보고서야 비로소 천하 시세에 대해 알게 되었다. 나는 시골 사람이다. 애초에 일본 사람들의 얼굴도 본 적이 없다. 하물며 그들의 말을 들어본 바가 있었겠는가? 그 얼굴을 보고 그 말을 듣는다면 어찌 그것이 진심인지 거짓인지 알 수 없겠는가? 그 때에 일본 사신이 실정을 토로하며 간절히 말할 뿐만이 아니었는데도 우리 조정이 끝내 의심했던 것은 어째서일까?[24]

이 자료를 보면 김병욱이 이 시기에 이르러 화이관에서 확연히 벗어났음을 확인할 수 있다. 일본을 더 이상 이적으로 취급하지 않고 있는 것이다. 그러나 그 태도가 너무나도 순진하다는 점을 지적하지 않을 수 없다. 『조선책략』의 내용을 문면 그대로 신뢰하고 있는 것이다. 그런데 이러한 점은 이후 鄭觀應의 『易言』을 접하면서 어느 정도 극복될 수 있었던 것 같다.

　　이제 중국인 杞憂生이 시국을 논한 저술 한 책을 보니 제목이 〈易言〉이다. ……器는 서양의 法을 쓰고 道는 공자의 가르침을 지키자고 하니 어찌 좋고도 좋지 아니한가! ……저 泰西 여러 나라 가운데 영국이 가장 강하고, 미국과 프랑스, 러시아가 모두 그에 맞설 만하다. 영국인은 잘 속이고 프랑스인은 사납고 러시아인은 음흉하다. 모두 마땅히 겉으로는 우호를 내세우더라도 속으로는 방비를 잠시라도 소홀히 할 수 없다. 그 가운데 미국인은 신의가 있고 예를 지키니 응당 화목하게 지내야 한다. 일본인은 먼 나라와는 화친을 맺고 가까운 나라를 공격하니 방비하지 않을 수 없다.[25]

이 시기에 이르러 김병욱은 '동도서기'의 논리를 받아들였으며, 미국에 대한 환상을 가지고 있기는 하지만 세계가 일본을 포함한 열강들의 양보 없는 각축장임을 비로소 인식하게 되었음을 볼 수 있다. 이처럼 김병욱은 『조선책략』, 『이언』 등의 서적을 통해 생각이 크게 변하여 갔는데, 이러한 점은 이른바 '개화파'들의 사상 경로와 대략 일치하는 것으로 보인다.[26]

그러나 1882년 임오군란이 일어났을 때, 김병욱의 입장은 '개화파'와 갈라서게 된다. 주지하듯, 임오군란이 일어나자 金允植과 魚允中 등 개화파를 대표하는 인사들은 앞장서서 淸의 파병을 이끌어내었다. 그러나 김병욱의 생각은 그들과 달랐다. 다음은 임오군란 당시 잠시 권력을 회복하였던 시절의 흥선대원군에게 김병욱이 보낸 편지글이다.

……생각건대 국내의 소요를 장차 어찌 수습할지 모르겠습니다만, 저 외국 군대들이 장차 가득히 바다를 건너올 터인데 이것을 어떻게 할 것입니까? 들으니 일본의 공사가 지금 인천항에 있다고 하니 해결의 기미가 여기에 있습니다. 즉시 일본 공사를 초청하여 마음을 진정시키고 위로하소서……."[27]

김병욱이 외국 군대의 진주만은 반드시 막아야 한다고 생각하였음을 이 자료는 보여주고 있다. 일본 공사를 위로해야 한다는 것은 곧 일본 군대의 출동 명분을 주지 않기 위한 것이니, 일본 군대의 출동은 곧 청군의 개입을 불러오리라는 것을 김병욱은 예견하였던 것이라고 생각된다. 청나라 군대가 실제로 서울에 진주하게 되자 김병욱은 이러한 상황을 비판하여 "서울의 위기가 심각함에 이르러, 중국의 군대가 구름처럼 진을 쳤네. 스스로를 도모하지 못함 참으로 부끄러우니, 남의 도움으로 보존되었다는 말 퍼지지 말았으면."이라고 비분강개하였다.[28] 이러한 김병욱의 태도에 견주어 보면 김윤식 등의 입장은 상당히 '몰주체'적이다.[29] 또 이른바 金玉均 등의 '급진 개화파'가 일으켰던 갑신정변(1884)에 대해서도 김병욱은 "賊臣이 도둑을 끌어들여 서울에 변고가 일어나, 자객이 홀연 임금 곁에서 횡행했네."[30]라고 시를 지어 비판하였는데, 여기서 '도둑'은 일본 군대를 지칭할 것이다.

이처럼 김병욱은 '개화'가 필요하다고 보았으나, '개화파'와는 같은 길을 가지 않았다. 이러한 차이는 어디에서 연유한 것일까? 확언할 수는 없겠으나, 필자로서는 이 문제를 京鄕을 두루 체험하였던 김병욱의 인생 역정과 연관 지어 이해하고 싶다. 주로 서울에 거처하며 외국의 사정에 밝지만 민중들의 입장과는 유리된 개화파의 입장이 무엇인지 소상히 알았고, 주로 향촌에 거처하며 민중들의 소박한 애국적 정서를 대변하지만 식견이 고루할 수밖에 없었던 척사파의 입장이 무엇인지 김병욱은 두루 알 수 있는 처지였다고 보는 것이다. 일견 '개화'와 '척사'는 서로 모순적이지만, 실로 우리 민족에게는 이 두 지향을 보다 높은 차원에서 아우르는 역사의식이 절실히 요청되었다고 볼 수 있다. 이 역사의식의 결여가 결국은 식민지로 연결되었다고 할 때, '개화'와 '척사' 사이에서 긴장감을 놓지 않았던 김병욱의 태도는 매우 소중한 역사적 자산이 아닐 수 없을 것이다.

4. 自負와 自嘲가 공존하는 내면의식

김병욱의 손자 金灝鎮은「磊棲府君家狀」에서 자신의 조부의 인품에 대해 다음과 같이 말하였다.

일에 임해 반드시 먼저 그 是非가 어떠한지를 살펴서 마땅한 도리에 합당하다면 비록 천만인이 막더라도 스스로를 믿고서 돌아보지 않고 용맹하게 곧장 앞으로 나갔으며, 사람을 볼 때는 반드시 먼저 그 마음의 邪正을 살펴서 아부하는 기색을 보게 되면 비록 천만인이 칭찬하더라도 마치 자기를 더럽힐 듯이 여겨 그와 더불어 사귀지 않으셨다.[31]

『孟子』에 나오는 표현[32]을 가져와 김병욱의 강직한 면모를 설명하고 있는 대목이다. 손자가 조부에 대해 쓴 글이므로 분명히 여기에는 우호적 과장이 개입되어 있다고 봐야 할 것이다. 그러나 위에서 살폈던 김병욱의 글쓰기를 감안할 때, 이러한 설명이 김병욱의 실제 모습과 전혀 관련이 없다고 말할 수도 없을 듯하다. 김병욱의 글쓰기에는 맹자를 연상시키는 면모가 있는 것이 사실이다.

……저는 거의 죽을 지경에 있습니다만 所懷가 있습니다. 얼굴을 맞대고 말씀 드리지 못하여 이에 편지로 올리니 이는 중흥의 커다란 대책입니다. 제가 이 방법을 알고 있으면서 상공께 고하지 않는다면 이는 은혜를 입어 아는 것을 알리는 의리가 아닙니다. 그리고 상공께서 만약 이 방법을 알면서도 우리 임금님께 고하지 않는다면 이는 나라와 영광을 함께 하는 도리가 아닙니다. ……제 말이 행해지느냐 행해지지 않느냐에 따라 국가의 일어남과 일어나지 못함이 판가름 납니다.[33]

이 자료는 1867년 김병학에게 보낸 편지이다. 자신의 건의가 받아들여지느냐에 따라서 나라의 안위가 결정된다는 말은 마치 맹자가 "성인이 다시 나와도 나의 말을 따를 것이다(聖人復起, 必從吾言矣)"라고 말했던 것과 방불한 자신감을 드러내고 있다. 그리고 다음 자료는 맹자의 '浩然之氣'를 연상시킨다.

……평소의 뜻을 돌이켜 생각하면 서글프기는 서글프지만 천지귀신에게 질정컨대 나는 다른 것이 없다. 몸은 비록 오늘 죽어도 오히려 죽지 않는 기운이 있어 가히 천백 년이 흘러도 민멸되지 않을 것이다. 이는 스스로 義剛의 기운이라 여긴다. 나의 이 혈기를 받은 후손들이 이 기운을 잃지 말고 대대로 지킨 연후에 한미한 가업이 다시 일어나게 되기를 바란다.[34]

유배지에서 저술한 필기 「鵬舍所見」의 한 대목이다. 자신의 氣가 至大至剛하다는 자부가 대단하다고 할 만하다. 이러한 到底한 자부가 있었기에 치열하고 절박한 글쓰기가 가능했을 것이다. 손자 김호진도 김병욱의 이러한 면모 때문에 家狀을 지을 때 맹자의 이미지를 조부에게 투영했을 것이다.

그런데 위 인용문에 '서글프기는 서글프다(悲則悲)'는 표현에 압축적으로 나타나 있듯이, 김병욱에게는 자신의 치열한 고민을 세상에 펼칠 마땅한 수단이 없는 처지였다. 그 자신 한미한 향반 출신으로서 기대할 수 있는 방도라고는 세도가의 마음을 움직여보는 것밖에 없으나, 그것은 애초에 한계가 뚜렷할 수밖에 없었다고 보아야 할 것이다. 그러므로 자부가 높을수록 자조는 깊을 수밖에 없었다. 이러한 점에서 기인한 자조적이며 비애감 넘치는 글쓰기는 『뇌서집』의 중요한 부분을 이루고 있다.

自知浪跡堪垂釣　　떠도는 이내 신세 낚싯대나 드리우면 그만인데

何意侯門强曳裾　　어찌하여 재상 댁에서 구태여 바지자락 끌고 있나.

驥老猶懷千里志　　준마는 늙어도 천 리를 달릴 뜻을 품나니

低頭不肯效黔驢　　하찮은 재주 부리는 짓일랑은 따라 하지 않으려네.

(卷1, 庚暑遣悶)

　이 시를 지은 때는 김병욱이 처음으로 벼슬을 시작했던 1860년이었다. 세도가에서 문객 노릇하는 자신의 신세에 대한 비애가 드러나고 있으나, 자신의 높은 이상을 저버리지는 않겠노라는 다짐도 살펴볼 수 있다. 김병욱은 자신의 주체를 단단히 간직하려는 자세를 견지하면서 자신의 영혼을 세도가에게 팔지 않으려 애썼던 것으로 보인다. 서울의 세도가들이 경치 좋은 곳의 정자를 서로 차지하기 위해 다투던 세태를 풍자하여 "구름과 바람의 풍광 또한 권세를 따르는지, 장씨네 누대에 홀연 이씨의 이름이 걸려 있네(雲物風光亦隨勢, 張樓忽掛李家巾)"(권1, 城中諸家園亭)라고 세도가들의 부박함을 조롱하였던 데서도 그러한 자세를 확인할 수 있다. 그러나 김병욱과 같은 문객이 주체적 자부심을 유지하기는 쉽지 않았을 것이다. 다음은 1867년 유배지에서 쓴「自嘲」라는 제목의 시의 일부이다.

東國磊棲子　　　동국의 뇌서자

天下大男兒.　　　천하의 대남아로다.

自謂才有用　　　재주는 쓰임새 있고

又是計好奇.　　　계책 또한 매우 기특하다네.

……

自譽實自嘲　　　스스로 치켜세움 실은 스스로 비웃음이니

是志在是詩.　　　이런 뜻을 이 시에 담노라.　　　　　(卷1, 自嘲)

　　이 시는 5언 31구로 구성된 장편고시 형식을 취하고 있는데, 자신의 '自負'를 조롱하고자 작심하고서 붓을 들었던 것이라 생각된다. '東國', '大男兒', '好奇'와 같이 과도하게 큰 뜻을 담은 시어들을 연속해서 사용함으로써 풍자의 효과를 배가시키고 있다. '悲則悲'의 마음이 자조적 목소리로 터져 나온 것이라 볼 수 있을 것이다. 김병욱은 1877년 올린 「再疏」에서 "신의 미천함은 온 조정이 알고 있는 바입니다. 이름 높은 가문이지만 집안은 몰락하여 향촌의 학구가 되어 이미 공령문도 익숙치 못하니 어찌 다시 문학을 이야기할 수 있겠습니까? 외람되이 작은 음직을 맡았던 것도 과분한 일이었습니다."[35]라고 하였던 데서는 그의 콤플렉스가 무엇이었는지 직접적으로 드러나고 있다.

　　그러한 상황에서 "부질없이 나라가 부유해지도록 애썼나니, 배고프고 한미한 내 신세가 도리어 애처롭구나(謾爲國家營富足, 還憐身勢在飢寒)"(「戲與兒曹共賦」)라고 토로하거나, 길가에 버려진 절구통을 보고서 "오래도록 주인을 위해 방아를 찧었건만, 한번 몸통이 상하자 길가에 버려졌네(久爲主人舂作地, 一因身敗棄之途)"(권1, 「敗臼」)라고 자신의 처지를 버려진 절구에 투영하는 것은 충분히 이해할 만한 心事라 하겠다. 또 김병욱은 오랫동안 끊었던 술을 다시 하며 "온갖 만사가 취함만 못하니, 이십 년 세월을 헛되이 보냈네(百千萬事無如醉, 二十餘年空負花)"[36]라거나 "술이라는 약은 우울증을 치료하는 데 특효가 있네(酒藥聖於治鬱病)"(권2, 「患難後逢雲農」)라며 퇴폐적 기분에 젖는 모습을 보여주기도 하였다.

　　그러나 만년에 쓴 다음의 「노인의 노래(老人吟)」를 보면 아무리 자조감이 크더라도 그 속에는 자부심이 사라지지 않았음을 보여준다.

八十老人慮更長,	팔십 노인, 생각이 너무 많으니
若將前路去蒼蒼.	마치 갈 길이 창창하기라도 한 듯.
居家常叱飯加饌,	집에서는 언제나 밥과 반찬 투정이나
爲客猶辭酒滿腸.	손님이 되어서는 그래도 술로 배를 채우는 것 사양하네.
夜夜虛思徒被惱,	밤마다 헛된 생각에 공연히 괴로움만 늘지만
朝朝早起得無凉.	아침마다 일찍 깨어도 처량하지 않네.
自從少小君民祝,	나는야 젊어서부터 임금과 백성을 축원했으니
尙有心中一炷香.	아직도 심중엔 한 줄기 향불이 타고 있노라.

일상에서는 음식 투정이나 하고, 술이나 먹는 한심한 모습이지만 그래도 마음속에는 임금과 백성을 위한 고민이 절절하다는 표백 속에는 士로서의 自負에 별다른 손상이 없음을 확인할 수 있다. 본래 한시라는 예술양식에는 '自嘲'가 하나의 興趣로써 즐겨 구사되는 정서적 코드였으며, 조선 후기에 들어서는 자조적 한시가 하나의 유행처럼 퍼졌던 경향도 감지되므로, 김병욱의 한시 또한 이러한 점에서 영향을 받았을 것으로 생각된다. 그러나 김병욱의 경우처럼 당당한 자부와 소극적 자조가 동전의 양면처럼 기능하는 예는 많지 않았다고 보인다. 이러한 점은 확실히 김병욱의 글쓰기가 갖는 특징으로 자리매김할 수 있을 것이다.

5. 결론

김병욱에 대한 선행 연구가 상당히 이루어져 있음에도 불구하고 그는 아직 그리 알려지지 않은 인물이며, 그의 경세론과 관련되는 후속연구가 그리 활발하게 추동되고 있지도 않은 형편이다. 이에 본고는 한문학의 입장에서 김병욱에 대한 관심의 확산을 도모한 것이라 할 수 있다. 김병욱이 수행했던 치열한 글쓰기의 양상과 그러한 글쓰기를 추동하였던 작가의식을 추적하면서 선행연구의 성과를 재음미해 보았다.

그의 글쓰기는 주로 농민의 생존 문제와 대외관계로 집중되었는데, 구체적인 제도 개선에 대한 조언이라던가, 대외관계에서의 실질적 대비를 요구하는 그의 치열한 글쓰기에는 진정성과 아울러 당시 중앙과 지방의 상황을 모두 잘 알고 있는 탁월한 식견이 담겨 있었다. 이러한 김병욱의 글쓰기는 '맹자'를 연상시킬 정도로 자신감이 충만한 측면을 지니고 있으나, 그 이면에는 '문객'이라는 사회적 조건에서 연유하는 자조적인 측면도 지니고 있었다. 이러한 자부와 자조가 공존하는 점은 김병욱 글쓰기의 특징이라 할 수 있다.

김병욱은 기존에 이 시기를 이해하는 데 주요한 개념이었던 '개화파'와 '척사파'의 구도로 설명하기 어려운 지점에 존재하고 있다고 보인다. 김병욱에 대한 연구를 시발로 하여 이 시기에 대한 연구가 한 걸음 나아갈 수 있게 되기를 기대해본다.

4장

전통지식인의 친일담론과
그 형성 과정

박영미

(성균관대학교 동아시아학술원)

❖

1. 서론

1965년 한국과 일본 간에 국교정상화조약이 체결되었고, 이듬해인 1966년 임종국은『친일문학론』을 발표하였다. 그는 친일총서 간행을 염두에 두고 친일문학론을 발표하였으나 당시 문단의 반응은 냉랭했다고 한다.[1] 그의 연구가 던진 충격에 비해 친일연구에 대한 후속작업은 더디기만 하였다. 1970년대와 80년대의 간헐적 연구가 있었으나 본격적인 연구는 1990년대에 들어서 시작되었다고 할 수 있다. 특히 21세기에 들어오면서 친일연구는 양과 질에 있어서 많은 성과를 이루었다. 예를 들어 친일문학에 있어서는, 특히 일제강점 전시체제기를 중심으로 한 친일의 문제와 친일담론에 대한 연구가 현저한 성과를 이루어냈다. 친일이 갖고 있는 매국성, 반민족성을 넘어, 친일파가 내면화하였던 내적 논리와 자발성을 밝혀놓은 연구는 친일연구에 있어 새로운 좌표를 세웠다고 할 수 있다.

학계의 성과가 있었던 다른 한편에서는 친일청산의 목소리가 높아졌다. 이러한 요구에 힘입어, 2005년부터 2009년까지 4년간 대한민국 친일반민족행위진상규명위원회의 활동이 있었고 2009년 『친일인명사전』 발간이 있었다. 정부는 친일반민족행위진상규명위원회를 통해 1948년 반민특위의 뒤를 이어 약 57년 만에 친일의 문제를 공식적으로 다루었다. 『친일인명사전』의 발간을 통해 (그 과정을 포함하여) 대한민국의 대중의 친일 청산에 대한 열망을 확인할 수 있었다.[2]

친일반민족행위진상규명위원회와 『친일인명사전』을 통해 친일에 대한 담론이 확장되었던 것은 그 성과라고 할 수 있다. 친일의 개념과 범주, 그리고 자료의 발굴 등을 통해 한국 현대사에까지 내재한 친일을 소환하려 하였으며 소기의 목적이 어느 정도 달성되었다고 할 수 있다. 그러나 기한에 걸려 중단된 것이지 완성된 것이 아니며, 지금도 이 성과에 힘입어 친일에 대한 연구가 진행 중이다. 그럼에도 불구하고 이들의 연구 및 조사 대상에서 누락된 친일행위와 행위자는 면죄부를 주는 듯이 해석되는 아이러니도 발생하게 되었다. 그러한 점에서 한문학 분야에서 친일에 관한 연구는 더욱 시급하다고 할 수 있다. 연구가 없는 경우, 친일이 없었다고 읽혀질 수 있기 때문이다.

친일한문학의 연구는 일제강점초기 친일담론에 관한 연구로서, 그리고 유림의 친일연구로서 의의를 가진다. 즉, 문학과 사상에 관한 연구가 되는 것이다. 그러나 전시체제기를 중심으로 한 친일문학연구에 비해 일본강점초기에 대한 연구는 거의 이루어지지 않고 있다.

2. 연구상황 및 문제제기

주지하다시피 조선에서 대한제국으로, 대한제국으로 통감부 그리고 조선총독부로 이어지는 이 시기의 친일세력을 매국노라고 단순화시켜 버리곤 한다. 그 단순화시켜 버린 범주 내에는 조선의 관료, 왕족 등으로 구성된 지배세력과, 일진회 등의 중인집단 등 다양한 세력이 존재한다. 그리고 이들의 친일 이념과 양상도 다른데, 이에 대한 각론 없이, 총괄하여 매국노라고 칭해버리는 오류를 우리는 종종 범하곤 하였다. 친일한문학에 대한 연구는 이러한 오류를 시정하는 데에서부터 시작되어야 한다.

조선의 지배계급으로, 유학을 사상적 기반으로 하며 한자를 언어로 하는 집단이 행한 친일에 관한 연구는, 1930년대 전시체제기의 친일 담론과는 다르다. 본고는 이와 같은 문제의식을 갖고 기획되었다. 본격적인 논의에 앞서 그간의 친일한문학연구에 대한 성과를 정리해보고자 한다.

친일한문학에 관한 연구는 1985년 강명관의 연구로부터 시작되었다고 할 수 있다.[3]

이어 2000년대에 들어서 강명관의 연구에 영향을 받아 박영미의 친일한문학에 대한 연구가 있었다. 황현이 부일배라고 비판하였던 여규형과 정만조, 신기선에 대한 연구를 통해 친일한문학의 존재를 확인하였으며 경학원(經學院)과 대동사문회(大東斯文會), 이문회(以文會), 조선문예(朝鮮文藝)에 대한 연구를 통해 친일담론을 밝혀 나갔다. 나아가 전시체제기 유림의 친일행위에 대한 규명도 하였다.[4] 한문학적인 접근 이외에 사상사에서는 황도유학에 대한 연구가,[5] 그리고 경학원을 중심으로 한 친일 유림의 활동에 대한 연구도[6] 이루어졌다.

이상에서와 같이 친일한문학이라는 담론에 대한 논의는 아직도 활발하지 않으며, 후속연구는 기존 연구 성과에 편승하여 친일파를 밝혀내는 수준에서만 맴돌고 있다고 할 수 있다. 친일한문학의 지향이, 인적 청산이 아니라 친일이라는 담론을 목표로 할 때는 이 같은 방법은 유효하지 않다고 할 수 있다. 친일파 개인의 경력이나 자질에의 환원에 의해서 그 '친일행동'을 설명하는 방식으로만 기울어지다 보면 식민지의 지배구조에 대한 전체적인 접근에서 벗어날 수 있다. 즉 '친일'의 청산이 개인의 과오에 대한 단죄로 흐를 수가 있다. 친일에 관한 연구는 친일세력 운동의 전개와 성격이, 지배자를 경유해서 어떻게 스스로 피드백되었는지를 추적하여 그것을 동태적이고 기능적으로 분석하여야 한다.

본고에서는 친일담론과 그 형성과정에 대해 알아보고자 한다. 본고는 그 시작을 근대 일본(메이지 유신 후의 일본)과의 조우에서 찾고자 한다. 중세적 조·일 관계에서, 근대적 조약(강화도조약) 체계하의 조·일 관계로 전환된 시기의, 일본의 변화와 위상, 그리고 이에 대한 조선의 대응 하에 생산된 새로운 '일본관'에서 시작해보고자 한다. 그 가운데 특히, 인적 교류에 주목하였다. 조선과 일본의 교류와 인적 네트워크의 형성과 전개를 중심으로, 이러한 관계망이 갖고 있는 의미에 대해 알아보고자 한다. 또한 이들 조·일 네트워크가 식민지 기간 내내 유지 및 자가 발전하게 된 동력에 대해서는, '아시아'와 '선린', 그리고 '개화'와 '유학', 이 키워드를 중심으로 논의를 전개하고자 한다.

3. 일본 체험과 조·일 인적 네트워크의 구축

일본은 운양호 사건을 기점으로 무력시위를 벌이며 조선에 개항을 요구하였고, 강화도 조약을 강제해냈으며, 이후 후속작업으로 수신사와 조사시찰단이 차례로 일본에 파견되었다. 이들은 외교에 관한 일 이외에 일본에 대한 정보를 수집하였으며 일본의 관료 및 제한된 범위내에서 일본인과 접촉을 하였다. 이들의 보고서는 당시 일본에 대한 정치, 사회, 문화적 정보만이 아니라 세계정세에 관한 것도 포함되어 있었다.

당시 메이지 시기의 일본은 서구지향의 개화정책으로 인해 변화의 와중에 있었지만 한편으로는 가장 한문학이 융성한 시대였다. 무사의 교양으로 한학이 학습되었고 메이지 정부는 문서의 공용어로 한문을 썼다. 이러한 이유로 인해 한학교육과 한학열은 높았다고 한다. 이러한 일본의 정황으로 인해, 조선인들이 만난 일본의 지식인들과 메이지 관료들은 유학적 교양을 체득한 집단들로, 조선인과의 필담이 자유로운 인물들이었다.

근대 조·일 관계에 관한 연구는 이들이 남긴 수창과 필담, 그리고 이를 통해 형성된 커뮤니케이션에 대해 '외교적 수사'이상의 의미를 부여하지 않았으며 연구에서 관심의 대상이 되지 못하였다. 그러나 이러한 관계를 통해 형성된 인적 네트워크가 향후 식민지로의 이항과 식민지 통치에 작용한 역할에 대해서는 그 의미가 결코 작지 않다고 본다. 정치의 길항 속에서, 조·일의 관계를 만들어간 것은, 담론과 이를 실천하는 사람이었다. 각각의 개인이 만나 형성된 인간관계는 국가간의 정책과는 조금 다를 것이고, 그렇기 때문에 이러한 만남을 통해 형성된 조·일 상호에 대한 표상은 역으로 조·일간의 정책 시행에 영향을 미쳤을 것으로 보인다. 그런 점에서 무엇을 표상하였는가에 관한 해명은 매우 중요하다고 본다.

조·일간의 인적 네트워크는 직·간접적 방법으로 이루어졌다. 직접적으로는 만남을 통해서, 간접적으로는 시문의 수창이나 저작을 읽는 등의 방법을 통해 이루어졌다. 우선 직접적인 만남의 경우에 대해 알아보고자 한다. 개항 이후 조·일간의 방문은 앞에서 말한 것과 같이 강화도조약과 관련하여 이루어지기 시작하였다. 본고에서는 외교적인 공식적인 입장은 차치하고 개인적인 교류에 한정하여 논의를 해보고자 한다.

개항 직후 가장 주목되는 만남은 興亞會를 통한 것이다. 興亞會의 일본측 회원은 관료와 지식인, 군인, 상인 등 다양하지만 당시의 유력자들이었으며,[7] 이 단체는 천황의 은사금을 받아 경비로 쓰고 있던 점으로 보아 관변단체적인 성격이 농후하였다.

조선인이 興亞會에 참석한 것은 다음과 같다. 1880년 2차 수신사로 일본을 방문한 김홍집의 수행원이었던 이조연, 윤웅렬, 강위 등이 興亞會의 초청을 받아 9월 5일 모임에 참여하였다. 1881년 6월 23일 興亞會 모임에는 朝士視察團의 일원으로 건너간 인사들 중 김용원, 홍영식, 어윤중과 이원회의 수원 심의영, 조준영의 수원 이봉식이 참여하였고, 이 중 홍영식, 어윤중, 이봉식 등은 興亞會의 취지에 찬동하는 시를 지었다. 朝士視察團 일행은 8월 19일 요코스카 군항을 시찰하고 하룻밤을 묵었는데 조사 엄세영, 심상학, 박정양과 수원 유진태, 강진형, 이상재 등이 興亞會의 소네 도시토라와 어울려 시를 지었다.

또한 1881년 12월 12일에는 제3차 수신사 조병호의 수행원이었던 현석운, 고영희, 이학규, 정순용, 김홍배 등이 興亞會 모임에 참석하였다. 1882년 6월 21일에는 츠키치에서 열린 興亞會 간담회에 김옥균, 서광범, 강위, 유길준 등이 참석하였다. 1883년 1월 27일 김옥균은 아세아협회에 참석하였다. 아세아협회는 興亞會가 이름만 바꿨을 뿐 동일한 조직이다.

이보다 앞서 회원으로 가입한 인물들도 있다. 임오군란 사후 수습을 위해 파견된 제4차 수신사의 정사 박영효와 부사 김만식도 1882년 12월경 興亞會의 창립원 자격으로 회원가입하였다. 그리고 統理

交涉通商事務衙門의 독판이었던 김윤식과 統理軍國事務衙門의 주사였던 지운영의 아세아협회 가입이 있었다. 김윤식이 회원으로 가입한 시점은 1885년 9월에서 1886년 1월 사이인데 통상회원으로 가입하였고 지운영은 1886년 5월 통상회원으로 가입하였다.[8]

興亞會를 통한 조선과 일본인간의 교류는 주로 연회의 참석을 통해 이루어졌다. 예를 들어 1881년 興亞會의 주관으로 開花樓 석상에서 朝士視察團에 대한 환영연을 보자. 이 자리에 참석한 古海長義는 「興亞會友. 宴于開花樓席上. 賦呈朝鮮國紳士諸公」에서 조선과 중국, 일본의 관계를 "조선과 중국, 일본은 본래 순치의 관계, 대대로 오직 같은 마음이었네. 三邦本自爲脣齒 萬世唯當同腹心."[9]라고 하였는데, 이는 그 혼자만의 생각이 아니었다. 三島毅(中洲)는 조선과, 중국 그리고 일본의 '공동체적 운명관'에서 조선과 일본의 관계를 '형제국' 이라고 표상하며 다음과 같은 시를 썼다.

> 형제와 같은 나라가 변방을 접하고 있어
> 합종연횡하여 외적을 막기에 좋다네.
> 형제끼리 서로 다투던 과거의 일 이야기 마소.
> 들판 위에선 할미새가 노리는 아주 위험한 때라네.[10]

이들의 시에서는 조선과 중국, 일본은 외세(서구)의 침략에 대응하기 위해서는 힘을 합하여야 한다는 정치적 공동운명체적 像이 나타나 있다. 미시마의 시에서는 특히, 삼국의 연합에 있어 문제가 되는 역사적 사건, 즉 임진왜란과 같은 역사에 대해서는 과거의 일로 돌리며 언급하지 말 것을 주문하고 있다. 이 시에 대해 홍영식과 어윤중은 다음과 같이 차운을 하였다.

(1)　　　이 시대 이 지역에 태어나

　　　　　조선과 청, 일본이 다 함께 개화루에 모였네.

　　　　　지금 형제와 지기를 만났으니

　　　　　부상국에서 장대하게 노닐었던 것 저버리지 않으리.　　(홍영식)

(2)　　　나라는 바다를 건너 서로 이어졌고,

　　　　　은근히 담소하며 '攘夷'를 말하네.

　　　　　여러분들이 노력한 것에 매우 감사 드리니

　　　　　동풍은 때를 다투지 않는다네.[11]　　　　　　　　(어윤중)

　홍영식의 시에서 주목이 되는 것은 '同洲'라는 말이다. 이는 조선과 중국, 일본, 즉 아시아가 하나의 공동체임을 확인해주는 것이다. 그렇다면 아시아 공동체가 나아가야 할 것은 무엇인가. 그들이 모인 장소가 개화루였던 것에서도 알 수 있듯이 문명개화이며, 문명개화한 아시아가 해야 하는 것은 어윤중이 시에서 말하였듯이 '攘夷' 즉, 서양의 침략에 대항하는 것이다. 이들 시의 '同洲와 攘夷'이라는 말은 興亞會가 모토로 하고 있던 것이었으며, 이 시를 통해서 홍영식과 어윤중이 흥아회의 의도를 적확히 파악하고 있었다고 할 수 있다.

　이 시기의 교류에서 주목되는 인물은 三島中洲다. 그는 주자학을 배우고 후에는 양명학으로 돌아선 인물로, 메이지 3대 문인 가운데 일인이다. 그는 1880년대 조선인과의 교류를 시작으로 하여 일제식민지시대까지 이를 이어갔다. 그는 興亞會의 회원으로, 1880년 2차 수신사 김굉집과[12] 김가진을[13] 만났으며, 1881년에는 조사시찰단의 최성대와 만나 필담을 나눴다.[14] 다음은 미시마가 김굉집을 보내며 지은 시이다.

그대가 만 리를 와 문식을 드날리는 것 너무나 기뻐

暖依村莊에서 잔치를 열어 객수를 위로하네.

도시를 벗어나니 천석은 더욱 그윽하고.

동산 수풀에 비 지나가니 시원한 바람 불어오네.

조와 조가 이웃해서 싸운 것은 오늘날의 일이 아니니

한위의 연횡, 이것이 오늘날 우리의 할 일이라네.

분분했던 형제국과의 다툼은 옛날이니

시를 읊는 잔치에서 한잔 술을 따르네.[15]

그는 조선을 합종연횡의 협력국으로 인식하며 공조를 주장하였다. 이후에도 그는 신기선(1851-1909),[16] 여규형(1848-1921)[17], 정만조(1858-1936),[18] 김윤식(1835-1922)과 수창시를 나눈 것을 비롯하여, 芝城山館을 중심으로 한 조·일 교류를 통해, 이러한 관계를 유지시켜 나갔다.[19]

조선인의 미사마에 대한 표상은 '메이지의 유학자'라는 것이었다.[20] 이러한 유학자로서의 미시마에 대한 존경심은 식민지기에까지 지속되었으며 단적인 예로 그의 제자를 대하는 자세에서도 이는 나타났다.

신임 寺內통감의 비서관은 일본 三島 문학박사의 제자 大城戸가 취임하기로 내정되었는데, 중추원 의장 金允植, 金宗漢, 呂奎亭 제씨가 발기하여 환영회를 준비하고 國分象太郎, 久芳直介, 千葉 번역관과 교섭하여 한국문학회를 조직한다더라.[21]

미시마와 조선인과의 관계 가운데 더욱 주목이 되는 것은 김윤식과의 관계이다. 김윤식은 외교를 담당하고 있었기 때문에 일본, 중국 및 세계에 대한 정보를 얻을 수 있었고, 일본측 인사들과도 접촉을 하였던 것으로 보인다. 일본과의 관계에 있어서는 특히, 1880년과 1882년 수신사로 도일한 그의 종형인 金晩植(1834-1900)[22]이 있었고, 그 자신도 興亞會의 회원으로 가입한 것으로 보아, 적극적으로 관계 형성 내지는 정보를 수집 하고자 한 것으로 추측된다.

미시마는 1880년대 興亞會의 회원으로 참여하였는데, 이때 김윤식과 직접적인 만남은 없었겠지만 興亞會가 발행하는 잡지를 통해 어느 정도 서로에 대한 정보는 있었으리라고 생각된다.

이후 김윤식이 도쿠토미 소호에게 보낸 편지를 보면 三島中洲의 문집을 읽었다는 기록이 있는데[23] 둘의 관계는 김윤식의 일방적 관계는 아니었던 듯싶다. 미사마는 『운양집』 중간본이 간행되었을때 서문을 쓰기도 하였다. 김윤식(1835-1922)은, 1915년 일본제국학술원상을 수상하고, 1917년에 중간본 『雲養集』을 간행하였는데, 이때 題辭와 서문을 末松謙澄[24], 竹添光鴻[25], 三島毅[26], 久芳直介[27], 德富正敬[28] 등 일본의 학계, 정계의 유력자들이 썼다. 이들은 이전에 김윤식과 면식이 있었는데 그 가운데 末松謙澄, 德富正敬, 森槐南과의[29] 관계는 더욱 돈독하였던 것으로 보인다. 주고받은 편지를 통해 볼 때[30] 이들과의 연락이 잦았던 듯하다.[31] 이들과 김윤식이 처음 만나게 된 것이 언제인지 확실히 알 수 는 없다. 다만 최초의 자료는 1908년부터 시작하고 있다. 김윤식이 일본을 처음 방문한 것은 1907년이다. 1907년 5월 이완용 내각이 들어서고 나서 10월 일본 황태자의 조선방문이 있었다. 12월 조선의 황태자였던 英親王을 동반하여 일본으로 갔는데 이때 김윤식은 조선 황태자를 수행하여 도일하였다. 김윤식은 7월 29일 伊藤博文의 사위였던 末松謙澄(1855-1920)의 집 芝城山館에 초대되었다.

이때 다수의 일본인과 조우하여, 수창시를 남겼다.[32]

스에마츠는 김윤식 이외에도, 조선과의 교류에 있어 매우 중요한 인물이다. 1908년 이후 약 10여 년간 스에마츠의 芝城山館은 조·일의 교류에 있어 매우 중요한 공간이었다. 왜냐하면 조선인이 일본방문 시 그 만남의 중심에는 스에마츠가 있었고 주로 그의 집인 芝城山館을 중심으로 연회와 모임이 이루어졌기 때문이다.『善隣唱和』(秀英舍) 1과 2를 통해 芝城山館에서의 교류 규모와 양상을 확인할 수 있다.

1909년 4월 조선인 관광단이 일본에 갔을 때 민여소, 김종한, 이중하, 정만조, 송영대, 윤희구, 정봉시, 신성묵 등 수십 명이 芝城山館에 초대되었으며, 이때 수창한 시는『선린창화』1(1909.6, 秀英舍)로 출판되었다.『善隣唱和』에 의하면, 제1회 관광단과 수창한 일본인은 다음과 같다. 末松靑萍, 三島中洲, 大島怡齋(正人), 大嶋高島九峰(張), 伊藤凌滄(明瑞), 永阪石埭(周), 森槐南, 土屋鳳洲 등으로 일본 漢學界 뿐만이 아니라 정치, 사회 각 분야의 저명 인사들이었다. 이외에 스에마츠의『靑萍集』에는 조선인과의 교류를 알 수 있는 자료들이 많이 남아있다.

조선인과 스에마츠와의 관계를 정만조의 시를 통해 알아보자. 정만조는 1909년 관당단의 일원으로 도일하여 芝城山館의 연회에 참석하였다.

> 스에마츠 공을 만나보니 예전부터 알고 있었던 듯
>
> 공의 글을 종제 덕에 읽어 보았기 때문이라네.
>
> (지난해 종제가 일본에 왔다가 시문을 많이 얻어서 돌아왔다.)
>
> 脣齒로 서로 의지해 옛 우호를 닦으며

마음속 포부를 쏟아내며 새로운 인연을 이야기하네.

고문이 정히 오늘날의 태평성대를 만나

左海의 문인들 일찍이 이와 더불어 성대한 잔치 벌이는구나.

이렇게 만나 수놓은 옷을 입고 시구를 다툰 일

우리 鷄林에 천년토록 길이 전해지리라.[33]

정만조는 아시아 연대론자들이 주장했던 것과 같이 조일관계를 '순
치의 관계'로 인식하였으며, 이에 바탕하여 상호 우호를 이루고자 하
였다.

정만조의 아시아연대주의에 관하여 살펴보기에 앞서, 이보다 먼저
興亞會에 참석하였던 姜瑋의 의미를 다시 한 번 환기하여야 할 것이
다. 흥아회에 관한 강위의 태도와 인식의 정도를 확인할 수 있는 자료
는 없다. 그러나 정만조, 정병조, 여규형 등에게 아시아연대주의는 내
면화되어 있었다는 점으로 미루어 볼 때[34] 이들의 아시아연대주의의
형성에 있어 강위의 영향력이 있지 않았을까 조심스럽게 추측해 본
다. 왜냐하면 그들은 강위를 중심으로 한 모임의 중요 일원으로 이들
모임에 자주 참석하였으며, 특히, 정만조와 정병조의 경우에는 강위
를 사사하였기 때문이다. 강위 문하를 드나들던 위의 인물들의 공통
적인 면을 찾아보자면 이들은 개화파로 활동하다가 광무정권의 성립
을 즈음하여 유배에 처해지고, 1907년 이완용 내각이 들어서면서 복
권되었다는 점이다.

이들에게 강위의 두 차례에 걸친 일본 방문과 興亞會의 방문, 그리
고 그 성과가 어떻게 전달되었는지는 알 수 없으나, 이들 그룹과 잦은
접촉이 있었던 것으로 보아 어느 정도 소개되었으리라는 것은 짐작할
수 있다.

특히, 興亞會가 주장하는 아시아 연대론의 경우, 강위의 수용여부와는 상관없이 정만조의 시에서도 확인할 수 있듯이 정만조를 위시한 이들 그룹의 대일관에 일정 정도 영향을 미쳤던 것으로 보인다.

또한, 정만조의 시에서는 그가 스에마츠에 대해 알게 된 계기에 대해서도 말하고 있다. 그는 정병조가 가지고 온 시문을 통해서라고 진술하였는데, 이를 통해 조선인과 일본인이 인적 네트워크를 형성해가는 과정을 추측해볼 수 있다. 1907년 정병조(1863-1945)[35]는 김윤식과 함께 황태자를 수행하여 도일하였는데 이때 김윤식과 함께 스에마츠의 연회에 자주 참석하였다.[36] 이 공간은 정병조가 일본인과 인맥을 형성하고, 정보를 수집하는 계기가 되었을 것이다. 그리고 이 같은 정병조의 직접체험(정보)과, 정병조가 가지고 간 자료(지식)를 통해 정만조는 일본을 간접경험하고, 이어 일본 방문을 통해 직접적인 네트워크를 형성해나갔던 것으로 보인다.

스에마츠 다음으로 조선인과의 인적 네트워크에 있어 중요한 인물이 모리 카이난(森槐南, 1863-1911)이다. 1909년 7월 모리 카이난은 伊藤博文의 조선과 만주 순방길에 동반하여 조선에 왔는데 森槐南의 『浩蕩詩程』(鷗夢吟社, 1909)과 『槐南集』, 『대동학회월보』에 조선인과의 수창시가 기록되어 있다. 그는 이때 정만조, 여규형, 정병조, 김택영과

〈표 1〉 조선인의 대일 활동 관계

	興亞會	1908년 (芝城山館)	1909년 (芝城山館) 조선관광단	大東學會	以文會[39]	經學院
김윤식	0(회원)	0		0	0	0
정만조	(강위의 제자)		0	0	0	0
정병조	(강위의 제자)	0		0	0	0
여규형	(강위의 문인)			0	0	0

	興亞會	2차 수신사	조사 시찰단	斯文會	1908 芝城山館	1909 芝城山館	비고
三島中洲	0	0	0	0	0	0	
末松謙澄				0	0	0	伊藤博文 의 사위
森槐南				0	0	0	伊藤博文 의 비서

조우하였고 김윤식과 재회를 하였다. 또 1911년에는 森槐南의 죽음을 애도하는 시가 5일에 걸쳐 『매일신보』에 게재될 정도로 그와 조선인의 관계는 그의 사후에도 지속적이었다.[37] 김윤식은 그의 죽음에 부쳐 다음과 같은 만시를 지었다.

> 森槐南은 詩中虎로
> 신묘한 경지 옛사람보다 뛰어나네.[38]

김윤식은 모리 카이난에 대해 '위대한 시인'이라는 찬사를 아끼지 않고 보내고 있다. 앞서 미시마의 경우, 조선인에게 '메이지의 유학자'라고 표상되었던 것과는 달리, 김윤식의 평가에서 보듯이 모리 카이난의 경우는 '메이지의 시인'이라고 표상되었다. 그들이 일본제국을 위해 관료로 헌신하였다는 사실은 외면하고 있다. 보고 싶은 대로, 보고 싶은 부분만을 본 것이 아닐까. 의도적인 오독이라고 하겠다.

이상에서와 같이 조선인들의 일본방문과 일본인들과의 교류는, 정보의 수집과 견문의 확대에서 비롯되었으나 그것은 일회성에 그치지 않고 식민지기간 동안 지속적이었다. 수신사, 조사시찰단, 관광단 등의 외교적 과정에서 형성된 인적 네트워크는 이후 개인적인 교류로까지 이어지며, 식민지기간 내내 인맥으로 작용하였다.

이상에서 대상으로 삼은 이들 외에도 다양한, 그리고 다수의 사람들간에 교류가 常時的이었지만, 본고에서는 인적 네트워크라는 방법을 통해 담론의 형성과 전파에 관한 고찰을 하기 위해 기획되었기에, 소수의 사람을 들어 이를 살펴보고자 하였다. 이상의 것을 개괄적으로 정리해보면 다음과 같다.

조선과 일본, 일본과 조선의 교류와 수창시에는 상호 반복적으로 되풀이하여 '善隣'과 '友誼'을 발화하고 있다. 당시 일본은 조선에 대해 문명 후진국이라고 멸시하였고, 조선은 일본이 倭洋一體이라고 하며 그 침략의도를 의심하는 한편 야만국이라고하며 멸시하고 있었다. 일본의 중국에 대한 멸시, 중국의 일본에 대한 멸시와 의심까지 더해졌던 1880년대의 상황에서는, 아시아 연대의 선결조건으로 선린과 우의라는 신뢰 형성이 선결과제였던 것이다. 기왕의 연구에서 선린이나 우의를 외교적 투식으로 간주하고 연구의 대상에서 제외해버렸던 것은, 당대인이 안고 있던 문제 의식과 시대적 과제에 대한 이해가 부족했던 것은 아닐까 한다.

1880년대 초반까지는 '타자로서의 서구와, 이들의 위협에 대해 아시아 연대론'은 생존을 위한 불가피한 전략이었으나, 그러나 청일전쟁과 러일전쟁, 그리고 식민지화가 가속화되면서, 조선에서 일본발 아시아 연대론은 이미 침략성을 충분히 노정한 상태였다.

이런 변화 속에서 선린과 우의의 실현체로서 1880년대부터 1930년대까지 이어졌던 인적 네트워크는, 식민지 정권과 부일협력자간의 상호 커뮤니티를 형성하였으며 이는 식민지 지배의 정착에 일조를 하였다. 예를 들면 이문회와 경학원을 통한 활동이 그것이다. 다음 장에서는 조·일 인사들의 발화와 수신을 통해 인적 네트워크의 의미와 역할에 대해 알아보고자 한다.

4. 아시아연대와 斯道

조·일 인적 네트워크의 형성과 발화, 그리고 수신의 문제에 있어 주의 깊게 보아야 하는 것은 조선과 일본 각각의 정치적인 변화와 이것이 깊게 연관되어 움직이고 있다는 점이다. 19세기 중국, 일본은 서구에 의해 개항을 강제당하였고 조선은 일본에 의해 개항을 강제당하였다. 영국, 미국을 비롯한 서구는 통상의 확대를 끊임없이 요구하였으며, 중국과 일본이 맺은 굴욕적인 조약은 서구 제국의 이익을 확대하는 불평등한 것이었다. 점차 동아시아의 강자였던 중국과 중화주의는 무너져버리기 시작하였다. 이것은 중국만의 문제가 아니었다. 중국을 중심으로 동심원적인 중화질서를 형성하고, 이에 기반한 세계관을 형성했던 동아시아의 패러다임이 흔들리기 시작하였다.

조선은 北事東通, 즉 중국과는 사대하고 일본과는 通信하는 양단의 직선적 세계 속에서 국제적 관계를 형성하고 있었다.[40] 근대적 개항은 이러한 전통적 질서로부터 벗어난 것이었으며, 변화된 세계사적 상황은 조선인에게 인식의 전환을 불러왔다. 서양, 문명, 개화 등의 키워드는 조선의 부국강병책의 하나로 자리 잡았다. 조선은 무력으로 강화도 조약을 체결하고 조선에 외압을 행사하던 일본에 대해 '倭洋一體'로 비판하였지만, 수신사와 조사시찰단의 파견을 통해 '문명'의 실리를 얻고자 하였다.

1880년대 당시 일본은 아시아에 대해 연대를 주장하였다. 이것은 서양의 침략에 대한 아시아의 연대, 즉 합종연횡을 통한 위기의 극복책이었다. 연대의 논리였던 아시아주의가 1880년대 중반을 고비로 변질되어 갔다고 보는 시선과 마루야마 마사오(丸山真男)처럼 처음부터 일본 파시즘 이데올로기의 하나로 보는 해석이 있다.[41]

1880년대 興亞會는 아시아연대를 주장하는 가장 주도적인 세력이었다. 1877년 청나라에서 귀국한 소네 도시토라(曽根俊虎)가 주도하여 마에다 겐키치(前田謙吉) 등과 협의하여 창립했던 振亞會를 모태로 하여 1880년 2월 13일 설립되었다는 설과 大久保利通에 의해 설립되었다는 설이 있다. 1879년 일본이 류큐를 점령하고, 대만 점령으로 對淸관계가 악화되자 이를 수습하기를 원했던 일본 외무성이 소네의 興亞會 설립을 적극 지원하였다. 1883년 1월 20일 興亞會의 이름이 일본중심의 아시아 연대라는 의미를 가졌다는 데에 항의를 한 중국측의 입장을 받아들여 아세아협회로 개칭되었다. 그러나 1900년 東亞同文會로 흡수되었다. 창립 당시 천황의 하사금을 받아 경비로 사용할 정도로 관변단체의 성격이 강하다.[42]

興亞會가 표방했던 논리는, 바로 동양삼국이 연대하여 서구 열강의 멸시와 침략을 막아내고 공존공영할 것을 주장하는 아시아 연대론이었다.

1882년 6월 21일에는 츠키치에서 열린 興亞會 간담회를 살펴보자. 이 회합에 김옥균, 서광범, 강위, 유길준 등이 참석하였다. 청국공사 黎庶昌(1837-1891)이 시로 "아시아 삼국 청·한·화는 나라가 서로 이어져 마치 일가와 같구나! 구주와 더불어 웅장을 겨루려 하는데 인화 이외에는 방책이 많지 않구나!"라고 하자, 서광범은 "동주 삼국은 의로움이 서로 잇달아 있고, 천하의 유지됨은 만 년이나 함께하는구나!

하늘의 뜻이 원래 이처럼 아름다운 것이거늘 어찌하여 세계에는 수심이 그치지 않는가"라고 화답하였다.[43]

그러나 중국은 아시아 연대주의에 대해서 "물은 배를 띄울 수도 있지만 배를 전복시킬 수도 있듯", 실리와 위험을 감지하고 있었다. 이홍장의 다음의 글은 그러한 상황을 잘 보여주고 있다.

메이지 유신 전 영국, 프랑스 등 열강들은 일본에서 제멋대로 재물을 요구하고 약탈하였다. 그 후 일본의 君臣은 강성을 결심하고 분발하였다. 종실 및 대신의 자제 중에서 총명한 자를 뽑아 서구의 제조 공장에 보내 선진적인 기술을 배우게 하고 또 서구의 기계를 구입하여 본국에서 무기 등을 제조하였다. 지금은 이미 기선을 조종할 수 있고 총과 대포를 제조하고 사용할 수 있다. 지난 해 영국인은 일본을 위협하였지만 허장성세이고 일본의 이런 성과에 대하여 영국인도 감히 얕잡아 보지 못한다. 지금의 일본인 즉 명나라 때의 왜구로 서구와는 멀리 떨어져 있고 중국과는 가까이 있다. 중국이 자립하려면 우리를 꽉 잡고 서구의 장단점을 잘 엿보아야 한다. 우리가 자강하지 않는다면 일본에게서 나쁜 점을 배워 서양인들에게 이익을 나누어줘야 할 것이다. 일본은 해외의 조그만 소국이지만 제때에 방법을 개변하며 서구를 따라 배워야 한다는 것을 알았다. 그 중국인의 변통의 원인을 이해하고 놀라고 두려움으로부터 응변하고 대책을 바꾸어야 한다.[44]

그렇다고 하여 중국과 조선이 아시아의 신흥 강자 일본을 적으로 돌릴 수 있는 상황도 아니었다. 이런 현실인식 하에 황준헌의 『朝鮮策略』이 저작되었고, 조선에 수용되었던 것이다. 연대의 필요성. 이렇듯이 상호의 필요에 의해 형성된 아시아 연대는 사실은 通商에 관한 것이었다. 그러나 이 과정에서 '아시아'의 정체성이 표상되었는데, 그것은 '同文同種'이라는 것이었다. 백인이 아닌 같은 황인종이라는 것, 여기에 덧붙여 한자, 유교문화권이라는 키워드가 이를 간단히 설명할 수 있을 것이다.

> 같은 황인종에 속하는 우리 삼국은 서로 의존적이다. 마치 수레와 축, 입술과 치아처럼. 우리는 우리의 힘을 한데 모으고 단결하여 우리의 영토와 인종을 보호해야 한다. 어떻게 서로 돕는다는 원칙을 무시하고 임시방편만 마련하려 들고 사사로운 이익을 좇으며 중요한 의무는 잊어버리는가.[45]

동문론은 이후 조선과 일본의 동질성을 표상하는 언어로 흔하게 사용되었다.

> 동시대에 문자를 같이하는 근역에서 태어나
> 森槐南옹의 독보적인 시를 읽어 보았네.[46]

기독교에 대한 유학의 위기, 서양의 무력에 대한 국가가 망할 수 있다는 공포 등이 아시아 연대의 확산을 가능하게 하였는데, 19세기의 개화파 지식인들에게 아시아 연대는 유학 내지는 중화문명권의 연대를 지향하고 있었다. 이런 인식하에 유교적 전통의 보존이야말로 미래의 독립을 기약하며 민족의 정체성을 고수하는 길[47]이라는 결론에 도달하게 되었던 것이다.

조선의 개화세력이 부국강병을 위해 문명개화를 해야만 한다는 사명감을 갖고 있었다 하더라도 그들이 생각하는 개화는, 서구화 그대로는 아니었다. 19세기 중반에 태어나 유교적 세계 하에 성장한 이들에게, 근대적 의미로서의 국가, 민주, 인권을 가치로 하는 서구의 근대를 수용하기엔 무리가 있었다. 그들은 '東道西器'의 형태를 이상적으로 생각하였다. 그러나 국망에 즈음하여 국가와 斯道(유학)을 결정하는 시기에 이르러서는 사도의 保持를 그들의 사명으로 삼았다. 사도를 지키고 보존하고자 하는 강한 신념은 1880년대 일본의 한학 지식인에게도 나타난다.

1881년 조사시찰단의 일원으로 엄세영을 수행하여 법무성에 관한 조사를 하던 崔成大는 大審院特別判事職에서 물러나 한학 교육에 매진하고 있던 三島中洲를 만난 자리에서 동도서기에 대해 회의를 품는 질문을 하였다.

「筆談」十九

의: 성인은 하늘을 대신하여 이 백성들을 양생하셨습니다. 옛날 제왕들이 그물과 보습 및 여러 기물을 만든 것은 모두 양생 때문이었습니다. 서양사람들이 만든 기계는 양생의 도구가 됩니다. 이것은 고대 성인의 유의를 받든 것이니 우리도 이것을 취해 양생을 돕는다면 또한 성인의 유의를 따르는 것일 것입니다.

성대: 어째서 그렇습니까. 그렇지 않을 수도 있지요.

성대: 선생은 진실로 나를 놀리시고 업신여기시는군요.

의: 결코 농담이 아닙니다. 제 지론은 이 같을 따름이며 장점은 취하고 단점은 버린다는 설입니다. 온고지신은 성인의 가르치심이니 본래부터 그런 것이지요.

성대: 그 장점과 단점이라는 것은 내가 취사하는 여하에 달려 있는 것인

데 어찌 서양인에게서 법을 취하겠습니까. 예전 왕세에도 서양에
서 법을 취했다는 얘기는 들어본 적이 없습니다.

의: 이 토론은 오늘 끝날 것 같지 않군요. 몇 년 뒤에 다시 만나 다시 끝
을 맺었으면 합니다.

성대: 천명이 있을 뿐입니다.

의: 우리나라도 십수 년 전의 의론들은 선생과 같았습니다. 메이지 초기
의 정치는 개혁이 너무 심하여, 서양 제도에 심취해 모든 것을 서양
을 모방했습니다. 지금은 약간 후회가 되었기에, 이것이 한학을 재
흥시키는 이유가 되었던 것입니다. 이에 비로소 장단취사의 논이 생
겨났던 것입니다.

성대: 선생의 충심 어린 간곡한 말씀을 이제야 듣게 되었습니다. 앞서
말씀하신 장단의 논을 다 어찌 믿겠습니까? 귀국이 조금 후회하
고 있다는 것도 당연히 우리나라의 귀감이 될 것이 분명합니다.

장옹: 평왈 적확한 말이니 동의하지 않을 수가 없다.[48]

미시마는 서양의 기술이 국민의 생활을 향상시킬 수 있는 것이라
면 받아들여야한다고 주장한 반면, 최성대는 서양의 기술을 배울 필
요가 없다고 하였다. 동양의 것을 버리고 서양의 것을 배운 전래가 없
다고 하였다.

미시마는 明治初期 서양 일방적 개화정책이 시행되었으나 지금은
이에 대해 회의를 품는 사람들이 있어 다시 한학을 부흥시키고자 한
다고 하였다. 미시마는 한학 지식인으로, 메이지의 개혁 이후 팽배한
민권의식과 자유, 민주주의에 대한 열망이 가져온 구질서의 붕괴와
당시 사회 풍조에 대해 느끼는 위기의식 대해 말한 것이다. 실제 미시
마는 보수반동적인 색채를 띠고 한학의 부흥에 매진하였으며 興亞會

의 회원으로 활동하였다. 특히, 二松學舍의 건립과 교육, 斯文會의 활동은 그 주요 활동 중 하나였다.[49] 관변단체였던 斯文會는 부침이 있었으나 지금까지도 그 명맥을 이어오고 있다. 정만조의 경우, 斯文會 회원으로 활동하였으며, 그가 몸담았던 경학원은 식민지 기간 내내 斯文會와 유기적인 관계를 맺고 있었다. 한편, 그의 사후 만사가 斯文會에 게재될 정도로 斯文會에 있어 정만조는 조선을 대표하는 유자이기도 하였다.[50]

최성대와의 필담에서 매우 흥미로운 것은 서양에 대한 입장이다.

의: 진실로 충신을 위주로 한다면 비록 서양인이라고 하더라고 동포 같이 될 것입니다. 하물며 인종이 같고 문자가 같으며 학문을 같이하는 나라에 있어서야.

성대: 대저 사람의 행동에는 중인 이상이 아니면 미칠 수 없는 것이 있는 것인데 어찌 일마다 충신을, 말마다 독경을 할 수 있겠습니까. 그러나 진실로 충신독경으로 마음가짐을 삼는다면 그 벗어남이 멀지 않아 돌아올 날을 기약할 수 있을 것입니다. 그러니 귀하지 않겠습니까. 그러나 서양인은 일종이류이기에 그들에 대해서는 더 이상 듣고 싶지 않습니다. 사문이 인멸되지 않는다면 하늘이 순탁을 두는 날이 있겠지요.

의: 서양인들은 진실로 동양인들과는 다른 인종입니다. 그러나 하늘의 입장에서 보자면 모두 같은 인간일 뿐입니다. 옛날 사람들이 '一視同仁'이라고 말한 이유입니다.

성대: 걸왕의 개가 요 임금을 보고 짖으나 요 임금이 짖어댈 만한 분이십니까?

장용: 一視同仁에 어찌 요와 걸의 구분이 있겠습니까.

성대: 알곡이 있으면 피도 있지요.

장옹: 알곡이면 길러야 하지만 피는 뽑아야 하는 것입니다. 다만 방법이 어떠하냐가 있을 뿐입니다.

성대: 그래서 하늘이 순탁을 내리시는 것이지요.

장옹: 걸왕의 개는 그 주인만을 위하는 것이었고 공평한 논은 아니었습니다. 그래서 일시동인의 설이 있는 것입니다. 제 말이 고견에 차지 못하실 것이니 부끄럽습니다.

성대: 야인의 고담이 아니라고 할 수 없습니다. 청컨대 그만두었으면 합니다.

의: 적국의 외환이 없으면 나라는 필시 망할 것입니다. 지금 양이는 밖에서 창궐하고 있으니 어쩌면 우리 아세아에게는 다행일 수 있겠지요.

성대: 진실로 그렇습니다. 훌륭한 말씀입니다.

성대: '修撰' 이것만이 방책이겠지요.[51]

三島中洲는 一視同仁의 차원에서 서양인도 교화가 가능하며 忠臣을 주로 한다면 그들도 동포라고 주장하였다. 崔成大는 同種同文이라면 가능하지만 그들은 異類이기에 그들에 대해서는 듣고 싶지 않다고 거부하며 "斯文不墜 則天將有徇鐸之日也"라는 말로 이에 대한 토론을 마무리 짓고 있다.

조선의 사문에 관한 사명의식은 식민지기에 이르러서도 지속되었다. 심지어 김윤식은 식민지화된 조선을 바라보며 "한 나라가 망하였어도 도가 있으면 그 나라는 망한 것이 아니다. 나라가 존재해도 도가 망하면 나라가 없는 것과 같다."[52]라고 하였는데 이 발언은, 바로 그러한 의식을 잘 표현해주고 있는 것이다. 애국계몽기의 공자교, 大東

學會 등의 활동, 식민지기의 경학원 등은 이러한 의식의 실천이라고 할 수 있다.

일본과 중국과 조선은 상하 수천 년 동안 한학의 공을 믿지 않은 적이 없었다. 예를 들면 삼국의 정체, 사상, 도덕, 경제, 실업, 종교 및 사회상, 조직 등에 있어 한학으로 말미암아 기초하지 않은 것이 있는가? 이로 볼 때 지금 갑자기 한학을 버리고 장래 문화의 진보를 바라는 것은 불가능할 것이다. 지금 또 로마자를 의지하여 구미의 참신한 문화를 흡수하자고 하며 바야흐로 우리에게 있어 동서의 문화를 합하고 한곳에 모아 貫通融會하여 집대성함을 보게 될 것이라고 하니 얼마나 망령된 말인가?…… 혹은 지금 시세가 모두들 읽기 어렵고 해석하기 어려워하는 한문을 가지고 로마자의 간단하게 배울 수 있는 것으로 바꾸는 것이 옳다고도 한다……. 또 우리나라가 응당 동서의 문화를 모으고 신구를 융회시켜 일신한 문화의 요소를 제조하여 다시 동아시아 대륙을 향해 우리의 문화를 전파하는 것은 通商惠工을 확충하기 위해서이니 한학을 버려두고 어떤 좋은 약이 있는지는 알지 못하겠다.[53]

메이지의 한학 지식인을 대변한 위의 글은 정만조, 여규형, 김윤식 그룹의 의식을 표현한 말이기도 하다.[54]

斯道는 조선이 존립할 수 있는 근간이라는 인식을 갖고 있었기에 이 근간을 지키기 위해서 의리, 위정척사의 길을 택하는 이도 있었으나, 친일적 성향의 집단은 '時中'을 길을 택하였다.

경전의 대의를 연구하여 유학을 창도하고 외국의 책을 열람하여 아집과 막힌 곳을 풀어야 한다. 가장 요긴한 일은 체를 세우고 용을 통달하는 것이니 孔孟의 종지를 지키고 사물의 時宜를 밝혀서 正德, 利用, 厚生 세 가지 아울러 행해지고 없어지지 않는다면 유교가 다시 밝아질 것이다.[55]

위의 글은 신기선이 쓴 것인데, 여기서 말한 시무와 시중에 대한 인식은 개화파의 대표적인 논리이기도 하였다.

鄭萬朝는 1909년 경성일보가 주최한 1차 '日本觀光團'의 일원으로 일본을 다녀온 후, 隨時하지 못한 과오를 반성하며 다음과 같은 글을 썼다.

本人이 觀光團員으로 日本에 前往하여 諸般 程度를 觀光한즉 其文明 制度를 一口로 陳述키 難한지라 新約 以後에 我國이 其指揮保護의 不可 不服從을 乃覺하였고 且 今番 司法權 委任 軍部 廢止한 事에 對하여 人 民의 誤解가 似有하니 民智未發을 推此可知라 前日 我法官의 不法은 更 無하고 文明한 法律下에 生活할 뿐外라 外國의 治外法權도 撤去할 터이 오 前日 軍隊는 即雇兵이라 義務가 無한 故로 廢止하고 徵兵法을 行將實 施할 터이니 此施政方針이 我人民의 來頭幸福을 增進한다[56]

그는 일본과의 조약 체결 이후 조선이 그 지휘보호에 복종해야만 하는 상황을 깨닫게 되었다고 고백하였다. 그리고 시대의 당면과제인 문명개화의 방향에 대해 정만조는 다음과 같이 말하였다. 새로운 사법 정책이 시행됨으로 인해, 법관의 불법이 없어지고 치외법권이 없어지며, 징병제의 실시를 통해 백성의 행복이 증진될 것이라고 하였다. 물론 정만조가 말한 새로운 시정의 주체는 통감부였다. 末松謙澄은 일본 방문을 마치고 귀국하는 관광단에게 다음과 같은 시를 써주었다.

융성한 火氣 서쪽에서 흘러 거세게 종횡으로 내달리는 이때
삼한의 사신들 귀국길에 오르네.
관광단은 응당 개화에 힘쓸 것이요,
나라를 다스림에[57] 어찌 聖明하신 군주 보필하길 잊으리오.[58]

정만조의 위 글은 이 시에 대한 대답이라고 할 수 있다. 스에마츠가
말하는 개화는 1909년 조선 통감부와 이완용 내각에 의해 주도되고
있었다. 이 시의 성명하신 군주가 순종황제를 가리키기는 것이기는
하지만 그것이 독립된 조선의 황제를 의미하는 것은 아닐 것이다.

日往月來하고 寒退暑進은 天地의 恒例오 古今의 原則이라. 人은 靈覺
이 有한 動物이 되야 萬物首位에 巍然 特占함은 能히 隨時制宜하야 萬化
의 根本을 主張함으로 以함이라. 然하나 此事業을 何人이 能辨하는고하
면 唯儒者 其人이로다. (중략) 斷髮者를 指斥하야 曰異類라 新書籍을 排
毁하야 曰邪術이라 하는 儒者가 比比有之하니 此人이 果然 儒者인가. 孟
子 不云乎아 彼一時也며 此一時也라하고 易에 曰 隨時之義 大哉矣라 하
얏스니 思하고 思할지어라.[59]

1911년 『매일신보』에 게재되었던 위의 글은 전국의 유생을 향해
'隨時'를 주장하고 있다. 이 신문에서는, 변화는 만고불변의 법칙이
라고 보고 인류의 위대함은 이 모든 변화의 위에서, 때에 따라 알맞
게 변화하도록 하는 그 근본을 소유함에 있다고 주장하였다. 그 결과,
隨時하는 유자야말로 참다운 유자가 될 수 있는 것이라고 강조하고
있다.

京城高等普通學校 敎諭이었던 高橋亨은 1916년 10월 9일 제15회

경학원 강연회에서 연사로서 「儒敎의 根本義」라는 주제로 강연을 하였다. 그는 유교의 근본 되는 사상으로 中庸, 禮, 仁을 들며 그 핵심은 '中'이라고 하였다. 그가 말하는 中은 '時中'에 방점을 찍고 있다고 할 수 있다. 梁鳳濟는 이에 대해 1913년 의주군에서 「君子之中庸也 君子而時中」을 제목으로 강연을 하였다.

[주자]집주에 [君子가 中庸을 하는 까닭은] 君子의 德이 있고 또 능히 때에 따라 中에 처하기 때문이요, 또 中은 一定한 體가 없어 때에 따라(隨時) 있다고 했으니, 隨時 두 글자는 가장 완미해야 한다. (중략) 군자만이 時中하는 것이 아니라 士農工商 모두 다 時中해야 한다.

그렇다면 금일 우리 민족은 어떻게 해야 時中할 수 있는가? 불쌍한 우리 민족은 예부터 쌓인 폐단의 남은 재앙으로 지극한 빈약에 빠져 있으니 이 폐단을 바로잡고자 할진댄 利用厚生을 버리면 무엇을 할 수 있는가? 공자도 부유하게 하면 가르쳐야 한다고 하셨고 맹자도 떳떳한 재산이 있는 자는 떳떳한 마음이 있다고 하셨으니 이때를 당하여 공자와 맹자가 다시 나오셔도 반드시 利用厚生으로 급선무를 삼을 것이다. 현재 당국의 정치가 利用厚生 아님이 없어서 학교를 넓혀서 지식을 개발하고 경학원을 설립하여 좋은 풍속을 조장하니 곧 백성에게 中을 쓰는 것이다. 우리 민족은 명령에 복종하여 각각 자기 생업에 부지런히 일하고 충효로 서로 권면한다면 저절로 時中의 도에 합하는 것이다. 힘쓸지어다. 힘쓸지어다. [60] [61]

이렇듯이 친일적인 지식인 집단에게 儒道로써 體를 삼고 新文學, 이용후생, 나아가 문명개화 등으로 用을 삼는 이 '시중'은, 반드시 '조선'에서 이루어질 필요는 없었다. 김성배에 의하면 이들이 전제왕정이 아닌 입헌군주제를 지향하고 있었기 때문에 광무정권과 조선왕조에 대해서는 비판적인 스탠스를 취하고 있었다고 하였다.[62] 그들이 지향한 입헌군주제는 고종과 순종의 조선이 아니었던 것 같다.

그들이 말한 시중의 자세는 『中庸』의 "君子·中庸, 小人反中庸. 君子之中庸也, 君子而時中, 小人之中庸也, 小人 而無忌憚也."와는 거리가 있다. '중용'이 전제되지 않은, 시중만이 강조되었는데, 그 결과 자연히 당대의 가변성만을 중시하는 풍조로 변질되어버렸던 것이다.

5. 결론

본고에서는 친일담론의 발화와 수신에 있어, 인적 네트워크에 착목하여 조선과 일본에서 이것이 어떻게 형성되고 어떤 역할을 하였는지에 대해 알아보았다. 김윤식의 경우, 친일 여부에 관해서는 논란의 여지가 있는 인물이지만, 다만 아시아 연대주의와 관련하여 그의 일본인과 인적 네트워크의 형성과, 식민지 기간 동안 이것이 어떻게 작동하였는지를 밝혔다. 조선측에서는 김윤식 외에 정만조와 정병조를, 일본측에서는 미시마 추수, 스에마츠 겐조, 모리 카이난 등의 경우를 들어 인적 네트워크의 형성과정과 추이를 조명했으며, 그리고 이 네트워크를 통한 발화와 수신에 대해서도 알아보았다. 아시아 연대를 실현하기 위한 선린과 우의의 실천 행위 그 자체로 인식되었던 이 네트워크가, 일제가 발신하는 식민지 이데올로기에 호명하며 이것을 내면화하는 과정에 대해서도 고찰하였다.

개항 이후 조·일간의 인적 네트워크는 문명개화와 서양에 대한 공동 대응 전선의 형성이라는, 아시아적 운명 공동체에 대한 공명에서 시작되었다. 그러나 아시아 연대론은 通商論을 넘어 동양이라는 문명론, 즉 동문동종한 문명론으로 발전되었고, 후에 유학자들 간에는 '유교문화권'이라는 문화권역으로 아시아를 표상하기에 이르렀다. 전근대의 유산으로의 유학이 서학의 영향력이 확대되면서 그 지위를 점차 잃어갈수록 斯道에 대한 신념은 강해졌으며 심지어 조선의 국권 상실 이후 이들은 斯道의 保持만이 유일한 소명이 되었다.

그들이 주장한 '同種同文의 아시아'를 위해, '斯文의 아시아'를 위해 하나가 되어야 한다는 논리는, 1880년대에는 가능하였을지 모른다. 적어도 조선, 중국, 일본 각각 국권이 있었고, 불평등하기는 하더라도 국가라는 단위로 연대가 가능한 시기였기 때문이다. 그러나 통감부를 지나며 일제의 식민지 정책이 노골화되고, 폭력적으로 흘러버렸다. 아시아 연대를 상징하던 脣齒輔車·合從連橫의 워딩은 '同文同根의 형제국'이라는 식민지 동화정책의 수식어가 되어버렸고, 이 관계도 '형제국'에서 '父子國'으로 점차 종속성이 심화되어 갔다.

5장

신해혁명 온양기 廣東 개혁파 지식인의 신중국 상상

—歐榘甲의 『新廣東』을 중심으로—

성근제
(서울시립대학교 중국어문화학과)

＊

1. 들어가며

중국의 역사적인 신해혁명 100주년(2011)을 앞두고 신해혁명에 대한
각계의 관심이 높아지고 있는 가운데 2008년 발표된 고 미조구찌 유
조(溝口雄三)의 「신해혁명신론」[1]은 이 논의 주제와 관련된 흥미로운
관점을 제시하고 있어 주목해볼 만하다. 미조구찌는 「신해혁명신론」
에서 신해혁명에 대한 보편화된 평가적 관점들[2]에 대해 문제를 제기
하면서, 신해혁명의 역사적 의의는 중국의 이른바 '16-17세기 시각좌
표'에 의해 새롭게 조망되어야 한다는 주장을 전개하고 있다. 그에 따
르면, 신해혁명은 중국 역사상 네 차례의 거대한 변동 가운데 하나인
청말민초의 격렬한 사회적 변동 과정 속에 자리 잡고 있는 것임과 동
시에, 또 하나의 거대 변동인 명말청초의 사회 변동이 200여 년에 걸
친 체제 내적 축적을 이룬 결과로서 발생한 것이다. 그가 이야기하는
명말청초로부터 이어진 사회 변동이란 지방의 공론이 전개되는 공간
인 '향리공간(鄕里空間)'이 현 단위 규모에서 출현하여 청 말에 이르
러 성 단위 규모로 확대되어 온 장기변동의 과정을 가리킨다. 미조구

찌는 이러한 '향리공간'의 확장과 이 과정에서 성장한 (중국식 지방자치라 할 수 있는) '鄕治'의 축적된 역량(그는 이 역량을 '一省之力'이라 부르고 있다)이 신해혁명을 각 성의 '독립'이라는 (겉으로 보기에) 분열적 양상[3]으로 표현되도록 만든 역사적 동력이라고 파악한다. 때문에 그는 이러한 역사적 과정의 의미를 정확히 포착하기 위해서는 유럽 자본주의 문명(제국주의)의 아시아로의 확산(일반적으로 그 기점으로는 '아편전쟁'이라는 사건이 제시된다)을 가장 결정적인 요인으로 이해하는 관점이 아니라, "명말청초의 역사적 변동을 인정하고 동시에 이 변동이 청대 시기 전체를 관통하여 청말의 격변기에 이르기까지 지속적으로 발전해 나간 것으로 파악하는"[4] 이른바 '16-17세기 시각좌표(視角座標)'에 의거해야 한다고 주장한다. 미조구찌는 이어 청대 시기를 관통하여 지속적으로 확장되어 온 지방 각 성(省)의 역량과 그에 근거하여 이루어진 '향치'의 다양한 사례들을 제시함으로써 1911년 중국에서 이천 년을 이어온 왕조체제를 최종적으로 해체한 신해혁명이 중앙집권적이고 통합적인 국민혁명이 아니라 각 성의 분열이라는 형태로 전개될 수밖에 없게 만들었던 청대 사회체제 내부의 역사적 특수성에 대해 논술하고 있다.

미조구찌의 이와 같은 논의는 최근 중국학 연구가 마주하고 있는 몇 가지 과제들과 관련하여 볼 때, 매우 흥미로운 시사점들을 던져주고 있다.

우선 신해혁명의 전체상과 범위를 설정하는 문제와 관련하여 볼 때, 만일 신해혁명을 전후로 한 각 성의 독립(다르게 표현하자면 분열, 혹은 지방세력의 할거)이 신해혁명의 불철저성, 혹은 신해혁명 주도 세력의 역량의 한계로 인해 빚어진 봉건제국의 와해 현상이 아니라 명말청초 이후 오랜 기간에 걸쳐 성장해온 새로운 세력과 역량이 그 모습을 동시다발적으로 드러내는 과정으로 이해되어야 하는 것이라면 향후 중국 각 지역에서 독자적인 지역 패권을 수립함으로써 군벌로 성장해가는 지방 세력들의 등장과 독립 과정들 전체가 (신해혁명의 공화주의에 저항한 퇴행적 경향이 아니라) '신해혁명'의 지절들, 다시 말하자면, 여러 개의 신해혁명들 가운데 하나로 해석되어야 할 것이며, 그랬을 경우 새롭게 고찰, 해석되어야 할 신해혁명의 범위는 다양한 범주에서 크게 확장되어야 할 것이다. 이것은 분명 신해혁명에 대한 새로운 역사적 해석과 관련된 중요한 문제임에 분명하다. 이렇게 신해혁명의 범주가 확장되면, 우리는 아마도 '복수의 신해혁명'을 마주하게 될 터인데, 그랬을 경우 이제까지 신해혁명을 이념적으로 주도한 것으로 설명되어 왔던 청말민초의 중국 신흥 세력들이 그들의 지향점을 설명하기 위해 사용했던 주요 개념들, 예를 들면 공화주의, 개혁, 입헌, 혁명, 국가, 의회 등과 같은 개념들이 당시 서로 다른 지역에 기반한 세력들에게는 구체적으로 어떤 의미로 (서로 다르게) 받아들여지고 사용되고 있었는가라는 새로운 연구과제와 연결되지 않을 수 없을 것으로 보인다.

또 다른 하나의 문제는 바로 최근의 중국학 연구가 요구받고 있는 '지역(區域)' 연구의 필요성이라는 문제와 관련된 것이다. 지난 20세기 후반까지 한국의 중국학은 중국을 하나의 통합된 전체로 간주하는 시각에 기반해 있었던 것으로 보인다. 이러한 시각은 중국학 연구에서의 일종의 중앙주의라 부를 수 있는 경향과도 무관치 않은데, 이러한 경향은 대체로 중국의 각 지역과 세부적인 문제들에 대한 구체적인 현장감을 지니기 어려운 외부자적 시선의 한계로 해석될 수도 있다. 그러나 21세기에 들어 보다 진전된 중국학은 본격적으로 중국의 개별 지방, 지역에 대한 심화된 연구의 필요성을 제기하고 있다. 최근

들어 다양한 이유로 관심이 증폭되고 있는 소수민족 지역은 물론이거니와 이른바 '중국 본부'라 불리울 수 있는 지역에도 단일한 중앙의 시각과 패러다임으로는 도저히 설명될 수 없는 다양한 경험과 시각, 문제들이 존재한다는 점이 드러나고 있기 때문이다. 예를 들어, 문화대혁명에 대한 최근의 연구 경향 역시 지방 문혁의 문제로 세분화되는 경향을 두드러지게 보이고 있는데, 지역에 방점을 둔 이러한 새로운 시각은 문화대혁명에 대한 중앙의 관점과 매우 날카롭게 충돌하는 경우가 허다하다.[5] 지방의 시각에서 바라본 다양하고 이질적인 문혁의 전개 양상들은 중국 공산당에 의해 공식화, 단일화, 권위화된 문혁 서사의 정당성에 심각한 의문을 제기하지 않을 수 없게 만든다. 물론, 신해혁명 시기를 포괄하는 근대 초기에 대한 연구도 예외일 수 없다. 근대화의 직접적 영향으로부터 비교적 멀리 떨어져 있었던 내륙 지역은 일단 차치하고라도, 비교적 이른 시기에 외세의 영향 아래 근대화의 과정이 시작된 지역들, 예를 들면 北京과 天津, 上海, 廣東(홍콩, 廣州), 山東(青島), 夏門, 東北(大連, 하얼빈) 등을 꼽아보더라도, 각 지역의 근대화 과정이 추동된 초기 계기와 전개 과정, 내적인 축적 양상, 근대적 주체 수립의 방식, 수용된 근대의 모델과 그 연원, 그리고 수용 태도에 이르기까지 등 거의 모든 측면에서 (단순한 시간차가 아니라) 선명한 (질적) 차별성을 보여주고 있기 때문이다.

이러한 문제들은 이 글의 관심사와 관련하여 이야기하자면, 다음과 같은 두 가지 과제로 축약될 수 있는데, 그것은 바로 현재적 시선이 역투사된 목적론적 역사기술의 문제를 반성하고, 당시 혁명 주도 세력들의 혁명에 대한 구체적인 상과 개념들을 재발견하는 문제와 20세기 초반 중국 사회를 각 지역(예를 들면 省)의 특수한 경험 및 과제들로 세분화하여 고찰하는 것이다. 중화인민공화국이라는 강력한 중앙집권화된 국가가 수립되어 있는 오늘날의 역사적 현실을 19세기 이후 중국 사회변동사(혹은 혁명사)의 불가피한 귀결점, 혹은 종착점으로 간주하는 목적론적 관점에 기반해서는 더 이상 20세기 중국문화사와 사회사 연구가 봉착해 있는 중앙중심주의적 한계를 극복하기 어려운 것이다.

이러한 문제의식으로부터 출발하여 본고는 1902년에 간행된 『新廣東』이라는 제하의 단행본 서적에 주목해보고자 한다. 『新廣東』[6]은 신해혁명 이전 최초로 한 성(省)의 자립을 분명

〈그림 1〉『新民叢報』에 실린 『新廣東』 출판광고

하게 요구했던 선구적이면서도 영향력 있는 저작일 뿐만 아니라,[7] 신해혁명을 향해 나아가는 혁명 운동 세력의 실질적 발상지인 '광동' 지식인들의 해당 '지역'에 대한 관점과 문제의식을 생생하게 보여주고 있다. 때문에 『新廣東』은 신해혁명을 향해 나아가는 광동의 개혁적 지식인들이 당시의 시점에서 개혁 이후의 중국, 즉 신중국에 대해 어떠한 '像'을 공유하고 있었는지를 구체적으로 이해하고, 당시 각 지역 사이에 존재하는 불균등 근대화의 양상을 단면적으로 고찰하기에 매우 적절한 텍스트가 될 수 있을 것으로 기대된다.

2. 광동인의 광동

一名 '廣東人之廣東'이라는 부제가 달려 있는『新廣東』은 1902년 일본 橫濱에 자리 잡고 있던 新民叢報社에서 발간된 100면 내외의 단행본 서적으로 저자는 康有爲의 제자 가운데 하나였던 歐榘甲[8]인데, 이 책에서는 본명을 밝히지 않은 채 太平洋客이라는 필명을 사용하고 있다.[9] 태평양객이라는 필명은 아마도 저자가 당시 미국의 한 잡지사에서 주필을 담당하면서 미국에 머물러 있었기 때문에 붙여진 것이 아닐까 생각된다. 梁啓超에 의해 주도된 것으로 잘 알려져 있는 잡지『新民叢報』는 제2호(1902년 01월 22일)부터 15호까지(1902년 9월 2일) 지속적으로 한 면 전체를 활용하여 매우 비중 있게『新廣東』에 대한 서적 광고를 게재하고 있다. 이 광고는 이 책이 주장하는 바의 내용이 무엇인지를 구체적으로 밝히지 않은 채, 굳이 책장을 펼쳐 들여다보지 않더라도『新廣東』이라는 제목만으로도 그 주장하고자 하는 바의 내용을 대략적으로 유추해볼 수 있을 것이라고 에둘러 소개하면서도 한편으로는 독자가 일단 이 책을 읽고 나면 전기에 감전된 듯 깜짝 놀랄 만한 새로운 발상과 문제의식을 얻게 될 것이라고 나름대로 자극적인 선전문구를 덧붙이고 있다.[10] 하지만, 이러한 선전문구가 단순한 과장이라고만 할 수 없는 것은 실제로『新廣東』이 당시로서는 획기적이라고 아니할 수 없는 발상과 견해를 제시하고 있는 것이었기 때문이다. 그 획기적인 발상이란 바로 '광동인의 광동'이라는 말로 표현되어 있는 광동의 '자립'이었다.

물론 청조의 지배 체제로부터 벗어나야 할 당위성을 주장하거나 직접적 행동으로 그것을 실천에 옮긴 사례는『新廣東』이전에도 없었던 것이 아니다. 거슬러 올라가자면, 태평천국 운동을 주도했던 홍수전의 기의로부터 가까이는 1895년 손문의 흥중회에 의해 기도되었던 '제1차 광주기의', 의화단 사건의 와중에 연합군이 천진을 점령한 직후인 1900년 8월 호남을 거점으로 봉기를 일으키려했던 당재상의 '자립군 기의', 그리고 같은 해 10월 8일의 '惠州 기의' 등은 모두 청조 지배 체제로부터의 이탈을 분명한 형태로 표현하고 있었다는 점에서 일련의 흐름을 반영하고 있는 사건들로 파악할 수 있다. 그러나, 이 일련의 경향은 대체로 '만주족과 한족'이라는 종족적 대립구도에 기반하여 전면적인 청조 지배 체제의 와해를 목표로 하는 직접적 군사 행동이라는 특징을 지니고 있는 것이었기 때문에 비록 특정 지역의 우선적 확보나 (청조로부터의) 독립을 기도하는 경우에도 그 특정 지역의 선택은 단지 군사적 행동의 유불리라는 문제를 고려의 중심에 둔 전술적 선택의 결과에 지나지 않는 것이다. 그러나 『新廣東』의 경우가 보여주는 태도는 이와 미묘하지만 중요한 차이를 보여주고 있는데, 그것은 『新廣東』이 광동이라는 지역의 지역성 자체에 대한 '광동인의 시각과 기대'를 바탕으로 광동의 자립 가능성과 역량이라는 문제에 주목하는 태도를 보여주고 있기 때문이다. 때문에 歐榘甲이『新廣東』을 내놓으면서 광동의 자립을 주장하고 있는 것은 단순한 전술적 고려의 결과라고만 이야기하기 어렵다. 그에게 있어 광동의 자립은 광동 사회 내부에서 성장하고 뿌리내린 새로운 역량과 가능성의 자연스러운 체제적 발현에 해당하는 것이며, 따라서 일정 정도 이상의 전략적 가치를 지닌 것이었다고 판단되기 때문이다.

3. '何必' 廣東

歐榘甲은『新廣東』의 서두에서 중국의 상황과 관련된 흥미로운 관점 하나를 제시하고 있다. 그는 1,451개 州縣과 만몽, 신강, 청해, 서장 등의 속부(屬部)의 각 지역이 서로 왕래하지 않고, 서로 소통하지 아니하는 고로 주변의 다른 성을 바라보기를 마치 진(秦)나라 사람이 월(越) 나라 사람 바라보듯 한다고 이야기하고, 이웃 성이 서로 이러하니 중국 전체를 이야기하는 것은 가당치 않은 일이라고 지적한다.(270) 이처럼 중국을 사랑하는 마음이 결코 자기가 태어난 지역(省)을 아끼는 마음과 같을 수 없으니 최선의 방법은 우선 각 성이 각자 자립의 길을 찾아 나가는 것이다. 물론 그는 이러한 각 성의 자립이 향후 각 성의 연합을 통한 중국의 자립을 위한 것이라고 이야기하고 있기는 하지만, 이어지는 그의 주장을 꼼꼼히 살펴보면 그가 광동의 자립을 주장하는 배경에는 광동의 역사적 특수성과 전략적 가치, 그리고 광동의 주도성에 대한 근대 광동 엘리트 특유의 자부심이 깔려 있다는 것을 어렵지 않게 발견해낼 수 있다. 그는 "만일 광동이 자립하지 않는다면, 중국 전체가 망하게 되고 말 것이라고 해도 과언이 아닐 것"(271)이라고 단언한다.

歐榘甲에 따르면, 광동은 중국의 여타 지역과 분명하게 구별되는 다양한 특질들을 지니고 있는데, 이러한 특질들이야말로 광동의 자립을 가능케 하는 것이다. 그는 크게 네 가지를 꼽아 이야기하고 있다. 그것은 바로 인재가 풍부하고, 재력이 풍부하며, 발전을 위한 지리적 요충지에 자리하고 있으며, 인구의 생육과 팽창이 왕성하다는 점이다.

우선 인재의 풍부함이라는 문제에 대해 좀 더 상세히 살펴보기로 하자. 대체로 청대까지의 이른바 중국 전통 사회에서 광동은 어떤 의미에서도 인재의 산실이라 부르기 어려운 곳이었다. 지리적으로도 중원과 격절되어 있는 오지였으며, 문화적으로도 월인(越人) 문화가 번성한 변방의 땅이었다. 그러나 광동의 문화적 상황은 청조가 이 오지의 항구를 열어 유럽인들과의 통상 항구로 개방한 이후로 급격하게 변화되었다. 그것은 전혀 새로운 유럽의 근대적 문화가 주로 광동을 통해 중국으로 들고나게 되면서, 그리고 이 항로를 따라 수많은 광동인들이 전세계 각지로 진출하기 시작하면서 광동은 그야말로 중국의 타지역이 지닐 수 없었던 전혀 새로운 문화 자본을 축적한 문화적 신천지로 탈바꿈하게 된 것이다. 광동인민출판사가 펴낸『嶺南思想史』[11]는 고대편과 근대편 두 부분으로 구성되어 있는데, 이 가운데 아편전쟁 이후 시기를 다루고 있는 근대편이 책 전체의 절반 분량을 차지하고 있다. 흥미로운 것은 근대 시기 광동의 사상사를 대표하는 인물들로 제시된 리스트 속에서는 19세기 말 중국의 근대 사상사에서 절대로 빼놓을 수 없는 무게감 있는 인물들, 예를 들면 洪秀全, 黃遵憲, 康有爲, 梁啓超, 孫文 등과 같은 인물들이 줄줄이 등장하고 있다는 점이다. 때문에 歐榘甲은 양무운동 이래로 국정의 형식을 변화시킨 礦務局, 招商局, 制造局 등을 수립한 일과 국민의 정신을 변화시킨 신문사, 학당, 학회, 국회 등의 개설과 관련된 일들 가운데 어느 것 하나도 광동인의 손을 빌지 않은 것이 없다(271)고 이야기한다. 그리고 이러한 사정은 국외에서도 다르지 않아서 해외에서 이루어지고 있는 중국인의 활동도 대부분 광동인의 손에 의거하고 있다는 것이다. 그는 "중국의 거의 모든 일들이 광동 사람이 있으면 흥하고, 광동 사람이 없으면 곧 쇠하고 말 것"(271)이라고 단언한다. 사실 이러한 평가는 그리 과장된 것이 아니다. 실제로 19세기와 20세기 초반 중국의 주요한 역사적 사건들은 거의 광동 출신의 인사들로부터 그 주요한 동력을 얻고 있기 때문이다. 태평천국운동이 그렇고, 무술변법운동이 그러하며, 신해혁명과 제1차 국내혁명전쟁 역시 그러하다. 그리고 이 시기 광동이 보여준 이러한 주도성은 "결코 우연이 아니다".[12] 만일 이것이 '우연'이 아니라면 중국의 근대화를 이끈 광동의 맨파워가 어디로부터 연원한 것이며, 이 인맥이 이후 국민당과 공산당, 그리고 지식문화계의 핵심부에서 차지한 지위에는 어떠한 부침이 존재하였는지, 그리고 그 이유는 무엇인지를 밝히는 일은 중국근대사와 지성사 전체와 관련된 매우 민감하고도 핵심적인 연구과제가 될 것이다.

광동의 재력에 대한 그의 언급 역시 매우 흥미롭다. 歐榘甲은 咸豐, 同治 이래로 정부가 자금을 필요로 하는 일들(兵事, 賑荒, 國債, 賠款 등)이 벌어질 때마다 거의 광동이 정부를 재정적으로 뒷받침해 주었으며, 이처럼 풍부한 재력 때문에 전국의 탐관오리들은 광동에 배치가 되면 친지를 모아 놓고 축하주를 마신다(271)고 이야기하고 있다. 그에 따르면 당시 광동의 한 縣의 재력은 가난한 다른 성 전체의 재력보다 넉넉하며, 광동인들의 일상적 소비 수준은 유럽의 작은 나라들보다 더 풍족하다.(272) 광동의 이와 같은 경제적 풍족은 생산에 유리한 기후적 조건과도 관련된 것이지만, 보다 결정적인 이유 가운데 하나는 바로 19세기 중반 이후 형성된 지정학적 이점에 있다. 실제로 歐榘甲은 광동의 독립적 성질을 지리적 특수성과 관련하여 설명하면서 선진 외국과의 통상 및 문화적 교류가 자유롭다는 점을 가장 힘주어 강조(272)하고 있다. 중국의 한인본부(漢人本部)가 대체로 양자강과 황하 수계에 걸쳐 있는 데 반해 광동은 주강(珠江) 유역에 자리 잡고 있다는 점, 만여 리에 이르는 산맥에 의해 중원 지역과 격절되어 있다는 점 역시 광동의 자립을 가능케 하는 요소이지만, 그의 관점에서 무엇보다 중요한 것은 서구 제국과의 경제적, 문화적, 인적(화교) 교류를 용이케 하는 지정학적 자원인 것이다. 그가 광동의 자립을 가능케 하는 요소로 인구의 규모를 이야기하면서도 수백 만의 광동인이 해외 각지로 퍼져 나가 있다는 점을 재삼 강조(272)하고 있는 것 역시 광동이 지니고 있는 지정학적 특성과 이점을 강조하고자 하는 일관된 맥락 속에서 이해될 수 있을 것이다.

4. 자립의 당위성과 장애 요인

이러한 자립 가능성에 대한 판단을 기반으로 歐榘甲은 자립의 당위성과 자립을 위해 예비되어야 할 사항들, 그리고 구체적인 자립책들을 차례대로 제시해 나간다. 그가 제시하고 있는 자립의 당위성은 모두 여섯 가지 항목에 달하지만, 크게 추려 보면 두 가지로 요약될 수 있는데, 그 하나는 청나라 조정의 무능과 국민에 대한 무관심으로 인해 촉발된 일련의 위기들에 광동이 대응하기 위해서는 반드시 자립해야 한다는 것이고, 또 다른 하나는 "夫自立者, 天地之大義, 生人之本兮"(274)라는 구절 속에 함축되어 있는 바, 청 정부의 전제적 압제로부터 벗어나 자유라는 천부적 권리를 회복하고 문명의 진보를 이루어내야 한다는 것이다. 후자는 비교적 소략하게 원론적인 차원의 논의를 전개하고 있는 것인데 반해, 전자는 제시된 여섯 가지 항목 중 다섯 항목에 걸쳐 상세하게 논의하고 있기 때문에 좀 더 자세히 살펴보고 넘어갈 필요가 있겠다. 『新廣東』의 저자가 광동의 자립을 역설하는 가장 핵심적인 이유는 1902년을 전후로 한 당시 국제정세의 흐름 속에서 중국이 과분의 위기에 처해 있으며, 그 가운데 광동은 청 정부의 동의 하에 열강의 손아귀에 넘겨지고 말 것이라고 판단하고 있기 때문이다. 歐榘甲은 청 정부를 '달단지종(韃靼之種)'으로 규정하고, 이 韃靼之種이 중국 선조들의 땅을 강제로 빌려 거주하고 있는 것이 그들이 처한 현실이라고 규정한다. "우리 중국인의 땅을 빌려 살고 있으면 마땅히 그 땅을 지켜야 할 것이요, 만일 지킬 수 없다면 중국인에게 되돌려 주어야 하는 것이거늘, 어찌 자신의 힘이 쇠약해지자 우리의 땅을 제멋대로 다른 나라에게 가져다 바칠 수 있단 말인가?"(273) 이 구절 속에 歐榘甲이 역설하는 광동 자립의 핵심적 논리가 되는 역사관의 일단이 드러나 있다. 하지만, 그의 주장이 이렇게 추상적이고 원론적인 수준에 머무르고 있는 것만은 아니다. 그는 광동이 조정(조정이 자리하고 있는 북경)으로부터 멀리 떨어져 있기 때문에 청 조정의 입장에서 가장 쉽게 떼어 외국에 바쳐도 그다지 아쉬울 것이 없는 땅이라는 점을 지적하고 있다. 실제로 홍콩, 마카오, 廣州灣, 新安이 차례로 할양되었고 또 다시 香山縣 전체의 할양 소식이 전해진 상황에서 광동성 전체가 외국인의 지배 하에 들어가 광동인 전체가 서양인들의 노예로 전락하고 말 것이라는 데에 대한 (당시 광동 지역 사회에 팽배했던) 위기감은 그로 하여금 광동의 자립을 공개적으로 역설하지 않을 수 없게 만든 가장 직접적이고 구체적인 이유이다.

나아가 歐榘甲은 이와 같은 대의를 지닌 광동의 '자립'에 장애가 되는 요소들을 적시하여 비판하고 있다. 그의 비판의 초점은 대체로 중국인의 (광동인도 거기에서 예외가 될 수 없는) 기질적 문제에 맞추어지고 있는 것으로 보인다. 그는 글 곳곳에서 중국인의 노예적 근성(276, 280, 281, 302)과 지나칠 정도로 안락을 탐하는 기질, 쉽게 포기하고, 해이해지는 경향, 정치와 국가에 대한 의식의 부재(280, 283), 양인과 관리에게 아첨하는 태도(283, 284), 우매하고 게을러 독서하지 않는 생활 태도(299) 등을 직접적으로 적시하여 비판한다. 이 가운데에서도 그가 가장 격렬하게 비판하는 대상은 한간과 부상(富商)이다. 歐榘甲은 타이완이 일본에 할양되는 과정을 다시 세세히 상기시키면서 자립의 대의에 대한 이해 부족과 자립 의지의 결여라는 문제와 함께 한간들의 정보 유출을 막아내지 못한 것이 타이완의 자립을 위한 신군(新軍) 운동이 좌절된 이유라고 적시(278)하는 한편, 중국의 부상(富商)들이 앞서 지적한 바 노예적 근성과 아첨하는 기질, 일신의 안락에 집착하는 근성을 버리지 못하고 있다는 점을 노골적인 어조로 비판하고 있다. 그는 영국의 대외적 국력 속에서 부유한 기업가들이 차지하는 비중을 거론하며, "만약 애국적인 부상(富商)들이 없었다면, 영국은 이미 오래전에 멸망하고 말았을 것"(284)이라고 단언한다. 그가 보기에 중국의 부상(富商)들은 비루하기 짝이 없다. 그들은 일신과 일가의 안위 외에는 관심이 없는 존재들이어서 오로지 일신과 일가의 안위를 위해 "안으로는 교활한 관리들의 비위를 맞추고, 밖으로는 양인들에게 아첨"(285)하는 데에 전력을 다할 뿐이다. 이들은 "중국에 어떤 환란이 닥치든, 중국이 어떻게 과분(瓜分)되든 상관없이 뒷짐을 지고 유유자적할 수 있으며, 막대한 자본과 미첩(美妾)을 끌어안고 부자놀음"을 할 수 있는 자들이니, 그들의 간교함은 "『封神傳』에 나오는 楊戩의 72개 변신술을 무색케 할 지경"(285)이라는 것이 그의 주장이다. 중국의 부상들에 대한 그의 비판은 한 걸음 나아가 부와 관(官)의 결탁 관계에 대한 비판으로 이어진다. 그는 "오늘날 중국에서 북방의 사람들은 권세를 탐하여, 관직으로 부를 쌓고(官而至富), 남방의 사람들은 사치와 음탕에 젖어 부로 관직을 얻는다(富而得官)"(285)고 비판하면서 자신의 안일 외에는 관심이 없는 부상들의 안일로 인해 향후 빚어지는 사태에 대한 책임으로부터 광동인들 전체가 결코 자유로울 수 없을 것이라고 경고한다. 이대로 간다면 광동인들은 돈은 많으나 나라가 없는 유태인과 같은 비참한 처지에 처하게 될 수 있다는 것이 그의 암울한 전망(285)이다. 이러한 그의 주장에서 주목할 만한 것 가운데 하나는 지역과 중앙(관)의 관계에서 (지역의) 부상이 수행하는 부정적 역할과 기능에 대한 설명방식이 중국과 외국열강 사이에서 이른바 '한간(漢奸)', 혹은 매판자본이 수행하는 부정성에 대한 설명방식과 묘하게 일치되고 있다는 점이다. 때문에 광동인의 처지를 '돈은 많으나 나라가 없는 유태인'의 처지로 치환시킨 그의 유비는 외국 열강에 대한 두려움과 더불어 광동인의 처지를 돌아보지 않는 중앙 정부에 대한 적개심을 묘하게 오버랩 시킨다.

5. 자립의 방책: 비밀결사(秘密社會)와 민간역량

그렇다면 歐榘甲은 자립을 위한 어떤 구체적인 방책을 가지고 있었던 것일까? 그가 제시하고 있는 자립의 방책은 크게 세 가지로 요약될 수 있는데, 그것은 첫째 자립적인 신문과 잡지사의 설립이요, 둘째는 자립적인 학당을 설립하는 것이다. 이 두 가지 방책과 관련하여 저자는 비교적 세세한 사례와 근거들을 제시하여 논의를 전개(288-293)하고 있지만, 대체로 오늘날의 연구자들의 시각에서 보자면, 특별히 눈여겨보아야 할 만한 내용은 그다지 눈에 띄지 않는다. 신문과 잡지사의 건립이나 신식 학당 설립의 필요성은 이미 19세기 중엽 이후로 새로운 사회, 새로운 중국을 주장하는 모든 논의들이 거의 예외 없이 지적해왔던 문제이기 때문이다. 물론 이전의 주장이 중국 자체의 개혁이라는 문맥 속에 놓여 있고, 『新廣東』의 주장은 광동 지역의 자립이라는 문맥 속에 놓여 있다는 점에서 구분될 수도 있다. 그러나 그것이 새로운 광동(新廣東)에 대한 주장이든 아니면 새로운 중국(新中國)에 대한 주장이든 간에 당시 중국의 지식인들이 정치사회적인 문맥 속에서 사용하고 있던 '新'이라는 기표 속에는 이미 공통적으로 '근대화'라는 기의가 계기적으로 내포되어 있는 것이라는 점에서 동질적이다. 실제로『新廣東』에서 歐榘甲이 역설하고 있는 신문잡지와 학당의 사회적 효용성에 대한 논리에서도 역시 기존의 여타 근대화론들속에서의 논리와 구분될 수 있는 의미 있는 차이가 발견되지 않는다.

오히려 그가 제시하고 있는 세 번째 방책이 가장 주의를 끄는데, 그것은 바로 그가 광동의 자립을 위한 운동이 성공하기 위해서는 반드시 광동 지역의 민간 '비밀결사(秘密社會)와' 연대해야 한다고 주장하고 있다는 것이다. 歐榘甲은 자립의 방책과 관련된 서술 중에서 상대적으로 이 부분에 훨씬 더 많은 편폭(293-308면까지 16면)을 할애하여 매우 구체적이고 세밀한 논의를 전개하고 있는데, 이 점을 통해 보더라도 우리는 저자 역시 이 세 번째 방책을 가장 중요하고 실질적인 전술로 파악하고 있으리라는 점을 어렵지 않게 짐작해볼 수 있겠다.

그에 따르면, 모든 나라에는 공회(公會)와 사회(私會)가 존재하는데, 이 두 가지는 국가와 매우 밀접한 연관을 지니고 있는 것이다. 그가 이야기하는 공회란 국회, 의회, 교회, 학회, 상회, 공회 등 인간의 사회생활 전반에 걸쳐 존재하는 공공의 이해관계를 다루는 모임이다. 이 것이야말로 대중의 지혜를 모아 그 사회와 국가를 유지해 나가는 가장 중요한 수단이며, 이러한 공회가 번성했을 때 비로소 그 나라는 조정이나 한 개인의 국가가 아닌 '공국'이 될 수 있는 것이다. 그의 견해에 의하면 이른바 '私會'는 국가와 사회의 권력이 사사롭고 불공평하게 행사될 때에 비로소 발생한다. 대체로 군주나 총통을 암살하는 일은 대부분 이 '사회'와 관련이 있다. 그렇다면 중국의 상황은 어떠한가? 歐榘甲은 "중국에는 公會라 할 것은 하나도 없고, 온 천하에 私會만이 가득하다"(294)고 잘라 말한다. 그러나 그럼에도 불구하고 그는 멸망한 중국(청에 의해 멸망한 한족의 중국을 의미한다)은 부흥과 소생의 일대 전기를 맞이하고 있다고 이야기하는데, 그는 중국 부흥의 기회가 바로 이 '私會'에 있다고 주장한다. 그가 주목하고 있는 이른바 '私會'란 바로 민간의 비밀결사, 그 중에서도 특히 명청 교체기에 출현한 반청복명(反淸復明)을 종지로 삼는 비밀결사들이다. 그는 鄭成功의 저항과 그 저항의 끝에 탄생한 天地會, 그리고 그로부터 파생된 三合會, 三水會, 三點會, 哥老會, 關帝會, 그리고 주로 중국의 남부 지역에 출현하여 거대한 세력을 형성한 또 다른 일파인 재회(齋會: 청 정부는 이들은 敎匪로 불렀다), 양자강 북안의 동쪽에 주로 퍼져 있는 大刀와 小刀, 기타 '會'로 호칭되지 않는 백련교, 재리교(在理敎), 팔괘교, 광인교(廣仁敎), 의화단 등을 하나하나 거론하고 난 뒤에, 이러한 '私會'에 대한 만주족 청 정부의 경계가 어느 정도인지를 雍正의 『大義覺迷錄』[13]을 예를 들어 지적하면서, 오늘날 중국에서 청 정부에 맞서 자립을 하려는 자에게는 이 비밀사회야말로 관건적인 요소라고 주장한다. 물론 그가 보기에 광동의 자립 역시 예외가 될 수 없다. 그에 따르면 광동에는 삼점과 삼합이 가장 극성한데, 지역 내 병사들의 절반 이상이 이 '私會'에 소속되어 있는 자들인 만큼 이들의 역량을 빌리지 않고는 광동 지역에서 자립과 거병을 위한 구체적인 활동의 성과를 낼 수 없을 것임을 분명히 지적하고 있다.

하지만, 필자의 입장에서 더욱 흥미로운 것은 그의 비밀사회에 대한 평가적 관심이 위와 같은 전술적 이용가치라는 차원에 머물러 있지 않는다는 점이다. 그는 적잖은 엘리트들이 비밀결사의 회원들을 '無賴'한 자들이라 규정하고, 이러한 무뢰한들과 손을 잡는 것은 어리석은 일이라고 비판하는 데에 응답하면서 이 '무뢰'함이야말로 이들이 타인에게 기대는 노예 근성을 떨쳐버린 존재임을 보여주는 것이며, 그것이야말로 '독립 정신'(302)이라고 주장하고 있다. 이러한 민간 비밀결사에 대한 그의 이러한 관점은 당시 엘리트들의 민중에 대한 관점과 비교해본다면 매우 급진적인 것이다. 물론 '무뢰'함에 대한 그의 이와 같은 해석이 민중의 저항성에 대한 궁극적 긍정을 표현한 것인지, 아니면 민간 비밀결사 구성원들과의 연대에 대한 비판을 잠재우기 위한 수사적 표현에 불과한 것인지는 (이와 관련된 그의 논술이 그다지 자세하지 않기 때문에) 즉각적으로 판단하기 어렵다. 하지만 그의 이러한 논리가 민중의 '무뢰함'에 대한 魯迅의 긍정적인 해석 방식이나 태도와 매우 닮아 있는 것이라는 점은 눈여겨보아 둘 만한 대목이라 여겨진다.[14] 이러한 긍정적 평가에 기초하여 歐榘甲은 이 비밀 회당이 스스로를 개혁하고 진보하며, 호걸지사들의 명에 따르기만 한다면, 훗날 비밀 회당은 중국의 국회와 의회 등과 같은 公會의 기점이 될 것이며, 나아가 정당의 기초가 될 것이라고 공언한다. 20세기 중국공산당의 혁명사 속에서 민간의 비밀결사들이 (공산당과의 관계 속에서) 차지하고 있는 주도적 역할에 대한 전향적인 평가가 점차 늘어나고 있는 상황을 염두에 두고 본다면,[15] 歐榘甲의 이러한 주장은 중국 기층 사회의 역량과 대중 동원의 메커니즘에 대한 매우 실사구시적인 혜안을 보여주고 있는 것이라고도 평가할 수 있겠다.

6. 신중국을 위한 또 하나의 상상

이상의 고찰을 통해 확인할 수 있는 것처럼, 『新廣東』 속에는 전통적인 중국의 지식인들과도 구별되고, 향후 중국공산당의 혁명 운동으로 수렴되는 혁명파 지식인들과도 일정하게 구분되는 또 다른 중국에 대한 전망과 모델이 내재되어 있다. 이러한 전망은 광동이라는 특수한 지역과 역사의 자장 속에서 배양된 (여타 지역의 중국인들과는) 행동방식과 시야를 현저히 달리하는 '근대 광동인'이라는 특수한 역사적 존재 위에 수립되어 있는 것이다. 말하자면, 근대 중국과 근대 중국인에 대한 독특한 전망이 '근대 광동'이라는 지역으로부터 탄생하고 있는 것이라 이야기할 수 있겠다.

앞서도 언급했던 것과 마찬가지로, 중국 근대화의 초기 역사는 바로 이 '근대 광동'에 의해 주도되었지만, 그 주도성은 분명히 20세기 내내 지속되지 못했다. 대체로 1927년 장개석의 국민당 장악(4·12)을 전후로 한 시기에 근대 중국의 주도성은 광동으로부터 '강절(江浙)'로 완전히 넘어가고 있는 것으로 보인다. 물론 이 주도성은 1949년 이후에도 회복되지 못했다. 1949년 이후 사회주의 건설 과정에서도 화교 네트워크와 자본주의적 경제력에 기반해 있던 근대 광동의 모델은 공산당의 주목을 받지 못했다. 중국의 현대화 과정 속에서 광동이 그 주도성을 회복하기 위해서는 鄧小平의 개혁개방과 선부론(先富論)의 제창을 기다려야만 했다. 鄧小平은 개혁개방 정책을 시작하면서 광동에 주목했고, 개혁의 새로운 동력이 필요할 때마다 광동을 찾았다. 그리고 여기에 광동인들은 "學江浙, 赶江浙"[16]이라는 구호로 자신들의 의지를 드러내며 화답하였다. 이로써 광동의 深圳 거리에 걸린 거대한 鄧小平 초상화는 그 자체로 개혁개방의 상징이 되었다. 중국의 20세기 역사 속에서 광동은 확실한 부침을 경험하였고, 중국 혁명사의 흐름은 광동의 부침과 함께 방향을 달리하기도 했다. 흥미로운 것 가운데 하나는 鄧小平이 심천을 경제특구로 지정하면서 내세웠던 논리인 선부론과 歐榘甲이 광동 자립의 당위성을 설파하기 위해 내세웠던 논리, 즉 제반 조건을 갖추고 있는 가능성 있는 광동의 우선적 자립과 이를 통한 근대화의 전중국적 확산이라는 시나리오 사이에 매우 흡사한 부분이 존재한다는 점이다. 이제까지 중국의 근대화 과정 속에 존재하는 모순(그것은 동시에 동력이기도 하다)을 설명하기 위해서는 주로 도시와 농촌 사이의 모순, 계급과 계급 사이의 모순, 중앙과 지방 사이의 모순 등에 주목하는 설명 모델이 주로 제시되어 왔다. 하지만, 이러한 설명 모델로는 분명히 부족한 부분이 존재한다. 왜냐하면 논리적 구조상 중국 내 지역들 사이의 균질성을 가정할 수밖에 없는 이러한 일련의 모델들은 모두 중국 내 '지역' 사이의 근대화 과정에 있어서의 불균등성과 역사적 시차라는 현실적이고 중요한 문제를 다루는 데에 있어 일정 정도 무기력하거나 무감각하기 때문이다. 분명히 歐榘甲과 鄧小平은 이러한 문제를 인식하는 데에 있어서 예리하거나 솔직했던 측면이 있다. 이 예리함과 솔직함은 鄧小平의 언어를 빌어 이야기하자면, 실사구시적이라고도 바꾸어 이야기할 수 있을 것이다. 우리에게 남겨진 문제는 이 실사구시적인 중국 상상으로부터 중국 현대사의 거대한 전환점이 되었던 신해혁명을 재해석하는 것이다. 나아가 20세기 중국사 전체를 관통하는 내적 동력을 재발견하기 위한 새로운 설명 모델을 추출하고 정교하게 제시해야 할 것이다. 분명히 '지역'에 대한 구체적 감각에 기반한 중국 상상과 모델은 지역의 균질성을 가정하는 중국 상상에 비해 확실히 역사적 현실에 더 잘 부합되는 면을 지니고 있다. 다만, 이 모델을 보다 정교한 연구 방법론으로 발전시켜 나아가기 위해서는 중국의 근대화 과정에서 서로 다른 역사적 경험을 할 수밖에 없었던 주요 지역들이 근대를 경험하고, 해석하고, 수용한 서로 다른 방식에 대한 개별적인 치밀한 조사와 연구가 뒤따라야 할 것이다.

6장

心山과 艮齋 門人들의 出處是非論爭을 통해 본 일제하 유교지식인의 초상

이영호
(성균관대학교 동아시아학술원)

❖

1. 발단

기미년 三一運動이 일어났을 때, 그 독립선언서에는 유학자가 한 명
도 없었다. 당시 40대였던 心山 金昌淑(1879-1962)은 독립에 뜻을 두
었던 동지인 김정호, 이중업, 유준근 등과 이를 통탄하여, "세계 여러
나라가 현재 파리에서 평화회의를 열고 있으니, 이것이 바로 그 기회
이다. 급히 유림의 영수인 郭俛宇, 田艮齋에게 알려 유림을 단합해서
글을 만들어 가지고 대표를 파리로 보내 우리의 독립을 인정해주도
록 요청하는 것이 어떻겠는가?"라는 제안을 했다. 심산의 이 제안에
대하여 모두 찬동하였다. 이들은 즉시 심산의 제안을 행동에 옮겨, 金
榥(1896-1978)을 俛宇 郭鍾錫(1846-1919)에게로 보냈고, 柳濬根(1860-
1920)을 艮齋 田愚(1841-1922)에게로 보내어 파리에 글을 보내는 일
을 고하게 하였다. 사단은 여기에서 벌어졌다. 이 젊은 독립지사들의
편지를 받은 면우는 "내가 죽을 곳을 얻었다."고 하면서 적극 지지한
반면, 간재는 "儒者는 도를 지킬 뿐이지, 국가의 흥망에 간여하지 않
는다."(儒者修道, 何涉於國家興亡)고 이를 거부하였다. 이 사태를 두고

서 일을 함께 도모하였던 金丁鎬(1882-1919, 자는 晦元, 호는 海史)가 "田愚가 말하는바 도라는 것은 무슨 도란 말인가? 전우의 머리를 베어야 한다."[1]고 주장하였다.

당시 간재의 학문적 영향력은 대단하였다. 면우와 더불어 당대 유림의 영도자였기 때문이다. 그러한 간재에 대하여 그 처신을 문제 삼으면서 30대 후반의 김정호가 '목을 베어야 한다'는 극언을 하였다. 김정호의 극언은 과한 면이 있지만, 앞뒤의 상황을 보면 이해가 가는 측면이 많다. 1905년 을사조약이 체결되었을 당시, 김정호는 "'儒'라는 글자는 '사람을 필요로 한다'(需人)는 뜻이다. 어찌 墓穴 속의 썩은 선비의 하는 짓을 본받는단 말인가."[2] 하면서, 성태영, 유안무, 김노규 등과 더불어 나라를 위해 목숨을 바치려고 하였다. 그는 독실한 유학자였지만, 또한 독립에 자신을 바치고자 맹서한 열혈한이었다.[3] 그러나 김정호의 동지인 유안무와 김노규는 불철주야 노력하다가 길 위에서 죽었다. 열성에 육신이 따라오지를 못하였던 것이다. 동지를 잃은 김정호는 비탄 속에서도 한반도와 만주를 드나들면서 국권회복에 매진하다가 파리장서를 통한 조선독립의 기회를 역설하는 자리를 만나게 되었다. 이에 김정호는 이 일을 반드시 성사시키려는 의지를 지녔다. 상황이 이러하니 젊은 김정호가 간재의 처사에 격분한 것도 이해가 간다. 그에게 간재는 독립이라는 절실한 염원을 저버리는 존재로 여겨졌기 때문이다. 이렇듯 간절한 소망을 품었던 김정호는 심산과 더불어 파리장서를 휴대하고 파리로 떠나는 대표가 되었다. 그러나 떠나기 직전, 김정호는 잠시 영남지방으로 가다가 성주의 가천에 이르러 길 위에서 급서하였다. 기미년 음력 2월 17일이었으며, 김정호의 나이 38세였다.[4]

심산은 이 김정호를 두고서 "대체로 공 같은 큰일을 할 수 있는 재주와 뜻을 가지고 조금도 큰 실력을 펴보지 못하고 불행히도 중도에서 夭逝했으니, 이 사람으로서 이와 같은 지경에 이른단 말인가? 운명이라고 할까. 내가 公을 곡한지 이미 40년이 된다. 그 풍채와 언론을 생각할 때마다 마음과 눈에 부각되어 감회를 금할 길이 없다."[5]라고 하면서, 두고두고 애통해하였다. 심산에게 김정호는 고향의 친한 후배이자 동시에 생사를 함께하기로 한 든든한 동지였는데, 불시에 가버렸기 때문이다. 김정호가 세상을 뜬 후, 심산의 남은 생은 그야말로 반외세, 반독재로 일관되었다. 그러다가 40년이 지난 1950년대 후반에 이르러 김정호의 묘갈명 〈海史金公墓碣銘〉을 쓰게 됨에, 이러한 사건의 전말을 갖추어 기록하였다.[6]

〈海史金公墓碣銘〉을 보면, 간재에 대한 심산의 평가는 없다. 다만 있었던 사실을 그대로 기록한 것이다. 그러나 평가가 아닌 사실의 기록이며, 40여 년 전의 일이었다 하더라도 심산의 이 글은 당대에 평지풍파를 일으켰다. 그 관련된 당사자들, 즉 간재의 후학들이 이를 스승에 대한 모독, 더 나아가 퇴계학통에 속한 심산이 율곡학통의 적손을 모독한 것이라 생각하였기 때문이다. 이리하여 간재의 후학들은 단결하여 심산을 강력하게 비방함으로써 심산과 이들 간의 날선 논쟁이 이루어지게 되었다. 그런데 이 논쟁은 단순히 심산을 중심으로 하는 유림과 간재의 후학들이 중심이 된 유림들의 진부한 논쟁으로만 볼 수 없는 지점이 있다. 이는 조선의 유교지식인들이 국망의 위기에서 대처해 나간 전형적 형상이며, 더 나아가 유교지식인이 근대의 문턱에서 이를 어떻게 바라보았느냐 하는 문제와도 접맥되어 있다. 본고에서는 이 논쟁의 전개과정을 좀 더 살펴보고 나서, 그 의미에 대하여 생각해보기로 하겠다.

2. 전개

1950년대 후반에 심산이 〈海史金公墓碣銘〉을 발표하자, 간재의 문하에서는 벌떼처럼 일어나 심산을 성토하였다. 심산이 간재의 문인들이 가장 혐의스러워하는 부분을 정면으로 건드렸기 때문이다. 그러면 간재의 문인들이 스승과 관련하여 가장 혐의스러워한 부분은 무엇인가? 그것은 바로 위에서 언급한 "儒者는 도를 지킬 뿐이지, 국가의 흥망에 간여하지 않는다."는 말이다. 간재가 이 말을 했다고 해서, 이미 간재 당시부터 독립에 뜻을 둔 유림에게 비판을 받았으며, 일부 식자들에게서는 죽음이 두려워 독립을 방기한 인사라고까지 비난을 받았다. 이러한 비판에 가장 강력하게 대처한 인물이 간재의 고재인 石農 吳震泳(1868-1944)이다. 오진영은 1926년 스승의 문집인 『艮齋私稿』를 간행하고서, 3년 뒤인 1929년 상해에서 일제의 검열 때문에 수록할 수 없었던 간재의 排日文字를 수록한 『秋潭別集』을 간행하였다. 이는 스승인 간재에게 씌워진 독립의 외면이라는 비난을 불식하기 위한 오진영의 노력의 일환이었다. 이후로도 간재의 문하에서는 스승의 면목을 세우려는 노력을 게을리하지 않았다.

그런데 이러한 간재 문하의 노심초사를 일거에 날려버린 것이 바로, 심산의 〈海史金公墓碣銘〉이다. 심산이 이 글을 쓸 당시인 1950년대 말은 심산이 유림의 중망을 받으며 성균관대학교 초대총장을 지내던 전후였으며, 당시 정국에서 이승만과 각을 세우던 유림의 지도자였다. 그러한 심산의 간재에 대한 증언은 종래 그 누구의 비판보다도 현실에서의 영향력이 컸다. 이에 간재의 후학들은 온 힘을 다하여 심산을 성토하고, 스승인 간재를 비호하기에 이르렀다. 특히 간재의 후학인 吳舜根은 『石農年譜』에서 파리장서가 쓰일 당시의 전후 정황을 밝히면서 간재를 비호하였으며, 崔淇碩은 〈討金昌淑所著金丁鎬碑文中誣說文〉을 지어 심산을 강력하게 비판하였다. 더불어 간재의 제자들은 심산을 찾아가 욕설을 퍼붓기까지 하였다. 이에 심산도 1959년 8월 9일에 대구매일신문에 〈艮齋弟子에게 告함〉이라는 글을 게재하여 공개적으로 반박하였다. 이 글이 발표되자, 1959년에서 1960년 사이에 간재의 문하에서는 신문뿐만이 아니라, 개인 혹은 집단적으로 심산을 강력하게 비판하게 되었다. 이때 발표된 글들이 바로, 1960년 2월 2일에 대구매일신문에 게재된 〈誤傳된 墓文〉과 동년 2월 29일에 같은 신문에 게재된 〈反駁文〉이다. 이후에 宋毅燮에 의해 〈討金昌淑文〉[7]이 지어졌으며, 그리고 1960년 4월 6일에는 宜寧郡 宜山書堂에서 가장 강력한 성토문이 발표되기에 이른다. 이에 심산도 〈金海史 墓文에 관한 일을 古詩 한 편으로 艮齋의 무리들에게 고한다〉와 〈趙國鉉에게 답함〉이라는 두 편의 글을 통하여 간재의 후학들에 대하여 강력한 비판으로 맞대응을 하였다. 이상 심산과 간재 문인들의 설왕설래를 일목요연하게 제시하면 다음과 같다.

1 심산 : 〈海史金公墓碣銘〉(『國譯 心山遺稿』 卷4)

2 간재 문하 : ❶ 吳舜根의 『石農年譜』 내의 石農 吳震泳 기사. ❷ 崔淇碩, 〈討金昌淑所著金丁鎬碑文中誣說文〉(『南下遺稿』 卷1, 1958년 작)

3 심산 : 1959년 8월 9일, 대구매일신문, 〈艮齋弟子에게 告함〉

4 간재 문하 : ❶ 1960년 2월 2일, 대구매일신문, 〈誤傳된 墓文〉(李荷永作). ❷ 1960년 2월 29일, 같은 신문, 〈反駁文〉(柳南珪 作). ❸ 宋毅燮, 〈討金昌淑文〉(『춘계집』 권7). ❹ 1960년 4월 6일, 宜寧郡 宜山書堂의 聲討文

5 심산 : ❶ 〈趙國鉉에게 답함〉(『國譯 心山遺稿』 卷2). ❷ 〈金海史 墓文

에 관한 일을 古詩 한 편으로 艮齋의 무리들에게 고한다〉(『國譯 心山
遺稿』卷1)

그러면 이 정황을 좀 더 세밀하게 살펴보면서, 心山과 艮齋 門人들
의 出處是非論爭의 전개양상을 추적해보기로 하겠다. 1 심산의 〈海
史金公墓碣銘〉은 위에서 살펴보았다. 2-❶ 吳舜根의 『石農年譜』 내
의 石農 吳震泳 기사부터 분석해보기로 하겠다. 吳舜根이 『石農年
譜』에서 기록해놓은 파리장서가 쓰일 당시의 전후의 정황을 살펴보
면, 심산이 〈海史金公墓碣銘〉에서 전한 소식과는 전혀 다르다.

1919년 초엽, 영남 鎭海의 李秀洪이라는 선비가 석농 오진영을 만
나서는, 간재가 書首가 되어 파리장서에 글을 써주면 자신이 이를 휴
대하고서 제출할 터이니 다리를 놓아달라고 하였다. 이에 석농은 스
승인 간재를 만나 이를 전하니, 주위의 의견이 분분하였다. 특히 어느
제자는 "곽씨(곽종석)의 뒤를 따르는 데 불과합니다.(不過爲郭氏後殿)"
라고 하면서, 반대하였다. 그러나 간재는 마침내 석농에게 글을 짓게
하고서, 그 글과 인장을 주며 빨리 영남으로 가서 이수홍과 잘 의논해
서 처리하게끔 하였다. 이에 석농이 진해로 가보니, 이수홍은 만세사
건에 연루되어 일경에 체포되었으며 면우 또한 잡혀간 뒤였다. 이를
들은 간재는 탄식을 하며, 은거의 길로 접어들었다는 것이 吳舜根이
『石農年譜』에서 전하는 파리장서 찬술 당시 간재의 정황이었다.[8] 이
는 심산이 〈海史金公墓碣銘〉에서 전하는 바와 천양지차라 할 수 있
다. 전자는 간재가 적극적으로 파리장서에 서명하려 하였으나 시세가
따라주지 못한 것이며, 후자는 간재가 파리장서 서명에 강력반대한
것이기 때문이다. 한편 이렇듯 스승인 간재의 처신에 대한 비호와 더
불어, 崔淇碩에 의하여 심산에 대한 강력한 비판이 제기되었다.

2-❷ 崔淇碩의 〈討金昌淑所著金丁鎬碑文中誣說文〉(1958년 作)을
보면, 최기석은 심산이 〈海史金公墓碣銘〉에서 전한 간재의 말-"儒者
는 도를 지킬 뿐이지, 국가의 흥망에 간여하지 않는다."-은 『秋潭別
集』을 보면 절대로 그럴 리가 없다고 하였다. 최기석은 『추담별집』에
실려있는 排日文字 중, 상소문과 왕복서한의 一字一句가 모두 憂世
와 悲痛의 언어이니, 이런 분이 어찌 국가의 흥망에 간여하지 않는 마
음을 지닐 수 있겠는가라고 심산을 논박하였다. 최기석의 글은 논리
적 주장은 미흡하지만, 간재의 처세에 대한 감정적 지지는 매우 크다.
특히 최기석은 심산이 1949년에 주도한 東國十八賢의 陞奉從享과
중국 儒賢의 位牌 埋安 문제를 두고서 〈討金昌淑文〉을 지어 이미 강
력하게 심산을 비난하였다. 그런데 여기에 더하여 심산이 자기 학파
의 스승인 간재를 비판하는 기사를 작성하자 더욱 분개한 것이다. 때
문에 그 감정적 비판의 강도는 지나쳐서, 심산을 두고서 "창숙아! 너
는 눈이 없느냐. 너는 우리 선사의 『추담별집』을 보지 못하였단 말인
가."라고 하면서, 심산을 두고 '怪漢', '儒門大賊'이라고 극언을 하였
다.⁹ 상황은 여기에서 더 악화되어 서면이 아닌 직접 심산을 방문하여
욕설을 퍼붓는 유림인사까지 생겨났다. 이에 심산은 격분하여, 1959
년 8월 9일자 대구매일신문에 〈艮齋弟子에게 告함〉이라는 장편의 반
박문을 실었다. 이것이 바로 위에서 언급한 3이다.

심산은 이 글에서 〈海史金公墓碣銘〉에서 미처 밝히지 않았던 사실
을 하나 더 첨가함으로써 간재를 더욱 반독립적 인사로 격하시켰다.
즉 〈海史金公墓碣銘〉에서는 앞에서 보았듯이, 柳濬根이 간재에게로
가서 파리장서의 서명을 요구하였을 때, 간재는 "儒者는 도를 지킬
뿐이지, 국가의 흥망에 간여하지 않는다."고 이를 거부한 내용만 실려
있다. 그런데 심산은 〈艮齋弟子에게 告함〉이라는 신문 언설에서 이

두 사람 사이에 이어진 대담을 다음과 같이 소개하고 있다.[10]

유준근: 그대(君)가 도를 지킴에 國家興亡에 간여하지 않는다 함은 무
　　　엇을 말함인가?

간재: 　이제 이른바 독립운동이란 바로 천도교, 기독교, 불교 등과 기
　　　타 삭발하고 양복을 입고서 오랑캐가 된 자들이 하는 것이다.
　　　나는 도를 지켜서 오랑캐와 더불어 일을 함께하지 않겠노라.

유준근: 그대가 전국에 삭발하고 양복 입은 독립운동가를 모두 오랑캐
　　　로 몰아넣고 일을 함께하지 않겠다고 하니, 이것은 그대가 전국
　　　민을 오랑캐로 몰아넣어 국가를 망하게 하려는 것이다. 그대는
　　　진실로 국가가 없는 자이니, 금수만도 못한 자이다. 내 결코 금
　　　수만도 못한 자와는 더불어 국사를 의논치 아니하겠노라.

간재: 　이에 간재가 大怒하여 몇 명의 제자들에게 "유준근은 狂悖한
　　　놈이니 빨리 문밖으로 쫓아 내거라."라고 하였다.

이에 쫓겨난 유준근이 이 사실을 고함에 김해사가 "전우의 머리를
참해야 한다."고 말하였다는 것이 심산이 〈海史金公墓碣銘〉에 이어
서 전하는 사건의 전말이다. 그런데 심산은 〈海史金公墓碣銘〉에서
단순히 그 경과를 담담하게 기술하였던 것에 비하여, 1959년 8월 9일
대구매일신문에 실은 〈艮齋弟子에게 고함〉에서는 말미에 "전우가 일
찍이 理學의 본말에 대하여 기술하면서, '性師心弟' 4자를 위주로 하
고서는 스스로 과장하여 옛 성인이 발명치 못한 바를 밝혀내었다고
하였다. 아! 전우의 학문이 心과 性을 알지 못함이 이와 같으니 그 心
法이 獨立運動을 반대함이 진실로 괴이할 것이 없으며, 그 무리들의
狂言 또한 괴이할 것이 없도다."라고 하면서 간재를 강력하게 비난하

였다. 심산이 간재에 대해 가지고 있던 본심의 일단이 그 문인들의 혹독한 비난에 직면하자 그대로 노출되는 장면이다. 당시 대구매일신문에서는 이 기사를 실으면서, "이 사실에 대하여 전우 문하생중 사실과 다른 점을 고증을 들어 지적한다면 본지에서는 지면을 할애하겠다는 것을 미리 밝혀둔다."라는 편집자주를 달았다. 가히 심산과 간재 문인들의 투쟁을 고취시키는 문구라 할 것이다.

사정이 여기에 이르자, 간재의 문인들은 대거 일어나 심산을 총공격하게 된다. 그 정황을 전하는 것이 바로 4-❶ 李荷永이 1960년 2월 2일에 대구매일신문에 게재한 〈誤傳된 墓文〉, 4-❷ 유남규가 1960년 2월 29일에 같은 신문에 실은 〈反駁文〉, 4-❸ 宋毅燮이 찬한 〈討金昌淑文〉, 4-❹ 1960년 4월 6일에 宜寧郡 宜山書堂에서 낸 (金昌淑) 聲討文이다. 좀 더 그 정황을 살펴보자. 먼저 4-❶ 李荷永이 1960년 2월 2일에 대구매일신문에 게재한 반박문 〈誤傳된 墓文〉의 내용이다.

1960년 2월 2일 대구매일신문에 실린 李荷永의 기사는 전년도 심산의 글을 싣고서 편집자가 '전우 문하생중 사실과 다른 점을 고증을 들어 지적한다면 본지에서는 지면을 할애하겠다는 것을 미리 밝혀둔다'라는 말에 근거하여 구성되어 있다. 먼저 이하영은 심산이 전년기사에서 비록 그가 한 말은 아니지만, 간재를 가리켜 '금수보다 못한 자'라고 모욕하였으니, 고증을 들어 심산의 말의 황당무계함을 반박한다고 하면서 다음과 같은 증거를 들었다.(이하는 李荷永이 1960년 2월 2일에 대구매일신문에 게재한 〈誤傳된 墓文〉 내용을 요약한 것이다.)

첫째. 심산에게 이 일을 따지러 갔을 때, 심산은 기미년 3월 1일에 유준근이 계화도에 갔다가 7일 만에 돌아왔다고 하였다. 그런데 당시 유준근은 3월 3일에 일경에 체포되어 감옥에 있었다. 이는 현재 증명하는 이가 많은

데, 어찌 감옥에 있는 사람이 계화도에 갔다 올 수 있는가?

둘째. 서울에서 계화도까지는 당시 교통 상황으로 보면 7일 만에 왕복하기가 거의 불가능하다.

셋째. 설혹 柳濬根이 변화둔갑술을 써서 계화도에 다녀왔다고 하자. 그런데 당시 계화도에서 간재를 측근에서 시봉하던 柳永善, 李昌煥 등이 유준근을 전혀 보지 못하였고, 이런 사실을 전혀 들은 적이 없다고 하였다.

넷째. 가령 심산이 유준근을 보냈다고 하더라도, 어찌 간재와 일면식이 없는 유준근 같은 이에게 극비대사를 맡겼겠는가?

다섯째. 金志山이 편찬한 〈柳濬根墓誌〉에 당시 유준근이 일경에 체포되어 감옥에 갇힌 기록이 있어도 파리장서에 관한 기록은 전혀 없다.

여섯째. 유준근의 재종형인 柳四可齋가 편찬한 〈柳濬根遺事〉에도 유준근이 일경에 체포되어 감옥에 갇힌 기록이 있어도 파리장서에 관한 기록은 전혀 없다.

이 6가지 외에도 다음과 같은 3가지 이유를 더 들어서 심산의 말의 거짓을 거론하였다.

일곱째. 이하영이 김창숙을 만나 "儒者는 도를 지킬 뿐이지, 국가의 흥망에 간여하지 않는다."는 말을 어디에서 들었는지를 따져 묻자, 김창숙이 玄相允이 지은 『朝鮮儒學史』에서 보았다고 하였는데, 지금 이 책을 다 뒤져 보아도 이런 내용이 없다

여덟째. 『추담별집』의 수만 문자가 모두 우국의 언어인데 심산은 이를 보지 못하였는가!

아홉째. 가령 유준근이 간재를 만났다하더라도 그는 간재에 비하여 19살이나 적은데, 어찌 '그대'라고 부를 것이며, 또한 '금수보다 못하다'는 말

을 하였겠는가. 유준근은 명망 있는 선비였으니, 이처럼 불경한 짓을 하였을 리가 없다.

전년도에 심산이 지면을 통하여 간재를 맹공하였던 것처럼, 이하영은 〈誤傳된 墓文〉에서 위와 같이 9가지 고증을 갖추어 심산의 말이 허구임을 증명할 뿐 아니라 그 말미에 "창숙씨의 위선적이며 탈선적이며 편당적이며 비도덕적인 망동은 씨의 독립투쟁의 前功을 말살시키는 독소이니 하루속히 만천하에 사죄하여야 할 것이다."라고 하여 심산의 인격을 공박하였다. 한편 간재의 문인들은 여기에 만족하지 않고 유준근의 아들인 柳南珪의 증언을 이끌어내었다. 그것이 바로 4-❷ 유남규가 1960년 2월 29일에 대구매일신문에 실은 〈反駁文〉이다. 유남규는 이 기고문에서 작년에 실린 심산의 기고문을 보고 실색을 금치 못하였다고 하면서, 자신은 자라면서 부친(유준근)의 곁에서 이런 일은 듣도 보도 못하였다고 확언하였다. 그리고는 "김창숙의 광패가 어찌 이처럼 심할까. ……이는 비단 간옹만을 모욕한 것이 아니라 또한 선친을 모욕한 것이다. 아! 비통하다. 저 사람이 독립운동에 공로가 좀 있다 하여 안하무인으로 현인을 무고함을 이처럼 하고 스스로 흉험한 소인으로 돌아감을 알지 못하니 도리어 애통할 뿐이다."라고 비난하였다. 신문지상에서의 이러한 비난 이후, 간재 문인들의 본격적인 성토가 격문 형식으로 뒤를 이었다. 현재 찾아볼 수 있는 자료가 바로 4-❸ 宋毅燮이 찬한 〈討金昌淑文〉과 4-❹ 1960년 4월 6일에 宜寧郡 宜山書堂에서 낸 (金昌淑) 聲討文이다.

宋毅燮은 〈討金昌淑文〉에서 4-❶ 〈誤傳된 墓文〉에 근거하여 심산의 언동을 허구라고 지적하면서,[11] 덧붙여 을사조약 이후 간재의 사적을, "간옹은 당시의 일을 통분하면서 조상의 묘에 고하고 바다로 들어가 외지로 한 발짝도 나오려 하지 않았다. 스스로 장독이 있는 섬에 유폐하여 오로지 도를 강론하면서 인재를 기르는 것을 임무로 삼으면서 생을 마치려 하였다. 선생의 出處, 우뚝하여 그 정체가 빛나도다!"라고 기술하면서, 간재의 출처에 대하여 옹호를 하였다. 송의섭의 〈討金昌淑文〉을 전후하여 간재의 문하에서는 단결하여 聯名으로 심산을 공격하는 글들을 발표하였다. 그 대표적 예가 바로 4-❹ 1960년 4월 6일에 宜寧郡 宜山書堂에서 낸 (金昌淑) 聲討文이다. 이 성토문에서는 왜 심산이 간재를 이렇게 무고하였는지에 대하여 밝혀놓고 있는데, 그들이 추측하는 정황은 이러하다. 심산이 1949년에 주도한 東國十八賢의 陞奉從享과 중국 儒賢의 位牌 埋安 문제는 대한민국의 민족적 자주의식과 연관되는 문제였지만, 적지 않은 유림이 이를 충격으로 받아들였으며 일부 유림은 극렬하게 반대하였다. 특히 간재 계열에서 반발이 심하여 이 결의를 따르지 않고 주도자인 심산을 성토하였다.[12] 심산은 이때 간재 문하에 깊은 반감을 가지게 되었는데, 〈海史金公墓碣銘〉을 지으면서 이를 기회로 삼아 간재 문하에 보복하려는 독심을 발휘한 것이라고 추측하였다. 이러한 추측 하에 성토문에서는 '小人', '悖逆', '奸凶' 등의 언사를 쓰면서 심산을 극렬하게 공격하였다. 이 성토문은 무려 163명의 합동명의로 제출되었다. 가히 간재 문하가 심산을 총공격하는 양상의 구현이었다.

당시 심산은 81세의 고령으로, 성균관대학총장, 성균관장, 유도회 총본부장 등 일체의 공직에서 강제로 물러나 있으면서, 마음고생이 심하였을 뿐 아니라 신병으로 거동 또한 매우 불편하였다. 이 상황에서 심산은 간재 문하 유림의 집요한 공격에 노출되었다. 당시의 심경을 심산은 趙國鉉(1896-1969)에게 "대개 倭奴가 나를 죽이고자 하는 것과 赤徒가 나를 죽이고자 하는 것과 反民의 무리들이 나를 죽이고

자 하는 것은 모두 淑이 독립운동에 헌신하였기 때문입니다. 이제 艮翁의 무리들이 나를 죽이고자 하는 것도 또한 이것에 관련되기 때문입니다. 저 왜노와 적도와 반민의 무리들이 만일 이 소식을 듣는다면 반드시 일제히 소리 내어 쾌재를 부를 것입니다."[13]라고 언급하였다. 심산이 평생을 바쳐 목숨을 걸고 싸워온 일제에 비견될 만큼, 간재 문하의 공격은 심산에게 깊은 상처를 주었다. 이에 심산은 일제와 싸운 결기만큼 간재 문하에 강력하게 대응하였다. 5-❶〈趙國鉉에게 답함〉과 5-❷〈金海史 墓文에 관한 일을 古詩 한 편으로 艮齋의 무리들에게 고한다〉는 두 편의 글이 바로 그 흔적이다.

먼저 심산은 5-❷〈趙國鉉에게 답함〉이라는 글을 통해, 간재의 문인들이 유준근이 간재를 찾아온 일이 없다고 극력 주장하는 것에 대하여 다음과 같이 반박하였다.

> 淑이나 海史는 柳公에 대하여 본래 한 번의 면식도 없었지만, 成公의 소개로 처음으로 보자마자 마음이 쏠렸습니다. 成公이 드디어 柳公에게 청하여 급히 桂島로 가서 간재를 만나 유림단에서 파리에 글을 보내는 일을 고할 것을 부탁하니 유공은 기꺼이 한마디로 승낙하였습니다. ……유공은 드디어 그날 밤에 호남행 열차에 올라 계도를 향해 떠났습니다. 그날이 3월 2일이었습니다. 같은 달 6일에 유공은 계도로부터 서울로 돌아왔습니다. ……대저 유공이 계도를 향하여 출발한 것은 4일에 있었던 返魂보다 이틀 전 날밤에 열차에 올라 호남으로 향한 것이고 6일에 서울로 돌아와서 김정호를 보고 계도에 갔다온 사실을 보고하였던 것입니다. ……유공이 체포를 당한 것은 6일 호남에서 돌아온 뒤에 있었던 것이 의심의 여지가 없습니다. 김지산이 지은 유공의 묘지에도 ……상소문을 바치다가 체포된 시일은 분명하게 들고 있지 않고 있습니다. 이도형 등이 4일 반혼

시에 상소문을 바치다가 체포당하였다고 말하는 바는 어디에 근거한 것입니까. 유공과 해사가 죽어서 鬼神錄에 들어 있다 해서 귀신을 誣告하는 것이 아닙니까.[14]

윗글을 보면, 유준근이 계화도에 다녀온 정황을, 80 고령의 심산은 그 날짜까지 정확하게 기억하고 있다. 자신이 보고 들은 바이기에 심산은 이 사실에 대한 소신을 철회하지 않았다. 더 나아가 심산은 간재가 오진영에게 인장을 주어서 파리장서에 서명케 하려다 실패하였다는 간재 문인들의 주장에 대해서도 상당한 의심의 눈초리로 바라보았다.[15] 유준근의 계화도행을 두고 이처럼 양측의 주장이 팽팽하게 맞선 가운데, 심산은 5-❷〈金海史 墓文에 관한 일을 古詩 한 편으로 艮齋의 무리들에게 고한다〉는 시문을 통하여 간재와 그 문하에 대한 비판의 강도를 더욱 높였다.

시집 안간 각시라 스스로 말을 하고 머리 깎은 선비를 원수처럼 보았네. 삼일운동 종사자를 뒤섞어 몰아쳐 夷虜의 자식이라 罵倒하였도다. ……友鹿公이 몸소 桂花島 물가로 달려간 그 사실을 보지를 못했는가. 해사공이 친히 우록의 의론을 들은 그 사실 듣지를 못했는가. 간재의 제자들에게 묻고자 하노니 한국독립운동지혈사 한번 보았으며 유림단 巴里書를 보았다면 선비의 부끄러움 없을 수 없으리라. ……덮고자 할진댄 더욱 드러나나니 천하사람 보는 눈 가리기 어렵도다.[16]

심산은 이 시문을 통하여 자신이 지은 〈海史金公墓碣銘〉에 들어 있는 사실은 한 치의 거짓도 없는 사실임을 재차 천명하였다. 그리고 간재의 제자들에게 선비의 부끄러움을 알라고 공박하면서, 더 나아가 간재 본인의 언설에 대한 노골적인 비판을 하였다. 바로 '시집 안 간 각시라 스스로 말을 하고 머리 깎은 선비를 원수처럼 보았네. 삼일 운동 종사자를 뒤섞어 몰아쳐 夷虜의 자식이라 罵倒하였도다'는 구절이 그것이다. 심산은 이 시구에 自註를 달아 "간재 문하의 높이 상 투를 짜고 관을 높게 쓴 여러 사람은 한 사람도 독립운동에 참가하지 않았으니 의를 어떤 것으로 보았는지 알 수 없다. 만약 우리가 한국의 전국 사람으로 하여금 다 간재의 문하에 들게 했다면 우리 한국은 반드시 독립의 날이 없었을 것이니 무어라고 말하겠는가."[17]라고 말하면서 극력 비판하였다.

심산과 간재 문하의 출처시비논쟁은 이 지점에 이르러 누가 옳고 그른가를 가리는 것이 의미가 없게 되었다. 그 시비의 처음에는 온건한 의견의 개진이 있었지만, 이때에 이르러서는 양측 모두 주장의 평행선을 달리며 날선 공방을 주고받았다. 그 결과 감정의 골이 너무 깊어졌다. 이에 간재의 문하 일부는 80이 넘은 상노인인 심산에게 문장으로서 혹은 직접 대면하여 悖說을 쏟아놓았으며, 심산 또한 강력한 비난으로 대처하였다. 그 비난의 너머에는 간재에 대한 직접적 비판까지도 불사하였다. 그 감정의 골이 너무나 깊어갈 즈음에 유도회총본부 부위원장을 지낸 曹國鉉이 중재를 시도하였다.

3. 미결

감정의 날이 서로를 찌르는 지리한 싸움의 끝에 심산은, "당신(조국현을 가리킴-필자)께서 우리 무리를 위하여 우려하여 중도를 따라서 조정하여야 하겠다는 의논을 발의하고 있으니 또한 한 가지 다행스러운 일입니다."라고 조국현의 중재를 받아들였다. 그리고 자신의 언사가 지나쳤음을 또한 "다만 이제 그것을 생각해본다면 사건을 기록한 것은 비록 실지의 사실에 속한다 하더라도 격렬한 문구를 나열하면서 그것을 깎아 버리지 아니한 것만은 늙은 사람이 생각을 문장으로 구성함에 精하지 못함을 면치 못하였으니 이것만은 도리어 미안하게 되었음을 깨닫겠습니다."라고 먼저 시인하였다. 여기에서 더 나아가 심산은 간재의 제자들이 그렇게까지 극성으로 자신을 비난한 것에 대하여 "자식은 아버지를 위해 아버지의 잘못을 숨기고, 신하는 군왕을 위하여 군왕의 잘못을 숨기고, 제자는 스승을 위해 스승의 잘못을 숨기는 것은 옛 도리입니다. 간옹의 무리들이 그 스승을 위하여 숨기려는 것도 스스로 한 가지 의리는 갖추고 있으니, 淑도 또한 그들을 감히 원망하고 탓하지는 아니합니다."라고 이해해보려고 노력하였다. 그리고 평소 산림으로서 간재를 앙모하였다고 한 발짝 물러서면서, "간옹의 무리들이 만일 당신의 충언으로 말미암아 능히 번연히 마음을 고쳐먹고 노함을 수그리어, 서서히 해사의 후인들과 도모하여 그 묘문 가운데의 격렬한 문구를 깎아서 고치려고 한다면 淑도 또한 마땅히 후인들에게 서서히 고하여 화평의 방법을 도모할 것입니다."라고 하였다.[18]

그러나 심산의 이러한 노력은 모두 수포로 돌아간 듯하다. 현재 필자가 살펴본바, 간재의 문인들 중 어느 누구도 심산의 이러한 화해의 손길을 잡지 않았다. 게다가 심산은 화해를 주선하였던 조국현과도 절연하게 되면서 화해는 더욱 요원해진 듯하다. 1960-1961년 사이에 성균관 및 유도회의 분규가 극점에 달하였는데, 심산의 제자인 金錫源(1925-2003)이 스승과 등을 졌다. 여기에 조국현이 동조하면서 심산에게 찾아와 직접 절교를 함으로써, 심산과 간재 문인들과의 화해도 유야무야되었다.

심산이 간재의 문인들과 이러한 공방을 주고받던 때 그의 나이는 이미 80이 넘었다. 고령의 심산에게 이 일은 무척 고통스러웠던 것 같다. 이들과의 다툼은 일제 또는 독재와 싸우는 것에 비해 육신의 고통은 적었지만, 마음의 고통은 오히려 더 컸다. 그 여파인지는 몰라도 이로부터 2년 뒤에 심산은 영면에 들게 된다. 평생을 불굴의 투쟁으로 일관한 생에 유일하게 마음을 굽혀 그들과 함께하고자 하였건만, 이 또한 허사로 돌아간 것이다.

4. 의미

심산은 〈海史金公墓碣銘〉을 쓸 당시만 하더라도 간재 문인들과 이렇게까지 극렬하게 대립할 줄은 생각도 못했다. 그런데 이 사단은 말년의 심산을 무척이나 괴롭혔을 뿐 아니라 그가 쌓은 유림의 중망도 많이 훼손시켰다. 왜 일이 이 지경에 이르렀을까?

표면적으로는 심산과 간재 문인들의 진실공방과 감정의 손상에서 원인을 찾을 수 있을 것이다. 유준근이 계화도에 다녀왔는지, 그리고 정말 간재에게 그러한 이야기를 들었는지는 그야말로 미궁에 빠졌다. 양자의 주장 중, 간재 문인들의 주장은 정황증거임에 비해, 심산은 직접 보고 들은 것을 기록한 것이기에 어느 쪽을 신뢰할 것인가의 추는 한쪽으로 기울 수도 있을 것이다. 그러나 이러한 객관성은 이 양자에 겐 이미 중요하지가 않았다. 서로의 말에 귀를 기울이기에 너무 감정이 상하였으며, 더하여 깊은 의심의 강이 가로놓여 있기 때문이다.

그 심층을 들여다보면, 이 사건은 조선의 전통유교지식인이 일제시기를 어떻게 대처해 나갔느냐 하는 전형적인 두 양상과 그것이 충돌한 결과의 구현임을 알 수 있다. 여기에는 일보의 양보가 있을 수 없었다. 물러나는 순간 자신의 존재근거를 부정하는 결과를 낳을 수 있기 때문이다. 다음의 글을 보면 그 전형적 양상의 차이를 짐작할 수 있을 것이다.

> 간재: 이미 나의 힘이 미칠 수 있는 것이 아니라면 기자와 미자의 친함으로도 은나라가 망하는 것을 구하지 못했고, 공자와 안연의 인으로도 주나라의 쇠락을 떨치지 못했다. 하물며 나처럼 능력 없는 사람이 어떻게 이러한 세상에 힘을 보탤 수 있겠는가. ……생각건대 국가를 다스릴 때 반드시 예로써 해야 한다면 국가의 보존도 역시 예로써 해야 할 것이다. ……만일 국가를 보존할 수 있다는 것을 핑계로 상투를 자르고 선왕의 예를 훼손한다면, 우리의 도는 오늘날 행해질 수 없을 뿐 아니라 또한 다음 세상에서도 기대할 수 없을 것이다.[19]

> 심산: 광복을 도모한지 십년 동안에 性命과 身家는 도시 상관 않았네. 磊落한 평생은 白日과 같은데 무엇 하려 刑訊은 이리도 多端한가![20]

간재 또한 망국을 절절히 가슴 아파하였다. 그러나 간재는 禮의 보존을 국가의 존망에 앞서는 것으로 인식하고 있다. 이 예는 무엇인가? 바로 孔孟에서 程朱로 정주에서 栗尤로 내려온 道이다. 이에 비해 심산은 조선주자학의 정맥에 서 있고, 자신 또한 독실한 유학자였음에도 불구하고 그 모든 것은 독립이라는 가치의 뒤에 있는 것이다. 이 지점에 이르면 유학의 도와 국가의 존망이라는 양대 가치에 대한 우열의 의식이 간재와 심산의 사이에 선명하게 나눠진다. 외세를 앞에 놓고 갈라진 이 양자의 차이는 바로 당시 유교지식인의 전형적 초상이다. 오늘날의 관점에서 보면, 간재의 자세는 소극적 혹은 현실회피적으로 보일 여지가 있다. 그러나 조선의 유교적 전통하에서 본다면 간재의 이러한 자세는 그리 이상한 것이 아니다. 이런 면에서는 모든 것을 불고하고 독립을 우선시하는 심산의 자세가 더 특별하다고 할 수 있다. 조선의 유교지식인들의 제일가치는 국왕이나 국가보다 주자학적 이념인 경우가 많았기 때문이다. 바로 이 지점에서 심산과 간재가 갈리고 그리고 이것 때문에 상대에 대한 의심이 싹을 틔운 것이다.

심산은 근본적으로 유학자였지만 독립을 우선시하는 민족주의적 성향이 강한 분이다. 상대적으로 간재는 근본주자학자였기에 주자학의 도가 우선인 도학자이다. 이 양자가 서로를 인정하는 지점에서 교류를 했더라면 이러한 사단은 벌어지지 않았을지도 모른다. 그런데 심산은 간재류의 주자학적 몰입을 극도로 싫어했으며, 간재 쪽에서는 심산과 같은 민족주의적 성향의 유학을 또한 기피하였다. 각기 이러한 내면이 있었기에 상대에 대한 심각한 불신도 따라서 생겼다. 그리하여 심산 쪽에서는 간재와 그 문하를 가리켜 "愛身獨善하여 나라 보기를 分外의 일로 여기는 자"라는 의심을 지녔고, 간재 쪽에서는 독립 혹은 국가를 위해 "先聖의 훼손을 서슴지 않는 자"라는 기피심을 가지게 되었다. 이러한 의심과 기피심이 〈海史金公墓碣銘〉이라는 뇌관을 만나서 터진 것이 바로 우리가 위에서 살펴본 사건의 본질일 것이다. 때문에 심산의 마지못한 화해의 손짓도 허사가 되었음은 어찌 보면 당연하다 할 것이다.

조선의 유학(주자학)이 외세를 만났을 때, 심산과 간재가 보인 상반된 자세는 조선의 유학이 근대를 바라보는 시각의 서로 다른 창이기도 하였다. 전자는 유학을 고수하면서도 주자학적 가치를 최우선으로 여기지 않기에 근대를 맞이하는 자세 또한 개방적 측면이 있었다. 이에 비하여 후자는 여전히 주자학적 가치를 최고의 이념으로 여겼기에 오랫동안 이에 대한 몰두로 일관하였다. 이 양자의 당대적 의미는 적어도 조선의 유학사에서는 모두 가치를 지닌다고 할 수 있다. 그러하기에 간재의 학문을 두고서, "간재의 교양은 유학의 정통적 세계관과 인간관, 역사관의 토대 위에 서 있다. 간재의 선택은 그 교양의 타협 없는 확인이었고, 그런 점에서 조선 유교 5백 년에 당연히 있어야 할 마지막 불꽃이었다 하겠다."[21]라는 평가가 나왔을 것이다. 이 둘은 비록 그 지향이 달랐지만, 유학과 반일이라는 공통된 기저를 가지고 있었다. 때문에 서로에 대한 불신의 시선을 거둘 수만 있었다면 어쩌면 상대에 대한 인정이 가능하였을 것이고, 그리하였으면 위와 같은 사단이 일어나지 않았을 수도 있었을 것이다. 그러나 그 공통적 기반에도 불구하고 상대방의 의식에 대한 폄하와 불신은 이를 불가능하게 만들었다.

학문의 시대적 소명은 그 당대의 양상과 이를 바라보는 학자의 지향에 따라 달라질 수 있을 것이다. 즉 당대가 혼란의 시대냐, 비교적 안정된 시대냐에 따라 학문은 현실개혁에 뛰어들 수도 있고 자기의 내실을 다지기 위해 은인자중을 택할 수도 있을 것이다. 혹은 이 양자를 겸하려고 노력할 수도 있을 것이다. 심산과 간재는 각기 자신의 시대를 자신이 믿는 방식대로 최선을 다해 살아갔다고 할 수 있다.

1부 전통적 사유의 지속과 변용

1장 18세기 동아시아의 性(gender) 정치학

1   김선경, 「조선 후기 여성의 성, 감시와 처벌」, 역사연구 8, 2000, 99면.

2   남편이 아내를 구타할 경우 일반인보다 2등급이 감형된 반면, 아내가 남편을 구타할 경우 3등급이 가형되어 동일한 범죄에 대하여 5등급의 형벌 차가 발생했으며, 살인의 경우 남편이 아내를 때려서 죽게 한 경우는 교형에 처한 반면 아내가 남편을 때려서 죽게 한 경우는 참형에 처했다. 그러나 실제 판결에서 우발적으로 아내를 죽인 남편은 유배형 등으로 감형되는 경우가 허다했다. 유승희, 「조선 후기 형사법상의 젠더gender 인식과 여성 범죄의 실태」, 조선시대사학보 53, 2010, 244면 참조.

3   문현아, 「판결문 내용분석을 통한 조선 후기 아내살해 사건의 재해석: 『추관지』 사례를 중심으로」, 진단학보 113, 2011, 168면; 박경, 「살옥 판결을 통해 본 조선 후기 지배층의 夫妻관계상」, 여성과 역사 10, 2009, 48면 참조.

4   문현아는 시부모에 대한 불효나 부정행위가 '七去之惡', 즉, 쫓겨날 조건에 포함되는 악행으로 여겨졌던 것이 후기로 올수록 '죽어 마땅한' 죄로 변화되었다고 지적하고 있다. 문현아, 앞의 글, 186-9면.

5   정조는 일련의 살처 사건을 심리한 判付에서 종종 동일한 修辭를 사용해 가해자인 남편에게 감형을 내리는 이유를 밝혔다. 예를 들면, 『심리록』에 실린 서울 남부 종 三漢의 獄(1784), 安城 柳重彩의 獄(1785), 경상도 三嘉縣 朴道經의 獄(1789) 등에서 정조는 아내의 죽음에 남편의 목숨으로 보상하는 것이 죽은 아내의 원통함을 위로하는 뜻이 아니라며 감형했다. 이처럼 정조의 판부에 드러난 가부장적 사고에 대한 비판으로는 이숙인, 「'淫獄'에 비친 正祖代의 性 인식:

『심리록』을 중심으로」, 규장각 39, 2011, 121-2면 참조.

6   김선경, 앞의 글, 95면.

7   문현아, 앞의 글, 186면.

8   장병인, 「조선 중·후기 간통에 대한 규제의 강화」, 한국사연구 121, 2003, 101면.

9   Matthew H. Sommer, Sex, Law, and Society in Late Imperial China, Stanford: Stanford, University Press, 2000, 15.

10 Janet M. Theiss, Disgraceful Matters: The Politics of Chastity in Eighteenth-Century China, Berkeley: University of California Press, 2004, 13.

11 『대명률』「犯姦」條에는 "其非姦所捕獲及指姦者 勿論"이라 명시하여, 간통 현장에서 발각되지 않은 경우는 간통죄로 성립하지 않는다는 확증주의 원칙을 확립했다. 또한, 이 조항과 연관시켜 간통 현장을 목격한 남편이 간부와 처를 그 자리에서 살해한 경우는 살인죄로 간주하지 않는다고 했다.

12 丁若鏞, 『欽欽新書』 卷9, 「擬律差例 一」, "近見淸律條例, 附見撫題部覆多部析中窾, 選其精者錄之, 爲差律之考, 審擬者或有取焉." 또는 정약용 저, 박석무, 정해렴 역주, 『역주 흠흠신서』 1, 현대실학사, 1999, 289면 참조.

13 郭松義, 『倫理與生活-淸代的婚姻關係』, 北京: 商務印書館, 2000, 527면.

14 楊曉輝, 『淸朝中期婦女犯罪問題硏究』, 北京: 中國政法大學出版社, 2009, 172면.

15 정약용, 앞의 책, 「擬律差例 一」, "然中國專尙法律, 而姦淫弑逆之變, 十倍於吾東." 또는 정약용, 『역주 흠흠신서』 1, 289면 참조.

16 丁若鏞, 『欽欽新書』 卷11, 「擬律差例 三」, 侂儷之戕 10, "按恒山本係亂倫淫惡之人, 所以擬絞. 不然毆妻而妻自溺者, 豈有死法? 此案比照似非." 또는 정약용, 『역주 흠흠신서』 2, 36면 참조.

17 「批詳雋抄 三」에 실린 '張一魁 自殺判詞' 3조, '張一魁 威逼判詞' 2조, 「상형추의」에 실린 '自他之分' 23조 등을 이러한 사례들로 간주할 수 있다.

18 『大明律』 권19 刑律2 「威逼人致死」 "凡因事威逼人致死者, 杖一百. 若官吏公使人等, 非因公務而威逼平民致死者, 罪同, 並追埋葬銀一十兩. ○若威逼期親尊長致死者絞 大功以下遞減一等 ○若因姦盜而威逼人致死者斬."

19 사건 8(劉通海 殺妻判詞)은 명판관 包公을 주인공으로 하는 『龍圖公案』에도 수록된 이야기이다.

20 정약용, 앞의 책, 「擬律差例 三」, 侂儷之戕 6, "按陳氏持刀, 是自求挩命, 吾東謂

之用惡, 非欲殺夫也, 直求改嫁, 與潛姦他人不同, 則亂斫急殺可乎? 部駁恐差." 또는 정약용, 『역주 흠흠신서』 2, 33면 참조.

21　정약용, 앞의 책, 「擬律差例 三・弑逆之變 十六條」 참조. 또는 정약용, 『역주 흠흠신서』 2, 16-27면 참조.

22　정약용, 앞의 책, 「擬律差例 一」, "然中國專尙法律, 而姦淫弑逆之變, 十倍於吾東. 吾東治獄極踈, 而柔謹之俗, 槩無兇悍, 其造罪, 亦不過拳毆足踢之傷而已. 然則順俗循故, 亦足以禁民爲邪. 不必以五等之殺, 爲馭世之良法. 後之掌邦刑者, 無以是從事焉, 可矣." 또는 정약용, 『역주 흠흠신서』 1, 289면 참조.

23　문현아, 앞의 글, 186면.

24　Sommer, 앞의 책, 33.

25　Theiss, "Explaining the Shrew: Narratives of Spousal Violence and the Critique of Masculinity in Eighteenth-Century Criminal Cases," Robert E. Hegel and Katherine Carlitz eds., Writing and Law in Late Imperial China, Seattle: University of Washington Press, 2007, 44-63.

26　정약용, 앞의 책, 권25, 「祥刑追議 十三」 忼儷之戕 6, "踢妻致死, 同於命千, 而命千不過斗粟之相關. 必守乃有花妻之交間. …… 朴女之死於必守, 更無可疑. 三章至嚴, 一律難貸. 第於前後供辭, 不無情私之矜惻者. 其供曰打兒雖曰微事, 踢妻自是常習. 當初無必殺之心, 到今有同死之願. 又曰英年未滿三十, 老親俱當七十, 豈欲故殺人命, 自陷死地? 言旣由中, 情非飾詐. 常時膚受之讒, 雖由於蠱惑, 當日足踢之擧, 只出於勃磎. 謂之無情則可, 謂之用意則不可, 歸之誤殺則可, 歸之故殺則不可." 또는 정약용, 『역주 흠흠신서』 3, 147면.

27　Theiss, 앞의 글, 52.

28　정약용 앞의 책, "然其至於絶島定配者, 花妻爲之祟也. (夫殺妻者, 皆不至島配.)" 또는 정약용, 『역주 흠흠신서』 3, 148면.

29　정약용, 앞의 책, 권25, 「祥刑追議 十三」 忼儷之戕 7, "朴道經獄事段, 或以邂逅與必殺, 區別情跡, 擬議生死, 而今此道經, 毆奴時解憤, 不過家內之常事, 抑又何心捨奴移妻, 門闑以撲頭, 旀機以打背, 甚至於稜杖橫木, 恣意酷打, 竟使許多年忼儷, 無難霎時間戕害? 其獰頑兇愿, 實所罕見, 另筋推官, 嚴訊取服, 斷不可已. 然前此似此之案, 毋論有情無情, 多付生科者, 非曰罪可怒, 情可原也. 夫婦之間, 易致弄假成鬪分毖除良, 婦旣死而夫又死, 則無辜者子與女也. 況兇身之償命, 所以慰死者之冤, 而死者渠亲也, 如使死者有知, 必陰幸其夫之生出, 寧或甘心於正法? 此所以夫償婦命之獄, 每有所持難也." 또는 정약용, 『역주 흠흠신서』 3, 148-9면.

30 정약용, 앞의 책, 권25, 「祥刑追議 十三」 仇儷之戕 8, "氓之夫婦, 鬪鬩無端, 少有違拂則爭, 爭之旣過則打. 或夕拳而朝昵, 或乍詈而俄嬉. 怒則火烈, 喜則水融, 不可一槩論也. 春福之於姜女, 同居七年, 連生二子, 情則好矣, 義亦深矣. 特以身爲男子, 不善俯育, 尋常愧恧, 著在肚裏是如可, 方其自外而入室也, 廚煙不起, 婦讁交徧, 乘醺拳踢, 不擇緊歇, 此豈有戕殺之心哉? ……特爲減死定配." 또는 정약용, 『역주 흠흠신서』3, 150면.

31 정약용, 앞의 책, 권11, 「擬律差例 三」 仇儷之戕 6, "湖廣民劉敬上臥病半載, 伊妻陳氏, 因貧病相逼, 不時吵鬧, 甚有令夫, 將伊改嫁之語. 劉敬上擧手欲毆, 陳氏輒拾刀, 向夫拼命, 劉敬上奪刀, 疊砍陳氏頂心額角腦後髮際, 倒地殞命. 査傷痕均在致命, 其爲有意欲殺無疑, 照故殺律擬絞. ……夫爲妻綱, 豈得持刀砍斲?" 또는 정약용, 『역주 흠흠신서』2, 32면.

32 정약용, 앞의 책, "按陳氏持刀, 是自求拼命(吾東謂之用惡), 非欲殺夫也. 直求改嫁, 與潛姦他人不同, 則亂砍急殺可乎? 部駁恐差." 또는 정약용, 『역주 흠흠신서』2, 33면.

33 Theiss, 앞의 글, 45.

34 정약용, 『역주 흠흠신서』2, 33-35면.

35 이러한 관점과 관련해서 Grace S. Fong, "Signifying Bodies: The Cultural Signification of Suicide Wirtings by Women in Ming-Qing China," Paul S. Ropp, Paola Zamperini, and Harriet T. Zurndorfer eds., Passionate Women: Female Suicide in Late Imperial China, Brill: Leiden, 2001, 105-142; Theiss, Disgraceful Matters, 167-210 참조.

36 정약용, 앞의 책, 권25, 「祥刑追議 十三」 仇儷之戕 9, "李宗大旣以曳頭挼髮, 拳毆足踢, 明白納招, 故實因以被毆致死懸錄, 正犯以李宗大懸錄, 看證以李召史懸錄是在果. 宗大以微細之事, 戕殺其妻, 心腸已極兇獰是去乙, 假作自溺之跡, 欲逃罔赦之罪是乎乃. …… 宗大之父琦明段, 獰悍之性, 本來有名. 其子行兇, 初不禁止, 如此兇人, 若不重繩, 遐土之民, 難以懲戢, 另如嚴處, 未知何如." 또는 정약용, 『역주 흠흠신서』3, 151면.

37 정약용, 앞의 책, "觀於投屍一事, 其下手之慘毒, 用意之兇獰, 卽京外幾百度文案之所未有者, 此囚不死, 法將安用?" 또는 정약용, 『역주 흠흠신서』3, 152면.

38 정약용, 앞의 책, "臣謹案, 殺妻之獄, 御判無不傳生, 而此獄及綾州林囚之獄, 聖批特嚴者, 惡其旣殺之後, 又從而投淵緬項, 不唯用心不直, 其殘忍更甚也." 또는 정약용, 『역주 흠흠신서』3, 152면.

1   최한기의 조상은 대대로 개성 지역에 세거해온 것으로 알려졌는데, 최한기가 양
자로 입양된 부모 세대부터 서울로 이주하여 생활했던 것으로 알려져 있다. 최
한기의 가계와 연보에 대해서는 1971년부터 이우성에 의해 점차 소개되기 시
작했고, 그가 이건창의 『혜강최공전(惠岡崔公傳)』을 발굴해 학계에 알림으로
써 최한기의 서울 생활에 대한 일말의 정보가 알려지게 되었다(1990). 이어
서 권오영이 「최한기의 생애와 학문편력」(1998), 『최한기의 학문과 사상 연구』
(1999) 등에서 최한기 가문의 배경 및 사회적 지위와 사승(師承) 관계 등에 대
해 상세히 소개한 바 있다. 또한 권오영은 「새로 발굴된 자료를 통해 본 혜강의
기학」(2004a)이란 논문을 통해서도 새로운 텍스트의 내용 및 최한기의 인간적
풍모에 대해 소개했다. 한편 개성 출신의 서울 경화사족(京華士族)이라고 볼 수
있는 최한기의 서울 생활 및 사유배경 등에 대해서는 유봉학의 논문과 저서를
참조할 수 있다(1999/2000).

2   김용헌은 최한기가 성인과 경전의 오류 가능성을 인정하게 되면서 그의 주된 학
문대상이 경전의 세계에서 객관세계로 전화되었다고 보았는데(2000, 212-213
면), 바로 이런 과정을 통해 최한기가 더 이상 기존의 주석학적 작업에 몰두하
지 않게 되었던 것으로 보인다. 또한 임형택도 최한기의 학문이 단지 '탈성리
학'일 뿐만 아니라 '탈경학'적인 면모를 띠게 되었다고 평가한 바 있다(2001,
139면/2004, 6-7면). 그러나 이행훈은 기존의 최한기 연구가 주로 전통 사상과
의 단절에 초점을 맞춘 점을 비판하면서, 최한기 학문의 근대적 성격을 탈성리
학 혹은 더 나아가 탈경학으로 규정하는 관점에 문제가 있다고 비판했다(2006,
173면/198면). 경전에 대한 주석학적 연구 태도를 보이지 않는다고 해서 그의
학문을 탈경학이라고 할 수 없다는 것인데, 그 이유는 최한기가 여전히 사서(四
書) 등에 대한 경학적 관점을 다른 식의 글쓰기 스타일을 통해 밝히고 있기 때
문이라는 것이다(상동(上同), 175-176면). 최한기가 어느 정도 사서의 내용을
언급하고 있는 것은 사실이지만, 주석을 달지 않는 독특한 방식으로 본인의 주
장을 전개했던 점은 과소평가될 수 없는 중요한 변화라고 생각한다.

3   박희병은 경전의 권위에 의존하지 않고 자신의 주장을 펼친 최한기의 글쓰기 스
타일을 기본적으로는 잡기만록적(雜記漫錄的) 글쓰기 관습을 보다 확충한 것
이라고 평가하면서, 그 유래가 될 만한 것으로 고염무(顧炎武)의 『일지록(日知
錄)』과 이익(李瀷)의 『성호사설(星湖僿說)』 등을 선례로 들었다(2005, 134-
136면). 그러나 최한기의 경우 단순히 백과사전적으로 나열만 한 것이 아니라
특정한 주제 아래 일관된 소주제들을 배치해서 구성했기 때문에 위의 저서들과

도 분명히 차이가 난다고 말한다(上同). 이로 인해 최한기의 글쓰기는 경전주소(經典注疏)의 형식을 벗어난 것일 뿐만 아니라 기왕의 잡기류(雜記類) 형식에 일관성과 통일성을 부여했던 점에서도 당대의 어떤 사례보다 특이하고 예외적인 경우라고 평가하였다(上同). 필자 역시 최한기가 전통적 방식의 글쓰기 형태에서 벗어난 것은 주목할 만한 점이라고 본다.

4 　권오영은 최한기가 지구 공전에 대해 확신하지 못한 1830년대에는 기존 성리학의 용어 가운데 하나인 '氣之流行' 혹은 '氣之運行'이라는 정도의 표현을 사용한 반면, 1850년대『지구도설』등을 통해 새로운 천문학 지식을 수용한 이후부터 분명하게 '活動運化'하는 기의 본성을 주장하게 되었다고 평가했다(2004a, 67면/2004b, 28-29면). 또한 신원봉도 최한기가 자전설에서 공전설로 변화된 새로운 천문학 지식을 수용함으로써 대대적 관계의 동정(動靜) 개념을 버리고 활동(活動)이라는『기학』적 용어를 주장하게 되었다고 분석했다(2004, 231-232면). 한편 김용헌은 최한기가 1850년대 중반 이후 기존에 몰랐던 지동설, 즉 태양중심설의 의미를 이해하게 되었지만 여전히 천동설과 지동설 사이에서 고민했다고 설명하였다(2000, 218-222면). 또한 말년에 최한기는『성기운화(星氣運化)』「범례(凡例)」에서 서양 천문학이 신기(神氣)의 활동운화에 대해서는 자신만큼 제대로 밝히지 못했다고 평가했는데, 이것은 서양 천문학이 천체들 간의 인력작용의 이유를 밝히지 못한 반면 본인의 기륜설(氣輪說)은 그 이유까지 나름대로 해명했기 때문이라는 것이다(김용헌 위의 논문 참조, 225-229면). 사실 기(氣)의 활동운화 개념은 지구 공전을 주장한 지동설과 관련된 것이기도 했지만, 이에 덧붙여 천체들 간의 기륜(氣輪) 작용을 이해함으로써 도출된 개념이었음을 최한기 본인이 밝힌 바 있다(『지구전요(地球典要)』「윤기화(論氣火)」). 그렇다면 최한기가 기륜(氣輪)과 기의 활동운화(氣之活動運化)라는 개념을 동시에 규명하고자 했던 것으로 볼 수 있는데, 이 양자 간의 관계에 대해서는 주석 56번 문중양의 설명을 좀 더 참조할 수 있다.

5 　최한기가 수용한 최신의 천문학 지식은 그로 하여금 새로운 우주론을 구상하도록 했고 이에 따라 그의 철학적 사유 역시 변화되었다고 볼 수 있는데, 이 점에 대해서는 김용헌이 이미 언급한 바 있다. 그는「최한기의 서양우주설 수용과 기학적 변용」이란 논문에서 최한기가 수용한 우주설의 변화는 그에 따른 철학체계에 심각한 영향을 미쳤다고 논평했다(1997, 498-499면).

6 　필자는 신원봉의 두 논문(2004/2005)을 통해 최한기 사유의 성격이 1830년대와 1850년대에 일부 변모되는 과정의 단초를 잘 엿볼 수 있었다. 특히 동정(動靜)과 이기(理氣) 개념을 대대적으로 함께 사용하던『추측록』의 관점으로부터 靜이 아닌 완전한 動의 세계, 즉 활동운화기의 역동적 세계를『기학』에서 주장했던 점을 신원봉이 앞서 지적했던 것은 중요한 의미가 있다고 본다(2004, 229-230면). 또한 손병욱은「최한기의 인식론」에서 전기의 인식론과 후기의

인식론을 구분하면서 초기에 신기(神氣)를 통해 해명된 추측법이『기학』이후에 활동운화의 기를 통해 보다 명료하게 제시되었다고 설명한 적이 있다(1997, 461-466면). 한편 권오영의 경우는 새로 발굴된 자료 가운데 최한기의『횡결』을 분석하면서 그가 초년에 여전히 이학적(理學的) 관점을 통해 심성론(心性論)을 전개했음을 지적했고(2004a, 57-63면), 또 다른 논문「최한기 기학의 사상적 의미와 위상」에서도 후기와는 다른 초기 경학관의 관점을 잘 밝혀주었다(2004b, 24-25면). 이와 같이 최한기의 사유가 전통 학문과의 관계 속에서 어떻게 점진적으로 변화되어 갔는지 그 과정을 밝히는 작업이 필요하다고 보는데, 필자의 본 논문도 그러한 변화 과정의 일부를 설명하려고 구성된 것이다.

7 권오영은 새로 발굴된 텍스트의 하나인『횡결』가운데 두 종류의「추측록서」가 수록된 것을 통해 기존의『기측체의』「추측록서」와 비교해본 결과 후자가 가장 나중에 세 번째로 작성된 것임을 밝힌 바 있다(2004a, 63-66면/2004b, 27-28면). 이 점에서 보면『기측체의』가 1836년도에 북경에서 출간되었다고 분명하게 말하기 어려울 것이다. 뿐만 아니라 이러한 사실은 초기 작품인『신기통』과『추측록』의 내용을 최한기가 지속적으로 재검토하고 수정했을 가능성도 보여준다. 권오영도『신기통』과『추측록』이 1850년대 초반까지 부단히 수정 보완되었을 것으로 추정하고 있다(2004b, 27면). 하지만 그럼에도 불구하고 초기 작품인 이 두 저작 속에는『기학』이후의 저서들에는 잘 보이지 않는 독특한 표현들이 등장하는데, 바로 이런 대목들을 중심으로 논의를 전개하고자 한다.

8 '신기형질론'이란 표현은 최한기 본인이 후기 저작으로 평가된『명남루수록』같은 곳에서 신기(神氣)와 형질(形質)을 대구로 사용한 점에 착안해서 언급한 것이다(아래 인용문). 신기도 역시 형질을 가진 기(氣)이긴 마찬가지지만, 신기가 모든 존재자들에게 공통적으로 함유된 이상적 상태의 기라면, 그에 대구로 사용한 형질이란 개념은 개체들마다 모두 차이 나게 만드는 다양한 양태의 기질(氣質)을 가리킨다고 볼 수 있을 것이다. 이 측면에 따라 임시적으로 신기형질론이라고 이름 붙인 것인데, 과거 신원봉의 경우도 논문에서 신기형질론이라는 소제목을 직접 달기도 했다(2004, 217면). 若不因神氣運化, 形質得其變通, 則多寡聰明, 俱無實得. 是以有虛慌而無實得者, 己自在身神氣, 多不分明, 推小而測大, 推大而測小, 俱無能. 每以竑闊誇大之言, 掩跡含默, 以人治人, 以物濟事, 未澈其方, 常以無神無力之語, 安作酬答. 欲治斯病, 惟有見得神氣形質, 積年存養於胸中, 自生神力, 發於四肢, 形於言語『明南樓隨錄』,『國譯 氣測體義』卷二, 178면 참조.

9 充塞天地, 漬洽物體, 而聚而散者, 不聚不散者, 莫非氣也. 我生之前, 惟有天地之氣, 我生之始, 方有形體之氣, 我沒之後, 還是天地之氣. 天地之氣, 大而長存, 形體之氣, 小而暫滅. 然形體之氣, 資賴乎天地之氣而生長, 從諸竅而通飮食聲色, 自肢體而通運用接濟. …… 至於萬物之氣, 同稟於天地, 函育于兩間.『神氣

通』卷一「體通」'天人之氣'

※최한기 저작의 원문 텍스트로는 2002년 성균관대학교 대동문화연구원에서 펴낸『增補明南樓叢書』를 참조했다. 번역본으로는 민족문화추진회에서 펴낸『기측체의』(1979-1980),『인정』(1981-1982)과 손병욱의 번역서『기학』(통나무, 2004) 등을 참조하였다. 그리고『기학』원문을 인용할 경우 손병욱 번역서의 경우처럼『叢書』의 원래 문단 배열 순서에 따른 조목의 숫자를 함께 기입하였다.

10　① 氣者, 充塞天地, 循環無虧, 聚散有時, 而其條理謂之理也. 氣之所敷, 理卽隨有. 舉其全體而謂之氣一, 則理亦是一也, 舉其分殊而謂之氣萬, 則理亦是萬也.『推測錄』卷二「推氣測理」'大象一氣'

　　② 理是氣之條理, 則有氣必有理, 無氣必無理. 氣動而理亦動, 氣靜而理亦靜. 氣散而理亦散, 氣聚而理亦聚. 理未嘗先於氣, 亦未嘗後於氣, 是乃天地流行之理也.『推測錄』卷二「推氣測理」'流行理推測理'

　　③ 苟明乎氣, 則理自在其中矣, 先務究理, 則氣反隱而罔準. 理無形而氣有跡, 故循其跡, 則理自顯而有可尋之緒矣. 捨其跡, 而求諸無形, 則顯著之氣反歸隱微, 所謂理者, 漠無準的.『推測錄』卷二「推氣測理」'理在氣中'

11　① 神氣無他能, 而明生於神, 力生於氣, 惟明與力, 乃無限妙用所由出也.『神氣通』卷一「體通」'明生於神, 力生於氣'

　　② 神者, 氣之精華, 氣者, 神之基質也.『神氣通』卷一「體通」'知覺優劣從神氣而生'

　　③ 大凡一團活物, 自有純澹瀅澈之質. 縱有聲色臭味之隨變, 其本性則不變. 舉其全體無限功用之德, 總括之曰神.『神氣通』卷一「體通」'氣之功用'

12　氣者, 天地用事之質也, 神者, 氣之德也. 大器所涵, 謂之天地之神氣, 人身所貯, 謂之形體之神氣. 夫天人之神氣, 已自我生之初, 相通而相接, 終始不違. …… 若夫天人相通之神氣, 不可使之增減, 亦不可使之違越.『神氣通』卷一「體通」'通有得失'

13　氣有精液, 地有煦暊, 故人物之生, 得天之氣, 稟地之質. 質者, 氣之成形也. 生, 氣之聚, 死, 氣之散.『推測錄』卷二「推氣測理」'氣聚生散死'

14　萬物之生, 神氣, 則同稟於天地之神氣. 形質, 則各受於父母之骨肉.『神氣通』卷三「生通」'形質相通'

15　天下萬殊, 在氣與質相合. 始則質由氣生, 次則氣由質而自成其物, 各呈其能. 天之神氣, 襯近於地, 與地之蒸噓, 相染相渾, 因成天地之神氣. …… 氣是一也, 而賦於人, 則自然爲人之神氣, 賦於物, 則自然爲物之神氣. 人物之神氣不同, 在質

362

而不在氣. 如使賦人之氣, 不賦於人而賦於物, 則爲物之神氣, 不爲人之神氣. 又使賦物之氣, 不賦於物而賦於人, 則爲人之神氣, 不爲物之神氣. 且於人類物類之中, 自有優劣善惡, 亦與此無異也. 或有功夫推測進於優者, 亦由有進優之質矣, 不進者, 自有不能進之質矣.『神氣通』卷一「體通」'氣質各異'

16 손병욱은 번역서『기학』의 해제에서 최한기의 '氣質通運化著'라는 표현에 대해 분석하면서 '氣一分殊', '氣通質局'이라는 용어를 사용한 적이 있는데 이는 중요한 함의를 갖는다고 본다(『기학』 해제, 2004b, 367면). 사실 최한기가 근원적인 신기(神氣)와 형질에 가려진 다양한 신기를 거론한 것은 '기일분수'라는 테제로도 해명될 만한 것이었기 때문이다. 뿐만 아니라 형질의 질에 따라 신기가 국한되어 보이지만 신기 그 자체는 보편적이라는 주장도 역시 '기통질국'의 테제에 부합되는 주장이었다고 본다.

17 人物之形質未具時, 卽是天地之理氣也, 及其形質之胎成, 氣爲質而理爲性. 又及其形質之漸盡, 質還氣而性還理. 在天地而曰氣也理也, 在人物而曰形也性也. 若未有人物之形, 何以論其性?『推測錄』卷三「推情測性」'本然性'

18 夫心, 言其質則氣也, 言其性則理也. 氣淸而理明, 理明而氣淸. 氣淸而理明, 誠者事也, 理明而氣淸, 誠之者事也.『推測錄』卷二「推氣測理」'心氣淸而理明'

19 ① 情之所發, 欲捨而不可捨, 欲忘而不可忘者, 是性之所具也. 其餘捨之可, 不捨之亦可, 忘之可, 不忘之亦可者, 若非緣情有累, 必是遇物有遷也. 不可捨者, 五倫及渴飮饑食之類, 不可忘者, 仁義禮知之推往測來也. 亘古亘今, 無有乎彼此, 無有乎不同, 可知人性之所固有也.『推測錄』卷三「推情測性」'情之捨不捨'

② 氣以活動運化之性, 寒熱乾濕之情, 橐籥升降陶鑄萬物. …… 活動運化之性發爲寒熱乾濕之情, 相應相和以成交接運化. 人道有仁義禮知之性, 卽活動運化之天則, 喜怒哀樂之情卽交接運化之神氣也.『運化測驗』卷一「氣之性情」

20 人物之受天氣而稟地質者, 莫不有性情, 指其生之理曰性, 指其性之發用曰情. 蓋生之理難見, 而性之發用易知, 故推其情, 以測其性. 人與物俱有性情, 以人性情, 參稽於物之性情, 而得其一本之規, 則所認之性情, 庶不偏矣. 人之性, 仁義禮知也, 情, 喜怒哀樂也. 金石草木之性, 堅剛柔勒也, 情, 旱焦雨潤也. 以人之喜怒哀樂之情, 測其仁義禮知之性, 如以金石草木旱焦雨潤之情, 測其堅剛柔靭之性也.『推測錄』卷三「推情測性」'人物性情'

21 권오영은 최한기의 후기 저작인『운화측험』의 '氣之性情' 구절을 풀이하면서, 이것은 바로 '性發爲情'이라는 성리학의 도식을 최한기가 빌려 사용한 것이라고 평가한 바 있다(1999, 122면). 개념적으로 주자학에서의 성정(性情)이란 표현을 최한기가 그대로 사용한 것은 사실인데, 그 용어들의 구체적 함의는 이미

달라졌다고 보아야 할 것이다.

22 최한기는 성(性)은 인의예지이며 정(情)은 희로애락이라고 하면서 성정(性情)
은 사람이 고유하게 가진 것이라고 주장했지만, 『推測錄』卷三의 '仁義禮智' 조
목에서는 '인의예지가 본래부터 나의 성에 갖추어져 있다'고 보는 관점을 아래
와 같이 비판하고 있다. 따라서 性(인의예지)情(희로애락) 개념의 구도 자체는
주희의 것을 채용하고 있지만, 구체적인 내용을 좀 더 살펴보면 최한기는 추측
(推測)의 경험적 공부를 통해서만 비로소 사후적으로 인의예지라는 덕목을 실
현할 수 있다고 생각했음을 알 수 있다: "推測之中, 自有生成之仁, 適宜之義,
循序之禮, 勸懲之知. 然操則存捨則亡. 人物之生, 各具形質, 而權度於這間者,
惟有推測之條理. …… 人或以爲仁義禮知, 素具於我性, 其流之弊. 遺物而只求
於我, 烏可論其求得之方也. 如收聚金玉者, 自有積累而得, 非人人所可能也. 若
謂人皆有收聚金玉之方則可, 若謂人皆有素積之金玉, 而不得須用則不可. 故孟
子曰, 人皆可以爲堯舜, 不曰人皆是堯舜, 而不能行堯舜之道." 『推測錄』卷三
「推情測性」'仁義禮智'

23 性是一也, 而指其天理流行者曰本然, 指其氣稟成形者曰氣質, 則要使氣質之性,
復其本然之性也. 然性不可直從源頭而用功, 可從心情發用處操縱, 以期漸臻于
本源耳. 『推測錄』卷三「推情測性」'心性理各有分'

24 所謂本然之性, 非指其形質未成時也. 旣具形質之後, 常有其本然者, 卽天地人
物所同得之乘氣而化成也. 『推測錄』卷三「推情測性」'本然性'

25 최영진은 「최한기 이기론에 있어서의 理의 위상」이라는 논문을 통해 그간 연구
자들이 최한기 철학에서 별로 주목하지 않았던 이(理)와 성(性) 개념의 중요성
에 대해 지적했다. 그는 최한기가 天理, 流行之理 등 수많은 곳에서 이(理) 개
념을 여전히 유의미하게 사용하고 있으므로 그가 이(理)의 실재성을 부정했다
고 볼 수 없다는 결론에 이르렀다(2000, 121-122면) 또한 이런 관점 하에서 최
한기의 이(理) 개념을 조리(條理)로 협소하게 보고 기(氣)에만 주목했던 금장
태, 이현구 등의 논점을 비판하였다(2000, 125-126면). 하지만 최한기가 비록
용어를 그대로 天理 혹은 天命之性 등으로 사용했더라도, 이것은 이미 大氣, 神
氣, 運化氣라는 전혀 다른 대상을 가리키는 용어로 바뀌었다는 점에 주목해야
할 것이다. 이 때문에 금장태는 '천명지성'이란 '天氣'를 받은 것을 말한다고 최
한기가 말했던 점에 근거해 성(性)은 기(氣)를 의미한다고 주장하였다(1987,
263면). 또한 이현구도 최한기에게 성(性)이란 결국 신기(神氣)이며 '나에게 있
는 하늘[天]'을 의미한다고 말했다(1997, 483면). 권오영도 천명지성에 대해 최
한기가 천기(天氣)를 받은 것을 가리킨다고 말했으므로, 이제 천(天)을 이(理)
로 이해하던 기존의 입장이 천(天)을 기(氣)로 이해하는 기학(氣學)의 이해 구
도로 바뀌었다고 지적했다(2004b, 31면). 위와 같은 선행 연구들을 비교해본다

면, 최한기가 말한 이(理)와 성(性) 개념은 이 용어들의 거듭된 사용에도 불구하고, 이미 초기부터 기존의 주자학 전통과는 다른 기철학적 함의를 가지고 있었다고 보아야 할 것이다.

26 ① 氣卽一也, 指其所而名各殊焉. 指其全體謂之天, 指其主宰謂之帝, 指其流行謂之道, 指其賦於人物謂之命, 指其人物稟受謂之性, 指其主於身謂之心. 又指其動而各有稱焉, 伸爲神, 屈爲鬼, 暢爲陽, 斂爲陰, 往爲動, 來爲靜.『推測錄』卷二「推氣測理」'一氣異稱'

② 天命之謂性者, 指其受天氣也, 氣質之性者, 指其稟地之質也. 性相近習相遠者, 指其隨所習而有遷也, 性旣有殊, 則其所推性而測者, 宜有不同. 然貫通三才, 則自知其同. 只擧人之所習, 則終難得其齊也.『推測錄』卷三「推情測性」'性習有遷'

27 旣爲人身, 宜究形質之所由生, 以達所稟神氣隨形質而有異也. 所居之水土, 父母之精血, 爲形質之根基而生成, 所習陶鑄乎天地之神氣. 大人國小人國及奇形怪像之鄕, 卽是土宜也. 就其中, 又有彊弱淸濁醜美之分, 在於精血之和合. 是故人身神氣生成之由有四, 其一天也, 其二土宜也, 其三父母精血也, 其四聞見習染也. 上三條, 旣有所稟, 不可追改, 下一條, 實爲變通之功夫.『神氣通』卷一「體通」'四一神氣'

28 心之所能, 推見而測其未見, 推聞而測其未聞, 推習而測其未習, 推有而測其無有, 則萬象森羅云者, 特是推測中一事耳.『推測錄』卷一「推測提綱」'推測卽是知'

29 其收貯於內, 則祛其事而存其理, 遺其麤而存其精, 習染於神氣. 其發用於外, 則隨其所遇所値, 而擇於收貯中相當相類者, 以辭色言動, 加諸彼而已.『神氣通』卷一「體通」'收入於外, 發用於外'

30 推我之見聞閱歷, 以測無違於流行之理者, 推測之準的也. 推之用雖多端, 總不離於見聞閱歷矣. 測之義在於一貫天理, 使萬事萬物, 輻湊於本源, 故統言之, 則測是順天理之流行也, 分言之, 則就事物而各有攸宜之測.『推測錄』卷一「推測提綱」'事物攸當'

31 善者得者, 亦不可自信其通, 必也驗之于人與物之神氣, 不可以一隅之合, 一時之應, 自信其驗. …… 惡者失者, 變改其通, 善者得者, 益廣其通, 方可謂證驗也. 若證之驗之, 而未有變改, 未有益廣, 烏得謂證驗哉.『神氣通』卷一「體通」'物我證驗'

32 務窮理者, 以爲萬理皆具於我心, 猶患我究之未盡, 務推測者, 推其前日見聞臭味觸之氣, 而測其可否, 於此可則止之, 否則變通, 其推期測可. 蓋窮理者, 以天地萬物之理爲一理, 故究我心窮至, 則可賅諸理, 推測者, 性與天有分, 物與我有別, 推此驗彼, 而測之者一也. 窮理推測之題目既異, 入門亦異, 不必毁窮理, 而察窮理之弊. 專主乎我. 大學說格物, 而不言窮理者, 可見其義. 『推測錄』卷六 「推物測事」 '窮理不如推測'

33 이현구는 최한기가 주장한 추측법이 연구 방법의 객관화를 추구한 것으로서 기존의 이학적 격물궁리법(格物窮理法)과 확연히 차이가 난다는 점을 상세히 해명한 바 있다. 이에 대해서는 이현구의 논문 「최한기 사상의 인식론적 의의」 (2003, 262-265면) 그리고 저서 가운데 『추측변통론』(2000, 174-178면)'을 참조해볼 수 있다. 또한 손병욱의 경우도 기존의 궁리법과 최한기의 추측법이 어떻게 다른지 「최한기의 인식론」에서 자세히 설명하였다(1997, 472-475면). 한편 최한기의 추측법 자체, 즉 추측과 검증, 변통의 전체 인식론적 과정에 대해서는 이종란의 다음 책 또한 상세하게 설명하고 있다(2008, 193-212면).

34 以我觀我反觀也, 以物觀物無我也, 以我觀物窮理也, 以物觀我證驗也, 有我無物未發也, 五者備而推測成矣. …… 然語其須用之方, 物我離合, 自有五則. 推我心測我行, 省舊愆察來效, 是謂以我觀我也. 推天下之目以爲見, 推天下之耳以爲聽, 推前物測後物, 推左物測右物, 是謂以物觀物也. 以我前日所得之理, 以測古今物理, 是謂以我觀物也. 既有所測, 驗物理之來合, 是謂以物觀我也. 不覩不聞, 未與物接, 存心養性, 喜怒未發, 是謂有我無物也. 此五者非强分矯列, 自有不易之條理. 『推測錄』卷六 「推物測事」 '觀物有五'

35 최한기가 전일에 추측 공부를 통해 물리(物理)를 이해하고 난 뒤 이렇게 해서 경험적으로 습득한 내 마음 속의 이치를 바탕으로 밖의 또 다른 물리(物理)를 헤아리는 궁리법을 부분적으로 수용하고 있음을 알 수 있다. 비록 여러 곳에서 이학적 궁리법(窮理法)을 비판했지만, 이것은 이학(理學)이 세상의 모든 이치가 자신의 마음 속에 있다고 간주했던 점을 비판했던 것이지, 공부 방법으로서의 궁리법 자체를 완전히 거부한 것은 아니었다고 본다. 따라서 그가 기존의 궁리법이 전제한 선천적 이(理) 개념을 비판하면서 그 맹점을 지적하되, 자신만의 방식으로 추측의 공부론 안에 포섭시켰다고 볼 수도 있을 것이다.

36 自下學而遷進於上達者, 豈是添得己性? 但能盡己性而盡物性. 捨正路而趨入於曲逕者, 豈是減得己性? 不能去其蔽而昧其性. 性之本體, 豈是人之所能增減? 『推測錄』卷三 「推情測性」 '性無增減'

37 人情物理, 從竅通, 而得來於外, 習染於內, 及其發用, 施之於外, 完然有此入也留出也三等之跡. 古之人, 多不言得來之由, 只言自內發用之端. 若詰自內所得之由, 則謂有太極之理, 自初稟賦, 而緣於氣質之蔽, 或有所未達耳. 然則易所謂多識前言往行, 以蓄其德也, 論語所謂多聞多見也, 大學所謂格物致知也, 果非收聚在外之人情物理也, 乃是祛氣質蔽之功夫也. 『神氣通』卷一 「體通」 '收入於外, 發用於外'

38 操存功夫在發用, 涵養功夫在本源, 不可偏廢. 性順時, 氣和而靜, 性逆時, 氣激而動. 情善時, 喜怒得當在物, 而己性亦順, 情惡時, 喜怒變換, 氣使心而害及於性. 『推測錄』卷三「推情測性」'反喜怒'

39 推測未得之前, 平生之未發, 靜坐者, 隨時之未發, 夜氣者, 一日之未發也. 已發後未發, 或染着於已發, 平生之未發, 無染着於已發, 如欲觀源頭之未發, 須遡流而潛求. 未發者, 喜怒哀樂所由出之根源也, 爲學之人, 從此根源, 以定其本, 以正其流, 實爲功夫之大本. …… 如欲觀源頭之未發, 不有染着之氣像, 須從喜怒哀樂未推測之前, 以遡其未發, 則可見平生之未發耳. 平生之未發, 卽喜怒哀樂未推測無染着之氣像也, 豈獨在胎生之初也? 遡其未推測無染着之氣, 無時不在, 無處不現. 『推測錄』卷四「推動測靜」'未發源委'

40 후기에 오면 최한기가 동정(動靜)의 대대적 관계를 완전히 폐기한 데 비해 성정(性情) 개념은 그대로 사용하는 것을 엿볼 수 있다. 그러나 후기에는 이기(理氣)와 성정(性情) 개념을 병렬적으로 사용하지 않고, 기(氣)의 성정(性情)이라고 표현하면서 항상 역동적으로 움직이는 기(氣)의 하부 범위에서만 성정론(性情論)을 개진하게 된다. 따라서 동일하게 성정론을 고수했어도 그 의미가 전후기에 있어 좀 달라진다고 생각한다.

41 人須認得靜時氣像而後, 隨事酬應, 遇物分辨, 自得其正, 不爲客氣所紊亂. 如靜掃一室, 勿使雜臭留側, 熟認此時氣臭, 有時風便聞諸臭, 而易得分別也. 中庸曰, 喜怒哀樂未發之謂中, 發而皆中節謂之和. 蓋使人認得中, 然後可以致其和. 『推測錄』卷四「推動測靜」'靜時氣象'

42 靜必自我體認, 不可藉人詳論而得見其靜. 如曉起而說夢中事, 此身便不是夢中人. 『推測錄』卷四「推動測靜」'靜須自認'

43 최한기는 『氣學』卷一 58번째 조목에서 '有形之推測'과 '無形之推測'의 경우를 대비하면서 후자를 강하게 비판하고 있다. 무형한 것을 대상으로 하거나 형체를 수반하지 않는 추측의 공부를 후세 사람들의 이목을 현혹시키는 것이라고 평가한 것이다: "人自二十歲至六十歲, 其間四十年之內, 大小營濟有虛實成否之不同, 以胸中有形之推測, 做天下昇平之策, 留待後人感服者有焉, 以虛空無形之推測, 發天地造判之談, 眩惑後人耳目者有焉."

44 靜時推測, 視於無形, 聽於無聲, 勿使昏昧, 如鏡明水淸. 養得此時氣象, 可以物來而輒應, 事煩而安祥. 無事時昏昧者, 必於有事時紛擾, 如困宿者, 急攪, 必懍慌罔措. 故須於靜時, 雖無聲而聽之理自在, 無形而見之理不泯, 勿使忘機而昏昧, 又勿起思而騷撓, 如鏡無穢水無埃. 此時氣象, 那時未可知, 待發而反觀, 可得以知. 較諸動時氣象, 動靜雖分, 體用無間. 靜時所養, 推測之體, 動時酬應, 推測之用. 存養之術, 隨時須靜, 至于積累, 漸到充完, 乃可以動亦靜靜亦動. 若不用力於存養推測, 惟以隨處思索端倪爲功, 常有浮躁淺露之態, 無復雍容深厚

之風.『推測錄』卷四「推動測靜」'靜養'

45 明鏡止水之說, 起於佛家, 謂心體之虛明靜寂, 如水鏡也. 然此須無思無慮, 不戒
不懼, 一毫不動而後有此光景. …… 若一以虛明靜寂爲主, 一念纔萌, 不問善惡,
屬之已發, 謂非水鏡之本體, 則是坐禪而已. 天下萬事, 原未商量, 猝然過之, 其
喜怒哀樂, 果可以一一中節乎? 呂氏謂由空而後見夫中, 朱子曰其不陷而入浮屠
者幾希. 其辨嚴矣. 顧於明鏡止水之說, 取之無疑, 深所未曉.『與猶堂全書』『中
庸講義補』卷一 9번째 조목

46 已發之和, 聖凡旣異, 則未發之中, 聖凡亦異. 凡人之中, 如塵垢之鏡, 聖賢之中,
如洗磨之鏡. 積於中而形於外, 則以其形外者, 可驗其中之淸濁. 聖賢之中, 明德
自著, 如洗磨之鏡, 凡人之中, 昏沈未袪, 如塵垢之鏡. 蓋聖賢常有修正之功, 故
其效及於靜, 凡人未能克去私蔽, 故其中亦昏.『推測錄』卷四「推動測靜」'聖凡
未發中'

47 體認事物, 盡在靜中. 雖聖人之善諭, 只是說道體認之形容, 不是自我之目覩也.
學者以自己體認, 爲極功. 體認與未得體認, 可從其言行而知之. 體認者, 詳言略
言, 皆中其規, 循度制作, 具得其宜, 未得體認者, 多反于此, 或始違而終合, 或始
合而終違.『推測錄』卷四「推動測靜」'靜須自認'

48 ① 性是一也, 而指其天理流行者曰本然, 指其氣稟成形者曰氣質, 則要使氣質之
性, 復其本然之性也. 然性不可直從源頭而用功, 可從心情發用處操縱, 以期
漸臻於本源耳.『推測錄』卷三「推情測性」'心性理各有分'

② 養性之方, 只可從其發用, 而審己之所有餘, 彊己之所不足. 性不可以從他培
養, 又不可雜術助長. 只可以省察戒愼之功, 去其所偏蔽, 則可以盡吾性耳.
『推測錄』卷三「推情測性」'養性'

49 反求諸己, 有過不及之病, 求之於外, 有過不及之弊. …… 惟此內外過不及之偏,
由於內外之不相通, 得之於外, 藏之於內, 發用於外, 則不惟相證互發, 漸致明
白, 庶無過不及之差.『人政』卷九「敎人門」二 '求內求外'

50 사실『기측체의』에서도 지구구형설과 지구자전설에 대해서는 여러 차례 언급
한 적이 있다. 다음 조목들을 참조할 수 있다:『神氣通』卷一「體通」'地體諸曜',
『推測錄』卷二「推氣測理」'地體蒙氣',『推測錄』卷二「推己測理」'地球右旋'

51 『叢書』가운데『地球典要』卷一 '七曜次序' 11-12면에서 최한기는 프톨레마이
오스, 티코 브라헤, 메르센, 코페르니쿠스의 우주론을 소개하고 그 가운데 코페
르니쿠스의 이론이 가장 정밀하다고 인정하면서도, 어떻게 지동설을 확신할 수
있는지 여전히 의문을 표시하고 있다.

52 『運化測驗』'序文' 61면과 '地體輪轉' 78-79면에서 최한기는 지구 자전과 공전
의 의미를 함께 설명하면서 공전설을 의심할 수 없다고 인정했다. 그러나『운화

측험』'氣之活動' 76면에서는 어느 것이 옳은지 아직 밝혀지지 않았다는 유보적 자세를 취하였다.

53 최한기는 『人政』卷八 「敎人門」一 '曆' 조목에서 태양중심설과 지구중심설 가운데 어느 하나만을 취할 것이 아니라 두 설을 모두 취해 참고하는 것이 좋겠다는 타협안을 내놓았다.

54 이 점에 대해서는 김용헌의 다음 논문에서 자세히 설명하였다(1997, 505-513면). 한편 문중양도 1830년대 지구설(地球說)을 주장할 때와 1950년대 이후 지동설(地動說)을 주장했을 무렵, 그리고 1960년대 후반 『성기운화』에서 기륜설(氣輪說)을 주장했을 때를 시기적으로 구분하면서, 최한기의 우주론적 관점이 어떻게 변모되는지를 잘 설명해 주었다(2003, 287면 以下). 특히 최한기의 기륜설이 한역서인 『공제격치(空際格致)』, 『담천(談天)』 등으로부터 구체적으로 어떤 영향을 받았는지 분석하면서 『운화측험』, 『지구전요』, 『성기운화』 등의 관련 내용을 매우 상세히 소개하고 있다(上同, 297-298면/302-307면). 또한 이현구의 논문에서도 『성기운화』의 기륜설이 사실 이전에 저작된 『운화측험』과 관련되어 있으며 이는 최한기가 『공제격치』를 통해 얻은 서양 기상학의 내용 일부를 이미 『운화측험』에 반영했기 때문이라고 보았다(2002, 10-11면). 17-19세기 중국 및 조선에 영향을 미친 중요한 한역 서학서의 종류와 성격에 대해서는 이현구의 위 논문을 통해 살펴볼 수 있다(上同, 24-27면).

55 문중양은 『(地球典要)』「(論氣火)」편을 분석하면서 최한기가 기(氣)의 활동운화(活動運化)를 주장하게 된 것은 여러 천체들의 기륜(氣輪)이 선전(旋轉)하는 것으로부터 연유한다고 설명한 대목에 주목하였다(2003, 300면). 이에 따르면 『기학』 이후 최한기의 핵심 개념이 되는 活動運化之氣는 지구설, 지구의 선전운동, 여러 천체들의 선전운동들이 종합적으로 작용하여 일어나는 것으로 결국 태양 중심 우주론인 지동설의 체계 내에서 복합적으로 해명될 수 있는 것이었다(上同). 그렇다면 최한기가 강조한 활동운화론이 그의 기륜설에 대한 설명도 함께 참조해야 제대로 해명될 수 있다는 것을 알 수 있다.

56 蓋神氣, 原是活動之物, 難得常靜, 易致幻妄, 須從事物上硏究, 又從事物上驗試. 不可驗試者, 不必硏究, 當待驗試者, 亦可硏究. 『神氣通』卷一 「體通」 '通虛'

57 『推測錄』卷二 「推氣測理」 '推形質測神道' 조목에서 '一氣運化'라는 표현을 단 한 번 사용한 적이 있다.

58 이 부분의 설명에서는 권오영의 분석을 참조했다2004a, 67면/2004b, 28-29면.

59 惟言氣, 則一團全體, 不可以劈破形言, 又不可着手分開. 故以活動運化之性, 分排四端, 始可以形言, 又可以着手. 猶爲不足, 則又釋之, 以活生氣也, 動振作也, 運周旋也, 化變通也. 『氣學』卷二 84조목

60 古人知識, 每以人事爲主而說法測天, 不以氣化爲標準而變通人事, 此所以古今氣說之判異也. 『氣學』卷一 47조목.

61 中古之學, 多宗無形之理, 無形之神, 以爲上乘高致, 若宗有形之物, 有證之事, 以爲下乘庸品. 『氣學』序文

62 大體形質, 未暢露之前, 不可以天下萬事眞實道理, 向說於諸人, 縱得向說, 只以迷昧所見, 俗習所聞, 做出糢糊說話, 聽之者, 亦以顓蒙見聞, 徒添疑惑, 轉成是非矣. 大體形質, 自數百年前, 始闢其端, 至百年而轉得方向, 又過百年, 而漸多証驗. …… 至於談天論地, 氣化形質, 近世之所明, 不可以中國古聖言之所未有廢, 此宇內億兆之樂取用, 是實天地運化隨時有宜也. 『明南樓隨錄』

63 ① 非器械, 無以着手乎此氣, 非歷數, 無以分開于此氣. 歷數器械, 互相發明, 庶可以認氣, 亦可以驗氣. 『氣學』卷一 10번째 조목

    ② 器用學, 實出於用氣衛氣驗氣試氣稱氣量氣度氣氣變通氣. 比諸徒言其氣無所着手, 快有措施方略, 利用厚生. …… 冷熱器, 燥濕器, 各有所驗. 挈水器, 生火器, 亦擅其能. 儀器, 度氣之遠近高低, 稱量, 辨氣之輕重多寡, 旣有多般用氣之術. 又有器血無窮之制. 變而通之, 通而變之, 惟在其人矣. 『氣學』卷一 53번째 조목

    ③ 自古及今, 四五千年, 大氣運化無少差異, 人之所見倍蓰不等. 上古只知有天道變化而疑惑乎鬼神, 中古乃知地道應天承順而埋沒乎傳會, 近古人經驗稍廣, 始知氣爲天地運化之形質, 猶未及乎裁制須用. 方今果能設器械而驗試形質之氣, 因度數而闡明活動之化. 『運化測驗』권一「古今人言氣」

64 道德仁知性理, 出於學問之名象, 因成傳受之依據. 欲曉喩於人, 語或難明, 必因物類之有形質而指示, 欲撰迷于文, 恐涉糢糊, 須引往事之有痕迹而顯證. 當因形質譬喩, 自有輒疾開悟, 形質之大而完備, 惟有運化神氣, 爲萬事萬物之本源. 『明南樓隨錄』

65 古今人平生敎與學, 實爲通於氣, 而氣之形質, 未暢露之前, 以性字理字虛字, 成言氣之影響, 以爲學以爲敎. 今擧氣之形質, 而究之於性字理字虛字, 皆是氣之見聞, 則未暢形質之前, 形言至此, 非聖賢不能也. 『人政』卷九「敎人門」二 '性理皆是氣'

66 神氣之稱,, 有統括底義, 神氣之主於身謂心也, 神氣之活動運化謂性也, 神氣之隨遇發用謂情也, 神氣之推測條理謂理也. 『人政』卷十一「敎人門」四 '心, 性, 情, 理'

67 氣以活動運化之性, 寒熱乾濕之情, 橐鑰升降陶鑄萬物. …… 活動運化之性發爲寒熱乾濕之情, 相應相和以成交接運化. 人道有仁義禮知之性, 卽活動運化之天則, 喜怒哀樂之情卽交接運化之神氣也. 火之炎上, 水之潤下, 乃是地氣濕熱

升降之性情. 是可與見氣大體者論性情, 不可與偏執者論. 『運化測驗』卷一「氣之性情」

68 『운화측험(運化測驗)』에서 최한기가 말한 기(氣)의 성정론(性情論)에 대해서는 권오영의 설명을 참조할 수 있다(1999, 104-125면).

69 氣有形質之氣, 有運化之氣, 地月日星萬物軀殼, 形質之氣, 雨暘風雲寒暑燥濕, 運化之氣也. 形質之氣, 有運化之氣而成聚, 大者長久, 小者卽散, 無非運化氣之自然也. 形質之氣, 人所易見, 運化之氣, 人所難見. 故故人以有形無形, 分別形質運化. …… 然其實運化之氣, 形質最大, 充塞宇內, 範圍天地, 涵養萬有, 透徹膚髓, 驅築輔篇, 則堅固無比, 相迫冷熱, 則轟燁斯發, 是乃有形之明證也. 『氣學』卷一 6번째 조목

※한편『기학』에서는 딱 한 번 천명지성과 기질지성이란 대비 구도를 사용했는데, 이러한 용어 사용은 더 이상 자주 등장하지 않게 된다: "大氣有活動運化之性, 卽天地之性, 人物氣各有活動運化之性, 卽氣質之性. 大氣運化, 人之所驗只及於前年今年, 以至數十年之運化, 推而測之, 可及於前後數千年之運化. 人之運化, 可驗生死間之運化, 推而測之, 可驗宇宙人之運化."『氣學』卷二 12조목

70 測運化之靈明, 以爲神氣之靈明, 測運化之質畧, 以爲神氣之質畧. 若無先得於運化, 而徒將神氣所思, 責驗於運化, 卽以曆驗天也. 使人之神氣, 學氣之運化, 乃可通行於宇宙生靈. 『人政』卷十「教人門」三「神氣學運化」

71 ① 人有在外之大形體, 以遠近傳見之目爲目, 以遞次傳聞之耳爲耳, 以傳達之嗅爲鼻, 以傳達之味爲口, 以天下制造之手爲手, 以世間行步之足爲足, 以億兆運化之神氣爲心, 以萬物同胞之氣化爲體. 惟大人能有此大形體, 亦能見人之有大形體, 其餘諸人, 不知人世有此大形體. 『人政』卷一「測人」一 總論 '外大形體'

② 人有在內之小形體, 目見耳聞, 鼻嗅口味, 手持足行之機括, 皆應於在內之臟腑血脉, 以爲在內之耳目鼻口手足. 而神氣之體, 亦在內而莫不具焉. …… 苟使神氣, 累推測于小形體, 多證驗於小形體, 見得在內耳目口鼻手足之根柢, 則見而不見, 內目不明, 聞而不聞, 內耳不聰, 口鼻皆然. 神氣之透澈內外, 運化之關涉表裡, 自有互推之益, 豈無相法之助乎? 『人政』卷一「測人」一 總論 '內小形體'

72 天人本無二, 而不見氣者, 以人有形體, 與天便隔, 難得爲一也. 雖欲牽合, 不過以忘形除欲等語, 爲天人一致之方, 終是詭陋. 夫天卽大氣. 大氣透澈人身之中, 漬洽皮膚之間, 寒暑燥濕, 內外交感以爲生, 雖須臾間隔絶, 不得生. 是乃以氣爲命, 以氣爲生. 天氣人氣不可分二, 擧氣以言, 則天人一致, 擧形以言, 則大小有分. 旣有得於氣, 則雖天人爲二, 以人事天, 亦無不可. 『氣學』卷二 114번째

조목

73 運化者天人之行也. 推測者人之知也. 不由天地運化之氣, 將何以推測也? 『氣學』卷二 7번째 조목

74 心之推測, 不有依據證驗, 易入于虛雜, 推依據測, 可依據者, 推證驗測, 可證驗者, 是乃有準的推測也. 若無依據, 而只將推測之心理, 大而測天地之始終, 細而測性命之微奧, 詎證其實. …… 不顧運化, 而只以心理究索於內, 是自排布自主張, 反其施諸事加諸人, 多差誤少符合, 以其在外者皆是運化, 而惟將心理揣度也. 是以自初得於運化, 以爲心氣運化, 施行於人物運化, 乃有依據證驗之推測. 『人政』卷九「敎人門」二 '依據證驗'

75 知識有虛實, 循氣經驗推測所得, 乃實知識, 歷象地志數學物理, 得運化之實跡, 經傳史策, 得人道之經常, 施措於天下生靈之事務也. 若不識身之運化, 而以心理爲準的, 又不識氣之形質, 而以神靈爲造物, 平生究索, 乃虛知識. 『人政』卷十四「選人門」一 '選知識'

76 此物彼物比較而生測, 一事二事經歷而得驗測. 驗立然後信之篤而疑惑銷, 誠力進而明德著. 測驗不立, 平生行事率多罔昧, 多少言說俱無準的, 知覺之明不明, 學業之成不成, 皆以測驗之有無多少爲斷. …… 自地球闡明以後, 可測驗之氣數漸次啓發. 自轉而爲晝夜, 輪轉而爲四時, 熱氣升而爲雲雨, 蒙氣包而接日月以成萬事萬物. 運化之大本自上古已然而人自不知, 由於大地大氣之測驗. 決非一人一時徒將意思而排布也, 統合宇宙可測驗之書籍考準於方今運化驗則取之. 『運化測驗』序文

77 임형택은 최한기가 30대에 추측(推測)의 방법을 말하고 50-60대에 측험(測驗)의 방법을 말했다고 구분하면서 이 양자 사이에 어떤 의미 변화가 있는지 이미 문제제기한 적이 있다(2001, 133-134면). 그런데 측험의 새로운 의미를 풀면서 '測'이 추측의 함의를 갖고 '驗'은 경험을 나타내므로, 이 말은 기존의 추측(推測) 의미에 경험(經驗)이 더 추가된 것이라고 설명하였다(上同). 필자 역시 대략적으로는 이와 같다고 보지만, 驗의 의미를 그냥 경험으로 풀기보다는 '증험(證驗)을 거친다'는 고전적 의미로 이해함으로써 검증 혹은 증험의 맥락이 강조되도록 해석하는 것이 좋지 않을까 생각한다. 일전에 김용옥은 한 논문에서, 최한기의 용어 가운데 '經驗'이란 '증험을 거친다'는 의미이며 '知覺' 개념 역시 감각경험을 가리키는 것이 아니라 '알고 깨닫는[悟] 포괄적인 도덕적 인식작용'을 의미한다고 설명한 적이 있었다(2004a, 74-76면). 이것은 최한기가 사용한 개념들이 오늘날 우리가 사용하는 개념과 표현상 정확히 일치되더라도, 내용적으로 다른 의미를 가질 수 있음을 지적했다는 점에서 중요한 설명이었다고 본다.

78 최한기가 후기에 와서 동정(動靜) 개념 대신 오로지 활동운화하는 기(氣)의 역

동적(力動的) 세계를 주장하게 되었던 점은 앞선 신원봉의 논문을 통해서도 이미 지적된 바 있다(2004, 229-231면). 필자 역시 이와 동일한 구도 하에서 논의를 전개했는데, 여기서 좀 더 나아가 최한기의 공부론이 위와 같은 세계관의 변화로부터 어떤 영향을 받았는지 또한 설명하고자 했다.

79 靜觀天下事物, 無一刻之靜定. …… 太陽二十五日一自轉, 地球一日一自轉. 太陽之一年一周黃道, 流傳之曆法, 地球之一年一周黃道, 近歲之所發. …… 太陽地球未有一靜定者矣. 充滿大氣活動運化無暫時之停滯, 人物之流注血脈無瞬息間不運. 若是紛紜磨蕩之中, 有何一事一物不隨運化而變動哉? 『氣學』卷一 77번째 조목

80 天下無不動之物, 而安其動爲靜. 人之一身, 呼吸聯屬, 血脉流周, 所以行軀殼之運化, 無頃刻之停息. 能安其動而養其精, 習於靜而存其神, 乃可有爲, 亦可有成. 豈可以寂然不動爲靜, 而無所爲無所成哉? 『人政』卷二「測人門」二 總論 '測靜'

81 功夫之主靜, 如設曆以地靜. 由於在己, 則不見其運, 在物, 則亦見其運也. 若見得人身地活動運化不息不止, 豈可謂靜, 天地止活動運化不息不止, 豈可謂靜? 潛究萬物, 無不運化, 則皆可謂動, 而安其動者卽可謂靜, 不安其動者亦可謂不靜. 然則動靜之名非對偶而言, 大動之中, 擧其安與不安而言靜不靜, 乃可妥帖於運化之動靜. 『氣學』卷二 82조목

82 이제 최한기는 모든 공부가 결국 동(動)에 귀결된다고 말하는데 이 점은 사물을 관찰하는 모든 것이 우선 정(靜)에 있다고 말한 초기 입장과 분명 다른 것이다: 活動運化, 在身功夫, 各有攸當. …… 有動無靜, 安動曰靜. 動中有靜, 靜中有動, 分別雖細, 總歸于動. 一呼一吸, 未有停息. 夜費心力, 朝乃振作. 『氣學』卷二 81번째 조목

83 喜怒哀樂, 各有大小緩急, 而發於交接運化之大小緩急也. 未交接時, 只有神氣運化, 而未有喜怒哀樂之發, 是謂未發之中. 中之義, 無所偏倚, 純然神氣運化而已, 與發皆中節之中無異. 及其交接神氣, 順應來物, 喜怒哀樂之大小緩急, 皆中節, 無過不及之差, 卽是神氣運化, 皆中節於交接運化也. 『人政』卷十「敎人門」三 '未發中'

84 未發中, 乃運化庫藏. 『氣學』卷二 66번째 조목

85 事物未至, 思慮未萌之時, 卽是天人運化之氣在身純然, 中庸所謂中也. 及其事物交至, 自有事物之天人運化氣, 與之相應, 中庸所謂和也. 擴充中和之德, 天人運化之氣, 在我皆中節而應於物皆和. 又可以應於物之和不和, 驗在我之中不中. …… 若以中和爲有形之物, 則功夫言論眞實可踐, 若以爲無形之事, 則功夫言論皆無形, 踐行亦無形. 『氣學』卷二 2번째 조목. 한편 최한기는 『氣學』卷一 29번째 조목에서도 "대기운화 가운데 무형(無形)한 것은 존재하지 않는다"는 점을

분명히 지적하고 있다.

86   涵養者, 涵養運化氣, 省察者, 省察運化氣, 涵養, 不是增得神氣, 乃擴充神氣也,
省察, 不是持守神氣, 乃惺覺神氣也. 常使運化氣, 有順無逆, 爲善去惡, 一切古
人學問條目, 咸備於斯. 心上道理, 原非運化之外物, 虛假鬼神, 亦是運化中所有.
『人政』卷十「敎人門」三 '涵養省察'

87   涵養用人之義者, 統億兆之修身, 以爲修身, 非一己之修身, 而一己修身在其中.
兼天下之事務, 以爲事務, 非一己之事務, 而一己事務在其中. 以此爲大業, 與
億兆共就涵養, 非一己之涵養, 而一己涵養在其中, 是乃運化之涵養. 人能體此
涵養, 合育羣生, 不能體此涵養, 其所涵養, 只是一己之心性虛影. 以此所養施,
於用人之實事, 則虛實不相副. …… 若以運化治安, 涵養於中, 多少人民, 皆入範
圍, 化彼一己之涵養, 體此運化之涵養.『人政』卷二十五「用人門」六 '涵養大小
虛實'

88   獨運神氣, 易致差誤, 故戒愼而參驗人物, 易涉償敗, 故恐懼而思慮周徧. 人所不
覩不聞之地, 行此的覩的聞之選擧 政敎, 重習慣熟, 無間斷於日月之靜間, 達之
則兼善天下, 不達則以俟身後, 是乃貫始終通人己之學問也. 愼獨功夫, 惟在於
究理, 但說心性發未發, 不達于體人物之情, 措處事務, 口導手指, 契合萬姓之和
應, 烏可謂眞正廣大之愼獨也?『人政』卷十九「選人門」六 '愼獨選擧'

89   人乘地而運轉, 則一日內, 坐行七萬二千里矣. 六十抄一分之內, 呼吸爲六十番
者, 一日內, 呼吸共十萬八百矣. 每日如是, 則活動運化, 可謂煩劇, 人不覺其煩
劇, 以其安於動, 恬於常也. 以此推之, 宜乎不識一身運化統民運化天地運化也.
若其可識之方, 活動運化之心常資賴於事物, 研究思索, 無所不到. 苟於大氣上,
見端倪而推尋乎事物, 事物上, 得經驗而無違於大氣, 依此累試積功, 庶可見大
氣之運化.『氣學』卷二 96번째 조목

90   輪轉陶鑄, 天地之氣, 敎學導率, 人心之氣. 心氣導率, 不悖於天氣陶鑄, 可通行
於宇宙.『氣學』卷一 4번째 조목

91   大氣運化, 承順爲善, 遝逆爲惡. 宇內人皆同, 一無差謬, 擧比以施乎宇內之敎化,
則宇內可平矣.『人政』卷九, 敎人門 二, '敷運化平宇內'

92   人之生也, 有倫有道有事有業, 而不得其一統準的, 必有各心所主, 戕害多端, 是
亦究明人道之無不搜覓, 善惡行事之無所不備也. 潛究人生, 不可違越, 惟當承
順之道. 自一身運化, 至交接運化, 至統民運化, 皆效則于大氣運化, 進退遲速違
合順逆, 自有運移之裁御正宜, 因勢而利導, 千百異論, 咸歸零落, 一統運化, 胳
合天人, 是謂人政. 人之爲政, 因其天人氣化之政, 以明交接統民之政, 若不達天
人氣化之政, 多般言論, 歸于無準.『人政』凡例).

93   특히 최한기가 서구의 과학기술과 관련해 어떤 저작들로부터 영향을 받았고 그

결과『성기운화』,『신기천험』등을 비롯한 자신의 저작을 어떻게 구성할 수 있게 되었는지의 문제는 이현구의 저서『최한기의 기철학과 서양과학』(63-94면)을 통해 잘 살펴볼 수 있다. 이현구는 최한기 당시까지 선교사들을 통해 들여온 서구 과학지식에는 고대, 중세, 근대의 논의들이 모두 뒤섞여 있다고 보면서, 19세기 중반까지 한문으로 번역된 서양 저작물만이 최한기가 접할 수 있었던 자료들이라고 설명하고 있다(上同, 18면).

94 유봉학은 이 지점에서 오히려 최한기의 운화기일원론(運化氣一元論)이 외래적인 기(氣) 이론에 영향을 받았다기보다 조선철학계의 연속적인 발전 도상에서 형성된 사상이라는 점을 강조했다(1999, 255면). 그는 최한기의 사유가 율곡 이후의 노론 주자학, 낙론계 주자학, 인물성동론자(人物性同論者), 북학자들에 의해 큰 영향을 받은 점을 지목하면서 그를 조선 후기 사상사에 철저히 뿌리박고 있는 인물로 기술했는데, 과연 얼마만큼 유기적 연관성을 추적할 수 있는지의 문제는 차후 과제로 남겨두더라도, 일단 최한기 사유를 전통과의 연속선상에서 해명하려 한 점은 주목할 만하다고 본다.

95 박성래는 최한기의 과학사상이 서구 과학지식의 잡다한 내용들을 취사선택 없이 그대로 수용한 것에 불과하다고 비판적으로 평가한 바 있다(1978, 257-292면). 최진덕도 최한기 사유 속에는 이질적인 두 문명의 패러다임이 뒤섞여 있기 때문에 여전히 봉합되기 어려운 틈새, 애매모호한 이중성 등이 많이 보인다는 점을 비판하였다(2004, 161-165면). 물론 그렇다고 해서 혜강 사상이 헛점 투성이의 실패한 신크레티즘(syncretism)의 한 사례에 불과하다고 비판하려는 것이 본인 논문의 목적이 아니라고 해명했지만, 결국 최한기가 지나치게 전통과의 단절을 내세우면서 새로운 사상 동향에 몰두하고 성급하게 새로운 체계를 종합하려고 했던 점이 문제라고 본 것이다(上同, 165면). 이것은 사실 동서사상을 융합하려고 했던 최한기의 시도 자체가 너무 지나친 포부였다고 평가한 것이기도 하다. 하지만 당시 서구문명의 압도적인 도래 앞에서 약소국의 지식인이 보인 적극적 대응의 한 가지 사례라는 측면에서 최한기의 사유경향을 보다 긍정적으로 평가할 수 있는 여지는 남아 있다고 본다.

96 이러한 평가의 한 사례로『혜강 최한기: 동양과 서양을 통합하는 학문적 실험』(청계, 초판 2000년)의 저자들이 모토로 내세운 최한기에 대한 관점을 예로 들 수 있다. 그는 동양과 서양의 학문 전통을 두루 숙고하면서 이 양자의 핵심 내용을 종합할 만한 새로운 보편체계를 구성하기 위해 평생을 바쳤다고 볼 수 있는 인물이다. 물론 그의 철학에 대한 평가는 입장에 따라 달라지겠지만, 중국 혹은 서양을 종주로 하는 학문의 오래된 편향성을 시정하려고 했던 점에서 그의 학문적 가치를 긍정적으로 평가할 수 있다고 보았다.

* 이 논문은 「沈大允의 社會的 處地와 學問 姿勢」(『한문교육연구』 제16집, 2001) 을 대폭 수정 보완한 것이다.

1 다카하시 도루(高橋亨)는 『조선의 유학』(조남호 옮김, 소나무, 1999)의 「조선의 양명학파」를 기술하면서 심대윤의 가계와 그 저술을 간단하게 소개하였다.

2 『韓國經學資料集成』은 四書三經을 위시하여 春秋・禮記 등에 관한 우리 선현 들의 주석을 모아 편찬한 것으로 모두 145책이나 되는 巨帙이다. 成均館大學校 大東文化研究院에서는 1988년도부터 1999년 초까지 11여 년에 걸쳐 자료조사 와 함께 解題를 붙여 간행한 바 있다. 필자는 이 작업의 초기부터 심대윤의 자 료조사와 수집에 참여하면서 심대윤의 호한한 경학과 역사 저술을 확인한 바 있 다.

3 그동안 沈大允의 정확한 인적사항이나 저작의 전모 등을 구체적으로 몰랐다. 최근에 임형택 교수의 해제와 필자의 연구에 의해 부분적으로 밝혀졌다. 이에 대해서는 장병한의 「沈大允 經學에 대한 研究」(성균관대학교 박사학위논문, 1995)과 임형택의 「19세기 西學에 대한 經學의 對應」(『창작과 비평』 96년 봄 호), 그리고 『실사구시의 한국학』(창작과 비평사, 2000) 참조. 그리고 심대윤의 시경학의 경우 진재교의 「沈大允의 國風論」(『한문학보』 제1집, 1999)에서 그의 號와 삶의 일부분을 비롯하여, 기왕에 소개하지 않은 그의 저작과 그의 詩經論 을 본격적으로 고찰한 바 있다.

4 『閒中隨筆』은 『福利全書』와 함께 그의 문집에 해당되는 저술로 보인다. 이 책 은 연세대에 소장되어 있는데, 모두 不分卷 2책으로 되어 있다. 제 1책은 「封建 論」・「李忠武公傳」을 비롯하여 書・序・表・文・記 등 34편의 글을 싣고 있으며, 제 2책은 「權說」・「孔阿睹傳」・「伯夷傳」・「朋黨論」・「驗實篇」을 비롯하여 57편 의 작품을 수록하고 있다. 이 책에서 심대윤의 號가 石橋며, 또한 각 편에 石橋 의 인간적 면모에 대한 것을 일부 확인할 수 있었다. 필자가 처음 「沈大允의 國 風論」(『한문학보』 제1집, 1999)에서 이 책을 소개한 바 있으나, 논문을 작성할 당시에는 여러 가지 사정으로, 이 책을 전부 복사해올 수가 없었기 때문에 제한 된 글을 통해 심대윤의 사회적 처지와 생애를 고찰할 수밖에 없었다.

5 박광용, 『영조와 정조의 나라』, 푸른 역사, 1998, 255면, 참조.

6 沈銷은 耳溪 洪良浩(1724-1802)의 외숙이자 스승이기도 하였다. 더욱이 이계 는 젊은 시절 외조인 沈壽賢의 후광은 물론 沈銷으로부터 많은 영향을 입었거 니와, 그의 아들과 손자들이 계속해서 판서에 오르게 되는 등 이계 당대에 이미 京華士族으로서의 면모를 가지고 있었다. 때문에 심육의 종증손이었던 심대윤

과 이계의 손자 대에 해당되는 인물들과 일정한 관계를 맺었을 법한데, 구체적인 증거는 확인하지 못하였다. 耳溪와 靑松沈氏와의 관계에 대해서는 진재교, 『이계 홍양호 문학 연구』, 대동문화연구총서, 1999, 2 제2장 참조.

7 심육의 형제 중 막내인 沈鈸(1722-1752)은 을해옥사 이전에 죽어 화를 면했지만, 그의 외아들인 沈戊之(1748-1783)가 후사 없이 죽자 심악의 손자인 沈完倫(1778-1783)이 심무지에게 양자를 간다. 심악은 본생증조부가 되며, 심악의 부인인 경주 이씨 每蓮(1706-1755)은 증조모가 된다. 『靑松沈氏大同世譜』 참조.

8 羅州掛書變(乙亥逆獄)은 辛壬義理문제로 야기된 노론과 소론과의 정치적 대립 속에서 발생하였다. 이 사건은 1755년(영조 31년), 2월에서 5월까지 羅州客舍에 "奸臣滿朝,民陷塗炭,擧兵"이라는 掛書가 나붙어 영조를 비난하는 사건이 발생하는데, 이에 연루된 인물들이 대거 잡혀 국문을 당한다. 그 때, 그 역모에 峻少의 잔여세력들이 간여한 사실이 밝혀지게 된다. 그리하여 나주 나씨 일문을 중심으로 이들의 친척 및 餘黨들로 지목된 李匡師 등이 제거되기에 이른다. 또 그 해 五月에 討逆慶科를 보았는데, 試券에 試題와 이름을 쓰지 않고 上變書라는 題下에 凶言을 늘어놓은 것이 들어 있었다. 개봉해본 결과 범인은 무신란의 正法罪人 沈成衍의 동생 鼎衍이었다. 이에 또다시 소론인 李峻, 朴師緝 등이 연루된다. 이로 인해 峻少는 500여 명이나 처형되고 그 명맥은 완전히 끊기게 되었을 뿐만 아니라, 緩少도 막대한 타격을 입게 된다. 궁지에 몰린 소론이 『천의소감』을 편찬하여 신임사화에 관계된 노론의 명분을 충의로 확정하지만 이때 少論名門은 대부분 몰락하게 된다. 이 사건은 노론들이 구체적으로 사건의 전개도 없는 일을 꼬투리로 잡아 정권을 독점하려는 정략과 영조의 왕권을 강화하기 위한 의도가 맞아떨어져 일어난 것이 아닌가 한다. 이를 기회로 老論의 金尙魯, 洪翼漢 등이 전권을 잡게 된다. 특히 이 사건에서 소론계 명문가문과 학자들은 일망타진되는데, 나주괘서사건도 그 작성자 등이 명확하지 않을 정도로 의문점이 많았다. 이 사건으로 지나치게 많은 소론가문이 희생당하였으므로 조작의 가능성이 많은 것으로 지적되기도 하였다. 이에 대해서는 李離和, 「朝鮮朝 黨論의 展開過程과 그 系譜」, 『한국사학』 8, 한국정신문화연구원, 1986과 朴光用, 「蕩平論과 展開와 政局의 變化, 『조선시대 정치사의 재조명』 범조사, 1985 참조

9 이러한 가문의 이력에 대해서는 손혜리, 「심대윤의 '남정록' 연구」, 『19세기 한 실학자의 발견 : 사상사의 이단아, 백운 심대윤』, 대동문화연구원, 2016 참조.

10 심대윤 개인사와 을해옥사 이후 가문의 상황을 『南征錄』에 남기고 있다. 자세한 상황은 심대윤의 문집을 번역한 임형택 외, 『백운 심대윤의 백운집』. 사람의무늬, 2015 참조.

11 『한중수필』 1책, 「與柳君華元書」 "某頓首柳君足下, 僕素以怯懦庸陋, 承先人緖業, 生而不識耕種販粥, 奇巧之事, 專精於文學. 不遑外慕, 于玆有年矣. 頃者, 稍

壯, 見家力漸以旁落, 伏念兩親垂老, 而兄弟未成. 恐無以相養, 以保存, 時方寢臥, 忽念此事, 卽摳衣, 遶壁, 達朝不寐."

12 『象義占法』1책, "小子, 年十五六時, 讀書易庸學論孟諸書, 自以才知淺劣, 不足以學聖經, 徒惑而無得也. 獨意春秋因事以示訓, 或可依據而着力焉. 故伏讀史書, 究其天人事變之故, 而折衷於春秋, 且十餘年出入諸子百家, 以至陰陽術數小書, 硏覽略遍, 然後反以及於經傳, 然連遭凶荒, 急於澗瀣, 未暇精意焉."

13 『한국경학자료집성』(『詩經』) 「詩經集傳辨正」, 976면 "余於經傳, 在童幼時, 課讀之後, 自以才知譾劣, 不足以通經, 不復開卷者, 且二十年. 過三十四五, 始復返究經傳, 而家貧親老, 又居城闉, 營生酬接, 汨無暇隙. 壬寅病中, 著象義, 五月而畢, 其後至今, 幾二十年間, 每有閒隙, 則輒有所著. 獨三禮, 用周年之工, 其餘諸經, 或數十日, 或數月而畢工, 然後在於雞鳴就寢之際, 風雨客散之暇."

14 족보에는 석교가 明澤과 寅澤 두 아들을 둔 것으로 되어 있다. 그런데 명택은 넷째 동생인 宜敎의 아들로 심대윤에게 양자를 온 것으로 명시되어 있다. 그러나 寅澤은 누구의 소생인지 불분명하다. 족보에 의하면 심대윤의 配인 慶州 李氏는 壬戌年(1802년)에서부터 甲寅年(1854년)까지 생존했으며 "育一男"이라 되어 있는데, 인택은 己巳生, 즉 1869년생으로 되어 있다. 乙巳(1845년)의 誤字인지 아니면 이씨 부인이 양자를 받은 이후 다시 낳은 자식인지 불분명하다. 이는 다시 검증이 필요하다.

15 『한국경학자료집성』(『역경』 30) 「象義占法」 '周易象義占法自序', 5면 "歲壬寅偶瓔沈痾, 屛絶人事, 而醫藥之餘, 有數月之暇, 因得讀易, 頗有所得於占理, 依以筮事, 往往有驗. 夫易之道也, 先儒氏, 尙多明之焉, 非小子庸鎭迷暗之所可及也. 惟其生於憂患, 而長於困窮, 頗深於世, 故亦嘗苦心積慮, 竊有見於事物之情. 顧念淹病旣久, 恐一旦溘然無以遺子孫, 輒疏爲成書, 可十餘萬言, 號曰象占法."

16 이러한 것은 『복리전서』에 잘 나타나 있다. 그는 이 저술에서 서학(천주교)의 확산과 전파에 심각한 우려를 나타내었고, 경전의 새로운 해석으로 이를 적극 대응하려 하였고 이 방식이 이를 극복할 수 있는 것으로 확신하였던 것 같다. 임형택 교수는 이를 「19세기 西學에 대한 經學의 對應」으로 파악한 바 있다.

17 『한국경학자료집성』(詩經), 「詩經集傳辨正」, 976면. "余平生硏精沈思, 常在於事物之實理, 執其要會, 而究其條目, 怡然順矣. 凡天下之虛影幻像, 不能眩惑於心思, 是其得力也, 及其讀經, 皆若講磨精熟, 成誦在心, 而借書於手者, 所以敏速如神也. 乃由於平生用工, 有實得也. 非一時信筆之言也. 亦非才絶於古人也. 後之學者, 其亦留意於余言, 致力於事物之實理, 而毋徒尋索於章句之上哉."

18 『한국경학자료집성』(論語), 772-773면. "壬寅七月, 余年三十有七歲矣. 偶抱膏肓之病, 恐一朝溘然先朝露, 而念吾道之不明, 自孟子以後, 數千載矣. 世俗之敗

亂, 可謂極矣, 而近有一種邪說, 號爲西學, 乘間而起, 沈惑斯民. 余懼斯民之無類, 而不忍坐視 而不救焉. 爲註此書, 將及庸學庶幾聖人之道, 得以復明, 邪說自息. 噫! 苟使吾道因此以有傳焉, 雖或有罪我者, 余何以避嫌, 而但已耶?"

19 심대윤의 안성에서의 삶과 구체적인 서술은 「東邱子自解」와 「與柳君夏元書」에서 상세하게 기술하고 있다. 심대윤의 삶을 양반 정체성을 지키기 위한 것으로 이해하고 이를 자기 서사로 이해할 수 있다. 이는 김하라, 「심대윤의 자기서사-노동하는 양반의 정체성과 자기 해명」, 『19세기 한 실학자의 발견: 사상사의 이단아, 백운 심대윤』, 대동문화연구원, 2016. 참조.

20 당시 안성의 舊邑은 동리와 서리, 북리로 구분되어 있었다.

21 沈大允, 『沈大允全集』, 「東邱自解」, "僕年二十八, 卜居安邑之東里, 知友歸之書尺者, 例當以東里侍坐題面. 而東里乃僕曾祖號也, 爲是嫌焉, 故易以東邱, 自草坪 李元暉始之."

22 심대윤의 증조 심악의 호가 東里인 점과 당시 안성이 경제적으로 풍부한 기반을 지니고 있었던 점등을 고려하면, 심대윤이 고향과 같은 안성을 선택한 이유도 짐작할 수 있다.

23 임형택, 「심대윤 전집 해제」(『심대윤 전집』 1, 성균관대학교 대동문화연구원, 2005, 7면.

24 沈大允, 『沈大允全集』, 「與柳君夏元書」, "頃者稍壯, 見家力漸以旁落, 伏念兩親垂老, 而兄弟未成, 恐無以相養以保存. 時方寢臥, 忽念此事, 卽攝衣遶壁, 達朝不寐. 遂決入邑之計, 僑居寄食, 備嘗甘苦, 而爭利於屠買之伍."

25 沈大允, 앞의 글, "以受人之驅策, 與巫醫爭能."

26 沈大允, 위의 글, "僕所以自投於糞土汙穢之中, 以受人之恥侮而不顧者, 冀得錙銖之贏, 以及一日菽水之歡."

27 沈大允, 위의 글, "區區之心, 竟未及遂, 而中遭巨創. 當先人在時, 飢寒勞倦, 靡所不至, 而終喪, 又不能成禮. 僕旣負通天之罪, 抱窮宙之痛, 磨頂至踵, 不足以泄寃. 所以不能斷胈決胸, 以從於地下者, 爲老母存耳. 遂用禽視獸息, 悍然至今."

28 沈大允, 위의 글, "老母在堂, 兄弟滿室, 而剝膚赤立, 怵怵乎浸胥及溺, 懲前慮後, 無所不極. 每一念至不覺寒粟遍體, 隨復烘熱, 如遭呼吸也."

29 『한중수필』 2책, 「治木槃記」, "往年, 余仲弟 泰卿與益卿, 奉母夫人, 居于安城之佳谷, 時值荐荒, 無以爲養, 適有統營之匠者, 僑居里中, 業木槃焉. 泰卿間往視之, 歸與益卿, 依其制樣而造作, 易米菽以供親. 明年, 歲則豊熟, 母夫人還就于余, 二君, 亦輟其工而讀書焉."

30 『한중수필』2책,「治木㮐記」"念親老家貧, 貴其力作而治生, 乃相與謀曰, 君子窮則可以爲鄙汚, 而不可爲不義. 今我無財, 不可商, 無田不可農, 而木㮐賤工也, 然作於室中, 無干於人, 其諸農商之暴露夏畦奔走隴斷, 爲較勝焉"

31 『한중수필』2책,「治木㮐記」, "輒討論經史, 講求精義, 天地人物之所以存, 古今治亂之所以致, 時俗之情態俯仰, 事理之端緖倚伏, 下至百方技藝, 海外異聞, 凡可以繕益神智, 起發心靈者을, 出入縱橫, 變化無窮, 雜以詼諧滑稽, 助其懽笑欣然, 樂而忘其疲."

32 『한중수필』1책의「答仲弟問祭書」와「答仲弟容貌書」를 보면 저간의 사정을 잘 알 수 있다.

33 『한중수필』1책,「與柳君華元書」"向者, 僕賴父母之恩, 不知財利之所出, 以此營産敗, 自其所耳. 然, 僕入邑時, 貲不滿二萬, 而家累大小十餘口, 皆仰給無他歧, 隨遭荐飢, 重以喪故疾疫. 然, 計其殖, 亦且數倍, 而費用無餘. 諺所謂, 多錢善賈者, 豈非信歟? 僕旣以徒玷名行, 而計無所成, 老母在堂, 兄弟滿室, 而剝膚赤立, 恤恤乎浸胥及溺."

34 『한중수필』1책,「與柳君華元書」, "雖然今僕 誠有數金之資 甘旨粗供 返葬已畢, 而兄弟稍有凍餓之備, 僅以無死, 則雖萬鍾之卿相, 終不以一毫負累而取之, 此難與俗人言也."

35 『한중수필』1책,「與柳君華元書」, "瀡瀡之不供如前所云云, 一不忍也. 先王考, 當家門禍變之餘, 崎嶇蜒海之中, 賴天之靈, 不絶如縷, 以至于不肖, 而窮困不保, 以絶先人之世, 二不忍也. 曾王妃王考, 兩世不反葬, 白骨未收, 死而無所付托, 三不忍也."

36 『雲齋遺稿』권2,「附年譜」, "壬子, 二十一歲, 訪沈白雲先生于安城之東里. 先生文章識見, 卓跌千古, 守道林泉, 賣藥而隱. 公往訪之, 沈公論議, 多與古經不合, 公以是, 反覆論難, 書牘甚多. 皆理達條暢, 片片可誦. 沈公, 性傲亢, 罕與人接, 獨於公, 忘年交."

37 『한중수필』1책,「與柳君華元書」, "家素詩禮, 篤論高行, 爲士大夫所矜式, 而忽從奴隷之所恥, 以忝辱祖先, 誠無面復見當世之士, 其不堪一也. 僕所好窮理之學, 不事章句之業, 古今理亂得失之大要, 賢哲修身行道之大方, 無不經義, 下至法律陰陽術數之書, 可以裨補治敎者, 俱通其畧, 夫士幼而學之, 盖欲長而行之. 今失志就辱, 名實皆喪, 其所不堪, 二也. 性本高尙, 而使之屛息側步, 以受人之驅策, 與巫醫爭能, 其不堪, 三也."

38 정기우는 鄭萬朝(1858-1936)의 아버지이다.

39 李曦榮은 본관이 慶州로 그의 高祖父가 바로 澹軒 李夏坤(1677-1724)이다.

40 심대윤은 이희영으로부터 선조로부터 물려받은 만권루의 장서를 빌려 보았을 가능성이 많다.

41 『한중수필』 2책의 「與元暉李曦榮論文書」를 보면 저간의 사정이 잘 나타나 있다.

42 『한중수필』 1책, 「鷹峰序」, "余友姜君惠伯, 因其所居山, 而自號曰鷹峯, 要余爲序 …… 余友姜君惠伯, 築室於白城之東山, 卽其名而扁其室曰鷹峯."

43 『한중수필』 1책, 「鰲隱書」, "余友柳君夏元, 築室於白城之鰲山 …… 夏元, 從余遊十餘年矣." 夏元은 字며 명은 榮健이다. 석교는 그에게 「柳君名字說」(『한중수필』 1책)이라는 글을 지어 그의 이름과 字에 대하여 풀이해주기도 하였다. 그런데 白城은 안산의 古號며 鷹峯은 안산의 수리산이고 鰲山도 지금 안산에 있는 산이다.

44 『한중수필』 1책, 「與柳君華元書」 "性復峻潔狹隘, 不耐苟得."

45 『雲齋遺稿』 권2, 「附年譜」 "沈公, 性傲亢, 罕與人接."

46 『한중수필』 2책에 나오는 「一間亭記」가 그것이다.

47 『한중수필』 2책, 「祭柳君夏元文」, "吾離索畏約, 未嘗與人言, 惟與子言耳"라 한 것에서 그와의 관계를 짐작할 수 있다.

48 『한중수필』 2책, 「詛瘧文」, "老母在堂, 家無石儋石, 窮疾作, 以給養一日, …… 病一身而一家病矣."

49 『한중수필』 2책, 「八子百選批評往鄭君稚亨書」에 자세히 나와 있다.

50 『한중수필』 1책, 「釋笠」, "沈允行年, 四十有九, 身益窮, 名益困, 世益艱."

51 이는 『한중수필』 2책에 있는 「飛鳳書院重修記」와 「延安黃堂重修記」를 보면 알 수 있다.

52 『한중수필』 2책, 「一間亭記」에 "余昔道過利仁"이라는 구절이 나오는데, 利仁驛은 공주에 있다.

53 여기에 대해서는 다카하시 도루(高橋亨)의 『조선의 유학』(조남호 옮김, 소나무, 1999) 「조선의 양명학파」를 보면 나와 있다. 다카하시는 이 책에서 鄭萬朝를 스승이자 지기로 말하고 있거니와, 다카하시와 정만조는 조선고서 해제사업을 같이한 바 있고, 경학원과 경성제국대학에서도 같이 있었다. 그런데 정만조의 부친은 鄭基雨다. 이미 지적하였듯이 정기우는 심대윤과 교유를 한 바 있으며, 경학에 대해 편지를 주고받으며 질정한 바 있다. 따라서 정만조로부터 심대윤의 행적을 전해 들은 다카하시의 언급은 신빙성이 있는 것으로 보인다. 더욱이 정인보도 동래 정씨로 정만조의 다음 항렬로, 촌수가 그리 멀지 않다. 爲堂이 심대윤의 저작을 보게 된 계기도 정만조와 관련이 있었던 것이 아닌가 한다.

* 이 논문은 『민족문학사연구』 60호(2016. 4)에 실렸던 글을 일부 고친 것이다.

1 지금의 경기도 가평군 하면 대보리에 있다.

2 정옥자, 『조선중화사상연구』, 일지사, 2001, 86면

3 유중교의 문집은 모두 60권으로 각 권의 내용은 다음과 같다. 권1 詩/ 권2 疏,
   狀/ 권3~22 書/ 권23~40 雜著/ 권41 記/ 권42 題跋, 箴, 銘, 贊, 頌/ 권43 婚書,
   上樑文, 告祝, 祭文/ 권44 哀辭, 墓碣, 墓表, 墓誌/ 권45 行狀/ 권46 遺事, 語錄
   / 권47~48 帝王承統考/ 권49~50 絃歌軌範/ 권51~56附錄 語錄/ 권57 附錄 祭
   文/ 권58 附錄 年譜/ 권59~60 附錄 行狀(『성재집(省齋集)』, 奈堤文化硏究會,
   2010년, 충북 제천)

4 지금의 경기도 가평군 설악면.

5 "文章節義 固吾家箕裘 若吾子孫有能從事正學者 此吾至願也". 『성재집(省齋
   集)』 권58 「연보」 「병신년(丙申年)」

6 이상 유중교의 가문에 관한 것은 『성재집』 권58 「연보」에서 정리했다.

7 지금의 경기도 양평군 서종면 노문리.

8 초학(初學)들이 숙식하면서 공부하는 서당을 말하는 것으로 보인다.

9 유중교는 지원(至元) 25년(1288년)까지 쓰고 김평묵이 나머지를 썼는데, 유중교
   의 직계 조상 유청신(柳淸臣, ?-1329)과 관련된 기사를 유중교가 쓸 수 없었기
   때문이었다.

10 경기도 가평군 설악면 선촌리 장석마을에 있는 1661년 창건된 서원. 조광조, 김
   식, 김육, 남언경, 이제신, 김창흡의 위패를 모시고 제향했다.

11 명(明) 숭정황제(崇禎皇帝, 재위 1627-1644). 이자성(李自成) 군대에 의해 북
   경성이 함락되자, 1644년 3월 19일 자결했다.

12 지금의 경기도 가평군 가평읍 승안리에 있는 계곡.

13 "先生自漢浦時. 奉藏晦菴尤菴華西三先生遺像於精舍. 每朔望. 以幅巾深衣黑
   帶. 率諸生展拜訖. 受諸生拜. 使諸生相揖乃坐. 命誦白鹿洞書院學規. 其北遷.
   旣以玉女之峰紫泥之陽. 適符晦翁所居之地. 又以朝宗巖之尤翁筆削. 臥龍湫之
   華翁詩什. 而不勝追慕. 遂就精舍東. 營書社. 以爲徒友講學之所." 『성재집』 권
   58 「연보」 「1879년 9월」

14 "此日此擧 足以使吾東人有辭於天下後世 李以先正之孫而 首倡此事 尤可貴
   也." 『성재집』 권58 「연보」 「1881년」.

15 『성재집』 권39 「柯下散筆」.

16 "吾與師友 斥邪斥和之義 同一秉執而 在彼則被以誅竄 在此則縻以榮名 是朝家 絶不以廉隅處人也."『성재집』 권58 「연보」 「1881년 11월」.

17 "此毀先王之法服以從夷也. 古之爲夷者. 其服必左衽. 故以衽之左右表夷夏. 今 之爲夷者. 其服無常而狹袖爲最著. 故以袖之濶狹表夷夏. 此其大分之較暢明. 而名義之當死守者. 有不可以志行衣服內外之說而亂之. 不可以君令臣從平常之 道而疑之. 不可以毀服毀形輕重之辨而忽之."『성재집』 권58 「연보」 「1884년 6 월」.

18 송시열의 사당. 송시열이 효종대왕 능을 바라보고 통곡했다는 자리에 1789년 정조의 명으로 세웠다.

19 "春秋大義數十, 衛王室討亂賊, 尊中華攘夷狄, 爲君父復仇讎, 乃其尤大者也. 後之受用其義, 以立人紀者, 漢之武侯, 宋之朱子, 我東之宋子是也. 盖武侯得討 亂賊之義者也, 朱, 宋二子皆兼攘夷復讎之義, 而朱子復讐爲重, 宋子攘夷爲重." 『성재집』 권36 「연거만지(燕居謾識)」.

20 『춘추』 은공(隱公) 원년(元年)의 '春王正月'을 『공양전(公羊傳)』에서 해석하면 서 "왜 '王正月'이라고 했는가? 제후들은 주(周) 문왕(文王)의 제도를 따라서 모두 거기에 하나로 통합되어야하기 때문이다.[何言乎王正月 大一統也]"라고 했다. 즉, 왕이 천명을 받아 정월을 제정하여 천하를 통일하고, 만물로 하여금 모두 그것을 받들어 따르게 했다는 것이 대일통의 의미다.

21 『성재집』 권32 「正統論」.

22 『맹자』 호연지기(浩然之氣) 장의 다음 구절에서 온 말로, 마음이 바르지 못한 데서 나오는 나쁜 말 네 가지 중 음사(淫辭)와 사사(邪辭)를 말한다. "치우친 말 에서 그의 마음이 가려 있음을 알며, 지나친 말에서 마음이 빠져 있음을 알며, 부정한 말에서 마음이 도(道)와 멀리 떨어져 있음을 알며, 회피하는 말에서 논 리가 궁함을 알 수 있다.[詖辭知其所蔽 淫辭知其所陷 邪辭知其所離 遁辭知其 所窮]"『맹자』「공손추상(公孫丑上)」

23 "是以孔子作春秋. 其義莫大乎尊中華攘夷狄. 孟子作七篇之書. 其義莫大乎闢先 聖放淫邪. 是皆本之大易扶陽抑陰之道. 而與大禹之抑洪水. 武王之驅猛獸. 同 其功用矣. 自二聖以後. 夷狄之禍. 日以益甚. 淫邪之害. 不一其端. 而若宋之朱 子及我國先正臣宋文正公時烈. 各因其所値之變. 推明春秋孟子之義. 以做一治 之功矣"『성재집』 권2 「除司憲府持平後陳情疏 1882년 9월」

24 『書經 大禹謨』의 "人心惟危 道心惟微 惟精惟一 允執厥中"을 말하는데, 정(精) 으로 도심(道心)을 존양(存養)하고, 일(一)로 인심(人心)을 성찰(省察)하는 법 이다. 형기(形氣)에서 나오는 인심은 사(私)로 빠지기 쉽고, 의리(義理)에서 나

오는 도심은 어두워지기 쉽기 때문에 정밀(精密)하게 살펴 형기에서 나오는 사사로운 마음을 배제하고, 전일(專一)하게 지켜 의리에서 나오는 바른 마음을 보존하는 법이다.

25 "彼所以衒耀張皇. 愚衆惑世者. 不過曰術數之高妙. 技藝之精巧而已. 此則吾固不謂其無是也. 但其所謂術者. 非吾所謂行仁由義之術. 而出於形氣象數之末. 其所謂藝者. 非吾所謂濟道輔德之藝. 而出於聲色臭味之流也. 此則雖以彼之巧點. 亦不能以自文矣. 惟其高妙精巧者. 專在乎形氣而不在乎性命. 所以其流乃至於背却君父大倫紀. 壞却貨色大堤防. 而不恤其淊天沉陸之禍也. 盖緣唐虞故城精一心法久晦. 而皇明之末. 重以衒奇鬪巧之習. 充滿一世矣. 於點乎此等邪說. 得以乘機而入也. 爲吾徒者. 苟能推明精一之傳. 形氣性命大小輕重. 截然而不可亂. 則彼說之謬不難辨. 而亦不患其爲吾病矣. 如此說破. 不至大悖否."『성재집』권3「上華西先生 1857년 봄」.

26 형기는 물질과 에너지를 말하고, 상수는 원래 占卜을 기리키는 말인데 여기서는 기하와 수학을 말하는 것으로 보인다.

27 "盖洋夷諸國. 在昧谷以西累萬里之地. 得天地極偏之氣."『성재집』권39「書辛巳諸儒疏後」

28 "宣廟癸巳. 天使諸公. 奉命討倭. 來臨境上. 而宋經畧應昌. 袁贊畫黃. 皆王氏之徒也. 自上特命極選儒臣. 往就幕府. 辨破其學. 盖當是時. 干戈搶攘. 乘輿播遷. 宗社生靈. 危如一髮. 宜若無暇於此. 且兵機緩急. 專在天使諸公. 一或忤旨. 事有不可知者. 而宣廟不以爲念. 乃有此事. 其意豈不曰崇正學闢邪說. 是有國之大本. 而一時安危有不暇顧者耶. 此乃聖祖之所以扶植元氣. 胚胎群賢. 以啓我東魯禮樂之運也. 後王後賢之所當觀法者. 顧不在是耶."『성재집』권5「上重菴先生論王陽明年譜辨 辛未[1871]」

29 "吾爲此懼閑先聖之道距楊墨放淫辭邪說者不得作作於其心害於其事作於其事害於其政聖人復起不易吾言矣."『孟子』「滕文公下」

30 "昔者禹抑洪水而天下平周公兼夷狄驅猛獸而百姓寧孔子成春秋而亂臣賊子懼"『孟子』「滕文公下」.

31 『성재집』권39「신사년[1881] 유생들의 상소문 뒤에 씀[書辛巳諸儒疏後]」

32 "不幸勢有所不敵. 君臣上下. 亦宜精白一心. 守正不撓. 卒之以國殉道. 則目前事形. 雖若有所屈. 而其所伸於後者. 將與日月同其光顯. 天地同其久長矣. 亦未爲大不幸也. 豈有不務內脩之本. 不思外攘之策. 豫量將來未形之夷. 而先結當面肆凶之夷. 以求爲之黨者耶. 天下之事. 正名爲先. 名之曰洋夷之黨. 雖其封疆有未改. 衣冠有未更. 而不得復爲舊日之小中華矣."『성재집』권39「書辛巳諸儒疏後」1881년 5월)

33   "自大地全體言之. 中國居前面近上. 上距北極五十五度. 下距中帶三十六度之地. 恰似人身之有面目. 向來淸臣李光地累被西人中國無定處之說所困. 盖西人雞子之諭. 自是未成說. 雞子雖渾圓. 箇中自有將來頭翅背腹一定位置. 何嘗漫無向背."『성재집』권36「燕居謾識」

34   『맹자』「滕文公上」.

35   舜이 禹를 경계한 말이다.『서경』「大禹謨」

36   "且未論地形如何. 凡物以心爲中. 天地間初頭出聖人之地. 卽天地之心所在處. 西人自謂遍踏海外萬國. 不知那處那國. 更有那樣人. 說出父子有親君臣有義夫婦有別長幼有序朋友有信五件事否. 道破人心惟危道心惟微惟精惟一允執厥中十六字否. 只以此折之足矣."『성재집』권36「燕居謾識」

37   "中國西北據山. 東南濱海. 王氣不競. 則據山處有山族馳突之患. 濱海處有水族侵凌之憂. 必至之勢也. 盖北虜山族也. 山族稟剛梗之氣故多力. 如虎豹熊羆之類是也. 海寇水族也. 水族稟澄淸之氣故多巧. 如鮫之織綃. 蜃之起樓是也. 多力故以弓馬爲命. 多巧故以工匠爲命. 中國稟中和之氣故尙德. 尙德故以禮義爲命. 是乃人道也. 德與巧力. 常相消長. 德盛則服役巧力. 使名得所而天下安. 德衰則爲力所制. 爲巧所眩. 冠屨倒置而天下亂. 故修攘大要. 莫如貴德而賤巧力."『성재집』권36「燕居謾識」

38   『성재집』권2「除司憲府持平後陳情疏 1882년 9월」

39   이 말은『좌전(左傳)』소공(昭公) 2년 조에 나온다. 노(魯)는 주공(周公)의 아들 백금(伯禽)의 봉지(封地)다. 주(周)의 문물과 전적을 잘 보존하여 평소에 '예악의 나라'로 불렸다. 춘추시대에 오(吳) 공자(公子) 계찰(季札)이 노나라의 음악을 보고 감탄했고, 진(晉) 대부 한선자(韓宣子)도 노나라를 방문하여 서적을 본 후 감탄하여 "周의 예가 모두 魯에 있다."고 했다.

40   "惟我東方 自本朝受命 敎化大明 典章文物 悉遵華夏 學問門路 一從洛閩 盖於殷師舊服 亦庶幾焉 而其在神州陸沉之日 政所謂周禮在魯也."『성재집』권2「除司憲府持平後陳情疏 1882년 9월」

41   『성재집』권2「除司憲府持平後陳情疏 1882년 9월」

42   중국 고대 九服의 하나. 王畿 바깥에 오백 리마다 하나씩 구획한 것이 모두 아홉인데, 그 중 일곱 번째가 夷服이다.『周禮·夏官·職方氏』

43   『주역』「박괘(剝卦)」의 상구(上九)의 효사에 "큰 과일은 먹히지 않는다.[碩果不食]"고 한 데서 온 말이다.

44   『주역』의 괘 이름. 막힘이 없이 탁 트이는 것을 뜻한다.

45   "今日我東 當爲天下萬古用夏變夷之標準 夫以夷服用中國文物 已可曰用夏變

夷 又能明春秋大義 方天地蒐貞之際 天下衣冠之邦 盡入於腥羶 獨毅然不變 以
當碩果之象而 基回泰之勢 其功亦大矣 故曰 天下萬古用夏變夷之標準."『성재
집』권36「燕居謾識」

46 '복제를 훼손하는 명령을 듣고 급히 일 절을 지음[聞毀服之令驟題一絶]'『성재
집』권1

47 "崇禎末. 有一狂簡之士強項不肯剃髮. 虜人捉入官庭而勒剃之. 遂退出私室. 畵
網巾於首而加冠. 終不變以致死. 世稱畵網巾先生. 古人猶畵網巾於旣剃之頭.
吾兄乃欲長脫網於未剃之前. 無乃讓與一頭地耶. 傷慟之至. 有此諧談. 政所謂
歌甚於哭者也."『성재집』권14「答申景弼泰懋 1884년 7월」

48 『성재집』권6「上重菴先生 1871년 11월 23일」

49 『성재집』권37「朴齊老名字說」

50 "朱子事功其最大者有二. 在聖門則疏釋經傳. 發揮學程. 有梳洗宇宙整頓乾坤
之功. 在世界則明春秋攘夷狄復仇讐之義. 足以當一治之數. 宋子之於春秋大義.
誠有光於朱子. 雖謂之事益艱而功益大. 非過言也."『성재집』권13「答尹雲瑞
1886년 2월」

51 『성재집』권32「정통론」

5장 鄭喬(1859-1925)의 관직경력과 사회활동

1 정교의 사상과 활동에 대한 주요 연구는 다음과 같다. 신석호,「해설」『대한계년
사(하)』, 국사편찬위원회, 1957; 소영주,「秋人 鄭喬의 政治 社會思想 硏究」, 연
세대학교 석사학위논문, 1982; 김도형,「정교 · 장지연 · 유근」『한국의 역사가
와 역사학(하)』, 창작과 비평사, 1995; 이시영,「鄭喬의『大東歷史』연구」, 한국
정신문화연구원 한국학대학원 석사학위논문, 1998; 김은주,「정교의 정치활동
과 정치개혁론」『韓國思想史學』, 11, 1998; 鄭喬 著, 趙珖 編,「해제: 대한제국
의 영욕과 정교」『大韓季年史』1, 소명출판, 2004; 김우철,「鄭喬의 중국사 이해
와 현실 인식」『사총』70, 2010.

2 鄭喬,『大韓季年史(상 · 하)』, 국사편찬위원회, 1957; 鄭喬 著, 趙珖 編, 2004,
『대한계년사』8, 2004, 53, 73면,『대한계년사』는 근년에 번역 · 간행되었다(鄭
喬 저, 趙珖 편, 2004,『대한계년사』1-10, 소명출판, 2004). 이하 본고의 인용은
기본적으로 이 번역본을 따랐으며, 원문과 대조하여 일부 어색하거나 잘못된 부
분은 수정하여 인용하였다. 전체 10권 가운데 9권까지가 번역문이다. 1, 6, 7권

은 변주승, 2, 5권은 이철성, 3, 8, 9권은 김우철, 4권은 이상식이 번역하였는데, 각 권 뒤에는 원문이 실려 있다. 10권은 정오표와 외국인 音差 인명대조표, 한국 근대사 연표, 찾아보기 등으로 구성되어 있다. 또 이글에서는 『대한계년사』제1권 77면의 경우 (1:77)의 방식으로 표기하였음을 밝혀둔다.

3 신용하, 『독립협회연구』, 일조각, 1976, 104-105, 139면; 이시영도 정교가 기존의 정치와 사회체제를 변혁하고자 했던 급진세력이 아니라 대한제국의 개혁이념을 지지하면서 황제권 강화의 정치구조를 도모하였던 개신유학계열에 속한다고 하였다(이시영, 앞 논문, 45면).

4 주진오, 「1898년 독립협회 운동의 주도세력과 지지기반」『역사와 현실』 15, 1995, 182-184면

5 김은주, 앞 논문, 293, 304, 307면

6 소영주, 앞 논문, 69-71면

7 『남명강목』에 대해서는 김우철, 앞 논문 참조.

8 정교는『대동역사』를 통해 "우리나라가 바야흐로 단군, 기자, 마한 당시부터 이미 자주독립국이었다는 뜻을 분명히 밝혔다"고 하였다(5:38). 이 책의 발간 목적은 1897년 대한제국이 성립한 후 대한제국이 중국과 대등한 자주국가이며 정통을 이은 국가임을 입증하려는 데 있었다(이시영, 앞 논문, 17면).『대동역사』는 상고사(단군-마한)와 고대사(삼국-통일신라)로 이루어져 있으며, 상고사 부분은 최경환이 초고를 작성하고 정교가 評閱을 맡아 1896년에 완성되었다. 현채가 2,000부를 간행하고자 하였으나, 독립협회에서 나왔다는 이유로 출간이 정지되어 1906년에야 발간될 수 있었다(5:38; 이시영, 앞 논문, 18-19면).

9 이시영, 앞 논문, 50면

10 김도형, 앞 논문, 51면

11 김우철, 앞 논문, 55-56면

12 이시영, 앞 논문, 62면

13 김은주, 앞 논문, 300, 321면

14 따라서 정교에 대한 연구도 기왕의 독립협회 시기에 초점이 맞추어져 있다. 그 이후의 시기 특히 1905년 이후의 시기에 대해서는 대한자강회·대한협회·대동학회 등에 관여한 사실만 일부 밝혀져 있을 뿐이다(소영주, 앞 논문, 54-55면; 김은주, 앞 논문, 316-321면; 이시영, 앞 논문, 12-13면).

15 소영주, 앞 논문; 이시영, 앞 논문; 김은주, 앞 논문 참조.

16 신석호, 앞 글, 1면

17 김은주, 앞 논문, 295면

18 조병희,「국학연구에 몰두한 추인 정교선생」『완산고을의 맥박』, 한국예총 전주
지부, 1994 참조. 이글에는 정교가 전주에 내려온 후의 생활상이 담겨 있다. 이
에 대해서는 후술하기로 한다.

19 소영주, 앞 논문, 17면. 1898년 12월 독립협회 해산 후 이건호·전규환·이기선
등과 함께 미국인 의사 셔먼의 집에 숨어 있다가 이듬해 2월에 이건호와 정교
는 각기 귀가하였는데, "민병석의 거짓 고발로 순검이 잡으러 온다는 말을 듣고
마침내 시골 동네[鄕邑]로 갔다가 3월에 귀경하였다"는『대한계년사』의 기사를
근거로 하고 있다(5:66). 후술하듯이 그가 김제 출신인 이기와 평소부터 잘 아는
사이였고, 그의 아들이 전주에 소재한 은행에 근무하였다는 점, 그 역시 전주로
내려가 살다가 이리로 이사하였다는 점 등으로 미루어 볼 때 전주나 이리 쪽이
고향이었을 가능성이 있으나, 확인하기 어렵다.

20 1896년 11월 25일 고종의 지시로 정교를 찾으러 온 관리가 밤이 늦어 성문이 닫
혀 있자, 성위에 올라가 정교의 집안사람을 불러 고종의 명령을 전하였다는 것
으로 보아 돈의문에 바로 밖에 있었음을 알 수 있다(4:139-140). 곡산군수로 임
명되었으나 신병 때문에 부임하지 못하고 있을 때도 그의 아들 鄭建과 함께 이
집에서 살고 있었으며(8:76-79), 곡산군수를 그만 둔 후에도 돈의문 밖에 있는
집에 머물고 있었다(9:43).

21 조휘각,「韓末 開化勢力의 政治運動의 民衆化過程에 관한 硏究: 특히 獨立協
會를 中心으로」, 건국대학교 박사학위논문, 1985, 15-16면

22 『승정원일기』, 고종 31년 7월 24일

23 오늘날 '서촌'으로도 불리는 경복궁 서쪽의 효자동·통의동·옥인동·청운동
일대를 말한다. 광통교를 기준으로 청계천 하류지역을 '아랫대[下村]'로, 청계
천 상류지역인 인왕산 기슭을 '윗대[上村]'라고 불렀다고 한다.

24 정교는 독립협회 시기에 상촌사람들, 그리고 상촌사람들과 가까이 지내던 남궁
억에 대해 매우 좋지 않은 평가를 하고 있었다(3:86-87; 4:39, 111, 138). 1909
년에도 일진회 부회장이었던 홍긍섭 등이 이완용에게 상촌사람들을 많이 추천
하여 군수 자리를 얻어내도록 했다고 하여(9:62) 상촌사람들을 못마땅하게 여
겼다.

25 남궁억을 싫어한 것도 그가 한미한 무반 출신이라는 점과 무관하지는 않았을 것
으로 보인다. 남궁억이 무반 출신의 한미한 가문이라는 점에 대해서는 하지연,
「한말 翰西 南宮檍의 정치·언론 활동 연구」『梨花史學硏究』31, 2004, 110면
참조.

26 「잡보」"谷倅調病"『황성신문』, 1907년 1월 11일;「잡보」"谷倅請願"『황성신

문』, 1907년 1월 19일

27 『統監府文書』7권, "一. 安重根關聯一件書類 (哈爾賓事件書類 一~六, 伊藤 公 遭難事件書類 一~四, 安重根及合邦關係事類 一~三, 하얼빈사건憲兵隊報告 一~三)", (172) 伊藤公 頌德碑 建立의 件(국사편찬위원회 한국사데이터베이스, http://db.history.go.kr).

28 김윤식,『속음청사(상)』, 국사편찬위원회, 1960, 197면. 김윤식과 나인영의 관계에 대해서는 오영섭,「대종교 창시 이전 나인영의 민족운동」『한국민족운동사연구』39, 2004, 195-202면 참조.

29 김윤식,『속음청사』(하), 1913년 9월 11일, 387면; 1914년 5월 6일, 395면

30 오영섭, 앞 논문 참조.

31 정교는 송정섭이 황제에게 민회를 해산시켜야 한다고 말해 비서원승에 임명되었다고 하면서도, 그에 대해 특별히 폄하하지는 않았다(4:140). 송정섭은 1892년 별시에 합격한 후 교리를 역임하였으며, 동학농민전쟁 시기에는 고종과 대원군의 밀명을 받고 충청도 지역 농민군의 북상을 요청하러 다니기도 한 인물이다(2:64;「啓草存案」『동학농민혁명사료총서』17).

32 러시아에 대한『독립신문』의 논조는 영국 통신사와 협정을 맺은 1897년 3월 초 이후 런던발 통신이 전재되기 시작하면서 부정적으로 변하기 시작하였고, 1897년 9월에 부임한 스페이에르가 주한 러시아 공사가 전임 베베르와 달리 군사교관 고빙, 재정고문 브라운 해고와 알렉시에프 고빙, 절영도 저탄소 조차, 내각교체 등 적극적인 개입정책을 펼치고, 서양인 선교사 및 서재필 등 독립협회 관련 인사와 독립신문 비판 등을 본격화하면서 점차 부정적으로 변해나갔다(배항섭, 2008,「아관파천 시기(1896-1898) 조선인의 러시아 인식」『한국사학보』33 참조).

33 김도형,「민영환의 정치 활동과 개혁론」『나라사랑』102, 2001, 81-87면 참조.

34 『승정원일기』, 고종 35년 7월 1일

35 『승정원일기』, 고종 35년 4월 3일

36 『승정원일기』, 고종 35년 8월 14일

37 『승정원일기』, 고종 35년 8월 27일

38 『승정원일기』, 고종 35년 10월 8일

39 「잡보」"사립학교"『황성신문』, 1898년 10월 24일. 흥화학교에 대해서는 이진호,「사립흥화학교와 量地教育」『향토서울』55, 1997; 정영희,「사립흥화학교에 관한 연구」『동서사학』3, 1997; 김형목,「사립흥화학교의 근대교육사상 위치」『백

산학보』50, 1998 참조.

40 김형목, 앞 논문, 301면

41 「광고」『황성신문』, 1898년 10월 25일. 정교를 '원수처럼' 보던 남궁억도(3:136) 얼마 뒤 이 학교에서 영문법과 동국사를 가르쳤다(金東昊,「翰西 南宮檍의 歷史觀」『한국사연구』46, 1984, 91-92면).

42 정교는 흥화학교가 영어학교라고 하였으나(4:165), 아마 자기가 영어과목을 맡은 사실을 오기한 것으로 보인다. 흥화학교는 영어만이 아니라 量地과목을 최초로 도입하는 등 실업교육도 실시하고 있었다(이진호, 앞 논문 참조).

43 「잡보」"谷民抑鬱"『대한매일신보(국한문판)』, 1907년 10월 31일

44 『대한계년사』3: 86, 124, 133, 135-136, 147; 4:39, 111, 138, 176 참조.

45 『승정원일기』, 고종 35년 5월 20일

46 『승정원일기』, 고종 35년 7월 1일, 고종은 정교를 시종원 시종으로 임명하고 길영수를 보내 독립협회에 참가하지 말 것을 설득했으나, 정교는 "황제폐하의 은혜를 받아 시종이 되었으니, 더욱 충군애국의 마음에 힘쓰고 협회의 본뜻을 힘껏 다하여 은혜에 보답하겠습니다"라고 답변하였다(3:117). 정교는 근왕적인 인물로 알려져 있지만, 이런 모습은 그의 '근왕'이 전통적 '근왕'과는 구별될 수 있음을 시사한다. 그의 정치관이나 대외인식에 대해서는 다른 글에서 다루고자 한다.

47 『승정원일기』, 고종 35년 12월 22일

48 이하 독립협회 해산 이후 정교의 행적에 대해서는『대한계년사』, 5:27; 5:62-67; 5:79; 7:215;『駐韓日本公使館記錄』13권, 八. 機密本省往 一~四, (51) 爆裂彈 一件 참조

49 이때 정교에게 영어를 가르쳐 준 사람은 1906년에『대동역사』를 발간한 유호식이었다(5:38).

50 『승정원일기』, 고종 42년 9월 11일 ;「잡보」"政界近信"『대한매일신보(국한문판)』, 1905년 10월 11일

51 「잡보」"濟倅病狀"『대한매일신보(국한문판)』, 1905년 12월 29일

52 『승정원일기』, 고종 42년 12월 21일

53 『일성록』, 1906년 1월 1일

54 『승정원일기』, 고종 43년 1월 16일

55 『승정원일기』, 고종 43년 2월 14일, 이때 한성사범학교에서는 정교가 아니면 학

교가 모양을 갖출 수 없다고 하며, 학부에 그의 유임을 청원하였다(「잡보」 "師徒請願" 『황성신문』, 1906년 3월 13일;「잡보」 "校長願留" 『대한매일신보(국한문판)』, 1906년 3월 13일).

56 「寄書」 "戒素餐兮" 『대한매일신보(국한문판)』, 1906년 3월 27일. 을사조약 이후 정교의 관직 진출에 대한 『황성신문』의 논조는 『대한매일신보』와 크게 달랐다. 정교가 곡산군수로 발령받았으나, 신병으로 사직을 청원하자 『황성신문』에는 다음과 같은 기사가 실렸다. "新任谷山郡守 鄭喬氏가 學部參書官在任時로 由ᄒ야 身病이 有ᄒᆷ은 人所共知어니와 該氏가 日前에 辭職請願ᄒ얏다니 有何思想인지 不知ᄒ거니와 該氏ᄂᆫ 聲譽가 超有ᄒᆫᄃᆡ 今番 請願事에 對ᄒ야 慨惜ᄒᆫ 事이라고덜 ᄒ더라"(「잡보」 "谷倅請願" 『황성신문』, 1907년 1월 19일). 관직 진출을 비난한 것이 아니라, 발령받은 관직을 사직한 데 대해 '慨惜'하고 있다.

57 『승정원일기』, 고종 43년 7월 15일;『승정원일기』, 고종 43년 9월 7일

58 『일성록』, 1906년 11월 6일

59 『대한매일신보』에는 "谷山郡守 鄭喬씨가 身病으로 內部에 受由請願ᄒ얏ᄂᆫᄃᆡ 內部에셔 診斷書를 물ᄒ라 ᄒᆫᄃᆡ 히씨가 郡守請由에 診斷云云은 今始初聞이라 ᄒ고 仍卽辭職請願ᄒ얏다더라"는 기사가 실렸으며(「잡보」 "谷守請願理由" 『대한매일신보』, 1907년 1월 18일), 『황성신문』에는 "新任谷山郡守 鄭喬氏가 身病이 有ᄒᆷ으로 指日赴任이 果難强策이니 三週日만 許由ᄒ라고 內部에 請願ᄒ얏더라"는 기사가 실려 있다(「잡보」 "谷倅調病" 『황성신문』 1907년 1월 11일).

60 당시 자료에는 곡산군수로 부임발령을 받은 다음에도 여전히 학부 참서관을 맡고 있는 것으로 기록되어 있기도 하다. 예컨대 정교는 1907년 1월 10일에는 學務局長 兪星濬과 함께 文官銓考委員에 임명되었는데, 이때 정교의 관직은 '學部 參書官'으로 되어 있다(『승정원일기』, 고종 43년 11월 26일;「관보」 "三千六百六十一號 光武十一年一月十二日 續" 『대한매일신보』, 1907년 1월 15일). 지방관이 중앙부처의 직임과 겸임할 수는 없었을 것이기 때문에 이것은 오기인 것으로 보인다.

61 「잡보」 "谷倅請願辭免" 『황성신문』, 1907년 7월 5일

62 『일성록』, 1907년 10월 14일

63 「잡보」 "谷民抑鬱" 『대한매일신보』, 1907년 10월 31일. 『황성신문』에도 거의 동일한 기사가 실려 있다. "谷民願留:谷山郡民人 等이 昨日에 該郡守 鄭喬氏의 願留狀을 內部에 물ᄒ얏ᄂᆫᄃᆡ 內部에서 言ᄒ되 該郡守가 始未遞任ᄒ얏거늘 何由로 願留ᄒᄂᆫ야 ᄒᆫ 즉 上京月餘애 尙未還任이기에 有此提呈이며 且現今 地方이 不穩ᄒ야 曠官ᄒᆫ 地方에ᄂᆫ 民心이 尤極騷擾ᄒ오니 從速還任케 ᄒ던지 遞任擇送ᄒ던지 指一措處ᄒ야 以鎭民心케 ᄒ라 ᄒ얏더라."(「잡보」 "谷民願留" 『황

성신문』, 1907년 10월 31일)

64 「잡보」"養閨趣旨"『황성신문』, 1906년 5월 8일

65 「잡보」"養閨開校"『황성신문』, 1906년 6월 12일,『대한매일신보』에는 양규의숙 개교일자가 6월 25일로 나와 있다(「잡보」"養閨開學"『대한매일신보(국한문판)』, 1906년 6월 26일).

66 양규의숙에 대해서는 박용옥,『한국 근대여성운동사 연구』, 한국정신문화연구원, 1984, 85-98면; 정경숙,「대한제국기 여자교육회의 조직과 구성원 연구 : 조직 형성기를 중심으로」『정신문화연구』11-1(통권 34호), 1988, 173-177면 참조.

67 「잡보」"光興義塾趣旨書"『대한매일신보(국한문판)』, 1906년 5월 19일. 1906년 3월부터 광흥학교의 설립을 알리는 광고가 신문에 실리고 있었지만, 이때는 발기인 가운데 정교의 이름이 보이지 않는다(「잡보」"光興刱設"『대한매일신보(국한문판)』, 1906년 3월 25).

68 「잡보」"英語야흑設立"『대한매일신보(국한문판)』, 1906년 9월 6일

69 「광고」『황성신문』, 1907년 9월 7일

70 「잡보」"校長選定"『대한매일신보(국한문판)』, 1907년 10월 5일

71 「잡보」"興校放學"『황성신문』, 1906년 7월 5일. 교사 가운데 양재건은 정교가 몇 차례 글을 싣기도 했던『소년한반도』의 사장이었으며, 양규의숙 건립을 추진한 여자교육회에서도 정교와 함께 활동하였다(김은주, 앞 논문, 318면).

72 「잡보」"英語야흑設立"『대한매일신보(국한문판)』, 1906년 9월 6일

73 「광고」『대한매일신보(국한문판)』, 1906년 7월 22일

74 「광고」『대한매일신보(국한문판)』, 1906년 11월 27일

75 「광고」『황성신문』, 1907년 1월 29일

76 「잡보」"演說請邀"『대한매일신보(국한문판)』, 1907년 11월 2일 ;「잡보」"孤院請助"『대한매일신보(국한문판)』, 1907년 12월 1일

77 김윤식,『속음청사』(하), 1908년 1월 23일, 240-241면

78 「잡보」"大開演壇"『대한매일신보(국한문판)』, 1906년 2월 11일

79 『대한자강회월보』2, 1906년 8월, 72면;「잡보」"任員改選"『대한매일신보』, 1906년 9월 25일

80 『대한자강회월보』5, 1906년 11월, 38면

81 『대한협회회보』1, 1908년 4월, 6면, 58면;「잡보」"大韓協會組織會盆況"『황성

신문』, 1907년 11월 19일.

82 「잡보」"協會開會"『대한매일신보(국한문판)』, 1908년 1월 11일. 이때 강연한 "정당의 득실"은『대한협회회보』(3, 4호)에 게재되었다.

83 「기호흥학회월보」1, 1908년 8월, 44-45면;「잡보」"畿湖學會任員組織"『황성 신문』, 1908년 1월 21일.

84 「잡보」"畿湖總會盛況"『황성신문』, 1908년 2월 11일

85 「호남학보」3, 1908년 8월, 57면;「잡보」"靑會大討論"『황성신문』, 1908년 2월 15일;「잡보」"畿湖景況"『대한매일신보(국한문판)』, 1908년 2월 25일

86 「잡보」"任員諸氏"『황성신문』, 1907년 11월 20일

87 자위단은 1907년 11월 9일 내부대신 임선준이 자위단규칙을 발표한 이후부터 이듬해 2월에 걸쳐 전국적으로 조직되었으며, 1908년 2월까지 현재 전국적으로 2,000여 개 읍면에 조직되기에 이르렀다. 일반적으로 군단장은 군수, 면단장은 군서기가 맡았고, 자위단의 주요 활동은 호구조사, 私藏 무기의 收用, 의병 동태 정탐 등이었다. 자위단에 대해서는 홍영기,「1907-8년 일제의 자위단 조직과 한 국인의 대응」『한국근현대사 연구』3, 1995 참조.

88 김윤식,『속음청사』(하), 1908년 3월 6일, 246면

89 신기선은 노륙법 부활을 기도했다가 독립협회의 공격을 받은 바 있으며, 법부대 신으로 있던 1898년에는 김홍륙 암살사건에 대한 은폐가 기도되자 독립협회에 서는 신기선을 고등재판소에 고발하였는데, 고발장을 鄭喬가 직접 썼다(1898년 10월, 3:164-165).

90 1908,「本會記事」『대동학회월보』1, 62면

91 鄭喬, 1908,「漢文과 國文의 辨別」『大東學會月報』4

92 申箕善, 1908,「大東學會趣旨書」『大東學會月報』1, 4면

93 정욱재,「한말·일제하 유림 연구-일제협력유림을 중심으로」, 한국학중앙연구원 박사학위논문, 2008, 39-58면

94 강명관,「漢文廢止論과 愛國啓蒙期의 國·漢文論爭」『韓國漢文學研究』8, 1985, 220면

95 「잡보」"湖儒反對"『대한매일신보(국한문판)』, 1908년 2월 18일;"大東學會被 驗"「해조신문」, 1908년 3월 27일

96 「논설」"魔學會의 名稱變更"『대한매일신보(국한문판)』, 1909년 10월 8일

97 "돈견만 못한 대동학회"『공립신문』, 1908년 4월 29일

98 「논설」"警告儒林同胞"『대한매일신보(국한문판)』, 1908년 1월 16일

99 「잡보」"奴隷口習"『대한매일신보(국한문판)』, 1908년 1월 19일

100 「논설」"日本의 三大忠奴"『대한매일신보(국한문판)』, 1908년 4월 2일

101 「별보」"친구에게 절교하는 편지"『대한매일신보(국한문판)』, 1908년 4월 21일

102 「잡보」"第二大東會"『대한매일신보(국한문판)』, 1909년 6월 12일

103 「잡보」"變稱何意"『대한매일신보(국한문판)』, 1909년 10월 2일

104 「논설」"魔學會의 名稱變更"『대한매일신보(국한문판)』, 1909년 10월 8일

105 『統監府文書』7권, "一. 安重根關聯一件書類 (哈爾賓事件書類 一~六, 伊藤公遭難事件書類 一~四, 安重根及合邦關係事類 一~三, 하얼빈事件憲兵隊報告 一~三)", (172) 伊藤公 頌德碑 建立의 件(국사편찬위원회 한국사데이터베이스, http://db.history.go.kr);『한국독립운동사 자료 7: 안중근편 Ⅱ』, 五. 伊藤博文에 대한 追悼會 및 頌德碑 建立 關係件, 機憲 第二一六四號. 이와 관련된 자료로는『內閣往復文』2, '동아찬영회 개회일정 및 취지서';『황성신문』, 1909년 11월 12일, 11월 18일, 12월 2일 참조

106 황현은 閔泳雨는 閔泳柱의 改名이라고 하였으며, 당시 민영우는 "東亞贊英會를 설립하여 伊藤博文을 추도하고, 또 尹進學은 국민들에게 10錢씩 거두어 그의 사당을 건립하려고 하였으며, 혹 어떤 사람들은 그의 동상을 세우려고 하기도 하고, 혹은 그의 碑를 세우려고 하기도 하여 미친개처럼 분주히 다녔다"고 적고 있다(황현 저, 김준 역,『매천야록』, 1994, 872면).

107 김도형, 1995, 앞 논문, 55면

108 신석호, 앞 글, 2면; 이시영, 앞 논문, 12-13면 ; 김은주, 앞 논문, 296면

109 조병희, 앞 글, 456면

110 김윤식,『속음청사 (하)』, 1913년 9월 11일, 387면 ; 1914년 5월 6일 395면

111 尹致昊,『尹致昊日記(七)』(한국사료총서 제19집), 국사편찬위원회, 1968, 1917년 APRIL 8th., 87면

112 최승범,「가람 이병기 박사 연보」『가람이병기박사송수논문집』(가람이병기박사송수논문집간행위원회), 삼화출판사, 1966, 12면 참조

113 이하 정교의 전주생활에 대해서는 조병희, 앞 글, 456-458면 참조

114 1957년 국사편찬위원회에서 편찬한『대한계년사』의 원본도 이병기가 소장하고 있던 것이다(신석호, 앞 글, 1면).

115 이병기는 1909년 4월부터 수십 년 동안의 일기를 남겼다(이형대,「가람 이병

394

기와 국학」,『민족문학사연구』10, 1997, 383면). 그 가운데 일부는 2권의 책으로 출간된 적이 있다(李秉岐 著, 鄭炳昱·崔勝範 編,『가람 日記』(1, 2), 新丘文化社, 1975). 그러나 1919년 이후의 일기만 발췌되어 수록되어 있으며, 이병기가 정교와 왕래하던 시기의 일기는 누락되었다. 수년 전까지만 하여도 유족들이 『가람일기』원본을 보관하고 있었으나, 최근에 분실되었다고 전해진다.

116 『大韓季年史』의 기사 가운데 시기적으로 가장 늦은 것은 1913년의 기사이다. 정교는 1908년 11월 청 광서제의 죽음을 알리는 기사의 말미에 손문이 남경에서 군사를 일으켰다가 원세개에게 패하여 외국으로 달아난 사건을 기록해두고 있다(9:33). 1913년 7월에 발발한 국민당의 '2차 혁명'을 말한다. 이로 미루어볼 때『대한계년사』는 1913년 이후에 완성되었을 것으로 보인다.

6장 20세기 전반의 족보편찬 붐이 말하는 것

1 崔在錫은 국립중앙도서관소장 1,568종의 족보를 분석한 바 있다(崔在錫,「日帝下의 族譜와 同族集團」,『亞細亞硏究』12-4, 고려대학교 아세아문제연구소, 1969, 219-264면). 이 연구에 따르면, 1910년대 말까지 증가하다가(1918년 42건) 1919년의 3·1운동 이후 감소하였으나, 1922년에 다시 증가하여(56건) 1934-1939년 사이에 최고치(매년 90건 이상)를 보인다.

2 김경란,「조선 후기 가족제도 연구의 현황과 과제」,『조선 후기사 연구의 현황과 과제(姜萬吉敎授停年紀念)』, 창작과 비평, 2000, 376-406면.

3 손병규,「13~16세기 호적과 족보의 계보형태와 그 특성」,『大東文化硏究』71, 성균관대학교 대동문화연구원, 2010, 7-41면.

4 중앙일보사 편,『韓國姓氏大百科; 姓氏의 故鄕』, 중앙일보사, 1989. 이 책자는 각 성씨들의 宗親會에 질의하여 작성되었는데, 大同譜를 편찬했다고 답한 것은 467개 성씨들이나, 대동보 편찬 시기를 확정할 수 있는 것에 한하여 계산되었다(吉田光男,「近世朝鮮の氏族と系譜の構築」, 歷史學硏究會編,『系譜が語る世界史』, 靑木書店, 2002, 149-180면). 여기서 '姓貫'이란 동일한 始祖로부터 부계혈연관계를 갖는다고 생각되는, 本貫과 姓氏로 조합한 '同姓同本' 단위를 가리킨다.

5 崔在錫, 앞의 글, 1969, 219-264면.

6 이 수치는 李貞和,『일제시대 간행족보의 연구』(성균관대학교 석사논문, 2000)에서 인용했다.

7 慶尙北道警察部,『高等警察要史』, 1934, 345면.

8 白頭山人,「東洋式의 倫理思想 變遷槪觀(續), 家庭倫理의 一端」,『開闢』17호, 1921년 11월 1일

9 『開闢』제52호, 1924년10월1일자 기사,「千態萬相」;『開闢』제55호 1925년 1월 1일자「甲子一年總觀(續)」에는 이 사건에 대해 "從來의 經濟制度에 對한 根本的 改革을 行하려 하는 그만큼, 從來의 論理道德에 對한 反抗"이라고 평가하고 있다.

10 東亞日報 1928년 1월 31일, 2월 2일자. 崔南善, 朴勝彬, 吳世昌 등이 중심이 되어 조선어사전 編纂을 위해 조직한 계몽 단체. 啓明, 樂園, 新天地 등을 발행함.

11 朴日馨,「文筆家協會의 意義와 任務, 反對論者의 口吻을 一蹴함」,『三千里』제4권 제10호, 1932년 10월 1일

12 1930년 4월 22일자「朝鮮通信」에 '族譜'라는 제목으로 게재된 每日申報社說. 인류의 선조에 대한 애착도 자신의 생명을 자자손손 계속한다는 인식에 의거함으로써 족보 간행이 유행하는 것도 무의미하지는 않다고 하면서도, 이렇게 비판하였다.

13 손병규, 앞의 글, 2010, 7-41면.

14 권기중,「조선 후기 단성현의 향역분포와 계승 양상」,『역사와 현실』제41호, 한국역사연구회, 2001, 66-93면.

15 吉田浤一,「中國家父長制論批判序說」,『中國專制國家社會統合-中國史像再構成Ⅱ』, 中國史研究會編, 文理閣, 1990, 53-115면. 여기서 '가부장적 가'는 비혈연의 구성원도 家長을 父로 여기는 가족을 말한다.

16 손병규,『호적, 1606-1923 호구기록으로 본 조선의 문화사』, 휴머니스트, 2007, 407-420면.

17 대부분 四方 博의 연구(四方 博,「李朝人口에關する身分階級別의考察」,『京城帝國大學法學會論集』10, 1938 (재수록『朝鮮社會經濟史研究(中)』, 國書刊行會, 1976, 109-241면)에 준하고 있다. 金京蘭, 앞의 글, 2000, 376-406면 참조.

18 심재우,「조선 후기 단성현 법물야면 유학호의 분포와 성격」,『역사와 현실』41, 한국역사연구소, 2001, 32-65면; 宋亮燮,「19세기 幼學戶의 구조와 성격-丹城戶籍大帳을 중심으로」,『大東文化研究』47, 성균관대학교 대동문화연구원, 2004, 119-162면.

19 손병규,「18세기 지방의 私奴軍役 파악과 운영」,『韓國史學報』13, 高麗史學會, 2002, 383-417면;「조선 후기 국가적인 신분 규정과 그 적용」,『역사와 현실』48, 한국역사연구회, 2003, 31-51면.

20 심재우, 앞의 글, 2001, 32-65면.

21 19세기 말에는 어느 시기 이전에 '유학'을 쓰던 자에 대해 그 이후로 '유학'을 사용하게 된 자를 '冒稱'으로 구분하기도 했다(『尙州事例』).

22 정진영, 「18~19세기 호적대장 '戶口' 기록의 검토」, 『大東文化硏究』 39, 성균관 대학교 대동문화연구원, 2001, 97-126면; 金建泰, 「조선 후기 호의 구조와 호정 운영-단성호적을 중심으로」, 『大東文化硏究』 40, 성균관대학교 대동문화연구 원, 2002, 217-262면.

23 宮嶋博史, 『兩班-李朝社會の特權階層』, 中公新書1258, 1995, 203-209면.

24 宮嶋博史, 「조선시대의 신분, 신분제 개념에 대하여」, 『大東文化硏究』 42, 성균 관대학교 대동문화연구원, 2003, 289-308면; 손병규, 「조선 후기 국가적인 신분 규정과 그 적용」, 『역사와 현실』 48, 한국역사연구회, 2003, 31-51면.

25 손병규, 「대한제국기의 호적정책-丹城 培養里와 濟州 德修里의 사례」, 『大東文 化硏究』 49, 성균관대학교 대동문화연구원, 2005, 197-237면.

26 손병규, 「明治戶籍과 光武戶籍의 비교」, 『泰東古典硏究』 24, 한림대학교 태동 고전연구소, 2008b, 279-317면.

27 손병규, 「民籍法의 '戶' 규정과 변화-일본의 明治戶籍法 시행경험과 '朝鮮慣習' 에 대한 이해로부터」, 『大東文化硏究』 57, 성균관대학교 대동문화연구원, 2007, 81-125면.

28 손병규, 「한말·일제초 제주 하모리의 호구파악-光武戶籍과 民籍簿 비교 분석」, 『大東文化硏究』 54, 성균관대학교 대동문화연구원, 2006a, 1-39면.

29 金京蘭, 「일제시기 민적부의 작성과 여성호주의 성격-19세기 제주 호적중초, 광무호적과의 비교를 중심으로」, 『大東文化硏究』 57, 성균관대학교 대동문화연 구원, 2007, 55-80면.

30 손병규, 앞의 글, 2006a, 1-39면.

31 손병규, 「植民地時代 戶口調査와 民의 對應-그 傳統性의 觀點에서」, 『史林』 40, 首善史學會, 2011, 23-49면.

32 손병규, 앞의 글, 2010, 7-41면.

33 이상국, 「『安東權氏成化譜』에 나타난 13-15세기 관료재생산과 혈연관계」, 『대 동문화연구』 81, 성균관대학교 대동문화연구원, 2013, 41-68면.

34 김경란, 앞의 글, 2000, 376-406면.

35 宮嶋博史, 「東洋文化硏究所所藏の朝鮮半島族譜資料について」, 『明日の東洋 学』 7, 東京大学東洋文化硏究所附属東洋学硏究情報センター報, 2002.

36 손병규, 「족보의 인구기재 범위-1926년경에 작성된 합천 이씨의 세 파보를 중심으로」, 『古文書研究』 28, 韓國古文書學會, 2006b, 265-298면.

37 손병규, 「인구사적 측면에서 본 호적과 족보의 자료적 성격」, 『大東文化研究』 46, 성균관대학교 대동문화연구원, 2004, 79-109면.

38 1864년의 「門中完議」(『慶尙道丹城縣社會資料集(一)』, 성균관대 대동문화연구원 편집영인, 2003)

39 족보에서는 가족계승과 관련한 양자를 '계자(系子)'라 표현하며, 다른 가족에게 양자를 간 것을 '출계(出系)', 혹은 '출후(出後/出后)'라 기록하였다.

40 Son, Byung giu, "The Effects of Male's Remarriage and Adoption on Family Succession in Seventeenth-to Nineteenth-Century Rural Korea", *Sungkyun Journal of Eastasian Studies*, The Academy of East Asian Studies, Sungkyunkwan University, 2010, pp.9-31.

41 文勇植, 「19세기 前半 還穀 賑恤機能의 變化過程」, 『부산사학』 19, 부산사학회, 1990, 79-118면.

42 손병규, 「대한제국기의 호적정책-丹城 培養里와 濟州 德修里의 사례」, 『大東文化研究』 49, 성균관대학교 대동문화연구원, 2005, 197-237면.

43 朝鮮貴族令(日本皇室令 第14號), 朝鮮總督府官報 1910년 8월 29일

44 忠淸南道海美郡守 李寬鍾의 光武七年五月二十八日(1903년 5월 28일)자 '報告書 第一號' "往在庚子年分의 以譜事로 往于京譜所之際에 洪州居 李義甲이 가 來懇已 前雖漏譜나 本是同祖之孫 則願得譜冊一帙云故로 爲之稟우 譜所ᄒ야 捧其冊價與浮費合二百兩ᄒ고 幸得一帙許施이옵고 昨年四月分의 以宗事로 生費夥多 而事係爲先故로 排錢同派 則李義甲之補助가 亦爲一百八十兩矣라"

45 東亞日報 1924년 6월 13일 族譜訴訟; 1924년 8월 13일 族譜代訴訟; 1924년 6월 18일 族譜出版費로 박씨門中에서 쟁송.

46 東亞日報 1927년 3월 16일 族譜로 쌈질 고소까지 데긔; 1930년 2월 21일 族譜로 詐欺 필경검사국행(安城).

47 東亞日報 1926년 6월 11일 宗中費用自擔 李景洛氏宗中譜事에(沙里院).

48 東亞日報 1931년 11월 26일 總督府에 族譜紛爭 '寃情生員'으로 頭痛.

49 東亞日報 1926년 9월 14일 弊習陋慣부터 改革하자. 族譜熱과 兩班心. "경성에 족보편찬관련 간판을 더러 보는데, 신문화를 수입한 지 累十年이 지난 지금 신문화 중심지인 경성에 이런 누습이 유행한다. 불행히도 國破民弱한 지금 민족 역사와 기록을 보관하기보다 족보와 가승의 보관에 열중하니, 조선민족의 현재

를 초래한 중대한 원인이 여기에 있다. 족보가 있으면 양반이 된다는 관념이 치열하였고, 이조말엽에 양반의 세력이 강대함에 따라 족보 발전도 더욱 격증했다. 따라서 가정에서는 아이들에게 譜學이라 하여 自他族을 막론하고 선조와 파계를 암송시켰다. 또한 換祖易父 하더라도 賂物과 財錢을 써서 名門巨族의 파계에 편입하는 것을 영광으로 안다."

50 『陜川李氏族譜』(1926년 典書公守全派 丙寅족보, 전 12책), 『陜川李氏族譜』 (1926년간, 전 4책), 『陜川李氏族譜』(대정14년 인쇄, 대정15년 발행, 培山書院 간행, 전 5책). 손병규, 앞의 글 2006b년 참조.

51 東亞日報 1933년 6월 14일 族譜發行禁止, 族譜 못 내게 하야주오, 「넌센쓰」의 訴訟一幕.

52 東亞日報 1939년 4월 27일 具氏族譜發行 禁止訴 誤記로 換父易祖한다고.

53 東亞日報 1939년 2월 5일 族譜는 不許可方針.

54 東亞日報 1939년 11월 16일 許可 없이 族譜編成 出版法違反으로 送局(光州).

55 손병규, 앞의 글, 2011.

56 水野直樹, 『創氏改名-日本の朝鮮支配の中で』, 岩波書店, 2008, 148-152면.

57 손병규, 앞의 글, 2011, 23-49면.

58 水野直樹, 앞의 책, 2008, 184-187면.

59 水野直樹, 앞의 책, 2008, 148-152면.

60 金建泰, 「조선 후기~일제시기 傳統同姓村落의 변화상-全羅道 南原 屯德里 사례」, 『大東文化研究』 62, 성균관대 대동문화연구원, 2008, 295-319면; 「20세기 전반 동성촌락의 경제적 변화-장흥군 용산면 칠리안속 마을을 중심으로」, 『大東文化研究』 67, 성균관대학교 대동문화연구원, 2009, 7-36면.

61 崔誠愚, 「내가 자랑하고 십흔 朝鮮 것-家族制度는 世界에 模範」, 『別乾坤』 제 12·13호, 1928년 5월 1일.

2부 서구에 대한 대응과 새로운 사유의 형성

1장 18·19세기 조선의 百科全書派와 『和漢三才圖會』

* 이 논문은 『대동문화연구』 69집(대동문화연구원, 2010년)에 실린 같은 제목의 논문을 개고하였다. 본래 2009년 6월 19일 日本 東京大學에서 거행된 18世紀 科硏·國際硏究集會에서 발표한 것을 크게 수정하고 보완한 논문으로 18세기 동아시아와 서양의 지성사를 국제적 흐름에서 조명하는 발표의 성격상 實學派 나 北學派의 틀보다 百科全書派의 개념을 사용하여 분석하는 틀을 택하였다. 여기에서도 그 개념을 그대로 유지한다.

1 안대회, 「『倭漢三才圖會』와 18·9세기 朝鮮의 學問」, 『倭漢三才圖會』 제1권, 國 學資料院, 2002, 1-10면.

2 한국에서 이 저작의 문화사적 의미를 조금이라도 언급한 논문은 대략 다음과 같 다. 문중양, 「19세기 조선의 자연지식과 과학담론: 明末·淸初 중국 우주론의 늦 은 유입과 그 영향」, 『다산학』 13호, 2008. 7-42면; 김문식, 「네덜란드에 대한 인식」, 『조선 후기 지식인의 대외인식』, 새문사, 2009. 197-216면; 신승운, 「『倭 漢三才圖會』의 전래와 수용-서유구의 임원경제지를 중심으로」, 『해양을 통해 본 동아시아의 문화교류』, 제1회 成均館大學校·國立神戶大學 공동 학술회의, 2003. 35-39면; 안대회, 「잠든 조선을 깨운 일본 책 화한삼재도회」, 『선비답게 산다는 것』, 2007. 250-255면; 진재교, 「동아시아에서의 서적의 유통과 지식의 생성-壬辰倭亂 이후의 인적 교류와 서적의 유통 사례를 중심으로」, 『韓國漢文 學硏究』 제41집, 2008. 6. 73-114면. 이 논문 이후에는 조창록, 「『임원경제지』를 통해 본 서유구의 일본 인식-『화한삼재도회』를 인용한 사례를 중심으로」, 『대동 문화연구』 78집, 대동문화연구원, 2012. 103-129면과 고인덕, 「『삼재도회』에서 『화한삼재도회』로」, 『中國語文學論集』 96호, 2016. 427-448면이 나와 있다.

3 안대회, 「李睟光의 『芝峰類說』과 조선 후기 名物考證學의 전통」, 『진단학보』 제 98호, 2004. 267~289면.

4 안대회, 위의 논문.

5 안대회, 「조선의 다빈치, 조각가 정철조」, 『조선의 프로페셔널』(『벽광나치오』, 개정판, 2011), 휴머니스트, 2007. 141-177면.

6 안대회, 「楚亭 思想의 成立 背景과 그 影響」, 『초정 박제가 연구』, 사람의무늬, 2013. 53-57면.

7 曹命采, 『奉使日本時聞見錄』 坤, 「聞見總錄」. "且見倭之三才圖書, 以爲朝鮮員外郎姜沆, 來客於赤松氏家. 見惺窩, 大喜曰: '朝鮮國三百年以來, 未聞有如此人.' 蓋欲籍姜沆之一言, 要爲舜首之光華, 而三百年以來之說, 決知其誣矣."

8 원중거, 『和國志』, 아세아문화사 영인본, 1990, 322면.

9 남옥 지음, 김보경 옮김, 『붓끝으로 부사산 바람을 가르다』, 소명출판, 2006, 369면.

10 성대중 지음, 홍학희 옮김, 『부사산 비파호를 날듯이 건너』, 소명출판, 2006, 147-148면.

11 남옥, 『日觀記』 第八 復路, 3월 27일자 기사, 국립도서관 소장 사본. "周宏爲余購『日本三才圖會』來, 行中略爲披覽." 조창록, 위의 논문에서 소개한 바 있다.

12 현재 『화한삼재도회』는 한국학중앙연구원 장서각(81책 완질), 규장각(79책 완질), 성균관대 존경각(21책 낙질), 부산광역시 시립시민도서관(68책 낙질)에 소장되어 있고, 이외에 전남대와 영남대, 그리고 국회도서관에 각각 한 책이 소장되어 있다.

13 황윤석, 『이재란고』 제5책, 한국정신문화연구원 한국학자료총서3, 1999, 243-244면. "昨日李禮正家煥言: '明朝人製火藥法有云, 灰加箸葉, 則悄聲, 言柳灰加以箸葉, 則銃丸雖發而無聲.' 又言: '日本人所撰『倭漢三才圖會』有云, 製窺遠鏡, 須以玻璃보리, 而日本之玻璃, 不及阿蘭陁國.' 亦曰: '紅毛夷, 紅夷之玻璃, 故日本亦常貿用. 蓋玻璃一名硝子, 本用塩硝燔成. 或云 玻璃, 卽琉璃而非別種也.'"

14 황윤석, 위의 책, 352면. "歷謝李生德懋於大寺洞朴判書宗德家前, 則李生出外未歸, 其弟功懋在焉. 自言丁丑生, 端修可愛, 亦可語古今者. 因見『倭漢三才圖會』. [原注]倭亦稱和國, 因中國人所撰『三才圖會』, 而補以倭中名物者, 及『康熙字典』小本, 及『淵鑑齋御定佩文詩韻』, 及『音韻』五書及『韻會』唐鄉二本. 日夕乃歸."

15 박규수는 『상고도회문의례』 권6의 「蕭參軍送日本使者」에서 『화한삼재도회』를 근거로 일본과 중국의 교류과정을 몇 가지 사례를 들어 고증하였다. 2권 221면.

16 연세대 소장 필사본. 연세대 국학연구원, 『고서해제』 Ⅷ, 547면.

17 『龍湖閒錄』 제21책, 국사편찬위원회, 1130면. "觀於『倭漢三才圖會』, 日本地圖已書大日本, 則前之稱皇稱大於其國, 而不敢書於書契者, 今忽稱之, 其意果何在也?"

18 이덕무, 『청장관전서』 제24권, 〈편서잡고〉 4, 兵志 備倭論. "至若阿蘭陁, 雖非我之隣近, 亦不可以不虞. …… 日本狡悍, 爲我強隣, 而駕馭蝦夷, 牢籠紅毛, 惟其指使, 如虎傅翼. 天下之事變無窮, 而患生於所忽. 平常無事之時, 不可不商確.

四方蠻夷之情狀, 亦不可以窮遠荒絶, 忽而易之也.”

19 김문식, 위의 논문에서 그 의미를 분석하였다.

20 이덕무, 『刊本雅亭遺稿』권7, 〈與元若虛有鎭書〉. “馬櫃木只知爲鞭與杖, 而不
    知爲何物, 恨不與足下齋『本草綱目』·『群芳譜』·『和漢三才圖會』等書, 逢田父野
    叟, 驗其俗名, 仍爲圖經也. 世儒聞不佞言, 未不齒冷. 然此事猶可與足下言耳.”

21 유득공, 『泠齋集』, 「春城遊記」, 총간 260집. “靑莊多識菜名, 余撮而問之, 無不
    對者, 錄之數十種. 有是哉, 靑莊之博雅也!”

22 유득공, 위의 책 권2, 〈鬼鱟歌, 贈懋官〉. “『倭漢三才圖會』, 鬼鱟或稱鬼面蟹, 有
    勇士秦武文戰死播州之兵庫海, 化此蟹, 故又名武文蟹. 懋官門徒得諸蝦醢中獻
    之, 其殼微紅, 眉眼口鼻悉具, 盖亦異物也.” 한편, 1777년 편집된 『望蜀聯集』에
    〈귀후가〉가 실려 있어 이 시가 1777년에 쓰였고, 유득공이 得意作으로 자부한
    작품임을 알 수 있다. 김윤조 「李書九의 『望蜀聯集』편찬과 그 의미-『韓客巾衍
    集)』이후 시도된 또 하나의 『四家詩集』-」, 『한국실학연구』31집, 2016. 361-
    386면.

23 유득공, 위의 책 권7, 〈日東詩選序〉. “日本在東海中, 去中國萬里, 近於我. 取效
    其國所著『和漢三才圖會』書, 則詩書禮樂戰陳之法, 以至桑門外道博奕戲具, 莫不
    自我得之.”

24 이희경 지음, 진재교 외 옮김, 『북학 또 하나의 보고서, 설수외사雪岫外史』, 성균
    관대학교 출판부, 2010, 132면.

25 이규경도 『詩家點燈』권4 「百濟文人畵史」조에서 한치윤과 비슷한 논의를 전개하
    였다.

26 안대회, 「林園經濟志를 통해 본 徐有榘의 利用厚生學」, 『한국실학연구』11,
    2006, 47~72면.

27 서유구 원저, 안대회 편역, 『산수간에 집을 짓고』, 2005, 326면. 이 항목은 본래
    『금화경독기』에서 인용하였다.

28 憑虛閣 李氏 원저, 정양완 역주, 『閨閤叢書』, 보진재, 1986.

29 김채식, 「李圭景의 『五洲衍文長箋散稿』 研究」, 성균관대학교 한문학과 박사학
    위논문, 2008, 164~165면.

30 『詩家點燈』이 고증을 위주로 한 시화임을 밝힌 것은 안대회, 『조선 후기시화사』
    (소명출판, 2000)을 참조하라.

31 이규경, 『五洲衍文長箋散稿』, 〈萬物篇/蟲魚類〉. “凡海中所生之物, 類多陸産之
    獸畜. 有牛魚, 海馬, 海驢, 海獾, 海狗, 海豚, 海猫, 海獺, 見於諸書. 然中原人所

記者, 每多虛文, 誕妄不可盡信. 惟日本人與遠西番所錄, 詳備其實, 了無差爽. 予於海狗一款, 始覺華人所言, 不如倭人紀載也.『本草綱目』一書, 號稱名物金石之典, 然亦爲古書所掩, 訛謬居半."

32 이규경, 위의 책,〈珠淚辨證說〉."古人偏信道聽塗說而記載, 故訛誤耳目, 每多如是矣."

33 이규경, 위의 책,〈海狗辨證說〉."謹按我王考『豈棚散書』, 膃肭臍, 海狗也. 我東寧海, 平海等處有之, 皆牡也, 是以爲陽藥. 每年作隊, 沿海南下, 至于南海縣, 迎其牝, 挈尾而去. 生牝則留其地, 生牡而長, 則必移居東界海矣."

34 이규경, 위의 책,〈鸚鵡辨證說〉."我王考炯菴公, 評不離飛鳥編:'鸚母鳥人語鳥也. 故鸚傳以嬰, 言其稚也. 母鳥傅以母, 言其老也.'又曰:'鸚善含櫻桃, 故省木而以嬰意兼聲也. 母鳥或以武, 貴其武異鳥武也.'柳泠齋得恭評曰:'鸚鵡者人語鳥, 而巧慧尤近女子者也. 故以嬰嬰者, 孩女之稱也. 以母母者, 老婦之稱也. 言老少皆似女子.'炯菴公又批曰:'佛語鸚武甄叔迦, 震朝國呼秦吉了, 皆人姓而名亦甚奇.『和漢三才圖會』: 橿鳥, 日本産焉. 能大言矣.'"

35 이규경,『시가점등』 10권,〈南瓜入詩古來稀〉, 아세아문화사 영인본 1981, 748-749면. "南瓜, 我東俗名胡朴, 本出南番. 萬曆間始入我東, 以味淡爲編氓山僧所食, 故或號僧蔬. 自七八十年前, 貴人亦餐, 而其見於諸書者, 唯瀕湖本草綱目·『和漢三才圖會』·王麟洲世懋『蓏蔬疏』, 或言其狀, 或論其味, 未有入詩. 或有之而余未及見耶? 不規跋拙, 試詠一詩."

36 李鈺,『白雲筆』「筆之辛」,'談菜', 연세대학교 소장 필사본. "倭瓜則八九十年前, 人猶罕種, 而不業食, 惟寺僧蒔以爲味. 其後有一相國, 甚嗜之, 案無倭瓜菜, 則不能飯, 家爲油煎而和醋, 則不食也, 直以蝦酢拌炒之而後食. 倭瓜, 因盛於世云. 近歲有新法, 和豬肉作菜, 甚佳, 而『倭漢三才圖會』稱和豬肉烹, 甚美, 余不知是暗合而倭人先得之耶? 抑得之於尙順而傳之耶?"

37 안대회,「『倭漢三才圖會』와 18·9세기 朝鮮의 學問」, 위의 글.

2장 가토 히로유키(加藤弘之)의 양학수용과 '천(天)'관념의 변용

1 가령 齋藤希史,『漢文脈の近代』, 名古屋大學出版會, 2005.

2 가령 中村春作,『江戶儒教と近代の知』, ペリカン社, 2002.

3 미야지마 히로시,「후쿠자와 유키치(福澤諭吉)의 유교인식」『한국실학연구』제

23권, 2012.

4   대표적으로 石田雄『明治政治思想史研究』, 未來社, 1954의 前篇「家族国家観
    の構造と機能」등을 참조.

5   加藤弘之,『經歷談』『日本の名著 34 西周・加藤弘之』, 中央公論社, 1972, 489
    면. 이하『立憲政體略』,『眞政大意』,『國體新論』,『人權新説』,『經歷談』에서의
    인용은 모두 본 책의 면수를 참조한 것이다.

6   이에 관해서는 졸고,「근대초기 일본 양학(洋學)수용의 유교적 맥락-가토 히로
    유키(加藤弘之)의 도나리구사(鄰草)를 중심으로」『日本學報』, 제99호, 2014,
    363-380면을 참조.

7   가토의 사상적 이력을 살펴볼 때, 그의 사상을 전/후반기로 나누는 것이 논리적
    으로 타당한지에 대해서는 보다 면밀한 논의가 필요할 것이다. 다만 적어도 표
    면적으로 가토 스스로가 '주의의 변화'(加藤弘之『經歷談』)라고 회고할 만큼의
    선명한 사상적 전환점이 있었던 것 또한 사실이므로, 여기에서는 적어도 가토의
    소위 '절판신청'(1881년, 가토가 자신의 저술『진정대의』『국체신론』에 대해 사
    상적 오류를 이유로 절판해줄 것을 內務卿에게 요청한 사건)을 하나의 경계로
    삼아 그의 사상적 이력을 전/후반기로 구분해 사용하고자 한다.

8   ブロック(Block)著, 加藤弘蔵述,『西洋各国盛衰強弱一覧表』, 谷山僂, 慶応丁
    卯孟秋, 1면.(近代デジタルライブラリ__『西洋各国盛衰強弱一覧表』. http://
    kindai.ndl.go.jp/info:ndljp/pid/805793)

9   同上.

10 가토 히로유키 지음, 김도형 옮김,『도나리구사』, 문사철, 2014, 66면.

11 『立憲政體略』보다 2년 전에 나온 후쿠자와 유키치의『西洋事情』에서도 군주제
    는 立君獨裁와 立君定律의 두 정체로 분류되어 있고, 이 시대에 정체를 세 가지
    로 구별한 논의는 쓰다 마미치(津田真道)의『泰西國法論』(1868)이 최초일 것
    으로 추정된다. 쓰다는 가토와 함께 반쇼시라베쇼(蕃書調所)에서 오랜 기간 함
    께 근무했던 동료였고, 그가 네덜란드에서 귀국한 것이 1865년이었음을 감안하
    면 이 3정체 분류설은 쓰다의 영향을 받아들인 것일 가능성이 높다고 말할 수
    있지 않을까 생각한다.

12 加藤弘之『立憲政體略』, 332면.

13 참고로 '군주천제'는 Despotize의 번역어이며, '군주전치'는 서양의 절대주의국
    가(Absolute State)를 지칭하는 것이다.

14 加藤弘之『立憲政體略』, 332면.

15 同上, 333면.

16 이 책의 출판된 것은 1868(明治 元)년 10월의 일로, 이때는 이미 大政奉還과 왕정복고선언, 5개조의 어서문(五箇条の御誓文) 발표 등 천황정부체제가 본격적으로 출범되고 있었다. 앞에서 이 책은 전작 『도나리구사』의 문제의식을 심화시킨 것임을 지적하였는데 문제는 이 책의 출판환경이 끼친 영향을 간과해서는 안 될 듯하다. 幕臣으로 오랫동안 근무하였고, 그 안에서 고속승진을 거듭하던 가토의 입장에서 볼 때 새로운 세상(환경)의 출현은 그의 문제의식 내부에 연속성만으로는 해결할 수 없는, 어떤 단절 내지 새로운 문제의식을 태동시키게 되었음이 분명하다. 그것이 이 『입헌정체략』 단계에서는 아직 두드러지게 드러나지는 않지만, 이후 저작들에서 나타나는 公家, 皇道家, 한학자 등과의 불협화음 등은 이러한 맥락으로부터 이해될 필요가 있다.

17 문명이나 개화 등의 개념은 시기에 이르면 이미 후쿠자와 유키치가 『서양사정(西洋事情)』외편(外篇)(1867)에서 civilization을 '세상의 문명개화(文明開化)라는 표제어로 번역한 이래 잘 알려져 있었다. 이와 관련하여 박양신, 「근대 초기 일본의 문명 개념 수용과 그 세속화」 『개념과 소통』, vol. 2, 2008 및 石井研堂 「增補改訂明治事物起源」 明治文化研究會編, 『明治文化全集 別卷-明治事物起源』, 日本評論社, 1944, 55면을 참조.

18 加藤弘之 『立憲政體略』, 333-334면.

19 同上, 344면.

20 同上, 341-343면.

21 가령 安世舟, 「明治初期におけるドイツ国家思想の受容に関する一考察-ブルンチュリと加藤弘之を中心として—」 『年報政治学·日本における西欧政治思想』, 岩波書店, 1975, 118면 참조.

22 加藤弘之, 「自主の権」, 上田勝美ほか編, 『加藤弘之文書』第1卷, 同朋舍, 1990, 36-37면.

23 同上.

24 安世舟, 전게논문, 132면

25 『加藤弘之文書』第1卷의 본 초고에 대한 해제(565면)에서 고노 쓰네오(河野恒男)는, 이 초고가 '번서조소라고 인쇄된 괘지(罫紙)에 붓글씨로 쓰여 있으며, 집필 시기는 분명치 않으나 『도나리구사』가 완성되고(文久 元) 얼마 지나지 않은 시기에 쓰인 것'이라고 추정한 바 있는데, 이를 뒷받침할 만한 근거가 제시되고 있지는 않다. 다만 번서조소가 1862(文久 2)년 5월에 양서조소(洋書調所)로 개칭되었고, 그 이듬해 8월에 다시 개성소(開成所)로 개칭되었다는 점을 감안하면, '번서조소'라고 쓰인 원고용지를 사용했다는 사실은 해제의 시기추정의 타당성에 어느 정도 힘을 실어주는 것이라고 말할 수 있겠다.

26 加藤弘之,「君臣尊卑」, 전게 上田勝美ほか編,『加藤弘之文書』第1卷, 37-39면.

27 同上, 37면.

28 同上, 38면.

29 同上.

30 同上.

31 同上.

32 明治2年 公議所 加藤弘蔵「非人穢多御廃止ノ議」

非人穢多之儀, 其縁由確説分リ兼候得共, 到底人類二相違無之者ヲ, 人外ノ御取扱二相成候ハ, 甚以天理二背き候儀, 且ハ方今外国交際ノ時二方リテ, 右様ノ事其儘二被成置候テハ, 第一御国辱此上モ無之儀ト奉存候. 何卒此御一新二方リ, 右非人穢多ノ称被廃止, 庶人二御加ヘ相成候様仕度, 已二旧幕府ニテ, 昨春弾内記支配下ノ者穢多ノ称被廃儀有之候処, 御一新二方リ, 猶右様ノ儀二御心付無之候ハ, 乍恐王政ノ大御欠典ト奉存候間, 右此度改テ庶民エ御加ヘ有之度奉存候.

33 加藤弘之『眞政大意』, 347면.

34 同上, 347-348면.

35 同上, 348면.

36 同上.

37 同上, 348-349면.

38 同上, 349면.

39 同上.

40 同上, 350면.

41 加藤弘之「經歷談」, 488면.

42 加藤弘之訳『國法汎論』,『明治文化全集』補卷 2, 日本評論社, 1971, 23-24면.

43 安世舟, 전게논문, 1975, 150면.

44 松本三之介「天賦人権論と天の観念――思想史的整理のための一つの試み」家永三郎教授東京教育大学退官記念論集刊行委員会編『近代日本の国家と思想』, 三省堂, 1979, 147-149면.

45 加藤弘之『眞政大意』, 350면.

46 同上.

47 同上.

48 同上.

49 同上.

50 加藤弘之『眞政大意』, 351면.

51 松本三之介『天皇制国家の政治思想』, 未来社, 1969, 229면.

52 石田雄『日本近代思想における法と政治』, 岩波書店, 1967, 102면.

53 加藤弘之『眞政大意』, 354면.

54 同上.

55 同上, 354-355면.

56 加藤弘之, 『國体新論』, 383면.

57 同上.

58 同上.

59 加藤弘之, 『國体新論』, 384면.

60 同上.

61 同上, 384-385면.

62 同上, 385면.

63 同上.

64 同上, 385면.

65 加藤弘之, 「真政大意 草稿(一)」, 전게 上田勝美ほか編, 『加藤弘之文書』第1卷, 72면.

66 同上, 82-83면.

67 加藤弘之, 「君臣尊卑」, 전게 上田勝美ほか編, 『加藤弘之文書』第1卷, 39면.

68 加藤弘之, 『國体新論』, 399면.

69 同上, 401면.

70 同上, 401-402면.

71 가토 히로유키 지음, 김도형 옮김, 『도나리구사』, 64면.

72 松本三之介, 전게논문(1979).

1 金容燮, 「光武量田의 思想基盤-量務監理 金星圭의 社會經濟論」, 『亞細亞研究』 15·4, 高麗大學校亞細亞問題研究所, 1972; 宋讚燮, 「19세기후반 金炳昱(1808-1885)의 사회개혁론」, 『韓國放送通信大學校 論文集』 29, 2000; 盧大煥, 「개항기 지식인 金炳昱(1808-1885)의 시세인식과 富强論」, 『韓國文化』 27, 서울大學校韓國文化研究所, 2001.

2 권1에 수록된 작품 가운데 부분적인 삭제가 이루어진 경우를 정리하면 다음과 같다. 「鷄龍山神院寺滯雨」(1수 삭제), 「過枚岳和磵窩」(주석 삭제), 「入俗離山登水晶峰龜巖」(주석 삭제), 「憲宗大王因山時輓章」(1수 삭제), 「梨園直中次板上韻」(첫째 수 미련 삭제), 「徽園直中遣悶」(2수 삭제), 「五僚偕遊津寬寺次昌寢郎尹澪湖憲采」(1수 삭제), 「步澪湖韻呈臚滄北覲行」(1수 삭제), 「次和水亭韻」(2수 삭제), 「聖智佛堂」(주석 삭제), 「與孫兒」(1수 삭제), 「桐谷奇遇」(1수 삭제), 「和鄭道村」(주석 삭제), 「次李友履彦壽讌韻」(1수 삭제), 「淸風溪有三塘感先祖舊蹟」(1수 삭제), 「與陶泉及雲麓共賦成社」(3수, 주석 삭제), 「詩社復會」(2수 삭제), 「山居偶吟」(1수 삭제), 「山人」(1수 삭제).

3 권2에 수록된 작품 가운데 부분적인 삭제가 이루어진 경우를 정리하면 다음과 같다. 「餞春」(1수 삭제), 「首夏謾吟」(1수 삭제), 「用前韻自遣」(제4수 말구 삭제), 「與友人夜話」(1수 삭제), 「北社文宴詩」(2수 삭제), 「自忘」(1수 삭제).

4 『磊棲集』(사본)卷4, 「三教論」. "獨於洋學之徒, 斥絶若是, 則彼豈無向隅之歎乎? 愚以爲宜如佛宇之許搆, 特示聖朝好生之德, 用鑑夫子斯害之戒云爾."

5 「附答書」 가운데 김병학의 편지를 살펴보면 다음과 같은 내용이 보인다. "…… 두 통의 편지에서 논한 내용은 세상을 구할 양책이 아닌 것이 없습니다. 그러나 나 같은 부류에게 말해보았자 빈말로 경전을 이야기하는 것과 같습니다. 이 능력 없고 재주 없는 몸을 돌아보건대 장차 어디에 쓰겠습니까? 그저 본분으로 다시 돌아가서 당세의 군자에게 중죄를 얻지 않게 되기를 바랄뿐입니다.(兩紙所論, 無非救世之良策, 而誦之於如我者流, 無異空言說經. 顧此無能無才, 將焉用哉. 只願還他本分, 不至重得罪於當世之君子而已……)"

6 예컨대 다음과 같은 일화를 들 수 있다. 金洙根은 어떤 까닭이 있어 토지를 실제 가격에 비해 훨씬 비싼 가격으로 구입을 하였다. 김수근은 이 거래의 증인으로 김병욱을 내세워서 김병욱이 중간에서 일정한 이익을 취할 수 있도록 배려(?)하기도 하였다. 김병욱은 또한 김수근의 힘을 이용해 賣官을 하며 이익을 취하기도 하였다. "一日, 傔人以大監之命, 四面索我, 乃入見, 則先生手持一張文券而示曰. '此是德莊洞山所後麓松楸文書也. 本是會洞鄭氏之物, 以實價言之,

不過三十兩, 而居間者, 彼貫之(山下居李先達)也. 彼旣曰六百兩云, 故只依渠言而興成矣. 此中證人, 君其爲之而着標也." 余遂着標而送之矣. 翌朝, 先生呼我問曰, "昨夕六百兩錢中, 儻有所得.' 對曰無有. 先生曰, '使君着標, 實有意焉, 而貫之之獨專其利, 可痛可痛.' …… 其後, 以淸州崔吏陞鄕事錢八百兩, 公州李班解配錢三百兩, 皆以先生書札而受之, 送致鄕家, 以爲菽水之資.…… 平生不能忘焉"(『磊棲集』(사본)卷5,「鵬舍所見」)

7 『磊棲集』(사본)卷1,「書童折花而來, 乃杜鵑紅也……」. "書童折花而來, 乃杜鵑紅也. 予見而驚之曰. 花已發乎? 春已還乎? 春還花發, 而我獨不發還乎? 嗟爾杜鵑, 爾莫恨故國之不返. 上下千載, 江山萬里, 何莫非爾迹所及, 而年年敷榮於舊枝之上, 則彼蜀國之中, 亦豈無此花乎? …… 復何足爲深恨而啼之血之也乎? 今我緣何見陷……此身餘魂, 安可望其騁返乎故山而長留迹於万樹千林乎? 是恨尤深於爾鵑, 可不切悲也乎? 旣難化於身後, 則宜早歸於生前. …… 第於某時, 歸則歸矣. 方其歸也, 余當笑爾鵑之空山夜月長號不如歸乎. 花若向余而笑, 余乃戲爲之一吟乎."

8 이하에서 인용하는 『뇌서집』은 일단 간본을 저본으로 한 것임을 밝혀둔다.

9 위 주석 5번 참조.

10 卷3,「上穎漁相公書」張7左. "相公何不念盡瘁之義, 而自取尸素之名乎? 見今朝野, 雖曰相公賢也, 未知相公有何事業而然歟? 特以德量感人故也. 然德量者, 相公之自德量, 事業者, 國家之其事業也. 只有自家德量, 而無與於國家事功, 則仙淸以下, 諸位先祖, 何忘身殉國如彼其苦耶? 其成與否, 一付之天, 信心而不較利害, 其非相公家法耶?"

11 '尸位'는 『尙書·五子之歌』의 "太康尸位以逸豫, 滅厥德, 黎民咸貳"에서 나온 표현으로 夏나라의 네 번째 임금이었던 太康이 아무런 일도 하지 않고 놀기만 하다가 后羿에게 쫓겨나고 말았던 것을 비판하는 문맥이다. '素餐'은 『詩經·伐檀』의 "彼君子兮, 不素餐兮"에서 나온 표현으로 아무런 일도 하지 않고 먹어서는 안 된다는 문맥이다.

12 卷3,「上穎漁相公書」張7右. "去乙亥正月日, 聞相公大拜之報, 喜而不寐, 汲汲登途, 袖呈冊子, 望欲施措, 而相公許以皆可, 而辭此非時. 退而待之, 只見屢次登對, 不過勉聖學而已, 一不擧論於救時之策."

13 卷5,「鵬舍所見」張10左. "余曾以聞慶邑民哀痛之狀, 每每言誦于穎漁, 則穎漁苦其煩, 責之曰, 吾未見爲民之人, 而子何是人, 言必稱民耶? 此豈利己之事乎? 終爲自害而已. 余曰他處民, 吾不知也. 至於聞慶民, 則目見其哀痛之狀, 而値可救之機, 不以出力, 則豈人心乎? 若利於民, 則雖害於己, 固所甘心. 穎漁遂爲之惻然而聽從之. 聞慶民之至今小康, 皆穎漁之惠也. 然我之得談遭禍, 實由於此,到今思之, 穎漁果有先見之明, 而我徒爲割肉普施之禪矣."

14 송찬섭, 앞 논문, 2000, 10-21면 참조.

15 卷5,「聞慶縣捄弊顚末」. "……及丁巳春, 觀親之路, 至陣場店, 見鄕人紛紛入邑, 曰今則吾屬盡死矣. 首吏錢某慫恿本官, 謂以加結刷遲, 而每結加徵五兩, 則可辦得萬餘金矣. 因以此錢作爲三錢還分給, 而餘錢七八千兩, 則可爲其囊槖矣. 方有鄕會之令. 而若不入則爲先逢變, 曰不可則韲粉立至矣. 十九年倒懸之餘, 又此剝割, 安得不盡死乎……" 여기서 "三錢還"의 의미를 명확하게 파악하지 못했다. 송찬섭(2000), 12면에서는 '석당 3전으로 분급'이라고 하였다.

16 卷5,「鵬舍所見」張5右. "用世祿之法, 利於國, 不利於民, 何也? 盖此世祿之家, 皆此國效節之後也. 此國存, 則其家存, 此國亡, 則其家亡. 故雖各自分黨, 各自誅戮, 其爲國之心, 初無異同. 門閥旣高, 驕奢自生, 常患自家之窘乏, 暇恤百姓之愁苦. 雖行剝割之虐政, 幸有牽連之營救. 試觀世之以貪墨有名者, 皆世祿家人也. 噫, 君依於國, 國依於民, 民亡則國隨以亡矣. 其家果能晏然而已乎? 是不思之甚也, 盖其心, 以爲雖亡此一邑, 無害於國. 人皆有是心, 邑皆有是弊, 畢竟擧國皆如是矣. 雖欲國不亡, 得乎? 愚以爲世祿之家, 如欲長保其業, 其視吾民, 當如視吾君可也."

17 卷3,「上穎樵相公書(丙寅 時公爲領議政)」. "……去辛酉之臘, 炳昱適坐樂院之直, 自聞北奇, 夜不城寐, 以書獻策于季氏閤下, 而未獲賜答. 至於昨冬, 每夜陪話, 語到那事, 略貢愚見. 及其還鄕, 轉聞春間消息, 則已有朝家處分矣. 乃於仲夏拜謁之席, 卽進善後之策, 未及見採, 以至今日禍色當頭……"

18 卷3,「記變序」. "反常不測之謂變, 而近日時事卽是變之大者也. 自丙寅以後, 予所議論者, 或中或不中, 而大意則要皆爲戒慮之事也. 今於閒中, 集合前後所論, 以成一篇, 名之曰記變, 用爲後日之鑑戒……"

19 卷4,「論時弊仍進五策疏(乙亥六月初三日)」. "見今日皇之妄自尊大, 謂不足責而任其跳踉, 若使之稱陛下稱骨字, 則亦可曰不足責而安而受之乎? …… 彼洋賊之必欲甘心, 固已久矣, 而畢竟生事, 在所難免. 與其順受而見輕, 曷若持正而逆折其奸萌乎?"

20 卷3,「上穎樵相公書(丙寅 時公爲領議政)」. "萬里風濤, 視若平路, 而其行疾於陸走. 北京之城, 未聞以堅而不入, 日本之海, 未聞以險而不通. …… 其來無畏之說, 不過以洋國所求, 異於狄人之所欲也. 然自我所害彼人, 前後凡幾命, 所失之財貨, 尙惟推於中國而至於排捧, 況見殺之人命, 豈獨任置於我國而不知報復乎?"

21 延廣은 五代 晉의 景延廣을 가리킨다. 景延廣은 契丹의 무력을 두려워할 것이 없으며 橫磨의 칼로 능히 이길 것이라고 큰소리쳤으나 실제로는 무참하게 패배

410

하고 말았다고 한다.

22 卷4,「和日論」. "今此日人, 亦一夷狄, 而其曰復修前好, 似是美事也. 彼旣自改其慢辭於書契, 一以與я爲例, 而我若閉關絶約, 則是曲在我矣, 不過爲延廣之狂, 而橫磨之釖, 無所恃矣. 不如因而善遇, 信使往來, 固爲得計, 而夫何料之不熟, 事乃見輕, 來頭禍機, 不出幾年, 將有甚於壬辰矣."

23 강화도 조약의 체결을 주도했던 朴珪壽의 측근 인물이었던 趙冕鎬는 강화도 조약 체결의 정당성을 옹호하면서 "천 사람 만 사람 모두 대롱으로 하늘을 보아, 아침저녁 조수를 보고도 배라고 착각하네. 양놈의 앞잡이가 대마도에서 나왔다며 의심하는데, 조약을 맺어주지 않았다면 임진년 난리처럼 후회했으리. 근거 없는 낭설로 속좁은 선비들이 오해하지만, 결국은 잘 되었으니, 재상은 현명하였네. 이월이라 동풍 불어 밭 갈러들 나오고, 태평시절 초가집에서 나는야 한가로이 잠을 자노라(萬千人盡管窺天, 夕汐朝潮錯認船. 猜道洋奸生馬島, 不惠隣約悔龍年. 無根曲折拘儒誤, 到底彌綸輔相賢. 二月東風耕者出, 太平茅屋我閒眠)"(『日使定約返權 幷小識』)라고 노래하였던 나이브한 태도에 견주어 보면 김병욱의 인식이 얼마나 냉철한 것인지 실감할 수 있다. 조면호의 이 작품에 대해서는 김용태(2008), 281면 참조.

24 卷4,「黃策跋」. "盖前此人或以北爲虞, 而愚亦以爲齊東之說也, 及至年前日人之來使也, 聞其以北爲戒, 而亦認以虛喝, 惟疑日人之叵測矣. 今見黃遵憲策略, 則始知今天下時勢之源委矣. 愚草野人也, 初不見日人之面, 況可聞其所言乎? 對其面聽其言, 寧可不知其情僞乎? 其時日使吐盡情實, 而不啻勤懇, 朝廷之終是疑慮, 何也?"

25 卷5,「難言」. "今見中國人杞憂生所著論時局一書, 名之曰易言……器則用西國之法, 道則守孔子之敎也, 寧不嘉而又嘉乎! …… 彼泰西各國, 惟英最强, 美法與俄, 皆堪頡頑, 而英人險詐, 法人鷙猛, 俄人叵測, 俱宜外和, 內防不可或忽. 其中美國人之秉信守禮, 當與敦和, 日本人之遠交近功, 不可不防……"

26 김병욱이 1880년에 지은 시 가운데 다음과 같은 구절이 있다. "……대책을 도모함이 어찌 공리로 귀의하랴, 도학이나 글공부는 헛된 일이네.……지형과 무기를 다루는 병가의 학설이, 오로지 당금에 부지런히 강론해야 할 바이네(天下紛紛莫可論, 憂思多處少歡欣. 謀猷豈謂歸功利, 道德虛勞勉學文. 不測時情風雜雨, 無窮變態海翻雲. 地形器用兵家說, 惟在當今是講勤)."(권2「幽憤」)

27 卷3,「上大院君書(壬午六月十一日)」. "竊念國內乖亂, 將不知何以收拾, 而惟彼外兵將蔽海而來矣, 此若之何? 似聞日使方在仁港云. 紓禍之機, 在此矣. 卽今請來, 壓驚而慰諭之……"

28 卷2,「說憤」. "京國危機到十分, 漢家都護陣如雲. 不自爲謀誠可恥, 因人得保欲無聞. 演戲梅麟何所用, 輕肥衣馬謾成群. 賤踪亦叨世臣末, 白首窮山空戀君."

29 金允植, 金昌熙, 趙晃鎬 등의 인물들은 청군과의 사교에 매우 적극적이었다. 이에 대해서는 김용태(2007) 참조.

30 卷2, 「痛逆變(甲申十月日)」 "賊臣招寇變生京, 刺客忽於君側行. 梟獍連腸挑禍孽, 豺狼因勢動凶兵. 漢家都護今猶昔, 天將雄才討卽平. 縱知大難從玆始, 渠非師直敢爭衡." ※ 이 작품은 사본에만 실려 있다.

31 卷6, 「磊樓府君家狀」. "臨事必先觀其是非之如何, 而合當然底道理, 則雖千萬人沮之, 自恃不顧而勇往直前, 觀人必先察其心術之邪正, 而見諛佞底氣像, 則雖千萬人譽之, 若將浼己而不與之交……"

32 「公孫丑 上」. "昔者, 曾子謂子襄曰, 子好勇乎? 吾嘗聞大勇於夫子矣, 自反而不縮, 雖褐寬博, 吾不惴焉, 自反而縮, 雖千萬人, 吾往矣."; "伯夷非其君不事, 非其友不友, 不立於惡仁之朝, 不與惡人言, 立於惡人之朝, 與惡人言, 如以朝衣朝冠, 坐於塗炭, 推惡惡之心, 思與鄉人立, 其冠不正, 望望然去之, 若將浼焉."

33 卷3, 「上穎樵相公書」(※1867). "……垂死之中, 竊有所懷, 旣不得以面陳, 玆乃書達, 係是中興大策. 炳昱旣知之, 而不以告相公, 則非受恩報知之義也; 相公若知之, 而不以告我后, 則非與國同休之道也.……此言之行不行, 可以辦國家之興不興……"

34 卷5, 「鵩舍所見」. "……回念素志, 悲則悲矣, 而質諸天地鬼神, 我無他矣. 身雖今日死, 而尚有不死之氣, 可以不泯於千百年. 此盖自以爲義剛之氣也. 願受吾血氣者, 無失此氣而世守之然後, 沉微之業, 可以興矣."

35 卷3, 「再疏」. "……臣之微賤, 通朝之所知也. 以高門冷族, 爲鄉村學究, 旣不嫺於功令, 復何論於文學, 猥托微蔭, 已是過分……"

36 이 시의 제목은 「나는 신해년(1851)에 술을 끊었다가 임신년(1872)에 이르러 다시 마시게 되었으니 쇠약함을 부지하기 위함이다(余自辛亥止酒 至壬申復飮 爲其扶衰也)」(권1)이다.

4장 전통지식인의 친일담론과 그 형성 과정

1 임종국, 「제2의 매국, 반민법 폐기」, 『문예중앙』, 1987년 봄호.

이 일이 끝나면 다른 문화 분야 및 사회·경제 부분을 원고지 각 2천 매씩 2권 정도로 계속할 예정이었다. 하지만 집필이 순조로웠던 반면에 결과는 너무나 참혹했다. 문단의 반응은 냉담했고, 책이 우선 팔리지 않았다. 대학생들이 질문을 하되, '친일문학론이라니, 문학으로 한일 친선을 하자는 책이냐?' 하는 판이었다. 그럴 수밖에, 당시의 대학생들은 해방 후 출생이라 친일파라는 단어조차 못 듣고 살았다. 초판 3천 부를 파는 데 10년이 걸리더니 75년부터 수요가 늘어서 지금 7판째가 찍혀 나갔다."

2 친일반민족행위진상규명위원회와『친일인명사전』의 한계는 분명히 존재하지만 본고에서는 이에 대한 논의는 하지 않기로 한다.

3 강명관,「漢文廢址論과 애국계몽기의 國·漢文 논쟁」,『韓國漢文學硏究』8집, 한국한문학회, 1985.

　　　　,「日帝初 舊知識人의 親日的 문예활동」,『창작과 비평』제16권 4호, 1988.

　　　　,「張志淵시세계의 변모와 사상」,『한국한문학연구』제9·10합집, 1981.

　　　　,「전환기 한시의 변화」,『국한문학연구』제19집, 1996.

4 박영미의 친일한문학에 관한 연구는 다음과 같다.「親日의 도구, 漢詩 그리고 클리셰(Cliché)」,『한문학논집』31, 근역한문학회, 2010.08;「근대 조선 유림의 눈에 비친 나카에 도쥬(中江藤樹)像」,『日本學硏究』29, 일본연구소, 2010.01;「經學院에 보이는 근대 일본 유학의 경향-東京斯文會의 관계를 중심으로」,『日本學硏究』27, 일본연구소, 2009.05;「한시에 표상된 근대의 풍경: 정만조의 일본 기행 한시를 중심으로」,『한국한문학연구』42, 한국한문학회, 2008. 12;「新體制와 親日 漢詩」,『어문연구』55, 어문연구학회, 2007. 12;「일제강점기 在朝日人의 漢詩 고찰: 以文會誌를 중심으로」,『한국한문학연구』39, 한국한문학회, 2007. 06;「한문과교과서고찰」,『한문학논집』23, 근역 한문학회, 2006. 11;「최영년 문학론 고찰」,『한문학논집』22, 근역 한문학회, 2004. 11;「하정 여규형 문학 일 고찰」,『한문학논집』21, 근역한 문학회, 2003. 11;『일제강점초기 한학지식인의 문명관과 대일의식』, 단국대학교 박사학위논문, 2005.

5 김원열,「황도유교의 사유체계와 방법론적 문제점에 대한 비판」,비판 철학회 제2회 학술발표회 요지문, 2004;「일제강점기 황도 유림의 사회 윤리에 대한 계보학적 연구」,『시대와 철학』21권, 한국철학사상연구회, 2010.

6 이명화,「조선총독부의 유교정책(1910-1920년대)」,『한국독립운동사연구』7, 1993; 정규영,「조선총독부의 유교지배」,『학생생활연구』4, 1996; 류미나,「植民地時期朝鮮における經學院」,『朝鮮史硏究會論文集』42, 2004;「植民地時期朝鮮における明倫學院」,『史滴』26, 2004;「식민지권력에의 협력과 좌절」,『한국문화』26, 2005;「전시체제기 조선총독부의 유림정책」,『역사와 현실63호, 2007;「일본도덕론의 유입과 재생산」,『인문연구』52, 2007; 정욱재,「1910-1920년대

경학원의 인적 구성과 역할」, 『정신문화연구』 제30권 제1호, 2007, 3; 「일제협력 유림의 유교 인식」, 『한국사학사학회』 16호, 2007, 12. 상기 연구들은 經學院과 경학원 강사의 성격과 위상, 역할, 그리고 식민이데올로기, 식민지 지배자인 일본과의 관계 究明 등에 관해 많은 성과들을 이루어냈다.

7   興亞會의 회장은 長岡護美(第一代·第五代), 渡邊洪基(第一代·第二代·第五代), 伊達宗城(第二代), 本田親雄(第三代), 榎本武揚(第四代), 中牟田倉之助(第四代), 花房義質(第四代), 간사는 曾根俊虎(海軍中尉), 金子弥兵衛(南部藩士), 草間時福(朝野新聞記者), 宮崎駿兒(幕臣), 佐藤暢(薩摩藩士), 末廣鐵腸(朝野新聞主任), 고문은 福澤諭吉(幕臣), 勝海舟(幕臣), 李經芳(駐日公), 宮島誠一郎(米沢藩士), 회원은 北白川宮能久親王(皇族), 小松宮彰仁親王(皇族), 松平忠禮(上田藩主), 松平正信塚本明毅(數學者), 鍋島直大(佐賀藩主), 柳原前光(元老院議官), 前田獻吉(外務省), 竹添進一郎(熊本藩士), 東次郎(外務省), 品川忠道(上海領事), 近藤真鋤(外交官), 林淸康(海軍), 仁禮景範(海軍), 伊東蒙吉(海軍), 小見源職(支那語學校), 仁薦敬之(支那語學校), 山吉盛義(支那語學校), 成島柳北(民権運動家), 高橋基一(朝野新聞記者), 中村正直(同人社塾長), 重野安繹(漢學者), 広部精(漢學者), 岡本監輔(漢學者), 小幡篤次郎(慶應義塾長), 三島中洲(三島毅·二松學舍創立者), 岸田吟香(大陸浪人), 仮名垣魯文(戲作者), 吾妻兵治(同人社同人), 中島雄(同人社同人), 五代友厚(貿易商), 岩崎弥之助(三菱商會總裁), 江南哲夫(三菱商會幹部), 大倉喜八郎(大倉組總裁), 笠野吉次郎(貿易商), 渥美契緑(東本願寺系佛教者), 大谷勝尊(東本願寺系佛教者), 奥村円心(東本願寺系佛教者), 島地黙雷(東本願寺系佛教者), 谷干城(陸軍), 鳥尾小彌太(陸軍), 加藤政之助(大坂商法會議所幹部), 河野捨三(大坂商法會議所幹部), 吉田正夏(官吏), 中上川彦次郎(外務省), 朝吹英二(三井財閥幹部), 大鳥圭介(幕臣), 由利公正(福井藩士), 津田仙(敎育者), 北澤正誠(外務省), 小松原英太郎(外務省), 王韜(循環日報), 何如璋(中国初代駐日公使), 黎庶昌(第二代駐日公使)및 박영효, 김옥균, 김만식 등이 있다.

8   이헌주의 「1880년대 전반 조선개화 지식인들의 '아시아 연대론' 인식 연구」(『동북아연사논총』 23, 2009)을 참조하여 정리하였다.

9   黑木彬文, 鱒澤彰夫 해설, 『興亞會報告(復刻板)』, 不二出版, 1993, 135면.

10 黑木彬文, 鱒澤彰夫 해설, 『興亞會報告(復刻板)』, 不二出版, 1993, 135면.
    '國如兄弟接邊陲 好是連衡禦外夷 休說閱牆過去事 鶺鴒原上急難時 '

11 黑木彬文, 鱒澤彰夫 해설, 『興亞會報告(復刻板)』, 不二出版, 1993, 135면.
    '同生斯世又同洲 三國衣冠共一樓 今逢兄弟兼知己 不負扶桑作壯遊'
    '邦土相連海一陲 殷勤談笑說攘夷 多謝諸君須努力 政置東風不競時'

414

12 三島中洲,「八月二十九日 暖依村莊宴集 席上賦贈朝鮮修信使金宏集」,『中洲集』.

13 三島中洲,「步朝鮮金星使嘉鎭號東農韻 寄題其澄亞亭 意謂澄淸亞細亞 故及」,『中洲集』

14 『三島中洲·川北梅山·崔成大筆談錄』,『三島中洲研究』vol. 4, 二松学舍大学21世紀coeプログラム, 2009 .

15 三島中洲,「八月二十九日 暖依村莊宴集 席上賦贈朝鮮修信使金宏集」,『中州集』

'喜君萬里駐文旗 設宴村莊慰客思 泉石離城足幽趣 園林經雨送凉飇 晉秦構難非今日 韓魏連和是此時 紛紜旣往鬪牆事 付與吟筵酒一巵'

16 申箕善,「寄日本三島侍講」,『大東學會 月報』2호, 대동학회, 1908. 3, 50면. 三島中洲,「和呈申副將」,『大東學會 月報』2호, 대동학회, 1908. 3, 52면.

17 여규형(1848-1921)의 字는 土元이고 號는 荷亭이다. 1882년에 문과에 급제하여 환로에 들어섰다. 1894년에 동부승지에 임명되었으나 초도로 유배되었다. 1895년에 비서관 우승지에 임명되었고 1896년부터 1898년까지는 독립협회 문교부장 과장급으로 활동하다가 체포되었는데 금방 석방되었다. 이후 1907년에 伊藤博文 통감으로부터 2만 원의 자금을 받아 申箕善과 大東學會를 창설하고 『대동학회 월보』의 간행을 담당하였다. 한편 동년 관립 한성고등학교 교관에 임명되었다. 1909년에는 대동학회가 孔子敎로 조직이 변경될 때 발기인으로 참여하였고 1910년에는 일본 관광단 일원으로 일본을 방문하였다. 1912년부터 조선총독부 관료와 친일 유림들의 시문단체인 以文會에 가입하여 사망 시까지 회원으로 있으면서 다량의 시를 남겼다. 1912년에 조선총독부 직속 기구인 경학원 강사가 되어 1921년까지 활동하였다. 저작으로는 『荷亭集』, 한문 演戱本『심청전』·『춘향전』및 한문교과서가 있다.

18 鄭萬朝(1858-1936)는 1858년 3월 17일생으로 경기도 안성 출신이다. 호는 무정(茂亭)이고 자는 대경(大卿)이다. 강위(姜瑋)의 문하에서 한학을 수학하였다. 1896년 4월 을미사변에 연루된 혐의로 전라도 진도로 유배되었다가 1907년 순종의 즉위한 후 11월에 사면되었다. 1907년 이토 히로부미(伊藤博文)의 후원금을 바탕으로 설립된 대동학회(大東學會)의 평의원과 강사를 겸직 하였다. 한편 동 시기에 대한협회, 기호흥학회의 회원으로 활동하기도 하였다. 1909년 4월 규장각 부제학이 되어 1910년 7월까지 근무하였다. 한편 1909년 10월에는 대동학회를 계승하여 설립된 공자교회의 발기인으로 참여하였다. 1909년 12월에는 합방청원서가 발표되자 이를 반대하며 임시국민대연설회 발기인 겸 임시국민대연설회 정부 질문 장서 제술위원으로 활동하였다. 1911년 5월에 조선총독부 취

조국 위원 촉탁으로 조선도서해제 편찬사무를 담당하여 1912년 3월까지 근무
하였다. 1912년 8월 일본정부로부터 한국병합기념장을 받았다. 1911년 조선총
독부령에 의해 경학원이 설립되자 1913년 경학원잡지 편찬고문을 맡게 되었다.
1921년 9월 8일 경학원 강사에 임명되었으며 1922년에는 경학원잡지 편찬장도
맡게 되었다. 1925년에는 경성제국대학 법문학부 강사로 임명되어 사망할 때까
지 재직하였다. 1929년 5월 7일에는 대제학에 올라 1936년 1월 8일 사망 때까
지 이 직을 유지하였다. 저서로『茂亭存稿』와『茂亭存稿補遺』가 남아 있다.

19 박영미,「근대 조선 유림의 눈에 비친 나카에 도쥬(中江藤樹)像」,『日本學硏究』
    29,일본연구소, 2010. 01;「한시에 표상된 근대의 풍경: 정만조의 일본 기행 한
    시를 중심으로」,『한국한문학연구』42, 한국한문학회, 2008.12 참조.

20 주석 16번의 신기선과의 수창시에서도 이러한 인식은 분명히 나타나 있다. 참
    조.

21 「文學何會」,『大韓每日申報』, 1910. 6. 16.

22 김만식의 자는 器卿, 호는 翠堂이다. 1880년 제물포조약의 사후 조약을 이행하
    기 위해 파견된 수신사 김홍집의 부사로, 1882년 수신사 박영효의 부사로 도일
    하였다. 1883년 박문국을 신설하고 황성순보를 발간하였으며 1894년 원주로
    유배되었다.

23 金允植,「與末松子爵」,『雲養集』속집 권3.

    김윤식은 中州集, 獨抱樓詩文, 秋聲窓詩鈔, 藤島餘芳, 鞾村先生遺稿, 北陸游
    草, 梯雲取月集, 碧堂絶句를 차례로 입수하여 읽었다고 하였다.

24 스에마츠 겐조(末松謙澄, 1855-1920)는 明治·大正時代의 政治家이다. 이름
    은 正式이고 호는 靑萍이다. 東京日日新聞社에 입사한 후 伊藤博文에 인정을
    받아 한로에 들어섰다. 1878년 駐英公使館書記生見習으로 영국에 건너가 다음
    해 캠브리지대학에 입학하여 문학, 언어, 법학을 공부하였고 영국 체류 중『源氏
    物語』(抄)을 영역하여 간행하였다. 1889년 이토 히로부미의 장녀와 결혼하였다.
    第1回衆議院議員이 된 이후 연속 3회 당선되었으며 1892년 이후 이토 내각에
    서 法制局長官·遞信大臣·內務大臣 등을 역임하였다. 1907년 子爵이 되었다.

25 다케조에 신이치(竹添進一郞 1842-1917)의 이름은 光鴻, 호는 井井이다. 肥後
    출신으로 広瀬淡窓의 문하에서 수학하였다. 메이지 유신 이후 外務省의 관료로
    天津総領事, 조선 주둔 공사 등을 거쳐 1886년 東京帝国大学文科教授가 되었
    다. 저작으로는『左氏会箋』『論語会箋』『毛詩会箋』『孟子論文』『桟雲峡雨日記』
    『独抱楼遺稿』등이 있다.

26 미시마 추수(三島 中洲, 1830-1919)14세 때에 備中高梁의 山田方谷에게 수학
    하였다. 23세에, 津藩의 斎藤拙堂에서 師事를 맡았다. 江戸昌平학교로 遊学하

였고 30세에 備中高松藩에서 벼슬을 시작하였다. 藩校有終館의 学頭가 되었다. 1872년 중앙에서 법관이 되었지만 1877년 사임하고 私塾二松学舍를 세웠다. 그리고 東京高等師範学校와 東京帝国大学古典科教授로 교편을 잡았다. 1896년 후로는 東宮侍講이 되었으며 重野安繹, 川田甕江와 더불어 明治三大文章家로 불렸다.

27 久芳直介(1862-?)에 관한 자료는 적다.『신사명감』에 의하면 1886년 大藏省 御用掛拜로 임명되어 埼玉縣 收稅屬, 埼玉縣 大藏屬을 거쳐 1898년 埼玉縣 司稅官이 되었다. 1902년 臨時臺灣土地調査局 事務官 겸 監督官이 되었으며 1904년 目賀田 財政顧問 補佐로서 韓國정부에 초빙되었다. 1910년 10월 朝鮮總督府로 事務官, 1917년 현재 朝鮮總督府 總務局 人事課長이 되었다.

28 도쿠토미 소호(德富蘇峰, 1863-1957)는 明治·大正·昭和時代의 저널리스트, 사상가, 역사가, 평론가, 정치가이다. 본명은 德富 猪一郎, 자는 正敬, 필명은 菅原 正敬, 大江 逸, 大江 逸郎, 호는 山王草堂主人, 頑蘇老人, 蘇峰学人 등이다. 조선총독부의 기관지였던『경성일보 』의 감독을 역임하기도 했다. 그 후 제2차 세계대전이 끝난 뒤 미국 점령군 당국의 명령으로 가택에 연금되었다.

29 모리 카이난(森槐南, 1863-1911)은 나고야에서 태어났다. 아버지는 森春濤로 나고야번의 유학자였고 어머니는 女流歌人인 森清子였다. 이름은 公泰, 字는 大来이며 通称은 泰二郎(泰次郎)이다. 별호로 秋波禅侶·菊如澹人이 있다. 鷺津毅堂, 三島中洲, 清人 金嘉穂 등에게 수학하였고 그의 부친에게 시학을 배웠다. 아버지의 권유로 외국어학교에 입학을 하였지만 외국어보다는 한시문 또는 중국 속문학을 읽는 것을 좋아하였다. 18歲에 太政官으로 出仕한 이후, 枢密院 属, 帝室制度取調局秘書, 図書寮編集官 式部官 등을 역임하였고 帝国大学文科大学講師에 위촉되었다. 伊藤博文과 친하였고 특히 그의 비서로 만주행을 수행하여 하얼빈에서 안중근에게 伊藤博文이 저격을 받을 때 같이 총상을 입고 그것이 원인이 되어 사망하였다. 随鴎詩社를 主宰하였으며 明治漢文学에 있어 中心的 存在였다. 한편, 紅樓夢을 일본어로 번역하고 또「紅楼夢評論」을 지어 日本紅学의 基礎를 세웠다. 그는 森春濤를 이어 淸詩를 표방하였으나 아버지인 森春濤가 神韻을 중시했던 것과는 달리 性靈을 중시하였다 하나 공히 농염한 색채가 두드러진다고 평가된다. 이들의 시파는 메이지 중후기에 시단의 주류를 이루고 있었다.

30 김윤식의『家中筆蹟 』참조.

31 김용태,「애국계몽기 운양 김윤식의 사상과 활동」,『한문학보』22집, 우리한문학회, 2010, 16면. 김용태는 '김윤식 해배 이후 중추원 의장이라는 고위 인사가 되어 일본인들과의 접촉이 늘어남으로서 운신의 폭은 좁아지고 외교적 수사를 구사해야 하는 경우가 늘어났음으로 인한 것이라고 하였다. 김용태는 이런 점들로

인해 김윤식에 대한 친일의 혐의가 생겨났다'고 보았다.

32 김윤식이 도일 시에 조우했던 일본인은 『東槎謾吟』을 통해 확인할 수 있다.

33 정만조, 「與諸同行赴末松靑萍(謙澄)家招宴主人先題索和(末松能詩爲日本翰墨風流主人 是日東京文人畵家皆會)」, 『茂亭存稿』卷之五.

'望公嘗若古人然 得讀篇章賴阿連 (去年家季來遊 多得詩文而歸) 脣齒相依修舊好 心肝一瀉話新緣

古文政値今昭代 左海曾與此盛筵 會見兮衣爭繡句 鷄林千載永流傳'

34 박영미, 『일제강점초기 한학지식인의 문명관과 대일의식』, 단국대학교 박사학위논문, 2006 참조.

35 정병조(1863-1945)는 일제 강점기에 조선총독부 중추원 참의를 지낸 학자로, 자는 寬卿, 호는 규원葵園이다. 정만조의 동생으로, 소론 가문에서 태어났다. 정만조와 마찬가지로 한학에 조예가 깊었다. 1885년 진사시에 합격하여 1895년 시강원의 시종관이 되었다. 그러나 이듬해 을미사변과 관련하여 종신유배형을 받아 1907년까지 11년 동안 제주도에서 유배 생활을 했다. 1907년 풀려난 뒤 1908년 궁내부 예장원과 중추원에서 다시 관직 생활을 시작했다. 1908년 통감부 초대 통감 이토 히로부미가 일본으로 떠날 때 전별인원으로 참여하고, 일본의 대한제국 보호통치가 정당함을 주장하는 국시유세단의 임시회장을 지내는 등 한일 병합 조약 체결 전부터 일본과 가까이 지냈다. 유교 계열의 친일 단체 공자교회에도 가담하였고, 이토가 안중근에게 사살되었을 때는 한국조문사절단에 종교계 대표로 포함되었다. 1910년 한일합방이 성사된 뒤 조중응을 수행하여 전 통감인 소네 아라스케의 장례식에 참석한 일이 있으며, 곧바로 조선총독부 취조국 위원에 임명되었다. 1913년에는 중추원 부찬의로도 발탁되어 약 8년간 재직하다가 1921년 중추원 편제 개편 후 참의가 되었다. 1920년 국민협회 총무를 시작으로 부회장, 고문 등을 지내며 이 단체에서 주도적인 활동을 했다.

36 박영미, 「한시에 표상된 근대의 풍경: 정만조의 일본 기행 한시를 중심으로」, 『한국한문학연구』 42, 한국한문학회, 2008.12 참조.

37 박영미, 「森槐南의 경우로 본 애국계몽기 지식인의 대일 의식」, 『한문학논집』 33, 근역한문학회, 2011, 참조.

38 김윤식, 「森槐南輓」, 『金允植全集』 1, 아세아문화사, 1980, 328면.

'槐南詩中虎 妙詣超古人'

39 1912년에 발족한 '以文會'의 그 주축은 한국문학회의 참가인인 중추원 의장인 金允植, 합방찬성 추진 단체인 '政友會'의 총재 金宗漢, 孔子教會 간부인 呂奎亨을 포함한 친일관료들과 조선 총독부의 고급관리들이었다. '以文會'는 詩

文을 연구하는 것을 목적으로 하였고 매월 회보를 발간하고 봄, 가을에 정기적인 화합할 것을 의결하였다. 이때 회장은 朴濟淳이었고 그의 死後 李完用이 회장직을 물려받았다. 회지는 월간 발행하기로 결의하였으나 실제는 계간으로 간행되었다.'以文會'는 친일 고급 관료들을 죄다 흡수하는 대단한 규모의 시사로 발전하였다. 1918년의 경우 100여 명 내외의 회원이 가입되어 있었고 회합에는 30명 내외가 모였으며, 회원 명부 통해 지방에 분회까지 있었던 것을 확인할 수 있다. 그러나 이 시회의 활동은 약간의 부침이 있었던 듯하다. 1919년 水野鍊太郎은 齋藤 朝鮮總督을 따라 政務總監에 취임하여 京城에 왔다. 그는 이 시기가 무단정치에서 문화정치로 식민 정책이 전환되는 시점이라고 주장하며 이런 이유로 '以文會'를 다시 활성화시키고자 하였다.

40 김성배, 『유교적 사유와 근대 국제정치의 상상력』, 창비, 2009, 165면.

41 마루야마 마사오, 김석근 역, 『현대정치의 사상과 행동』, 한길사, 1997, 95–96면.

42 狹間直樹, 「初期アジア主義についての史的考察」, 『東亞』 410·411·412·413·414, 霞山会, 2001. 8–12 연재.

　　黒木彬文, 「興亞会のアジア主義」, 『法政研究第』71巻4号, 2005 九州大学, 2005.

43 이헌주, 「1880년대 전반 조선개화 지식인들의 '아시아 연대론' 인식 연구」, 『동북아연사논총』23, 2009, 323면.

44 蔣廷黻, 『中國近代史大綱』, 동방출판사, 1996, 46–47면.

　　蔣廷黻는 李鴻章의 이 편지를 19세기 중국에서 가장 큰 역사적 의의를 가진 한 편의 문장이라고 평가하였는데 明治維新과 그 성장에 대한 평가를 계기로 반일적인 분위기에서 親日-나아가 學日로 전환되었던 것이다.

45 「閱韓日淸三國地圖有感」, 『황성신문』, 1903. 8. 12.

46 정만조, 「與諸同行赴末松靑萍(謙澄)家招宴主人先題索和(末松能詩爲日本翰墨風流主人 是日東京文人畫家皆會)右和 森槐南」, 『茂亭存稿』卷之五.

　　'倂生槿域同文國 得讀槐翁獨步詩'

47 김성배, 『유교적 사유와 근대 국제정치의 상상력』, 창비, 2009, 288면.

48 『三島中洲·川北梅山·崔成大筆談錄』十九, 79면.

　　毅　聖人代天生養斯民 古帝王製網罟來耡諸器 皆所以生養之也 西人製器械 爲生養之具 是奉古聖人之遺意 我取之助生養亦聖人之遺意也

　　成大　豈其然乎 不其然乎

　　成大　先生固戲我蔑裂也

　　毅　決非戲言 僕持論如此耳 蓋取長捨短之說也 溫故知新 聖人之敎 本來然

成大 其長其短 固在我之如何取捨 何庸取法於西人乎 在昔曩世未聞取長於西
也

毅　此論也非今日所盡 待數年再會之後 更盡之

成大 惟天而已耳

毅　弊國十數年前議論 皆與先生一致 明治初政 矯枉甚過 逐心醉西制 百事模
效之 今則稍悔之 是漢學之所以再興也 於是始有取長捨短之論

成大 先生衷曲之言 今始得聞 向前所云長短之論 僕豈深信也哉 貴國之稍悔 當
爲弊邦鑑轍之明證也

長顒 評曰 是的確之論 不得不左祖

49 박영미의 경학원과 斯文會의 관계에 대한 논문 참조. 斯文會에 관해서는 다음
과 같은 연구가 있다.

劉岳兵주편,『日本近代的軍國主義与儒學』,日本近代儒学研究, 商务印书馆,
2003.

_____,『明治儒學與近代日本』, 상해고적출판사, 2005.

_____,『中日近現代思想與儒學』, 신화서점, 2007.

陳瑋芬,『近代日本漢學的關鍵詞研究』, 華東師範大學出版社, 2008.

50 塩谷溫,「鄭茂亭大提學の長逝を悼む」,『斯文』18편 2호, 재단법인 斯文會,
1936, 5면.

51 『三島中洲·川北梅山·崔成大筆談錄』二十一, 83-84면.

二十一

毅　苟主忠信 雖洋人與同胞耳 況同種同文同學之國乎

成大 大抵人之有行 不及於中人以上 則其烏能事事忠信言言篤敬 然苟以忠信
篤敬爲心 其離不遠 復之有期 可不貴哉 至如西人是一種異類 不欲聞之
斯文不墜 則天將有徇鐸之日也

毅　西人固與東人異種 然自天視之 均是人耳 古人所以有一視同仁之言

成大 桀犬吠堯 堯可吠之者乎

長顒 一視同仁 豈有堯舜之別乎

成大 有穀則稗亦有之

長顒 穀則養之 稗則除之 只在方略如何而已

成大 所以天將徇鐸之耳

420

長顯 桀犬私其主耳 非公平之論 故有一視同仁之說 愚說不滿 高意慙謝慙謝

成大 莫非是野人高談 請扯丙之

毅　無敵國外患者 國必忘 今有洋夷猖獗于外 無乃我亞細亞之幸乎

成大 誠然 高論也

成大 惟修攘是圖而已

52　김윤식,「李氏孝烈傳」,『김윤식전집(하)』, 181면.

53　金子堅太郎,「序文」,『同文新字典』, 明治 41年.

'日清韓 上下數千年間之文化 未嘗不恃夫漢學之功 即如三國之政體思想道德
經濟實業宗教 以及社會上組織等 何莫非由漢學以立基礎哉 由是觀之 今 卒然
棄漢學而欲望將來文化之進 恐有所不能也……今又恃羅馬字以吸收歐美斬新
之文化 乃謂 方在我朝 合東西之文化 會萃一處 貫通融會 將有集大成之觀 豈
妄言乎……或云 今日時勢須將難讀難解之漢文 盡改用羅馬字之簡捷易學者 方
可……且我邦應薈萃東西之文化 融和新舊 鑄成一新文化之要素 更宜向亞東大
陸 播傳我之文化 爲擴充通商惠工之資者 舍漢學不知有何良策也'

54　박영미,『일제강점초기 한학지식인의 문명관과 대일의식』, 단국대학교 박사학위
논문, 2006 참조.

55　신기선,「大東學會趣旨書」,『대동학회월보』 1호, 1908. 02, 4면.

何以爲人 曰學 何以爲學 曰道 (中略) 究經傳之大義 以倡斯道 閱外國之書籍
以解執滯 務要 立體達用 守孔孟之宗旨 明事物之時宜 使正德利用厚生三者 並
行不廢則庶幾儒教復明

56　「鄭氏宣諭」,『대한민보』, 1909년 8월 13일 2면.

57　『書經』「說命下」에 은 고종이 일찍이 부열에게 이르기를 "내가 만일 국을 조리
하려 하거든 그대가 바로 소금과 매실이 되어 달라.(若作和羹 爾惟鹽梅)"고 했
던 데서 온 말로, 요리를 한다는 것은 곧 어진 재상이 임금을 잘 보좌하여 나라
를 잘 다스리는 것을 의미한다.

58　末松謙澄 편,「借韻和靑萍」,『선린창화』, 1909. 6.

'大火西流灝氣橫 三韓使者上歸程 觀光應思資開化 調鼎那忘補聖明'

59　『매일신보』,「地方儒生에게 警告함」, 1911년 7월 26일.

60　『경학원잡지』 2, 1914, 85-86면.

'集註以其有君子之德 而又能隨時以處中 又曰中無定體 隨時而在 隨時二字 最
當玩 (中略) 非但君子而時中而已 士農工商 皆有時中 然則在吾今日民族何以

則時中 哀我民族 以舊來積弊之餘殃 陷於貧弱之極 欲求此弊 舍利用厚生而何
子曰富而敎之 孟子曰有恒産者有恒心 當此之時 孔孟復起 必以利用厚生爲急
務矣 現今當局政治 無非利用厚生 而廣學校開發知識 立經學助長良風 卽是用
中于民 凡吾民族服膺命令 各勤其業 忠孝相勉 則自合于時中之道 勉旃勉旃'

61   정욱재, 『한말·일제하 유림연구』, 한국학중앙연구원 박사학위논문, 2008, 88-89
면 재인용.

62   김성배, 위의 책 참조.

5장 신해혁명 온양기 廣東 개혁파 지식인의 신중국 상상

1   「辛亥革命新論」, 『開放時代』 2008年 4期(2008. 07. 10.). 이 글은 미조구찌 선
생의 글을 중국어로 옮긴 번역문이다. 이 글은 본래 2007년 5월 『臺灣社會硏究
季刊』의 요청에 응하여 진행된 미조구찌의 강연 내용에 기반한 것으로 강연록
은 2007년 9월 『臺灣社會硏究季刊』 제67기에 실렸으며, 후에 이 강연 내용에
기반하여 「辛亥革命新論」이라는 제목으로 다시 작성, 번역(林少陽, 東京大)되
어 『開放時代』에 실렸다. 이 논문에 관한 본고의 언급은 모두 『開放時代』에 실
린 논문에 근거한 것이다.

2   일본과 중국의 역사 교과서를 비롯하여, 중국의 공식적인 역사적 관점인 이른바
'혁명 사관'(신해혁명은 49년 건국 혁명으로 나아가는 도정에 자리 잡고 있는
불철저했던 부르주아 혁명이라는 견해), 그리고 서구적 현대성을 역사적 평가의
기준으로 삼고 있는 이른바 '현대화 사관' 등의 신해혁명 해석에 대해 두루 문제
를 제기하고 있다.

3   신해혁명이 일반적으로 근대적 국민국가 수립이라는 과제를 충실히 수행해내지
못한 불철저한 혁명이었다는 평가를 받게 되는 가장 중요한 원인은 바로 신해혁
명이 각 성의 독립, 즉 국가의 와해라는 형태를 취했다는 점에 있다.

4   溝口雄三, 「辛亥革命新論」, 『開放時代』 2008年 4期(2008. 07. 10.), 9면.

5   최근 전문적인 연구 서적이 출판되면서 새롭게 관심의 초점으로 부상하고 있는
지역으로는 여러 소수민족 지역들을 제외하고도 광동, 무한, 광서, 동북, 산동 등
을 꼽을 수 있지만, 지면 관계상 이와 관련된 세부적인 논의는 다른 지면을 빌리
도록 하겠다. 이 문제와 관련하여 관심 있는 연구자는 최근 중국에서 개설된 '지
방문혁사교류망'(http://www.difangwenge.org/)에 올라 있는 자료들을 참고해
보기 바란다.

6   太平洋客,『新廣東』(橫濱: 新民叢報社, 1902). 이 자료는 張枬·王忍之 編,『辛亥革命前十年間時論選集』(北京: 三聯, 1977) 上卷에도 전문이 실려 있다. 본고의 본문에서『新廣東』의 내용을 언급, 혹은 인용하면서 밝히는 괄호 안의 면수는『辛亥革命前十年間時論選集』上卷의 면수임을 밝혀둔다.

7   예를 들어 1903년에 출간된『新湖南』(湖南之湖南人 著, 上海: 新湖南社)은 명백히『新廣東』의 문제의식을 이어받아 湖南의 자립을 설파하고 있다. 이 책의 저자는 서론의 첫 문장에서부터『新廣東』을 언급하고 있다.『新湖南』역시『辛亥革命前十年間時論選集』上卷에 전문이 실려 있다.

8   歐榘甲(1870-1911), 字 云高, 廣東 歸善(惠陽)人.

9   『新民叢報』에 실린『新廣東』광고는『新廣東』의 저자가 時務報와 淸議報 주필을 거쳐 미국 '某報'의 주필을 맡고 있는 매우 저명한 필자이지만, 그 이름을 드러내고 싶어 하지 않으니 독자 여러분들도 굳이 그 이름을 알려 하지 말아달라고 요구하고 있다.

10   광고 속에는 책 앞머리에 멋진 광동 지도 한 폭이 실려 있어 책을 더욱 맛깔나게 만들어주고 있다고 소개하고 있다. 이러한 편집상의 배치는 종종 본문 못지않은 정보를 던져주는 경우가 적지 않기 때문에 도서관에 소장된 원본을 찾아 확인해 보았지만, 아쉽게도 필자가 확인한 도서관 소장본(북경대학, 화동사범대학 소장본)에는 표지의 지도가 함께 제본되어 있지 않아 어떤 형태의 지도인지를 확인할 수 없었다.

11   李錦全 外 編著,『嶺南思想史』, 廣東人民出版社, 1993.

12   梁榮 主編,『論廣東150年』, 廣州: 廣東人民出版社, 1990,「序言」3면.

13   『대의각미록』은『知新錄』의 저자인 曾靜이 만주족을 몰아내기 위한 거병 활동을 하다 체포되고 난 뒤 이에 대응하여 편찬된 서적이다. 옹정은 직접 명하여 이 책을 수찬케 하였는데, 청 왕조의 정통성을 주장하는 내용과 함께 증정에 대한 심문 과정 기록, 그리고 증정의 전향 과정 등을 상세히 서술하여 관료와 독서인들에게 필독서로 삼도록 하였다.

14   널리 알려져 있는「노라는 집을 나간 후 어떻게 되었는가」라는 문장 속에서 魯迅은 天津의 의화단 靑皮에 대해 이야기하면서 그들의 '무뢰정신'을 긍정적으로 평가한 바 있다. 비록 "물론 청피들을 본받을 것은 아니지만"이라는 단서를 붙이고 있기는 하지만, 여성의 경제적 '독립'의 필요성을 역설하고 있는 전체 문맥을 통해 볼 때 魯迅은 분명히 '무뢰정신'을 세간의 일반적인 평가와는 다르게 매우 긍정적으로 해석하고 있음에 분명하다.「노라는 집을 나간 후 어떻게 되었는가」는 魯迅이 1923년 베이징여자고등사범학교 문예회에서 행한 강연문으로 국내에는 유세종·전형준이 편역한『투창과 비수』(서울: 솔, 1997)에 번역문이

소개되어 있다.

15 이와 관련된 최근의 연구성과 가운데에는 박상수의 『중국혁명과 비밀결사』(서울: 심산, 2006)가 참고할 만하다.

16 이 구호는 1984년 광동에서 지역 개발을 위한 구호로 제출되었다. 梁榮 主編, 『論廣東150年』(廣州: 廣東人民出版社, 1990), 「序言」 4면 참고.

6장 心山과 艮齋 門人들의 出處是非論爭을 통해 본 일제하 유교지식인의 초상

1 金昌淑, 〈海史金公墓碣銘〉, 『國譯 心山遺稿』 卷四, 국역심산유고간행위원회, 1979, 623면.

2 金昌淑, 〈海史金公墓碣銘〉, 『國譯 心山遺稿』 卷四, 622면.

3 심산은 김정호를 두고서, "뱃속에는 五經의 보따리가 들어 있고, 가슴에는 풍운의 뜻을 두었네. 일찍이 조국광복의 포부 품고, 시베리아 벌판 두루 돌았네. 유가의 전적 몸에 지니고, 멀리 프랑스의 파리까지 다녀왔네."라고 평가하였다.(金昌淑, 〈海史金公墓碣銘〉, 『國譯 心山遺稿』 卷四, 620면.)

4 〈海史金公墓碣銘〉을 보면, 향년 48세라고 하였는데 이는 잘못인 듯하다.

5 金昌淑, 〈海史金公墓碣銘〉, 『國譯 心山遺稿』 卷四, 624면.

6 이상에 관해서는 졸고, 「朝鮮儒學史의 지평에서 바라본 心山 金昌淑의 思想」, 『양명학』 29호, 한국양명학회, 2011, 283-286면 참조.

7 〈討金昌淑文〉에는 심산이 1959년 8월 9일에 대구매일신문에 발표한 내용이 들어 있다. 이로 인해 이 글은 적어도 1959년 8월 이후에 지어진 것으로 추정할 수 있다.

8 이상의 내용은, 吳舜根이 편찬한 『石農年譜』(乾) 卷之一 41-42면을 요약한 것임.

9 이상의 내용은 崔淇碩, 〈討金昌淑所著金丁鎬碑文中誣說文〉, 『南下遺稿』 卷之一을 요약한 것임.

10 문체가 고투여서 현대어로 수정하였음.

11 특히 宋毅燮의 『春溪集』 卷之七에 실린 〈討金昌淑文〉을 보면, 다음과 같은 세 가지를 집중적으로 거론하고 있다.

첫째. 柳浩根이 편찬한 〈友鹿遺事〉와 金志山이 쓴 〈柳溶根墓誌銘〉을 보면, 삼

일운동 당시 유준근은 일경에 체포되어 감옥에 있었는데 어떻게 파리장서를 들고 간재를 찾아올 수 있었겠는가?

둘째. 가령 유준근이 간재를 만났다 하더라도 그는 간재에 비하여 19살이나 적은데, 어찌 '그대'라고 부를 것이며, 또한 '금수보다 못하다'는 말을 하였겠는가. 유준근은 명망 있는 선비였으니, 이처럼 불경한 짓을 하였을 리가 없다.

셋째. 이하영이 김창숙을 만나 "儒者는 도를 지킬 뿐이지, 국가의 흥망에 간여하지 않는다."(儒者修道, 何涉於國家興亡.)는 말을 어디에서 들었는지를 따져 묻자, 김창숙이 玄相允이 지은 『朝鮮儒學史』에서 보았다고 하였는데, 지금 이 책을 다 뒤져 보아도 이런 내용이 없다.

12 권기훈, 『혁신유림계의 독립운동을 주도한 선각자 김창숙』, 심산김창숙선생기념 사업회, 2011, 157면 참조.

13 金昌淑, 〈趙國鉉에게 답함〉, 『國譯 心山遺稿』 卷二, 318면.

14 金昌淑, 〈趙國鉉에게 답함〉, 『國譯 心山遺稿』 卷二, 319-320면.

15 金昌淑, 〈趙國鉉에게 답함〉, 『國譯 心山遺稿』 卷二, 이라는 글에 자세하게 나와 있음.

16 金昌淑, 〈金海史 墓文에 관한 일을 古詩 한 편으로 艮齋의 무리에게 고한다〉, 『國譯 心山遺稿』 卷一, 201-202면.

17 金昌淑, 〈金海史 墓文에 관한 일을 古詩 한 편으로 艮齋의 무리에게 고한다〉, 『國譯 心山遺稿』 卷一, 201면.

18 이상의 인용문은 모두 金昌淑, 〈趙國鉉에게 답함〉, 『國譯 心山遺稿』 卷二에서 인용한 것임.

19 田愚, 〈論裵說書示諸君〉. 『秋潭別集』 권3, "旣非吾力之所能及, 則箕微之親焉, 而不能救殷之亡, 功顔之仁焉, 而不能振周之衰, 況余之賤拙, 其何以致力於斯 世也. …… 第念爲國, 必以禮, 則保國, 亦必以禮. …… 若謏以保國, 而髡首以壞 先王之禮, 則吾道不惟不得行於今日, 亦無復可望於來世矣."

20 金昌淑, 〈벽옹 73년 회상기〉(중편), 『國譯 心山遺稿』 卷五, 769면.

21 한형조, 『조선유학의 거장들』, 문학동네, 2008, 370면.

1부 전통적 사유의 지속과 변용

1장 18세기 동아시아의 性(gender) 정치학

김선경. 「조선 후기 여성의 성, 감시와 처벌」. 역사연구 8, 2000: 51-100면.

문현아. 「판결문 내용분석을 통한 조선 후기 아내살해 사건의 재해석: 『추관지』 사례를 중심으로」. 진단학보 113, 진단학회, 2011: 163-193면.

박경. 「살옥 판결을 통해 본 조선 후기 지배층의 夫妻관계상」. 여성과 역사 10, 한국여성사학회, 2009: 35-70면.

유승희. 「조선 후기 형사법상의 젠더gender 인식과 여성 범죄의 실태」, 조선시대사학보 53, 조선시대사학회, 2010: 235-270면.

이숙인, 「'淫獄'에 비친 正祖代의 性 인식: 『심리록』을 중심으로」, 규장각 39, 규장각한국학연구원, 2011: 99-131면.

장병인, 「조선 중·후기 간통에 대한 규제의 강화」, 한국사연구 121, 한국사연구회, 2003: 83-116면.

丁若鏞. 박석무, 정해렴 역주. 『國譯欽欽新書』. 현대실학사, 1999.

郭松義. 『倫理與生活-淸代的婚姻關係』. 北京: 商務印書館, 2000,

楊曉輝. 『淸朝中期婦女犯罪問題硏究』. 北京: 中國政法大學出版社, 2009

丁若鏞. 『欽欽新書』. 『與猶堂全書』第5集.

Grace S. Fong. "Signifying Bodies: The Cultural Signification of Suicide Wirtings by Women in Ming-Qing China." *Passionate Women: Female Suicide in Late Imperial China*, 105-142.

Janet M. Theiss. D*isgraceful Matters: The Politics of Chastity in Eighteenth-Century China*. Berkeley: University of California Press, 2004.

_____. "Explaining the Shrew: Narratives of Spousal Violence and the Critique of

Masculinity in Eighteenth-Century Criminal Cases," *Writing and Law in Late Imperial China*, 44-63.

Matthew H. Sommer. *Sex, Law, and Society in Late Imperial China*. Stanford: Stanford, University Press, 2000.

Paul S. Ropp, Paola Zamperini, and Harriet T. Zurndorfer eds. *Passionate Women: Female Suicide in Late Imperial China*. Brill: Leiden, 2001.

Robert E. Hegel and Katherine Carlitz eds. *Writing and Law in Late Imperial China*. Seattle: University of Washington Press, 2007.

2장 조선 후기의 서학과 전통 사유의 변용

1. 원전 및 원전 번역서

『增補 明南樓叢書』, 성균관대 대동문화연구원, 2002:『神氣通』,『推測錄』,『地球典要』,『氣學』,『人政』,『明南樓隨錄』,『運化測驗』,『承順事務』

『국역 氣測體義 I - II』, 민족문화추진회 공역, 1979-1980

『국역 人政 I - V』, 민족문화추진회 공역, 1980-1982

『氣學』, 손병욱 역, 통나무, 2004

『運化測驗』, 최한기, 이종란 역, 한길사, 2014

2. 단행본 연구서 및 소논문류

권오영(1996),「최한기의 사회사상」『진단학보』81, 진단학회

권오영(1998),「최한기의 생애와 학문편력」『동양철학연구』18, 동양철학연구회

권오영(1999),『최한기의 학문과 사상 연구』, 집문당

권오영(2004a),「새로 발굴된 자료를 통해 본 혜강의 기학」『혜강 최한기』, 청계

권오영(2004b),「최한기 (氣學)의 사상사적 의미와 위상」『대동문화연구』45, 성균관대학교 대동문화연구원

금장태(1987),「최한기의 인간관 연구」『한국실학사상연구』, 집문당

금장태(2000),「정약용과 최한기의 인간 이해」『최한기의 철학과 사상』, 철학과 현실

금장태(2005),「기철학의 전통과 최한기의 철학적 특성」『혜강 최한기』, 예문서원

김용옥(2004a),「(測人)에 나타난 혜강의 생각」『대동문화연구』45, 성균관대학교 대동문화연구원

김용옥(2004b),『혜강 최한기와 유교:『기학』과『인정』을 다시 말한다』, 통나무

김용헌(1997),「최한기의 서양우주설 수용과 기학적 변용」『실학의 철학』, 예문서원

김용헌(2000), 「최한기의 자연관」『최한기의 철학과 사상』, 철학과 현실

김용헌(2005), 「주자학적 세계관의 해체와 실학」『혜강 최한기』, 예문서원

노혜정(2005), 『『지구전요』에 나타난 최한기의 지리사상』, 한국학술정보

문중양(1999), 「18세기 조선 실학자의 자연인식의 성격: 상수학적 우주론을 중심으로」『한국과학사학회지』21, 한국과학사학회

문중양(2003), 「최한기의 기론적 서양과학 읽기와 기륜설」『대동문화연구』43, 성균관대학교 대동문화연구원

박성래(1978), 「한국근세의 서양과학 수용」『동방학지』20, 연세대 국학연구원

박홍식(1990), 「청년 최한기의 철학사상」『동양철학연구』11, 동양철학연구회

박희병(2003), 「최한기 사상에 있어서 (自然)과 (人爲)의 관계」『대동문화연구』42, 성균관대학교 대동문화연구원

박희병(2005), 『운화와 근대』, 돌베개

박종홍(1988), 「최한기의 과학적 철학사상」『박종홍전집5』, 형설출판사

손병욱(1997), 「최한기의 인식론」『실학의 철학』, 예문서원

손병욱(1998), 「혜강 최한기 기학의 철학적 구조」『동양철학연구』18, 동양철학연구회

손병욱(2004a), 「학문 방법론을 통해서 본 기학의 구조와 성격」『혜강 최한기』, 청계

손병욱(2004b), 「19세기 한 조선인의 우주론『기학』해제, 통나무

손병욱(2005), 「혜강 최한기 철학의 기학적 해명」『혜강 최한기』, 예문서원

신원봉(2000), 「최한기의 기화적 윤리관」『최한기의 철학과 사상』, 철학과 현실

신원봉(2004), 「혜강 기학에 나타난 주자학의 전환과 근대과학의 영향」『혜강 최한기』, 청계

신원봉(2005), 「최한기의 기학 연구」『혜강 최한기』, 예문서원

안영상(2007), 「토미즘과의 비교를 통해서 본 혜강 최한기 인식론의 특징」『동양철학연구』49, 동양철학연구회

유봉학(1999), 『조선 후기 학계와 지식인』, 신구문화사

유봉학(2000), 「19세기 경화사족의 생활과 사상」『최한기의 철학과 사상』, 철학과 현실

윤정혜(1997), 「최한기의 서양과학사상수용에 대한 일고찰」『한국사상사학』8, 한국사상사학회

이우성(1988), 「최한기의 사회관:『氣學』과『人政』의 連繫 위에서」, 동양학학술회의 講演鈔, 『동양학』18, 단국대동양학연구소

이우성(1990), 「혜강 최한기의 사회적 처지와 서울 생활」, 동양학국제학술회의논문집 4, 성대학교 대동문화연구원

이종란(2005), 「최한기 인식이론의 성격」『혜강 최한기』, 예문서원

이종란(2008), 『최한기의 운화와 윤리』, 도서출판 문사철

이행훈(2005), 「최한기의 운화론적 인간관」『한국철학논집』17, 한국철학사연구회

이행훈(2006),「최한기의 경학관과『(四書)』해석」『동양철학연구』45, 동양철학연구회

이현구(1997),「최한기의 인간관」『실학의 철학』, 예문서원

이현구(2000),『최한기의 기철학과 서양과학』, 성균관대학교 대동문화연구원

이현구(2002),「최한기의 서양과학 수용과 그 문화적 함의」『한국학논집』36, 한양대학교 한국학연구소

이현구(2003),「최한기 사상의 인식론적 의의」『대동문화연구』43, 성균관대학교 대동문화연구원

임형택(2001),「개항기 유교지식인의 '근대' 대응 논리: 혜강 최한기의 기학을 중심으로」『대동문화연구』38, 성균관대학교 대동문화연구원

임형택(2002),「혜강 최한기의 시간관과 일통사상」『창작과 비평』통권 115호(30권-1호), 창작과 비평사

임형택(2004),「정약용의 경학과 최한기의 기학: 동서의 학적 만남의 두 길」『대동문화연구』45, 성균관대학교 대동문화연구원

채석용(2007),『최한기 사회철학의 이론적 토대와 형성과정』, 한국학중앙연구원 박사학위논문

최영진(2000),「최한기 이기론에 있어서의 理의 위상」『최한기의 철학과 사상』, 철학과 현실

최진덕(2004),「혜강 기학의 이중성에 대한 비판적 성찰」『혜강 최한기』, 청계

한영조(2004),「혜강의 기학: 선험에서 경험으로」『혜강 최한기』, 청계

허남진(2005),「혜강 과학사상의 철학적 기초」『혜강 최한기』, 예문서원

황경숙(1993),「혜강 최한기의 사회사상의 구조와 성격」『한국학보』70, 일지사

3장 沈大允의 社會的 處地와 學問 姿勢

『韓國經學資料集成』

『閒中隨筆』

『象義占法』

『福利全書』

『靑松沈氏大同世譜』

『雲齋遺稿』

朴光用,『조선시대 정치사의 재조명』, 범조사, 1985.

李離和,「朝鮮朝 黨論의 展開過程과 그 系譜」,『한국사학』8, 한국정신문화연구원, 1986.

장병한,「沈大允 經學에 대한 研究」, 성균관대학교 박사학위논문, 1995.

임형택,「19세기 西學에 대한 經學의 對應」,『창작과 비평』, 1996 봄호.

박광용,『영조와 정조의 나라』, 푸른역사, 1998.

진재교,『이계 홍양호 문학 연구』, 대동문화연구총서, 대동문화연구원, 1999.

다카하시 도루 저, 조남호 역,『조선의 유학』, 소나무, 1999.

진재교,「沈大允의 國風論」,『한문학보』제1집, 1999.

임형택,『실사구시의 한국학』, 창작과 비평사, 2000.

진재교,「沈大允의 社會的 處地와 學問 姿勢」,『한문교육연구』제 16호, 2001.

심대윤,『심대윤전집』3책, 대동문화연구원, 2005.

임형택 외,『백운 심대윤의 백운집』, 사람의무늬, 2015.

노경희,『沈大允의 '論語注說' 譯註』, 성균관대학교 박사학위 논문, 2015.

진재교 외,『19세기 한 실학자의 발견: 사상사의 이단아, 백운 심대윤』, 대동문화연구원, 2016.

4장 柳重敎(1821-1893)의 춘추대의, 위정척사, 중화, 소중화

1. 저서

유중교『성재집(省齋集)』, 奈堤文化研究會, 2010년, 충북 제천

2. 논문

조영록,「朝鮮의 小中華觀-明淸交替期 東亞三國의 天下觀의 變化를 中心으로」,『역사학보』149, 1996.3.

이재석,「성재 유중교의 척사사상」,『지역문화연구』제8집, 세명대 지역문화연구소, 2009.

이재석,「조선조 척사위정론의 연원」,『한국동양정치사상사연구』제13권 제1호, 한국동양정치사상사학회, 2014.3.

오석원,「우암 송시열의 춘추의리사상」,『유학연구』제17집, 2008. 08.

오영섭,「華西學派의 對西洋認識-李恒老, 金平默, 柳麟錫의 경우를 중심으로」,『태동고전연구』제14집, 한림대학교 태동고전연구소, 1997.12.30.

조현걸,「우암 송시열의 춘추대의사상」『국제정치연구』제14집 2호, 2011.

우경섭,「조선중화주의에 대한 학설사적 검토」,『한국사연구』159, 한국사연구회, 2012.12.

정다함,「'事大'와 '交隣'과 '小中華'라는 틀의 초시간적인 그리고 초공간적인 맥락」,『한국사학보』제42호, 고려사학회, 2011. 2.

김호,「조선 후기 華夷論 再考-'域外春秋'論을 중심으로」,『한국사연구』162, 한국사연구회, 2013.9.

박민영, 「華西學派의 형성과 衛正斥邪運動」, 『한국근현대사연구』 제10집 1999.

5장 鄭喬(1859-1925)의 관직경력과 사회활동

『승정원일기』, 『황성신문』, 『대한매일신보』, 『공립신보』, 『해조신문』, 『대한자강회월보』, 『기호흥학회월보』

金允植, 1960, 『續陰晴史(上 · 下)』, 국사편찬위원회

申箕善, 1908, 「大東學會趣旨書」 『大東學會月報』 1

尹致昊, 1968, 『尹致昊日記(七)』, 국사편찬위원회

李沂, 1906, 「一斧劈破」 『湖南學報』 1

鄭喬 著, 趙珖 編, 2004, 『大韓季年史』 1-10, 소명출판

鄭喬, 1987, 「大東歷史」(1906) 『韓國史學史資料大系 5』(영인본, 民族文化社)

鄭喬, 1906, 「國際法」 『少年韓半島』 1

鄭喬, 1908, 「政黨의 得失(續)」 『大韓協會會報』 4

鄭喬, 1908, 「漢文과 國文의 辨別」 『大東學會月報』 제4호

鄭喬, 1908, 「축사」 『大韓協會會報』 1

崔景煥, 1987, 「大東歷史」(1906) 『韓國史學史資料大系 5』(영인본, 民族文化社)

황현 저, 김준 역, 1994, 『매천야록』

『주한일본공사관기록』 13

『통감부문서』 7

『한국독립운동사 자료 7 : 안중근편 Ⅱ』

박용옥, 1984, 『한국 근대여성운동사 연구』, 한국정신문화연구원

신용하, 1976, 『독립협회연구』, 일조각

강명관, 1985, 「漢文廢止論과 愛國啓蒙期의 國 · 漢文論爭」 『韓國漢文學研究』 8

김도형, 1995, 「정교 · 장지연 · 유근」 『한국의 역사가와 역사학(하)』, 창작과 비평사

김도형, 2001, 「민영환의 정치 활동과 개혁론」 『나라사랑』 102

金東昊, 1984, 「翰西 南宮檍의 歷史觀」 『한국사연구』 46

김우철, 2010, 「鄭喬의 중국사 이해와 현실 인식」 『사총』 70

김은주, 1998, 「정교의 정치활동과 정치개혁론」 『韓國思想史學』 11

김형목, 1998, 「사립흥화학교의 근대교육사상 위치」 『백산학보』 50

리진호, 1995, 「사립흥화학교와 量地教育」 『향토서울』 55

배항섭, 2008, 「아관파천 시기(1896-1898) 조선인의 러시아 인식」 『한국사학보』 33 참조

배항섭, 2012, 「동도서기론의 구조와 전개양상」 『사림』 42

서영희, 1990, 「1894-1904년의 政治體制 變動과 宮內府」 『韓國史論』(서울대학교 국사학과) 23

소영주, 1982, 「秋人 鄭喬의 政治 社會思想 硏究」, 연세대학교 석사학위논문

신석호, 1957, 「해설」 『대한계년사(하)』(국사편찬위원회)

오영섭, 2004, 「대종교 창시 이전 나인영의 민족운동」 『한국민족운동사연구』 39

이시영, 1998, 「鄭喬의 『大東歷史』 연구」 한국정신문화연구원 한국학대학원 석사학위논문

정경숙, 1988, 「대한제국기 여자교육회의 조직과 구성원 연구-조직 형성기를 중심으로」 『정신문화연구』 34

정영희, 1997, 「사립흥화학교에 관한 연구」 『동서사학』 3

정욱재, 2008, 「한말·일제하 유림 연구-일제협력유림을 중심으로」 한국학중앙연구원 박사학위논문

조병희, 1994, 「국학연구에 몰두한 추인 정교선생」 『완산고을의 맥박』, 한국예총 전주지부

조휘각, 1985, 「韓末 開化勢力의 政治運動의 民衆化過程에 관한 硏究-특히 獨立協會를 中心으로」 건국대학교 박사학위논문

주진오, 1995, 「1898년 독립협회 운동의 주도세력과 지지기반」 『역사와 현실』 15

최승범, 1966, 「가람 이병기 박사 연보」 『가람이병기박사송수논문집』(가람이병기박사송수논문집간행위원회), 삼화출판사

하지연, 2004, 「한말 翰西 南宮檍의 정치·언론 활동 연구」 『梨花史學硏究』 31

한규무, 2005, 「한서 남궁억의 사상과 활동」 『역사와 경계』 54

홍영기, 1995, 「1907-8년 일제의 자위단 조직과 한국인의 대응」 『한국근현대사 연구』 3

6장 20세기 전반의 족보편찬 붐이 말하는 것

1. 자료

『開闢』, 『別乾坤』, 『三千里』

『慶尙道丹城縣社會資料集(一)』, 성균관대학교 대동문화연구원 편집영인, 2003

『陜川李氏族譜』(1926년 典書公守全派 丙寅족보, 전 12책; 1926년간, 전 4책; 대정14년인쇄, 대정15년 발행, 培山書院 간행, 전 5책)

慶尙北道警察部, 『高等警察要史』, 1934

중앙일보사 편, 『韓國姓氏大百科; 姓氏의 故鄕』, 중앙일보사, 1989.

東亞日報, 每日申報, 朝鮮總督府官報

2. 저서

손병규,『호적, 1606-1923 호구기록으로 본 조선의 문화사』, 휴머니스트, 2007

宮嶋博史,『兩班-李朝社會の特権階層』, 中公新書1258, 1995.

水野直樹,『創氏改名-日本の朝鮮支配の中で』, 岩波書店, 2008.

3. 논문

권기중,「조선 후기 단성현의 향역분포와 계승 양상」,『역사와 현실』 제41호, 한국역사연구회, 2001.

金建泰,「朝鮮後期의 人口把握 實狀과 그 性格-단성현의 호적 분석」,『大東文化硏究』 39, 성균관대학교 대동문화연구원, 2001.

_____,「조선 후기 호의 구조와 호정운영-단성호적을 중심으로」,『大東文化硏究』 40, 성균관대학교 대동문화연구원, 2002.

_____,「조선 후기~일제시기 傳統同姓村落의 변화상-全羅道 南原 屯德里 사례」,『大東文化硏究』 62, 성균관대학교 대동문화연구원, 2008.

_____,「20세기 전반 동성촌락의 경제적 변화-장흥군 용산면 칠리안속 마을을 중심으로」,『大東文化硏究』 67, 성균관대학교 대동문화연구원, 2009.

金京蘭,「조선 후기 가족제도 연구의 현황과 과제」,『조선 후기사 연구의 현황과 과제(姜萬吉敎授停年紀念)』, 창작과 비평, 2000.

_____,「일제시기 민적부의 작성과 여성호주의 성격-19세기 제주 호적중초, 광무호적과의 비교를 중심으로」,『大東文化硏究』 57, 성균관대학교 대동문화연구원, 2007.

김성우,「16세기 사족층의 관직 독점과 반상제의 대두」,『한국사연구』 106, 한국사연구회, 1999.

宮嶋博史,「조선시대의 신분, 신분제 개념에 대하여」,『大東文化硏究』 42, 성균관대학교 대동문화연구원, 2003.

文勇植,「19세기 前半 還穀 賑恤機能의 變化過程」,『부산사학』 19, 부산사학회, 1990.

손병규,「18세기 지방의 私奴軍役 파악과 운영」,『韓國史學報』 13, 高麗史學會, 2002.

_____,「조선 후기 국가적인 신분 규정과 그 적용」,『역사와 현실』 48, 한국역사연구회, 2003.

_____,「인구사적 측면에서 본 호적과 족보의 자료적 성격」,『大東文化硏究』 46, 성균관대학교 대동문화연구원, 2004.

_____,「대한제국기의 호적정책-丹城 培養里와 濟州 德修里의 사례」,『大東文化硏究』 49, 성균관대학교 대동문화연구원, 2005.

_____,「한말·일제초 제주 하모리의 호구파악-光武戶籍과 民籍簿 비교 분석」,『大東文化硏究』 54, 성균관대학교 대동문화연구원, 2006a.

_____,「족보의 인구기재 범위-1926년경에 작성된 합천 이씨의 세 파보를 중심으로」,『古文書硏究』28, 韓國古文書學會, 2006b.

_____,「民籍法의 '戶' 규정과 변화-일본의 明治戶籍法 시행경험과 '朝鮮慣習'에 대한 이해로부터」,『大東文化硏究』57, 성균관대학교 대동문화연구원, 2007.

_____,「조선 후기 상속과 가족형태의 변화-丹城縣에 거주하는 安東權氏 가계의 호적 및 족보 기록으로부터」,『大東文化硏究』61, 성균관대학교 대동문화연구원, 2008a.

_____,「明治戶籍과 光武戶籍의 비교」,『泰東古典硏究』24, 한림대학교 태동고전연구소, 2008b.

_____,「13~16세기 호적과 족보의 계보형태와 그 특성」,『大東文化硏究』71, 성균관대학교 대동문화연구원, 2010.

_____,「植民地時代 戶口調査와 民의 對應-그 傳統性의 觀點에서」,『史林』40, 首善史學會, 2011.

宋亮燮,「19세기 幼學戶의 구조와 성격-丹城戶籍大帳을 중심으로」,『大東文化硏究』47, 성균관대학교 대동문화연구원, 2004.

심재우,「조선 후기 단성현 법물야면 유학호의 분포와 성격」,『역사와 현실』41, 한국역사연구소, 2001.

이상국,「『安東權氏成化譜』에 나타난 13-15세기 관료재생산과 혈연관계」,『대동문화연구』81, 성균관대학교학교 대동문화연구원, 2013.

李貞和,「일제시대 간행족보의 연구」, 성균관대학교 석사학위 논문, 2000.

정진영,「18~19세기 호적대장 '戶口' 기록의 검토」,『大東文化硏究』39, 성균관대학교 대동문화연구원, 2001.

崔在錫,「日帝下의 族譜와 同族集團」,『亞細亞硏究』12권4호, 고려대학교 아세아문화연구소, 1969.

四方 博,「李朝人口に関する身分階級別的観察」,『京城帝國大學法學會論集』10, 1938 (재수록『朝鮮社會經濟史研究(中)』, 國書刊行會, 1976)

宮嶋博史,「東洋文化研究所所蔵の朝鮮半島族譜資料について」,『明日の東洋学』7, 東京大学東洋文化研究所附属東洋学研究情報センター報, 2002.

吉田浤一,「中國家父長制論批判序說」,『中國專制國家社會統合-中國史像再構成Ⅱ』, 中國史研究會編, 文理閣, 1990.

吉田光男,「近世朝鮮の氏族と系譜の構築」,『系譜が語る世界史』, 青木書店, 2002.

Son, Byung giu, "The Effects of Male's Remarriage and Adoption on Family Succession in Seventeenth -to Nineteenth-Century Rural Korea", *Sungkyun Journal of Eastasian Studies*, The Academy of East Asian Studies, Sungkyunkwan University, 2010.

2부 서구에 대한 대응과 새로운 사유의 형성

1장 18·19세기 조선의 百科全書派와 『和漢三才圖會』

김문식, 『조선 후기 지식인의 대외인식』, 새문사, 2009.

김시덕, 「제주에 표착한 일본인 세류두우수는 누구인가-윤행임 석재고를 통해 보는, 조선 시대 일본 임진왜란 담론 수용양상」, 『日本學報』 86집, 2011. 249-258면.

김채식, 「李圭景의 『五洲衍文長箋散稿』 硏究」, 성균관대학교 한문학과 박사학위논문, 2008.

남옥 지음, 김보경 옮김, 『붓끝으로 부사산 바람을 가르다』, 소명출판, 2006.

문중양, 19세기 조선의 자연지식과 과학담론: 明末·淸初 중국 우주론의 늦은 유입과 그 영향. 『다산학』 13호, 2008. 7~42면.

憑虛閣 李氏 원저, 정양완 역주, 『閨閤叢書』, 보진재, 1986.

서유구 원저, 안대회 편역, 『산수간에 집을 짓고』, 2005.

성대중 지음, 홍학희 옮김. 『부사산 비파호를 날듯이 건너』 소명출판, 2006.

신승운, 「『倭漢三才圖會』의 전래와 수용-서유구의 임원경제지를 중심으로」, 『해양을 통해 본 동아시아의 문화교류』, 제1회 成均館大學校·國立神戸大學 공동 학술회의, 2003.

안대회, 『선비답게 산다는 것』, 푸른역사, 2007.

안대회, 「조선의 다빈치, 조각가 정철조」, 『조선의 프로페셔널』, 휴머니스트, 2007.

안대회, 「李睟光의 『芝峰類說』과 조선 후기 名物考證學의 전통」, 『진단학보』 제98호, 2004.

안대회, 〈林園經濟志를 통해 본 徐有榘의 利用厚生學〉, 『韓國實學硏究』 11, 2006.

연세대학교 국학연구원, 『고서해제』 VIII, 평민사.

유득공, 『泠齋集』, 문집총간 260집.

송근수, 『龍湖閒錄』, 국사편찬위원회. 1979.

이규경, 『五洲衍文長箋散稿』, 명문당 영인본,

이규경, 『詩家點燈』, 아세아문화사 영인본 1981.

이덕무, 『靑莊館全書』, 문집총간, 257~259집.

이옥, 『白雲筆』, 연세대 소장 필사본.

이희경 지음, 진재교 외 옮김, 『북학 또 하나의 보고서, 설수외사雪岫外史』, 성균관대학교 출판부.

진재교, 「동아시아에서의 서적의 유통과 지식의 생성: 壬辰倭亂 이후의 인적 교류와 서적의 유통 사례를 중심으로」, 『韓國漢文學硏究』 제41집, 2008.

良安尙順, 『倭漢三才圖會』, 國學資料院 영인본, 2002.

황윤석, 『이재란고』 제5책, 한국정신문화연구원 한국학자료총서 3, 1999.

2장 가토 히로유키(加藤弘之)의 양학수용과 '천(天)'관념의 변용

1. 저서

가토 히로유키 지음, 김도형 옮김, 『도나리구사』, 문사철(2014), 66면.

加藤弘之, 『日本の名著 34 西周·加藤弘之』, 中央公論社(1972)

川原次吉郎, 「眞政大意の研究」, 『明治文化研究』 第三輯, 書物展望社(1934)

中村春作, 『江戸儒教と近代の知』, ペリカン社(2002)

田畑忍, 『加藤弘之』, 吉川弘文館(1986)

田畑忍, 『加藤弘之の国家思想』, 河出書房(1939)

松本三之介, 『天皇制国家の政治思想』, 未来社(1969)

ブロック(Block)著, 加藤弘蔵述, 『西洋各国盛衰強弱一覧表附図』, 谷山儍, 慶応丁卯孟秋
    (1867)

齋藤希史, 『漢文脈の近代』, 名古屋大學出版會(2005)

石田雄, 『日本近代思想における法と政治』, 岩波書店(1967)

_____, 『明治政治思想史研究』, 未來社(1954)

上田勝美ほか編, 『加藤弘之文書』 第1卷, 同朋舍(1990)

吉田曠二, 『加藤弘之の研究』, 大原新生社(1976)

2. 논문

김도형, 「근대초기 일본 양학(洋學)수용의 유교적 맥락」 『日本學報』 제99호(2014)

中村春作, 「근대일본의 學知와 유교의 재편」 『史林』 제32호(2009)

松本三之介, 「天賦人権論と天の観念―思想史的整理のための一つの試み」 家永三郎教授
    東京教育大学退官記念論集刊行委員会編, 『近代日本の国家と思想』, 三省堂(1979)

松浦玲, 「文明の衝突と儒者の立場: 日本における儒教型理想主義の終焉」(3) 『思想』
    592(1973)

미야지마 히로시, 「후쿠자와 유키치(福澤諭吉)의 유교인식」 『한국실학연구』 제23권(2012)

박양신, 「근대 초기 일본의 문명 개념 수용과 그 세속화」 『개념과 소통』 vol.2(2008)

石井研堂, 「増補改訂明治事物起源」 明治文化研究會編, 『明治文化全集 別卷-明治事物起
    源』, 日本評論社(1944)

植手通有, 「佐久間象山における儒学·武士精神·洋学-横井小楠との比較において」 『渡

邊華山·高野長英·佐久間象山·橫井小楠·橋本左內』(『日本思想大系』55), 岩波書店 (1971)

安世舟,「明治初期におけるドイツ国家思想の受容に関する一考察-ブルンチュリと加藤弘 之を中心として一」『年報政治学·日本における西欧政治思想』, 岩波書店(1975)

3장 金炳昱(1808-1885)의 글쓰기에 나타난 비판정신

金炳昱,『磊棲集』(寫本), 국립중앙도서관 소장.

金炳昱,『磊棲集』(刊本), 국립중앙도서관 소장.

김용태(2007),「임오군란기 한중 문인의 교유 양상」,『한문학보』17, 우리한문학회.

김용태(2008),『19세기 조선한시사의 탐색』, 돌베개.

金容燮(1972),「光武量田의 思想基盤-量務監理 金星圭의 社會經濟論」,『亞細亞研究』 15·4, 高麗大學校亞細亞問題研究所.

宋讚燮(2000),「19세기후반 金炳昱(1808-1885)의 사회개혁론」,『韓國放送通信大學校 論 文集』29.

盧大煥(2001),「개항기 지식인 金炳昱(1808-1885)의 시세인식과 富强論」,『韓國文化』27, 서울大學校韓國文化研究所.

4장 전통지식인의 친일담론과 그 형성 과정

『大韓每日申報』

『每日申報』

『皇城新聞』

『大東學會 月報』

『斯文』,財團法人 斯文會

黑木彬文, 鱒澤彰夫 해설,『興亞會報告(復刻板)』, 不二出版, 1993

末松謙澄 편,『善隣唱和』1·2, 秀英社.

정만조,『茂亭存稿』

정병조,『漉魚山館集』

김윤식,『雲養集』

_____,『金允植全集』

_____,『家中筆蹟 』

여규형,『荷亭集』

金子堅太郎,『同文新字典』, 明治41年.

三島中洲,『中洲集』.

『三島中洲·川北梅山·崔成大筆談録』,『三島中洲研究』vol. 4, 二松学舎大学21世紀coeプロ
　　グラム2009 .

末松謙澄,『靑萍集』

임종국,「제2의 매국, 반민법 폐기'」,『문예중앙』, 1987년 봄호.

강명관,「漢文廢址論과 애국계몽기의 國·漢文 논쟁」,『韓國漢文學研究』8집, 한국한문학
　　회, 1985.

_____,「日帝初 舊知識人의 親日的 문예활동」,『창작과 비평』제16권 4호, 1988.

_____,「張志淵시세계의 변모와 사상」,『한국한문학연구』제9·10합 집, 1981.

_____,「전환기 한시의 변화」,『한국한문학연구』제19집, 1996.

박영미,「親日의 도구, 漢詩 그리고 클리셰(Cliché)」,『한문학논집』31, 근역한문학회,
　　2010.08

_____,「근대 조선 유림의 눈에 비친 나카에 도쥬(中江藤樹)像」,『日本學研究』29, 일본연
　　구소, 2010.01.

_____,「經學院에 보이는 근대 일본 유학의 경향-東京斯文會의 관계를 중심으로」,『日本
　　學研究』27, 일본연구소, 2009.05.

_____,「한시에 표상된 근대의 풍경: 정만조의 일본 기행 한시를 중심으로」,『한국한문학
　　연구』42, 한국한문학회, 2008.12.

_____,「新體制와 親日 漢詩」,『어문연구』55, 어문연구학회, 2007.12.

_____,「일제강점기 在朝日人의 漢詩 고찰: 以文會誌를 중심으로」,『한국한문학연구』39,
　　한국한문학회, 2007.06.

_____,「한문과교과서고찰」,『한문학논집』23, 근역한문학회, 2006.11.

_____,「최영년 문학론 고찰」,『한문학논집』22, 근역한문학회, 2004.11.

_____,「하정 여규형 문학 일 고찰」,『한문학논집』21, 근역한문학회, 2003. 11.

_____,『일제강점초기 한학지식인의 문명관과 대일의식』, 단국대학교 박사학위논문, 2005.

김원열,「황도유교의 사유체계와 방법론적 문제점에 대한 비판」, 비판 철학회 제2회 학술발
　　표회 요지문, 2004.

_____,「일제강점기 황도 유림의 사회 윤리에 대한 계보학적 연구」,『시대와 철학』21권,
　　한국철학사상연구회, 2010.

이명화,「조선총독부의 유교정책(1910~1920년대)」,『한국독립운동사연구』7, 1993.

정규영,「조선총독부의 유교지배」,『학생생활연구』4, 1996.

류미나,「植民地時期朝鮮における經學院」,『朝鮮史研究會論文集』, 42, 2004.

_____, 「植民地時期朝鮮における明倫學院」, 『史滴』 26, 2004

_____, 「식민지권력에의 협력과 좌절」, 『한국문화』 26, 2005.

_____, 「전시체제기 조선총독부의 유림정책」, 『역사와 현실』 63호, 2007.

_____, 「일본도덕론의 유입과 재생산」, 『인문연구』 52, 2007.

정욱재, 「1910-1920년대 경학원의 인적 구성과 역할」, 『정신문화연구』 제30권 제1호, 2007. 3.

_____, 「일제협력 유림의 유교 인식」, 『한국사학사학회』 16호, 2007. 12.

_____, 『한말·일제하 유림연구』, 한국학중앙연구원 박사학위논문, 2008.

이헌주, 「1880년대 전반 조선개화 지식인들의 '아시아 연대론' 인식 연구」, 『동북아연사논총』 23, 2009.

김용태, 「애국계몽기 운양 김윤식의 사상과 활동」, 『한문학보』 22집, 우리한문학회, 2010.

김성배, 『유교적 사유와 근대 국제정치의 상상력』, 창비, 2009, 165면.

마루야마 마사오 저, 김석근역, 『현대정치의 사상과 행동』, 한길사, 1997, 95-96면.

狹間直樹, 「初期アジア主義についての史的考察」, 『東亞』 410·411·412·413·414, 霞山会, 2001.8-12 . 연재.

黑木彬文, 「興亞会のアジア主義」, 『法政研究第』 71卷4号, 九州大學, 2005.

蔣廷黻, 『中國近代史大綱』, 동방출판사, 1996.

劉岳兵 주편, 『日本近代的軍國主義与儒學』, 日本近代儒学硏究, 商务印书馆, 2003.

_____, 『明治儒學與近代日本』, 상해고적출판사, 2005.

_____, 『中日近現代思想與儒學』, 신화서점, 2007.

陳瑋芬, 『近代日本漢學的關鍵詞硏究』, 華東師範大學出版社, 2008.

5장 신해혁명 온양기 廣東 개혁파 지식인의 신중국 상상

溝口雄三, 「辛亥革命新論」, 『開放時代』 2008年 4期(2008. 07. 10.).

太平洋客, 『新廣東』, 橫濱: 新民叢報社, 1902.

湖南之湖南人, 『新湖南』, 上海: 新湖南社, 1903.

李宗黃, 『新廣東觀察記』, 上海: 商務印書館, 1925.

張枬·王忍之編, 『辛亥革命前十年間時論選集』, 北京: 三聯, 1977.

蔣祖緣·方志欽 主編, 『簡明廣東史』, 廣州: 廣東人民出版社, 1993.

李錦全 外 編, 『嶺南思想史』, 廣州: 廣東人民出版社, 1993.

黃淑娉, 『廣東族群與區域文化硏究』, 廣州: 廣東人民出版社, 1999.

梁榮 主編, 『論廣東150年』, 廣州: 廣東人民出版社, 1990

唐才常,『唐才常集』, 北京: 中華書局, 1982.

皮明庥,『唐才常和自立軍』, 長沙: 湖南人民出版社, 1984.

鍾賢培·汪松濤 主編,『廣東近代文學史』, 廣州: 廣東人民出版社, 1996.

陳永正,『嶺南文學史』, 廣州: 廣東高等教育出版社, 1993.

李小松·陳澤弘 編著,『歷代入粤名人』, 廣州: 廣東人民出版社, 1994.

劉聖宜·宋德華,『嶺南近代對外文化交流史』, 廣州: 廣東人民出版社, 1996.

黃佛頤 撰,『廣州城坊志』, 廣州: 暨南大學出版社, 1994.

황종희,『명이대방록』, 파주: 한길사, 2009.

민두기,『신해혁명사: 중국의 공화혁명(1903-1913)』, 서울: 민음사, 1994.

민두기,『중국초기혁명운동의 연구』, 서울: 서울대학교출판부, 1997.

유장근,『근대중국의 지역사회와 국가권력』, 서울: 신서원, 2004.

다이앤 머레이, 이영옥 역,『그들의 바다: 남부 중국의 해적, 1790-1810』, 서울: 심산, 2003.

키쿠치 타카하루, 엄영식 역,『신해혁명과 중국근대화』, 서울: 한벗, 1982.

정세현,『근대중국민족운동사연구』, 서울: 일지사, 1977.

박상수,『중국혁명과 비밀결사』, 서울: 심산, 2006.

마루야마 마츠유끼, 청성림 역,『중국근대의 혁명사상』, 서울: 예전사, 1989.

손승희,『근대 중국의 토비 세계』, 파주: 창비, 2008.

6장 心山과 艮齋 門人들의 出處是非論爭을 통해 본 일제하 유교지식인의 초상

田愚,『秋潭別集』

金昌淑,『國譯 心山遺稿』

崔淇碩,『南下遺稿』

宋毅燮,『春溪集』

吳舜根,『石農年譜』

대구매일신문

한형조,『조선유학의 거장들』, 문학동네, 2008

권기훈,『혁신유림계의 독립운동을 주도한 선각자 김창숙』, 심산김창숙선생기념사업회, 2011

이영호,「朝鮮儒學史의 지평에서 바라본 心山 金昌淑의 思想」,『양명학』29호, 한국양명학회, 2011

이 책에 실린 글들이 처음 발표된 곳